JINHUACHA

广西特色药用资源
金花茶产业发展关键技术
与健康产品研究

邓家刚　主编

化学工业出版社

·北京·

内容简介

本书内容主要包括金花茶化学成分和药理作用研究、金花茶药效物质基础系统研究、金花茶药理及机制研究、金花茶质量控制关键技术及质量标准研究、金花茶优良品种选育和产地加工技术研究、金花茶系列健康产品开发研究等。本书内容全面系统、参考性强，对金花茶的研究和产业的指导性强。本书适合从事中草药研究人员、产品开发人员及金花茶相关产业的企业管理人员、质控人员、种植人员、采收加工人员等参考阅读。

图书在版编目（CIP）数据

广西特色药用资源金花茶产业发展关键技术与健康产品研究/邓家刚主编．—北京：化学工业出版社，2022.10
ISBN 978-7-122-41941-5

Ⅰ.①广… Ⅱ.①邓… Ⅲ.①山茶科-药用植物-产业发展-研究-广西 Ⅳ.①F426.7

中国版本图书馆CIP数据核字（2022）第139377号

责任编辑：赵兰江　　　　　　　　　　装帧设计：张　辉
责任校对：田睿涵

出版发行：化学工业出版社（北京市东城区青年湖南街13号　邮政编码100011）
印　　装：涿州市般润文化传播有限公司
787mm×1092mm　1/16　印张19$\frac{1}{2}$　字数493千字　2023年11月北京第1版第1次印刷

购书咨询：010-64518888　　　　　　　　售后服务：010-64518899
网　　址：http://www.cip.com.cn
凡购买本书，如有缺损质量问题，本社销售中心负责调换。

定　　价：168.00元　　　　　　　　　　　　　　　　　版权所有　违者必究

编写人员名单

主　编　邓家刚

副主编　侯小涛　白　钢　张铁军
　　　　李　鹏　沈剑刚　谢阳姣
　　　　郝二伟

编　者　侯媛媛　姜　民　龚苏晓
　　　　余　华　陈肖家　高　充
　　　　张　帆　陈贻威　杜正彩
　　　　秦健峰　韦　璐　柴胜丰
　　　　陈金鹏　杨　冰　高　洁
　　　　刘志新　唐国翠　韦晓娟
　　　　谢金玲　徐　旭

前言

金花茶是我国一种珍稀山茶科植物，野生金花茶为国家一级保护植物，被誉为植物界的"大熊猫"，享有"茶花皇后"的美誉。金花茶主要以叶入药，为广西特色壮瑶药之一，具有清热解毒、利尿消肿等功效。

近二十多年来，在各级政府的支持下，从事金花茶研究的科技工作者成功解决了金花茶人工繁育与种植的技术难题，使金花茶在广西防城港市、南宁市、崇左市、北海市等地得到大面积的推广种植，同时，金花茶茶叶与花的加工生产和产品开发也有了很大的发展。但由于长期以来，对金花茶基础研究主要侧重于育苗和种植，对其药用价值、保健功能与物质基础、作用机制及健康产品研究较少，取得的成果不足以支撑金花茶产业的发展。为此，2018年6月，在广西科技厅创新驱动重大专项《广西特色药用资源金花茶产业发展关键技术与应用示范研究》（桂科 AA18118049）的资助下，广西中医药大学邓家刚教授团队联合南开大学白钢教授团队、天津药物研究院张铁军研究员团队、香港大学中医药学院沈剑刚教授团队、澳门大学中华医药研究院李鹏教授团队及两家金花茶企业，对金花茶开展全产业链关键科学问题和技术问题的系列研究。经过三年的艰苦努力，2021年底完成了项目的全部研究任务，取得了一批创新成果。为了集中展示金花茶研究在新发现、新技术、新方法、新产品等方面的成果，特将各团队的研究报告汇总编辑成书，以期为从事或关注金花茶研究或生产的专家学者、科技人员、企业生产管理者、政府决策部门等提供全景式的有益参考。

本书依托的重大专项，在实施期间，正值新型冠状病毒肺炎疫病蔓延之时，严峻的疫情给项目的实施带来了极大的困难，但项目组全体成员，不畏艰难险阻，克服了种种障碍，终于以出色的工作和优异的成果,交出了一份满意的答卷!作为项目负责人,本人对项目全体专家学者和研究生们致以深深的谢意!对项目牵头单位广西中医药大学校领导、科技处及各子课题所在单位的科管部门表示衷心的感谢!

  研究证实,金花茶是一种极具药用价值和健康维护潜力的民族药。我们期待有更多的合作和更多的研究成果与成果转化,更加有力地促进金花茶产业的发展,为我国民族医药大健康产业的发展做出积极的贡献。

编 者

2022.7.18

目 录

第一章 概 论   001

第一节　金花茶产业发展关键技术与应用研究的战略意义与基本思路 …………001

　　一、国家大健康政策和环境 …………………………………………………001

　　二、产业现状和市场需求 ……………………………………………………002

　　三、存在问题（制约产业发展的技术瓶颈）………………………………002

　　四、系统深入研究金花茶产业发展关键技术及产品开发对广西经济
　　　　发展的作用和意义 ………………………………………………………002

第二节　金花茶化学成分和药理作用研究概况 ………………………………………003

　　一、金花茶主要化学成分研究进展 …………………………………………003

　　二、金花茶主要药理作用研究进展 …………………………………………004

第二章 金花茶药效物质基础系统研究   010

第一节　前期研究基础 ……………………………………………………………………010

　　一、化学物质组学研究方面 …………………………………………………010

二、基于网络药理学的药效物质作用靶点与网络预测方面·················010
　　三、在关键药效作用的谱效筛选及药效物质发现方面··················011

第二节　金花茶化学物质组学及体内代谢研究·····························011
　　一、化学物质组学研究···011
　　二、体内代谢研究···012

第三节　基于网络药理学的金花茶药效物质作用靶点与网络预测·····016
　　一、金花茶体内代谢成分的分析···016
　　二、金花茶代谢成分的网络药理学预测·······································017

第四节　关键药效作用的谱效筛选及药效物质发现·····················018
　　一、金花茶抗氧化成分的谱效筛选···018
　　二、金花茶抗炎成分的谱效筛选···023
　　三、金花茶的标志性成分冲山茶苷的制备与近红外检测···········027

第三章　金花茶药理作用及机制研究　　　　　　　　　　　　033

第一节　金花茶抗炎药理作用及机制研究·····································033
　　一、金花茶叶对斑马鱼急性创伤性炎症模型的药效研究···········034
　　二、金花茶叶对小鼠一般炎症模型的药效研究···························036
　　三、金花茶叶对大鼠急慢性咽炎模型的药效研究·······················039
　　四、金花茶提取物对创新型大鼠咽炎的药效研究·······················043

第二节　金花茶抗肿瘤药理及机制研究···046
　　一、金花茶标志性物质冲山茶苷抗肿瘤药理及机制研究···········046
　　二、金花茶抗结肠癌药理作用及机制研究···································056

第三节　金花茶调节血脂药理及机制研究·····································083
　　金花茶中黄酮类化合物调节糖脂代谢的作用机制研究···············083

第四节　金花茶调节神经精神疾病药理及机制研究 ········· 091
　　一、金花茶抗衰老药理及机制研究 ········· 091
　　二、金花茶抗抑郁药理作用及机制研究 ········· 094

第四章　金花茶质量控制关键技术及质量标准研究　　112

第一节　药材的采集与鉴定 ········· 112

第二节　质量控制关键技术研究 ········· 114
　　一、研究方法 ········· 114
　　二、研究结果 ········· 118

第三节　金花茶药材质量标准研究 ········· 133
　　一、研究方法 ········· 133
　　二、研究结果 ········· 133

第五章　金花茶优良品种选育和产地加工技术研究　　141

第一节　优良品种选育 ········· 141
　　一、研究方法 ········· 141
　　二、研究结果 ········· 143

第二节　产地加工关键技术研究 ········· 184
　　一、研究方法 ········· 184
　　二、研究结果 ········· 188

第六章　金花茶系列健康产品开发研究　　202

第一节　甘金解毒愈疡含漱液开发研究 ········· 202
　　一、研究背景和意义 ········· 202

二、甘金解毒愈疡含漱液的研制 ·· 203

第二节　增强免疫力保健食品——人参虫草口服液的研制 ············· 216
　　一、研究背景和意义 ··· 216
　　二、人参虫草口服液的研制 ·· 217

第三节　抗氧化功能食品-匿秘靓妍植物饮料、靓妍蜜膏的研制 ········ 253
　　一、研究背景和意义 ··· 253
　　二、匿秘靓妍植物饮料的研制 ·· 254
　　三、匿秘靓妍蜜膏的研制 ·· 256

第四节　清咽功能食品-清玉金花茶片的研制 ···························· 259
　　一、研究背景及意义 ··· 259
　　二、清玉金花茶片的研制 ·· 260

第五节　调节糖脂代谢功能食品-芷青复合固体饮料研制及质量标志物研究···· 261
　　一、背景研究及意义 ··· 261
　　二、调节糖脂代谢功能食品-芷青复合固体饮料研制 ················· 262
　　三、芷青复合固体饮料质量标志物研究 ······························ 267
　　四、基于质量标志物的质量标准研究 ································· 286

附录一　金花茶产业发展关键技术与应用研究相关论文　299

附录二　项目名称及负责人和各子课题名称及负责人　302

第一章 概论

金花茶是广西特有资源,是我国特有的国家一级保护植物,是世界著名的珍稀植物,被誉为"植物界大熊猫""茶族皇后"。金花茶的分布极其狭窄,广西是金花茶的原产地,全世界90%的野生金花茶仅分布于中国广西防城港市十万大山的兰山支脉一带。金花茶具有广泛的生物活性和重要的药用价值,据《广西药材标准》记载,金花茶具有清热解毒、利尿消肿作用,用于治疗肾炎、水肿、尿路感染、咽喉炎、痢疾、高血压等病,有降血糖、降胆固醇、预防肿瘤、抗衰老等作用。研究表明金花茶主要含有黄酮类成分,其中以槲皮素、山柰酚和它们的一些糖苷类衍生物为主,除黄酮类成分外,金花茶还含有多糖、植物多酚、皂苷类及挥发性物质等化学成分。体内及体外药理研究证明金花茶具有抗肿瘤、抗氧化、降血脂、降血糖、抗过敏、抗皮肤老化以及抑菌等多种药理作用。

第一节 金花茶产业发展关键技术与应用研究的战略意义与基本思路

一、国家大健康政策和环境

《国家中长期科学和技术发展规划纲要(2006—2020年)》《中医药发展战略规划纲要(2016—2030年)》等明确了中医药发展的目标和战略任务,特别是《"健康中国2030"规划纲要》明确将"建立起体系完整、结构优化的健康产业体系,形成一批具有较强创新能力和国际竞争力的大型企业,成为国民经济支柱性产业。"列入战略目标。

区域性特色资源具有独占性和特有性,是地区经济竞争优势所在和发展的增长点。以特色资源为依托,利用高新技术,开发系列高新技术产品,打造完整的产业链,将资源优势转化成产业优势,是实现经济转型、振兴经济和共建和谐社会的可行路径。

二、产业现状和市场需求

目前,全世界90%的野生金花茶分布在广西防城港市,广西防城港市是我国最大的金花茶种植和加工基地,拥有世界上唯一的国家级金花茶自然保护区和金花茶物种基因库,汇集了目前已知金花茶种数的28个(含变种)。2002年金花茶被防城港市命名为市花;2009年防城区被授予"中国金花茶之乡"称号;2011年防城金花茶被授予国家地理标志保护产品;2015年12月,质检总局发布2015年第145号公告,对广西防城港市防城金花茶国家级生态原产地产品保护示范区实施保护,成为我国首个国家级金花茶生态原产地产品保护示范区。同时,防城港市通过大力推行"公司+基地"的金花茶种植模式,人工种植面积已达5万多亩,培育金花茶苗木约900万株。仅金花茶种植户就达18万人,开发的金花茶系列产品达50多个品种,2015年产业总产值达15亿元,惠及金花茶种植户约18万人。广西桂人堂金花茶产业集团和东兴鑫宇实业有限公司是东兴市从事金花茶产业的龙头企业。桂人堂公司是最早进入金花茶产业的企业之一,是专业从事金花茶育苗、种植、研发、加工、销售为一体的国家高新技术企业、广西农业产业化重点龙头企业、国家林业重点龙头企业和广西创新型企业。建立金花茶行业标准,产品被列为国家新资源产品。2012年"桂人堂"品牌获得广西著名商标。通过多年来的金花茶种植及产品加工生产、研究,以"公司+基地+农户"模式人工种植金花茶,带动农户种植金花茶既为公司提供原料保证,也带动农户脱贫致富,为当地创造了良好的经济和社会效益。鑫宇公司在金花茶品种选育和种植方面占有优势,已经建成金花茶种植基地4个、育苗基地1个,共6600亩,种植金花茶130万株,可平均年产金花茶花朵约100吨、金花茶嫩芽约3.5吨、金花茶鲜叶约1200吨,金花茶原材料产出量名列前茅。鑫宇公司目前投资3000万元建设"东兴鑫宇金花茶产业化基地",项目涵盖金花茶种植基地、金花茶生产加工基地、金花茶研发中心、金花茶种质基因库、金花茶主题生态旅游公园以及金花茶社区地产等。待项目全部建成后,可年产金花茶苗木50万株,金花茶鲜花150吨,金花茶鲜叶2100吨,接待游客量100万人次;年生产精制金花茶代用茶21.5吨,金花茶饮料7万吨,项目年产值可达39亿元。

三、存在问题(制约产业发展的技术瓶颈)

虽然金花茶具有极高的药用价值,作为金花茶原产地的广西防城港市的金花茶栽培种植业也已初具规模,但由于缺乏系统的研究,金花茶的优良品种选育、药用价值的系统研究、深加工产品的开发等方面尚存在技术瓶颈,在很大程度上制约了金花茶产业的发展,不能将资源优势变成产业优势,提高产品的附加值,打造完整的产业链,成为打造区域品牌和促进经济发展的驱动力。目前制约金花茶产业发展的主要问题有以下几个方面。

(1)注重种植业,深加工产品和工业化重视不够。
(2)终端产品形式单一,市场拉动不足。
(3)基础研究和开发应用研究较少,存在关键技术瓶颈。
(4)总体设计缺失,产业链不完整、尚未建立关键技术群系和技术平台,形成核心竞争力。

四、系统深入研究金花茶产业发展关键技术及产品开发对广西经济发展的作用和意义

针对金花茶的品种选育、栽培种植、产地加工、药用价值的基础研究以及药品、保健食品、特色功能食品的研究与开发等方面的关键技术环节,进行联合攻关,突破目前存在关键技术瓶颈,开发系列高新技术产品,将资源优势变成产业优势,提高产品的附加值,打造完

整的产业链，对于打造区域品牌和促进经济发展、构建和谐社会均具有重要意义。

（1）占领金花茶高新技术制高点，构建高新技术群系，形成系列自主知识产权和关键技术壁垒，增强核心竞争力。包括：优良品种选育技术、多重药理学+网络药理学药效作用研究技术、UPLC-Q/TOF-MS-MS化学物质组辨识表征技术、纳米技术、超临界流体萃取技术、包和制剂和释药技术、指纹图谱质量控制技术等。

（2）构建桂港澳及国内优势科研力量科研平台和产学研合作平台，建立新型科研合作模式和研究开发技术体系，增强广西壮族自治区的科研资源的整合与聚集能力。通过本项目研究，以广西中医药大学为核心，联合香港、澳门和国内一流高等院校和科研机构的优势科研力量，以金花茶系统研究为载体，构建新型合作技术平台和协作研发模式，增强广西壮族自治区的科研资源的整合与聚集能力。

（3）开发系列高新技术健康产品，将资源优势转化为产业优势，提高产品附加值，促进经济发展。针对目前金花茶深加工产品开发不足的现实情况，突破关键技术瓶颈，研发系列特色健康相关的深加工产品，提高产品的附加值，同时，促进金花茶加工制造业的发展，将资源优势转化为产业优势，带动整个区域经济的发展。

（4）打造完整产业链，带动相关产业，促进产业的技术升级和经济转型。本项目着眼于打造完整的金花茶产业链，促进由中药农业向中药工业的转型，进而带动相关产业的发展。同时，以独具特色的高新技术深加工产品为载体，向全国各地以致东盟各国推广销售，带动健康养生、旅游等产业的发展，促进由内向型经济向外向型经济的转型。

（5）带动农民致富，构建和谐社会。随着金花茶全产业链的不断完善，对金花茶的需求量将不断增加，金花种植、加工、产品销售规模也会相应扩大，金花茶种植户的数量和收入也会大大提高，可为当地创造更多的就业机会，在使企业获得快速发展的同时，促进农民增收，对于解决当地"三农"问题，构建和谐社会具有重要意义。

第二节
金花茶化学成分和药理作用研究概况

一、金花茶主要化学成分研究进展

金花茶的花、叶中含有多种有益于人体健康的物质，是自然界中药用成分较为丰富的植物之一，主要成分为黄酮、多糖、皂苷。此外，金花茶的花、叶中还含有茶色素、咖啡因、蛋白质、维生素B_1、维生素B_2、维生素C、维生素E、叶酸、脂肪酸、β-胡萝卜素等多种天然营养成分；含有茶氨酸、苏氨酸等几十种氨基酸，以及多种对人体具有重要保健作用的锗（Ge）、硒（Se）、钼（Mo）、锌（Zn）、钒（V）等微量元素，和钾（K）、钙（Ca）、镁（Mg）等元素。

1. 黄酮

黄酮类化合物是天然的植物次生代谢产物，一般分为黄酮类、黄酮醇、二氢黄酮类、二氢黄酮醇类、花色素类、黄烷-3,4-醇、双苯吡酮类、查尔酮和橙酮等15种。在金花茶黄酮类化合物中，山柰酚类化合物是1个大类，包括山柰酚-3,7-*O*-α-L-二鼠李糖苷、山柰酚-3-*O*-β-D-葡萄糖苷、山柰酚-7-*O*-β-D-葡萄糖苷、山柰酚-3-*O*-鼠李糖苷、山柰酚3-*O*-β-D-芸香糖苷等；其次是槲皮素类和儿茶素类，分别包括槲皮素-3-*O*-β-D-葡萄糖苷、槲皮素-3'-*O*-β-D-

葡萄糖苷和（−）-儿茶素-3-D-吡喃半乳糖、表儿茶素。此外，金花茶黄酮类化合物中还有5,7,3',4'-四甲氧基黄酮、7,3',4'-三甲氧基-5-羟基黄酮、5,7,3',4',5'-五甲氧基黄酮、芦丁、香橙素等。

2. 多糖

糖类是生物体内除蛋白质和核酸外的重要生物信号分子，按照化学结构可分为均多糖和杂多糖2大类。在金花茶中多糖的成分分析其结果均比较接近，韦璐、田晓春、林华娟等采用构成糖分析、红外光谱（IR）分析、核磁共振（NMR）分析以及阶梯式部分酸水解分析等手段，发现金花茶粗多糖组成中多为阿拉伯糖、半乳糖、鼠李糖、葡萄糖、木糖、甘露糖。

3. 皂苷

皂苷是广泛存在于植物界和某些海洋生物中的一种特殊苷类，按皂苷元的化学结构可分为甾体皂苷和三萜皂苷2类。苏琳等对金花茶鲜叶提取、初步纯化、粗分离后，采用高效液相色谱（HPLC）法进一步分离出皂苷，并使用质谱（MS）、核磁共振（1H-NMR）、IR法鉴定出4个单体化合物，分别为人参皂苷Rgl、人参皂苷F1、人参皂苷F5和越南参皂苷R16（vinaginsenoside R16）。上述所得化合物均为首次从金花茶植物中分离得到，其中人参皂苷Rgl、人参皂苷F5和越南参皂苷R16为首次从山茶属植物中分离得到。威静结合1H-NMR、13C-NMR和MS谱，鉴定到的皂苷有α-菠甾醇-3-O-β-D-吡喃葡萄糖苷和豆固酮-7,22-二烯-3-O-[α-L-吡喃阿拉伯糖基（1→2）]-β-D-吡喃半乳糖苷。

4. 其他成分

金花茶还富含酸类成分。湛志华和刘鹏分离鉴定出齐墩果酸；杨蕊分离鉴定出原儿茶酸、乙基荠草酸、2,4,6-三羟基苯甲酸-4-O-吡喃阿洛糖苷、绿原酸、cis-14-二十三碳烯酸和棕榈酸；周洁洁分离鉴定出3-O-乙酰齐墩果酸；威静分离鉴定出正十二烷酸。金花茶中的其他化合物，杨蕊、周洁洁和刘鹏经分离鉴定，均得到α-菠甾醇；周洁洁和刘鹏得到正三十四烷醇和β-香树脂醇。杨蕊还分离鉴定出桉脂素、(+)-diasyringaresinol、(+)-isoeucommin A、erythro-古柯愈创木基甘油-O-4'-松柏基醚、threo-古柯愈创木基甘油-O-4'-松柏基醚、1,2-二乙氧基苯和9-三十一烷烯；周洁洁分离鉴定出3β-乙酰氧基-6α，13β-二羟基油酸酯-7-酮和β-胡萝卜苷；邹登峰等分离鉴定出肌醇；刘鹏分离鉴定出β-谷甾醇和olibanumol-L；威静分离鉴定出3β-乙酰氧-20-羽扇烷醇、22α-当归酰基-玉蕊醇A1和黑果茜草萜。

二、金花茶主要药理作用研究进展

目前，对于金花茶的药理研究主要集中在抗肿瘤、抗炎、抗氧化、调血脂、降血糖、抗肥胖、降血压、抗过敏、抗衰老等方面。

1. 抗肿瘤

He等研究金花茶正丁醇提取物（JHC-4）对于离体人胃腺癌细胞系BGC-823和SGC-7901胃癌细胞的抗增殖作用。用自噬抑制剂来确定JHC-4是否能诱导自噬，25、50、100μg·mL^{-1}的JHC-4处理24、48、72h，通过四甲基偶氮唑盐法（MTT）检测细胞存活率，评估抗扩散效果和协同抗癌效果；用蛋白印迹法（western blotting）确定JHC-4调控人胃癌BGC-823和SGC-7901细胞自噬标志物微管相关蛋白1轻链3-II（LC3-II）的蛋白水平。结果发现，JHC-4作用72h后，对BGC-823和SGC-7901细胞的半数抑制浓度（IC$_{50}$）均为（147.62±16.40）μg·mL^{-1}，在BGC-823和SGC-7901细胞中，经过JHC-4处理后，LC3-II的蛋白水平以剂量相关的方式被诱导，说明对人胃癌细胞造成了明显的生长抑制并诱导了自噬。此外，JHC-4作为一种自噬激动剂，可以协同增强胃癌细胞对紫杉醇的敏感性。同时，JHC-4可以通过诱导细胞自噬和凋亡来增强紫杉醇对胃癌细胞生长的抑制作用。Zhang等研究金花茶提取物（CNCE）对离体A549人肺癌细胞凋亡和增殖的影响。构建30、60、120、240μg·mL^{-1} CNCE处理后的细胞生长曲线，用MTT法测定CNCE对细胞增殖、凋亡和细胞周期的影响、免疫细胞化学方法评估关键凋亡相关酶的表达。结果发现CNCE在20～160μg·mL^{-1}浓度范围内抑制了A549肺癌细胞的生长。CNCE能诱导A549细胞凋亡。处于G0/G1期的细胞比例显著增加（$P<0.01$），而处于S期和G2/M期的细胞比例相应减少，表明细胞处于G0/G1期停滞状态。细胞周期停滞和凋亡诱导作用随着CNCE浓度的增加而逐渐增强。Dai等研究金花茶水提取物（CNFE）对离体人食管鳞状细胞癌（ESCC）细胞系Eca109的化学预防作用。用100、200、300、400、500μg·mL^{-1}的CNFE处理24、48、72h，胰蓝排除法测定对Eca109细胞的抗增殖作用，通过流式细胞仪对细胞凋亡进行量化并进行DNA细胞周期分析，研究CNFE对细胞凋亡和细胞周期停止的影响。结果发现死亡细胞的百分比以时间和剂量相关的方式增加，与未处理的对照组相比，死细胞的百分比明显增加。在24、48、72h，CNFE对Eca109细胞的IC$_{50}$分别为513.64、326.88、217.31μg·mL^{-1}。CNFE通过诱导细胞凋亡和中断细胞周期对Eca109细胞起到抗增殖作用。CNFE以剂量和时间相关的方式抑制了Eca109细胞的生长，并引起这些细胞的剂量和时间相关的凋亡；用CNFE处理细胞会导致细胞周期的G0/G1停滞。Peng等从金花茶的乙醇提取物中发现了1种新的酰化黄酮苷，即槲皮素7-O-（6″-O-E-咖啡酰）-β-D-吡喃葡萄糖苷，检查其在离体人淋巴瘤U937细胞中的细胞毒性活性，U937细胞用此化合物在0、10、25、50、100、200、400mmol·L^{-1}下处理24h，接着用流式细胞仪检测细胞凋亡。结果发现，此化合物抑制了U937细胞的增殖，其IC$_{50}$值为140.1mmol·L^{-1}；且早期凋亡细胞的百分比明显与对照组相比有所增加，表明新的酰化黄酮苷能抑制U937细胞的增殖并诱导其凋亡。

2. 抗炎

Wang等使用离体培养的小鼠巨噬RAW264.7细胞对分离出的化合物的抗炎活性进行评估，通过基于1H-NMR的代谢组学方法，鉴定从金花茶花中分离出的化合物3-肉桂酰三叶草苷（3-CT）。用0.625、1.25、2.5、5、10、20、40μmol·L^{-1}的3-CT，通过MTT法检测RAW264.7细胞的细胞毒性，用0.3125、0.625、1.25、2.5、5、10μmol·L^{-1}的3-CT进行一氧化氮（NO）检测，用0.625、1.25、2.5、5、10μmol·L^{-1}的3-CT定量实时聚合酶链式反应（PCR）分析。结果发现，24h内RAW264.7细胞的生存能力没有下降，因此3-CT对RAW264.7细胞没有细胞毒性。在所有测试浓度下，3-CT对NO的产生都有抑制作用。3-CT可以抑制RAW264.7细胞一系列炎症细胞因子的表达，在mRNA水平和蛋白质水平都有抑制作用。田宁等对金花茶多糖的抗炎作用进行了研究，进行基底节脑出血模型构建，将C57BL/6小鼠随机分为假手术组、脑出血组和金花茶多糖组，脑出血后即刻ig金花茶多糖并连续给药3d。接着进行神经功能缺陷评分，旷场与黏附移除实验，伊文思蓝染色和水肿实验，免疫荧光检测，酶联免疫吸附试验（ELISA）检测，定量PCR及免疫荧光检测。实验结果显示金花茶多糖可提高小鼠神经功能评分，改善运动功能而对感觉功能无影响；减轻脑水肿与保护血脑屏障；抑制小胶质细胞的激活、抑制炎症因子表达，同时促进小胶质细胞从M1型转化为M2型。

3. 抗氧化

An等研究了金花茶叶片（CNC）提取物对H$_2$O$_2$诱导细胞损伤的保护作用以及对离体人神经母细胞瘤（SH-SY5Y）细胞的保护作用及其内在机制。实验结果证实，醋酸乙酯部位（CLE）50～200μg·mL^{-1}处理后，可显著提高H$_2$O$_2$处理的SH-SY5Y细胞存活率，并以相反的"U"形方式减少乳酸脱氢酶（LDH）的渗漏。通过染色证实，CLE减弱了H$_2$O$_2$诱导的SH-SY5Y细胞的凋亡。CLE质量浓度100、150μg·mL^{-1}处理降低了细胞内的活性氧（ROS）水平，并提高超氧化物歧化酶（SOD）和过氧化氢酶（CAT）活性，从而显著缓解H$_2$O$_2$诱导的氧化应激。

4. 调血脂

应娜等对减轻非酒精性脂肪性肝病（NAFLD）引起的脂代谢异常机制进行了研究，将C57BL/6小鼠随机分为6组：对照组、NAFLD模型组、金花茶粉末低剂量组、金花茶粉末高剂量组、金花茶水提物低剂量组、金花茶水提物高剂量组，检测小鼠的体质量、脂肪质量、血清生化指标、肝组织中极低密度脂蛋白受体（VLDLR）、过氧化物酶体增殖物激活受体-α（PPAR-α）与磷酸化腺苷酸激活蛋白激酶（p-AMPK）蛋白的表达水平变化。结果发现，低剂量金花茶粉末与水提物均可以显著降低NAFLD小鼠血清中三酰甘油（TG）、丙氨酸氨基转移酶（ALT）和天冬氨酸氨基转移酶（AST）水平，其中低剂量金花茶水提物显著降低NAFLD小鼠肝组织中VLDLR表达水平，显著提高p-AMPK与PPAR-α蛋白表达水平（$P<0.05$），说明金花茶水提物能减轻NAFLD引起的脂代谢异常，缓解NAFLD小鼠肝脏脂质病变。

5. 降血糖

Wang等利用2型糖尿病小鼠模型对金花茶的降血糖作用进行了研究，糖尿病小鼠被随机分为5组：模型组、阳性对照组、醋酸乙酯/二氯甲烷提取物组、正丁醇提取物组和粗提物组。剂量为100mg·kg^{-1}，ig方式给药，每天1次，持续5周。结果发现，与模型组比较，3组金花茶提取物都能显著改善小鼠的行为表现、体质量，减少水和食物的摄入。醋酸乙酯/二氯甲烷提取物在给药后的第1周显著降低了空腹血糖水平。在较长时间的给药后，粗提物也显示出显著的降糖效果，说明这3种提取物都在一定程度上降低了空腹血糖水平。

6. 抗肥胖

Zhang等研究了金花茶提取物（Cnfe）通过脂质水平调节和肠道微生物群的调控，对于高脂肪饮食引起肥胖症的潜在抗肥胖作用。大鼠被随机分为2组：高脂饮食组（HFD）和正常脂肪饮食（NFD）组。再将HFD组大鼠随机分为4组：第1组ig喂食补充了蒸馏水的HFD；第2组为高剂量（HDG）组，通过ig喂食补充了Cnfe的HFD 300mg·kg^{-1}·d^{-1}；第3组为中剂量（MDG）组ig补充了Cnfe的HFD 150mg·kg^{-1}·d^{-1}；第4组是低剂量（LDG）组，ig补充了Cnfe的HFD 75mg·kg^{-1}·d^{-1}。每周记录1次体质量和食物摄入量。在最后3d收集粪便并储存在−80℃。研究结果表明，Cnfe通过降低食欲和减少高脂肪饮食引起的肥胖，显著降低了体质量的增加，减少食欲和减少高脂肪食物的摄入。此外，Cnfe恢复了正常的脂质代谢，并改善了高脂肪大鼠的胰岛素敏感性和葡萄糖耐量。

7. 降血压

李航等研究了金花茶4种提取物对高血压的作用，随机将大鼠分为6组：模型对照组、95%乙醇提取物（JHC-1）组、未脱色的二氯甲烷醋酸乙酯粗提物（JHC-2）组、脱色的二氯甲烷提取物（JHC-3）组、正丁醇金花茶提取物（JHC-4）组和阳性对照（卡托普利）组。其中模型对照组给予2mL生理盐水，每日1次ig，连续4周；阳性对照组以15mg·kg^{-1}·d^{-1}连续ig卡托普利，每日1次，连续4周；其余各组按100mg·kg^{-1}·d^{-1}分别ig金花茶4种提取物，连续4周。观察动物血压、体质量、心率。结果显示，JHC-3组及JHC-4组与模型组比较，大鼠血压和心率均有非常显著的降低（$P<0.001$），说明金花茶提取物具有降低血压的作用。

8. 抗过敏

王永奇等对金花茶提取物抗过敏作用进行了研究，将大鼠随机分组（即正常组、模型组、孟鲁司特钠组）及各样品的低、高剂量组。采用ELISA法测定致敏大鼠血清免疫球蛋白E（IgE）和白三烯含量。采用细胞计数法检测大鼠全血和肺泡灌洗液中嗜酸性粒细胞数量。通过病理学检查，观察肺组织炎症反应程度。实验结果显示，金花茶叶的水提物、醋酸乙酯萃取物、凹脉金花茶种子的醇提物明显降低大鼠血清IgE和白三烯水平，减小肺组织炎症面积，说明这3种金花茶提取物具有抗IgE介导的I型过敏反应作用。

9. 抗衰老

卢春毅等对金花茶抗衰老作用进行了研究，建立大鼠亚急性衰老模型后，给予高、低浓度金花茶ig干预，然后检测肝脏和睾丸组织超氧化物歧化酶（SOD）活性，丙二醛（MDA）含量及Bax mRNA、bcl-2 mRNA表达水平。结果发现，与衰老模型组比较，高、低浓度金花茶组肝脏和睾丸组织SOD含量和bcl-2 mRNA表达显著升高（$P<0.05$），且MDA含量和Bax mRNA表达明显下降（$P<0.05$）。高、低浓度金花茶组间比较，上述指标有统计学差异（$P<0.05$），说明金花茶能减慢肝脏和睾丸细胞的凋亡，对延缓机体衰老有重要作用。

10. 安全性

彭亮等对金花茶鲜叶的毒理学、安全性进行了研究。采用小鼠急性经口毒性试验；遗传毒性的Ames试验、小鼠骨髓细胞微核试验和小鼠精子畸形试验，亚慢性毒性的大鼠90d喂养试验。实验结果显示，急性毒性试验中，该样品属无毒级；遗传毒性试验中，该样品无遗传毒性；亚慢性毒性试验中，各样品组大鼠每周及总的体质量、增加的体质量、进食量和食物利用率与对照组比较，差异均无统计学意义，表明该样品对大鼠的体质量增长和食物利用率无明显影响；各样品组大鼠在实验中期和末期的各项血常规指标及9项血液生化指标均在正常范围，且与对照组的差异无统计学意义；各样品组大鼠脏器质量和体质量与对照组比较，差异均无统计学意义。综上，各项研究结果均未提示金花茶样品有毒。

小结

金花茶是广西特色药用植物，近年来对金花茶的研究多集中在药理作用方面，对其化学成分的研究较少，限制了该药用植物的深度研究以及在临床上的应用。据中国疾病预防控制中心营养与食品安全所、广西壮族自治区卫生监督检验中心等权威机构检验表明：金花茶含有400多种营养物质，现阶段对于金花茶化学成分的研究多体现在黄酮类活性成分、氨基酸和微量元素类营养成分上，皂苷和多糖及其他活性成分的研究较少。其中黄酮类化合物具有多种生物学功效，如抗氧化、降血糖、抗癌、抗肿瘤等，以茶多酚类的抗氧化作用最为突出，并构成其他功能的基础。此外，金花茶的黄酮类化合物在抗菌、抗炎、增强人体免疫功能、治疗骨质疏松、预防动脉粥样硬化等方面也都有功效，具体表现为黄酮类化合物可以清除自由基、螯合金属离子等。金花茶中的皂苷类成分对人体的新陈代谢也起重要的生理作用，可以抑制血清中脂类氧化、抑制过氧化脂质生成，降低血清中胆固醇的含量，抑制过氧化脂质对肝脏的损伤，防止动脉硬化，因而具有抗衰老的作用。同时皂苷还具有免疫调节作用，增强机体免疫力。皂苷对核酸和蛋白质合成有促进作用，可增加肝、肌肉组织中蛋白质与DNA的含量，提高机体的耐力，因而具有抗疲劳的作用，皂苷还可以抑制肿瘤细胞的生长并具有消肿抗炎的作用。梁机等测定了8种金花茶叶的茶多酚和游离氨基酸含量，并与市售茶叶作对照，表明普通金花茶也适宜制茶。目前市面上金花茶产品多以茶产品和保健品为主，而药品较少。因此，有必要在金花茶具体活性成分检测、质量控制和采收加工方面进行深入研究，促进金花茶产业上一个新台阶。针对不同病症筛选出不同的质量标志物，建立相应的质量标准体系，从而为金花茶资源的进一步利用、质量控制与评价以及新药研发奠定基础。

参考文献

[1] 郭建. 金花茶等5种物品被批准为新资源食品[J]. 农产品加工，2010（6）：39.

[2] 宁恩创，秦小明，杨宏. 金花茶口服液加工工艺研究[J]. 食品工业科技，2006,27（1）：121-122,125.

[3] 杨宏，秦小明，宁恩创.金花茶浓缩饮液加工工艺研究[J].广西热带农业，2005（3）：38-39.
[4] 宁恩创，秦小明，宁健，等.金花茶保健饮料加工工艺研究[J].广西轻工业，2007（1）：7-8,20.
[5] 王远湖，王珂，符笋，等.一种解酒护肝的金花茶功能茶及其制备方法：中国，111000003A[P]. 2020-04-14.
[6] 李安彦.金花茶保健酒：中国，106221998A[P]. 2016-12-14.
[7] 熊燕.金花茶多酚HPMCP微胶囊的制备及其抗氧化性研究[D].南宁：广西大学，2011.
[8] 于大永，宋昱，史丽颖.一种金花茶抗过敏口含片及其制备方法：中国，107007693A[P]. 2017-08-04.
[9] 张美玲.金花茶低糖保健棒棒糖：中国，106858009A[P]. 2017-06-20.
[10] 韦能，黄丽华，何水淋，等.金花茶面膜的生产方法：中国，106727219A[P]. 2017-05-31.
[11] 韦能，黄丽华，何水淋，等.金花茶沐浴露的生产方法：中国，106726891A[P]. 2017-05-31.
[12] 赖以军.金花茶蚕丝被：中国，103908121A[P]. 2014-07-09.
[13] 陈爱玲.金花茶烟用添加剂及其制备方法和运用：中国，103622150A[P]. 2014-03-12.
[14] 袁国防，李洪，孙明，等.一种用猪粪制备的金花茶专用生态有机肥：中国，106045676A[P]. 2016-10-26..
[15] 邓桂英.我国金花茶研究的文献分析[J].广西热带农业，2001,1：40-42.
[16] Yueh J H，Kazuo Y，Ikuo M，et al. Flower colors and pigments in hybrids with Camellia chrysantha [J]. SciHorticul，1992（51）：251-259.
[17] Natsu T，Teruhiko K，Akiko H，et al. A Peculiar yellow flower coloration of Camellia using aluminum-flavonoid interaction [J]. J Japan Soc Hort Sci，2008,77（4）：402-407.
[18] Oku H，Ogawa Y，Iwaoka E，et al. Preventive effects of the extract of kinka-cha, a folk tea, on a rat model of metabolic syndrome [J]. Nat Med，2011,65（3/4）：610-616.
[19] 秦小明，宁恩创，李建强.金花茶食品新资源的开发利用[J].广西热带农业，2005（2）：20-22.
[20] 陈全斌，湛志华，张巧云，等.金花茶叶中黄酮甙元的分离提纯及其表征[J].广西热带农业，2005（6）：10-11.
[21] 陈秋虹，刘鹏，韦英亮，等.显脉金花茶叶片中山柰酚的提取分离及含量测定[J].湖北农业科学，2020,59（14）：156-158.
[22] 湛志华.金花茶叶中黄酮成分的提取与分离[D].南宁：广西师范大学，2006：44-52.
[23] 杨蕊.金花茶花的化学成分及其基于群体感应抑制等生物活性的研究[D].南京：南京理工大学，2018：24-66.
[24] 周洁洁.长柱金花茶化学成分及总黄酮提取分离工艺的研究[D].南宁：广西中医药大学，2016：7-50.
[25] 邹登峰，谢爱泽，赵理云，等.金花茶化学成分研究[J].湖北农业科学，2017,56（21）：4124-4126,4207.
[26] 刘鹏.显脉金花茶叶化学成分及分析测试方法研究[D].南宁：广西中医药大学，2013：9-28.
[27] 戚静.金花茶化学成分的分离鉴定及其活性评价[D].南京：南京理工大学，2016：17-32.
[28] 韦璐.金花茶多糖的分离纯化及化学结构研究[D].湛江：广东海洋大学，2008：29-51.
[29] He X，Li H，Zhan M，et al. Camellia nitidissima Chi extract potentiates the sensitivity of gastric cancer cells to paclitaxel via the induction of autophagy and apoptosis[J]. Onco Targets Ther，2019,12：10811-10825.
[30] Zhang Z H，Li P. Anti-proliferation and apoptosis effects of Camellia nitidissima C. W. Chi extract on A549 lung cancer cells [J]. Trop J Pharm Res，2018,17（3）：395-400.
[31] Dai L，Li J L，Liang X Q，et al. Flowers of Camellia nitidissima cause growth inhibition, cell-cycle dysregulation and apoptosis in a human esophageal squamous cell carcinoma cell line [J]. Mol Med Rep，2016,14（2）：1117-1122.
[32] Peng X，Yu D Y，Feng B M，et al. A new acylatedflavonoid glycoside from the flowers of Camellia

nitidissima and its effect on the induction of apoptosis in human lymphoma U937 cells [J]. Asian Nat Prod Res,2012,14(8):799-804.

[33] Wang Z N,Guan Y,Yang R,et al. Anti-inflammatory activity of 3-cinnamoyltribuloside and its metabolomic analysis in LPS-activated RAW 264.7 cells [J]. BMC Complement Med Ther,2020,20(1):329.

[34] 田宁,向文静,周紫贤,等. 小胶质细胞在金花茶多糖保护脑出血中的作用[J]. 中国药理学通报,2020,36(2):231-237.

[35] An L,Zhang W,Ma G,et al. Neuroprotective effects of Camellia nitidissima Chi leaf extract in hydrogen peroxide-treated human neuroblastoma cells and its molecule mechanisms [J]. Food Sci Nutr,2020,8(9):4782-4793.

[36] 应娜,刘禹臣,钱倩宇,等. 金花茶通过AMPK/PPAR—α通路减轻NAFLD引起的脂代谢异常机制研究[J]. 浙江中医药大学学报,2019,43(10):1138-1143,1161.

[37] Wang L,Roy D,Lin S S,et al. Hypoglycemic effect of Camellia chrysantha extract on type 2 diabetic mice model [J]. Bangladesh J Pharmacol,2017,12:359-363.

[38] Zhang H L,Wu Q X,Qin X M. Camellia nitidissima Chi flower extract alleviates obesity and related complications and modulates gut microbiota composition in rats with high-fat-diet-induced obesity [J]. Sci Food Agric,2020,100(12):4378-4389.

[39] 李航,李弘扬,李瑶,等. 金花茶提取物体对高血压模型大鼠血压和心率的影响[J]. 亚太传统医药,2017,13(20):8-11.

[40] 王永奇,彭晓,唐前,等. 金花茶组植物抗IgE介导I型过敏反应的活性筛选[J]. 中南药学,2009,7(10):721-724.

[41] 卢春毅,刘红,杨曦,等. 金花茶对衰老大鼠的抗氧化和抗凋亡作用[J]. 中国老年学杂志,2015,35:172-173.

[42] 彭亮,赵鹏,李彬,等. 金花茶鲜叶的毒理学安全性研究[J]. 毒理学杂志,2011,25(1):72-74.

[43] 卢家仕,李先民,李春牛,等. 基于SCoT分子标记的金花茶组植物种质资源遗传多样性分析[J]. 中草药,2021,52(20):6357-6364.

[44] 梁机,杨振德,卢天玲,等. 从茶多酚及氨基酸含量比较8种金花茶制茶适宜性[J]. 广西科学,1999,6:72-74.

[45] 李周全. 一种治疗阴道炎的药物组合物:中国,201410110573.X[P].2014-06-11.Li Z Q.

第二章 金花茶药效物质基础系统研究

目前金花茶的研究大多停留在对金花茶整体的药效评价上，而没有对其药效物质基础或活性成分以及作用机制进行深入系统的阐释。本章旨在结合分子网络方法对金花茶的化学物质基础和体内代谢成分进行全面的解析，并对主要化学成分进行网络药理学分析，预测作用靶点及作用通路，为接下来的药理活性成分及作用机制的研究以及金花茶资源的开发利用奠定基础。

前期研究基础

一、化学物质组学研究方面

采用 UPLC/Q-TOF 技术建立液相分析方法以质谱提供的碎片信息进行 GNPS（https：//gnps.ucsd.edu）平台比对，构建体内暴露成分的分子网络软件分析和文献比对，对各组分进行结构解析，明确化学成分，并制备不同微馏分样品，确保后续研究的顺利进行。目前我们前期已经建立了基于化学物质组学和分子网络技术（molecular network）的技术体系，完成了抗肿瘤草药、人参、金银花等多种中药的体内外药效物质的快速解析。

二、基于网络药理学的药效物质作用靶点与网络预测方面

整合化学物质组学和系统生物学数据提供的信息，将上述 UPLC-Q/TOF 鉴定的化学成分利用 chembiodraw 2010 软件转为 sdf 格式，并导入 PharmMapper 数据库（http://lilab.ecust.edu.cn/pharmmapper/）以及 ChEMBL 网站（https://www.ebi.ac.uk/chembl/）进行不同精度（SP/XP precision）反向分子对接，评估化学成分对于各靶点潜在活性，选取前20%对应的靶点，通过 String9.1（http://string-db.org/）以及 KEGG（http://www.genome.jp/kegg/）和 COG database（http://www.ncbi.nlm.nih.gov/COG/）等进行深入分析，挑选关键的靶点利用 Autodock 4.0 并结合生物

信息学和网络药理学资源，对关键药效成分进行反向对接、相似度与结合能计算以及网络匹配分析，预测其主要的作用靶点与通路。

三、在关键药效作用的谱效筛选及药效物质发现方面

为了建立作用靶点明确、作用途径清晰、整体药效确切的整体谱效关系，将UPLC-Q/TOF分析鉴定技术与多维生物学评价手段结合在一起，建立多种以信号转导级联反应为基础的细胞筛选模型，从信号传递层面确定活性成分的作用途径并筛选金花茶中存在的药效成分。此外，将筛选出的活性成分按处方量分别加入各馏分中，通过与分子探针反应产生荧光，比较不同的信号强度，即可实现不同药效化合物的筛选。

第二节
金花茶化学物质组学及体内代谢研究

一、化学物质组学研究

1. 样品的提取

新鲜采集的金花茶叶（广西防城港普通叶）自然阴干，置鼓风干燥箱中60℃烘4h，放冷后密封防潮低温贮藏。干燥的叶片粉碎，按10∶1比例（V/W）加入50%甲醇溶液，超声提取30min，3600rpm离心10min，上清液经旋转蒸发仪浓缩干燥得金花茶干粉，密封，−20℃保存备用。

2. 供试品的制备

称取上述提取的金花茶干粉，加适量色谱甲醇超声复溶，配置成1mg/mL的溶液，经0.22μm微孔滤膜过滤处理得供试品溶液。

3. UPLC色谱条件

采用Waters Milford UPLC-Q-TOF/MS系统进行样品分析。固定相：C_{18}色谱柱（Waters ACQUITYUPLC®BEH C_{18},100mm×2.1mm,1.7μm）；柱温：25℃；流速：0.4mL/min；进样量：5μL；流动相由0.1%甲酸的水溶液（A）和乙腈（B）梯度洗脱。

4. Q-TOF质谱条件

采集负模式下的质谱碎片进行分析，仪器设置条件如下：毛细管电压设为3.0kV（ESI-），离子源温度保持在110℃。高纯度N_2作为雾化剂，在350℃下流速为600L/h。采集速率为0.1s，扫描间隔延迟为0.02s。在100～1500Da区域获取数据。使用MassLynx V4.1软件（美国沃特世公司）进行数据分析。仪器在进样测定前采用亮氨酸脑啡肽盐作为内参校正液进行校正（$[M-H]^-$=554.2615）。

5. 分子网络的构建

分子网络（molecular network，MN）是一种可视化的计算策略，它根据液质数据中的分子离子碎片信息，将之间的关系通过计算进行分类整理。采集的供试品数据的二级质谱数据的碎片信息上传至GNPS的在线数据库进行分子网络创建。具体参数设置方法如下：在整个光谱的+/-50Da窗口中选择前6个峰对光谱进行窗口过滤，然后将数据与母离子偏差为2.0Da，MS/MS碎片离子偏差为0.5Da的碎片聚类，以创建共有光谱。其中，仅包含少于2个光谱的共有光谱被舍弃，随后进行分子网络的创建，在结果中选取链接，将其在Cytoscape2.8中打开，进行数据的处理及样式的调整。

6. 金花茶成分的解析

通过质谱数据提供的质谱碎片信息，查阅相关文献，在负离子模式下，根据一级质谱得到化合物的分子离子峰准确的数据。结合精确质量数推测该化合物的相对分子质量和元素组成及化学式。再根据二级碎片离子峰的信息，推测得到碎片裂解规律。最后依据文献资料和在线数据库比对，如HMDB、chemspider、Massbank等。另外在相对保留时间等信息的指导下考虑物质的极性大小，进而确定化合物的结构信息。

二、体内代谢研究

1. 大鼠给药血清的制备

雄性SD大鼠3只，体重200g，在南开大学动物实验中心适应性饲养一周后用于实验。动物实验操作均符合《实验室动物使用及饲养和动物实验管理规程指南》的要求。将金花茶提取物用水配置成浸膏（按叶片算15g/mL）后给予大鼠。给药方式：灌胃；采血方式：眼眶静脉丛取血。选用同一只大鼠进行实验，给药前取空白血样，在灌胃给药后5、15、30、45、60、90、120min分别采血500μL。所取血样在4℃条件下，经3500rpm离心10min后，取上清液，即得给药血浆样品。向血浆中加入三倍体积的色谱甲醇后进行充分混合，沉淀血浆中蛋白质。混匀后在4℃，3500rpm条件下离心10min，上清液在室温条件下经N_2气吹干。残留物用50%色谱甲醇复溶后，在12000rpm离心10min，将上清液取出，进行质谱分析。

2. 体内代谢物质的网络药理学预测

通过对大鼠血浆中的代谢物进行分析，可以较为明确地将口服金花茶后的入血成分进行梳理。随后我们对代谢物质进行网络药理学分析。借助在线数据库PharmMapper，将代谢物质的分子结构式导入其中，并将保留匹配的靶点数（number of reserved matched targets）设置为100个，匹配的靶点蛋白设为人源性（human protein targets only）。提交任务待运行结束后下载运算结果，以导出数据的FIT值为标准，选取前100个蛋白导入String在线网STRING 10，生成蛋白-蛋白互作图。结合KEGG对蛋白参与的通路进行归纳整理。

3. 金花茶中化学成分解析及分子网络的构建

将金花茶叶提取物的质谱数据进行解析，共鉴定出55个物质，见表2.2.2-1。其峰号按出峰顺序标注在图上，见图2.2.2-1。所鉴定出物质的化学结构式见图2.2.2-2。

表2.2.2-1 金花茶的化学成分鉴定

编号	中文名	英文名	分子式	分子量	[M-H]⁻
1	儿茶素	catechin	$C_{15}H_{14}O_6$	290.0790	289.0712
2	表儿茶素	epicatechin	$C_{15}H_{14}O_6$	290.0790	289.0712
3	儿茶素二聚体/花青素	catechin-4α, 8-catechin	$C_{30}H_{26}O_{12}$	578.1424	577.1346
4	牡荆素/异牡荆苷	vitexin/Isovitexin	$C_{21}H_{20}O_{10}$	432.1056	431.0978
5	山柰酚-3-O-β-D-芸香糖	kaempferol-3-O-β-D-rutinoside	$C_{27}H_{30}O_{15}$	594.1585	593.1506
6	山柰酚-3-O-β-D-半乳糖苷	kaempferol-3-O-β-D-galactoside	$C_{21}H_{20}O_{11}$	448.1006	447.0927
7	水杨酸	salicylic acid	$C_7H_6O_3$	138.0317	137.0239
8	槲皮素葡萄糖鼠李糖葡萄糖苷	quercetiglucosiden-glu-rha-glucoside	$C_{33}H_{40}O_{21}$	772.2062	771.1984

续表

编号	中文名	英文名	分子式	分子量	[M-H]$^-$
9	芹菜素葡萄糖鼠李糖葡萄糖苷	apigenin-glu-rha-glucoside	$C_{26}H_{28}O_{14}$	564.1479	563.1401
10	山奈酚葡萄糖鼠李糖葡萄糖苷	kaempferol-glu-rha-glucoside	$C_{33}H_{40}O_{20}$	756.2113	755.2035
11	芦丁	rutin	$C_{27}H_{30}O_{16}$	610.1534	609.1456
12	次甲基鞣花酸-4′葡萄糖苷	okicamelliaside	$C_{21}H_{16}O_{13}$	476.0591	475.0513
13	3′-甲基鞣花酸	3′-methyl-ellagic acid	$C_{15}H_8O_8$	316.0219	315.0141
14	3,4-O,O-次甲基鞣花酸	3,4-O,O-methine-ellagic acid	$C_{15}H_6O_8$	314.0063	312.9984
15	3′-甲基鞣花酸-4′葡萄糖苷	3′-methyl-ellagic acid-4′-glucoside	$C_{21}H_{18}O_{13}$	478.0747	477.0669
16	山奈酚鼠李糖-鼠李糖葡萄糖苷	kaempferol-rha-rha-glucoside	$C_{33}H_{40}O_{19}$	740.2164	739.2086
17	山奈酚鼠李糖-鼠李糖-鼠李糖葡萄糖苷	kaempferol-rha-rha-rha-glucoside	$C_{39}H_{50}O_{24}$	902.2692	901.2614
18	山奈酚葡萄糖-鼠李糖-鼠李糖葡萄糖苷	kaempferol-glu-rha-rha-glucoside	$C_{39}H_{50}O_{25}$	918.2641	917.2277
19	山奈酚鼠李糖-鼠李糖鼠李糖苷	kaempferol-rha-rha-rhamnoside	$C_{33}H_{40}O_{18}$	724.2215	723.2136
20	阿魏酸乙酯	ethyl Ferulate	$C_{12}H_{14}O_4$	222.0892	221.0804
21	葫芦素 E	cucurbitacin E	$C_{32}H_{44}O_8$	556.3036	555.2252
22	奎宁酸	D-(-)-Quinic acid	$C_7H_{12}O_6$	192.0635	191.0563
23	原花青素 B2	proanthocyanidin B2	$C_{30}H_{26}O_{12}$	578.1418	577.1563
24	山茶苷 A	camelliaside A	$C_{33}H_{40}O_{20}$	756.2110	755.2039
25	北升麻瑞	cimidahurine	$C_{14}H_{20}O_8$	316.1155	315.1081
26	3-羧基-4-羟基-苯氧基葡萄糖苷	3-Carboxy-4-hydroxy-phenoxy glucoside	$C_{13}H_{16}O_9$	316.0795	315.0722
27	异苦鬼臼酮	isopicropodophyllone	$C_{22}H_{20}O_8$	412.1121	411.1066
28	α-亚麻酸	α-Linolenic acid	$C_{18}H_{30}O_2$	278.2245	277.2173
29	棋盘花辛碱	zygacine	$C_{29}H_{45}NO_8$	535.3136	594.3275
30	吐叶醇	vomifoliol	$C_{13}H_{20}O_3$	224.1418	223.1346
31	TR-皂苷 C	TR-saponin C	$C_{54}H_{82}O_{21}$	1066.5349	1110.5194
32	TR-皂苷	TR-saponin	$C_{55}H_{84}O_{21}$	1080.5472	1125.5454
33	TR-皂苷 B	TR-saponin B	$C_{52}H_{80}O_{20}$	1024.5243	1069.5350

续表

编号	中文名	英文名	分子式	分子量	[M-H]⁻
34	TR-皂苷A	TR-saponin A	$C_{52}H_{78}O_{20}$	1022.5086	1067.5350
35	獐牙菜苦苷	swertiamarin	$C_{16}H_{22}O_{10}$	374.1209	373.1134
36	獐牙菜苷	sweroside	$C_{16}H_{22}O_{9}$	358.1260	357.1188
37	多杀菌素A	spinoside A	$C_{39}H_{56}O_{12}$	716.3794	715.3726
38	香紫苏二醇	sclareol Glycol	$C_{16}H_{30}O_{2}$	254.2243	253.2013
39	五味子酯戊	schisantherin E	$C_{30}H_{34}O_{9}$	538.2156	537.2105
40	桑根醇L	sanggenol L	$C_{25}H_{26}O_{6}$	422.1695	421.1639
41	对羟基苯甲醛	p-Hydroxybenzaldehyde	$C_{7}H_{6}O_{2}$	122.0368	121.0296
42	女贞苦苷	nuezhengalaside	$C_{18}H_{28}O_{9}$	388.1721	387.1114
43	柱牛奶菜苷乙	marsdeoreophiside B	$C_{57}H_{88}O_{22}$	1124.5717	1123.5710
44	苦鬼白酮	isopicropodophyllone	$C_{22}H_{20}O_{8}$	412.1121	411.1066
45	榆耳三醇	gloeosteretriol	$C_{17}H_{30}O_{3}$	282.2186	327.2147
46	灵芝醇B	ganodermadiol	$C_{30}H_{48}O_{2}$	440.3647	499.3786
47	灵芝烯酸C	ganoderenic acid C	$C_{30}H_{44}O_{7}$	516.3047	575.3203
48	灵芝烯酸B	ganoderenic acid B	$C_{30}H_{42}O_{7}$	514.2909	573.3047
49	白杨素-7-O-龙胆二糖苷	chrysin7-O-β-gentiobioside	$C_{27}H_{30}O_{14}$	578.1626	577.1552
50	白果内酯	bilobalide	$C_{15}H_{18}O_{8}$	326.1004	325.0932
51	白桦脂酸	betulinic acid	$C_{30}H_{48}O_{3}$	456.3598	501.3579
52	岩匙皂苷C	berneuxia saponin C	$C_{54}H_{86}O_{24}$	1118.5512	1117.5445
53	苯甲酸戈米辛H	benzoylgomisin H	$C_{29}H_{34}O_{7}$	494.2267	539.2266
54	对羟基苯乙酮	4'-Hydroxyacetophenone	$C_{8}H_{8}O_{2}$	136.0525	135.0452
55	右旋没食子儿茶素	(+)-Gallocatechin	$C_{15}H_{14}O_{7}$	306.0741	305.0668

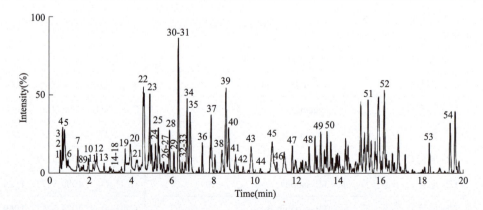

图 2.2.2-1　金花茶 UPLC-Q-TOF/MS 鉴定的总离子流图

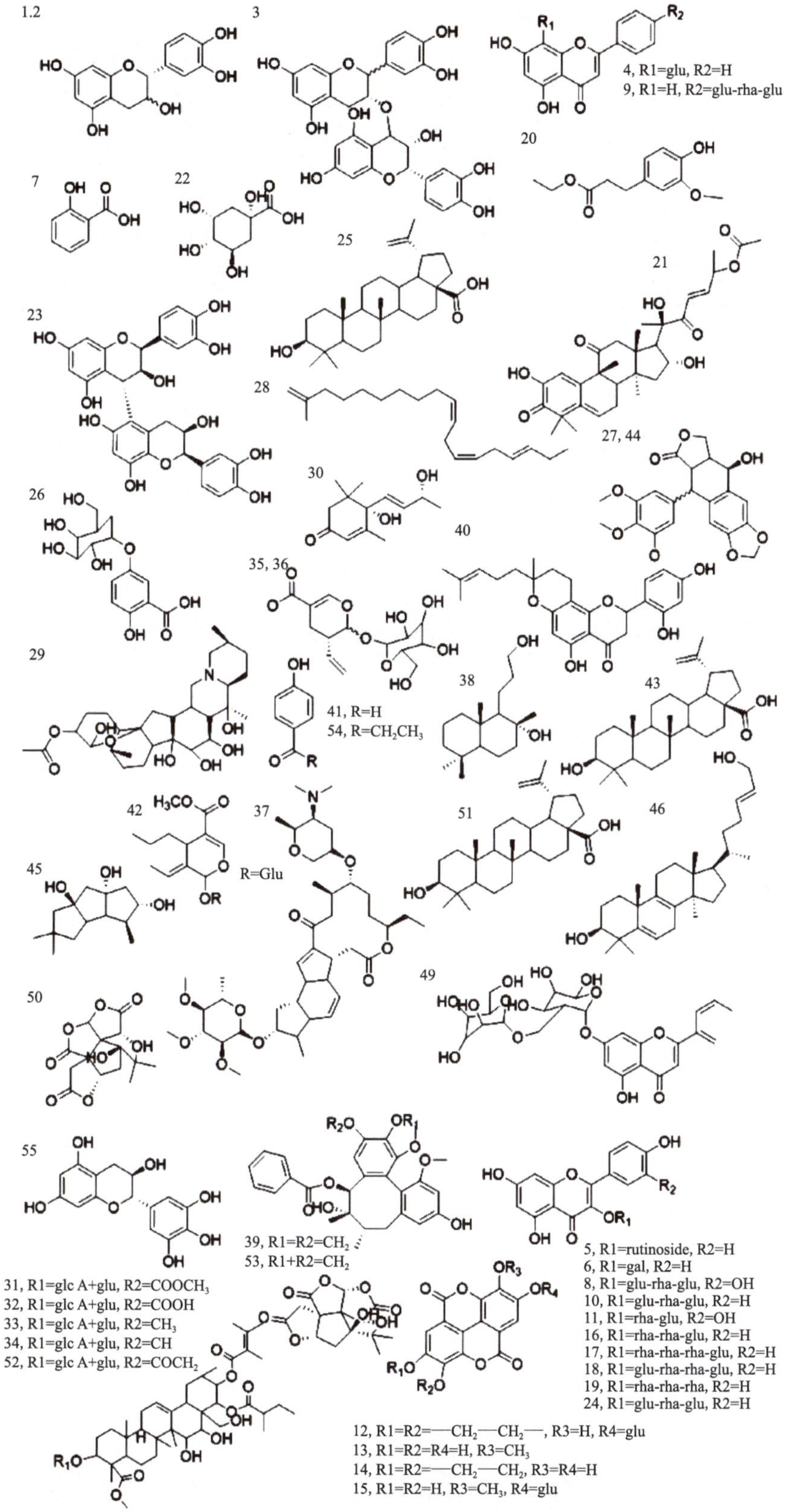

图 2.2.2-2　金花茶中主要成分的结构式

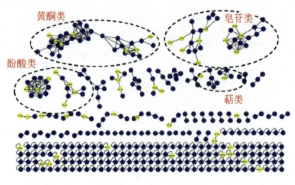

图 2.2.2-3　金花茶化学成分的分子网络聚类分析

进一步将金花茶的二级质谱数据进行分子网络的构建，经GNPS在线数据库的分析，结果如图2.2.2-3所示，金花茶的数据形成一个相互交错的网络。在网络中互相连接的两点包含相同的碎片离子。根据化合物的裂解规律可以知道连接成网的物质可能存在相同的母核、官能团或类似的裂解规律。在图中共呈现出275个化合物，其中黄色标识的是我们解析出的55个成分，结合已知成分进一步可推测网络中的未知物。如图中标识，在网络聚集中，我们可以清晰地看到同一类别的化合物分布在一起，如黄酮类、酚酸类、皂苷类以及萜类等。综上所述，结合分子网络的方法可以极大地丰富金花茶的物质基础，对金花茶的进一步开发及研究都有很大的指引作用。

第三节

基于网络药理学的金花茶药效物质作用靶点与网络预测

一、金花茶体内代谢成分的分析

将制备好的给药血浆样品进行液质分析，给药前所取血样作为空白对照。如图2.3.1-1所示，从上至下依次为金花茶提取物、混合血样和空白血样在负模式的总离子流图。结合金花茶提取物中解析出的物质，对混合血浆中含有的成分进行解析。其中主要代谢物鉴定出14个，在表2.3.1-1中已详细列出。其中包含原型入血的成分，如儿茶素、牡荆素、水杨酸以及山奈酚衍生物、鞣花酸衍生物等。另外山奈酚及槲皮素代谢产物山奈酚-3-O-葡萄糖醛酸及槲皮素-3-O-葡萄糖醛酸为主要的代谢产物。

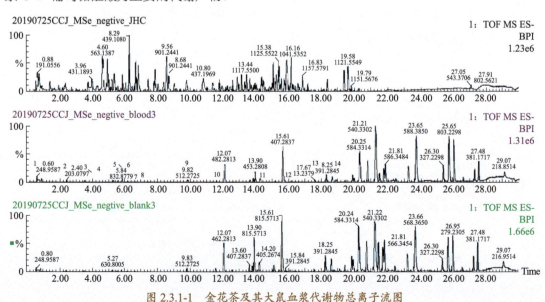

图 2.3.1-1　金花茶及其大鼠血浆代谢物总离子流图

表 2.3.1-1　金花茶大鼠体内主要代谢物鉴定分析

编号	中文名	英文名	分子式	分子量	[M-H]⁻
1	表儿茶素	epicatechin	$C_{15}H_{14}O_6$	290.0790	289.0712
2	牡荆素/异牡荆素	vitexin/Isovitexin	$C_{21}H_{20}O_{10}$	432.1056	431.0978
3	山奈酚-3-O-β-D-芸香糖苷	kaempferol-3-O-β-D-rutinoside	$C_{27}H_{30}O_{15}$	594.1585	593.1506
4	山奈酚-3-O-β-D-半乳糖苷	kaempferol-3-O-β-D-galactoside	$C_{21}H_{20}O_{11}$	448.1006	447.0927
5	水杨酸	salicylic acid	$C_7H_6O_3$	138.0317	137.0239
6	芹菜素鼠李糖葡萄糖鼠李糖苷	apigenin-glu-rha-glucoside	$C_{26}H_{28}O_{14}$	564.1479	563.1401
7	芦丁	rutin	$C_{27}H_{30}O_{16}$	610.1534	609.1456
8	次甲基鞣花酸-4'葡萄糖苷	okicamelliaside	$C_{21}H_{16}O_{13}$	476.0591	475.0513
9	3'-甲基鞣花酸	3'-methyl-ellagic acid	$C_{15}H_8O_8$	316.0219	315.0141
10	3,4-O,O-次甲基鞣花酸	3,4-O,O-methine-ellagic acid	$C_{15}H_6O_8$	314.0063	312.9984
11	3'-甲基鞣花酸-4'葡萄糖苷	3'-methyl-ellagic acid-4'-glucoside	$C_{21}H_{18}O_{13}$	478.0747	477.0669
12	奎宁酸	quinic acid	$C_7H_{12}O_6$	192.0635	191.0563
13	槲皮素-3-O-葡萄糖醛酸苷	quercetin-3-O-β-D-glucuronide	$C_{21}H_{18}O_{13}$	478.0747	477.0659
14	山奈酚-3-O-葡萄糖醛酸苷	kaempferol-3-beta-O-glucuronide	$C_{21}H_{18}O_{12}$	462.0798	461.0737

二、金花茶代谢成分的网络药理学预测

将金花茶中分析所得主要代谢物进行网络药理学的构建及作用靶点和通路的预测，蛋白互作图如图 2.3.2-1 所示，排名靠前的通路为 IL-17 signaling pathway、insulin signaling pathway、prolactin signaling pathway、pathways in cancer、foxO signaling pathway、insulin resistance、matabolic pathways 等，主要参与体内代谢、炎症因子、糖脂代谢、氧化应激及癌症相关等过程。这与目前报道的金花茶的药理活性，包括抗炎活性、抗氧化衰老、降血糖、抗肿瘤等密切相关，为进一步探究金花茶的作用靶点提供了方向。

小结

（1）通过对金花茶叶提取物的液质分析，对其中含有的化学物质进行了系统解析。借助分子网络手段，在金花茶中共识别出 275 个成分，解析鉴定出的 55 个化合物，根据网络分布可以较清晰地对金花茶中成分类别进行归纳分类。结果发现，金花茶中黄酮类、酚酸类、皂苷以及萜类物质较多，其中以黄酮和多酚类为主，鞣花酸衍生物是其特色成分，极大地丰富了金花茶的化学物质信息，为金花茶的开发利用提供依据。

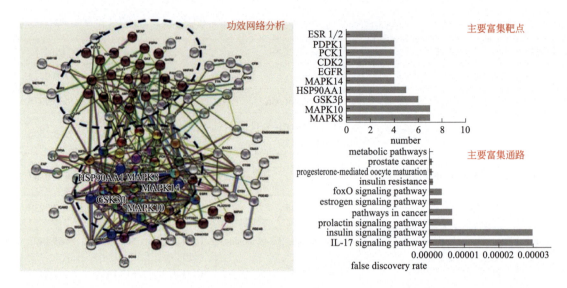

图 2.3.2-1　金花茶主要体内代谢物的作用蛋白靶点与通路分析

（2）在对金花茶大鼠体内代谢物分析中，发现其中主要代谢物包括金花茶中原型入血成分，如儿茶素、牡荆素、水杨酸以及山柰酚衍生物、鞣花酸衍生物冲山茶苷等；此外还含有多种代谢产物，如山柰酚及槲皮素的代谢产物山柰酚-3-O-葡萄糖醛酸及槲皮素-3-O-葡萄糖醛酸。

（3）对金花茶体内代谢物进行网络药理学的靶点通路预测，发现这些代谢物主要作用于代谢调节、炎症因子、氧化应激、糖脂代谢及癌症通路等。以MAPK、AKT、GSK3β、HSP90aa1、EGFR等靶点蛋白为代表，参与的信号通路主要涉及IL-17 signaling pathway、Insulin signaling pathway、prolactin signaling pathway、pathways in cancer、foxo signaling pathway、insulin resistance、matabolic pathways 等通路，参与体内代谢、炎症因子、糖脂代谢、氧化应激及癌症相关等生物学过程。

第四节
关键药效作用的谱效筛选及药效物质发现

一、金花茶抗氧化成分的谱效筛选

综合文献记载及网络药理学预测分析，金花茶在抗炎、抗氧化方面具有潜在的药理活性。针对金花茶抗氧化、抗炎的药理活性成分进行系统的谱效筛选及评价，首先我们进行了金花茶体外自由基清除能力的检测以及在模式生物果蝇体内进行评价，进一步构建柱后衍生系统在线筛选其中的主要抗氧化成分，并结合分子网络筛选其中潜在的活性抗氧化物质。此外借助NF-kB双荧光素酶报告基因系统评价金花茶的花及叶在炎症方面的活性，并对其中的抗炎物质进行筛选。明确和完善了金花茶抗炎、抗氧化的药效物质基础。

1. 金花茶的萃取及供试品的制备

采集的金花茶叶（广西防城港普通种）自然阴干，置鼓风干燥箱中60℃烘4h，放冷后密封防潮低温贮藏。干燥的叶片粉碎，按10∶1比例（V/W）加入50%甲醇溶液，超声提取30min，3600rpm离心10min，上清液经旋转蒸发仪浓缩干燥得金花茶干粉，密封，–20℃保存备用。称取金花茶干粉加适量水混悬，用5个不同极性的溶剂萃取金花茶提取物，依次按照石油醚（PE），二氯甲烷（CH_2Cl_2），乙酸乙酯（EA），水饱和正丁醇（n-BuOH）的顺序进行萃取分层。其中萃取溶剂与被萃取溶剂的体积比为3∶1，连续萃取两次并合并两次的萃取液。所得萃取层和剩余水层均进行减压浓缩干燥，称重后备用。

2. 羟自由基清除率的测定

羟自由基清除率是测定物质抗氧化水平的一种方法。其原理为H_2O_2与亚铁离子反应生成羟自由基（·OH），·OH反应活性高，当体系中加入水杨酸便能快速捕捉到·OH而生成紫色化合物2,3-二羟基苯甲酸，该物质在536nm具有最大吸收。因此当体系中存在·OH清除剂时，紫色化合物减少，吸光度减小，根据此便可来测定物质的羟自由基清除率。按照金花茶各萃取层的百分占比配置各层供试品溶液（50%甲醇配置），使其中金花茶提取物浓度为5mg/mL。根据羟自由基清除能力试剂盒检测方法，使用多功能酶标仪分别测定空白管（A0），对照管（AC）和样品管（A）在536nm下的吸光度。羟基自由基清除率计算公式：D%=(A–AC)/(A0–AC)×100%。

3. DPPH抗氧化能力的测定

DPPH（1,1-二苯基-三硝基苯肼）测定法也是一种常用的测定物质抗氧化能力的体外测定方法。首先配置DPPH溶液，称取DPPH适量，加95%乙醇超声溶解，在517nm下测定吸光度。将400μL供试品加到400μL DPPH溶液（0.4mM）中，并设置对照组（95%乙醇），立即混匀，在暗处孵育30min。使用多功能酶标仪在517nm处测定吸光度。DPPH自由基清除率（%）=（1–A/A0）×100%，其中A是样品存在下的吸光度，A0是对照的吸光度。

4. ABTS自由基清除能力的测定

ABTS（2,2'-联氮-双-3-乙基苯并噻唑啉-6-磺酸）与$K_2S_2O_8$反应可生成稳定的阳离子自由基$ABTS^+$。该自由基呈绿色，在734nm处有最大吸收，自由基清除剂存在时则会使$ABTS^+$减少，吸光度变小，据此可评估物质清除自由基的能力。其中ABTS储备液（7.4mM）的配置方法为：取ABTS 96mg，加水25mL溶解，即得；$K_2S_2O_8$储备液（2.6mM）的配置方法为：取$K_2S_2O_8$ 378.4mg，加水10mL溶解，即得。将5mL ABTS储备液与88μL的$K_2S_2O_8$储备液混匀，静置12～16h，即得ABTS储备液。取0.4mL ABTS储备液，用PBS缓冲液稀释至在734nm处测定吸光度为0.7±0.02，得ABTS工作液。取0.2mL工作液与10μL供试品或PBS混合，室温避光静置6min，使用多功能酶标仪在734nm处测定吸光度。ABTS自由基清除率（D%）= (A0–A)/(A0)×100%，其中A0是PBS对照溶液的吸光度，A是供试品的吸光度。

5. 过氧化氢致果蝇急性损伤实验

果蝇急性损伤实验常用于评价药物抗氧化衰老、增强寿命等药理活性，常采用的急性损伤剂有百草枯、过氧化氢等。我们采用过氧化氢对果蝇进行急性损伤来验证金花茶的抗氧化效果。实验采用ISO4黑腹果蝇（drosophila melanogaster），按照果蝇饲养标准，在25℃和65%湿度的气候培养箱中进行12h光照-12h黑暗的传代培养。收集新出生的3天内羽化的雌蝇及雄蝇各600只，随机分为4组：空白对照组（C）、低剂量组（L，0.1g/100mL）、中剂量组（M，0.5g/100mL）、高剂量组（H，1g/100mL）；每管30只，共设立5个平行管。培养两周后饥饿两小时，将果蝇转移至底部放有5片滤纸片的新管中，滤纸上滴加200μL含有30%过氧化氢的6%的葡萄糖溶液。每小时记录各管果蝇死亡数量，绘制出果蝇的生存曲线。

6. 柱后衍生法筛选活性成分

柱后衍生法是将多组分样品注入色谱柱，按一定的色谱条件在色谱柱上进行分离，当各个组分从色谱柱依次流出后，在一定的反应条件下分别与衍生化试剂反应，生成的衍生化产物再进入检测器进行检测的方法。借助此方法，我们构建了HPLC-UV-FLD柱后衍生系统筛选金花茶中的抗氧化活性物质。具体是在常规HPLC系统下增加了两个的衍生化试剂输送泵，首先通过C_{18}色谱柱在实现金花茶乙酸乙酯层的色谱分离，并经紫外检测器进行分离监控，流出物与衍生化试剂反应后，在二元混合泵的作用下进入荧光检测器进行实时监测。选用的衍生化试剂为3%H_2O_2溶液、8μmol/L氯化血红素和80μmol/L PHPAA 的 NH_4Cl/NH_3H_2O 缓冲溶液（pH=10.5）。金花茶乙酸乙酯层萃取物用甲醇配置成5mg/mL的溶液，进样量20μL，流动相组成为0.1%甲酸水溶液（A）和乙腈（B），洗脱。样品254nm波长下采集紫外液相图。之后进行柱后衍生，流速设定为0.8mL/min。在激发波长为315nm，发射波长为400nm下进行荧光色谱的采集，并在主要的荧光峰出现的时间点，按照紫外色谱图采集金花茶分离液。同时富集流出液并浓缩后进行UPLC-Q/TOF鉴定分析。

7. SOD 及 CAT 活性测定

human embryonic kidney 293（HEK293）细胞使用DMEM高糖完全培养基（10%FBS和1%双抗）在5%CO_2的37℃培养箱进行培养。待细胞可以传代时，胰酶消化细胞并将其接种于6孔细胞培养板中，除空白对照组外，给药组以100μmol/L H_2O_2刺激30min。然后用待测药物处理细胞6h，之后按照SOD（超氧化物歧化酶）及CAT（过氧化氢酶）试剂盒操作说明进行实验，并按照说明在相应波长下测定吸光度，计算SOD与CAT活力。

8. 金花茶抗氧化活性萃取层的确定

对金花茶及五个萃取层进行抗氧化活性的评价，首先通过体外抗氧化的指标包括羟自由基（hydroxyl free radical）清除率、DPPH自由基清除率、ABTS自由基清除率来确定金花茶的抗氧化活性强弱。如图2.4.1-1可见，金花茶具有清除自由基发挥抗氧化活性，而在五个萃取层中，呈现出一定的差异性。其中乙酸乙酯层活性最高，正丁醇层次之，石油醚层效果最差。因此我们选取金花茶的乙酸乙酯萃取层作为抗氧化活性的主要研究对象。

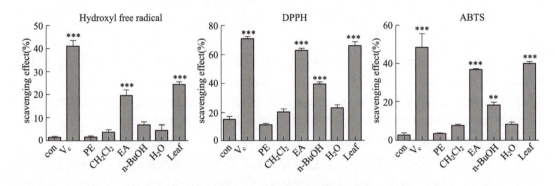

图 2.4.1-1 金花茶及各萃取层的自由基清除能力

进一步通过模式生物果蝇来验证乙酸乙酯层的抗氧化效果，如图2.4.1-2所示：对雌、雄果蝇分别进行过氧化氢急性损伤，相比于空白雌蝇，给药乙酸乙酯层的雌蝇能浓度依赖性地提高急性损害后的存活率；而雄性给药组与空白组无显著性差异。综上我们可以初步得出结论：金花茶具有一定的抗氧化能力，乙酸乙酯萃取层的抗氧化活性最佳，且对雌性的作用更强。

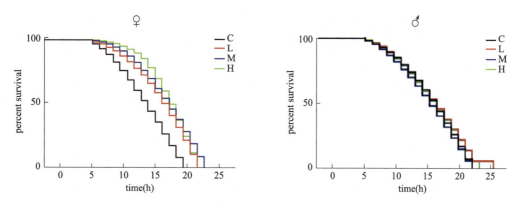

图 2.4.1-2　金花茶乙酸乙酯萃取层对过氧化氢极性损伤果蝇生存的影响

9.柱后衍生法筛选抗氧化活性成分

为了进一步明确金花茶可增强果蝇体内的抗氧化能力的物质基础。首先通过HPLC分离乙酸乙酯萃取层中的化合物，然后通过柱后荧光衍生化系统筛选化合物，通过荧光检测器记录抗氧化能力。如FLD色谱图所示（图2.4.1-3），共有三个主要峰（a，b和c）视为金花茶中抗氧化主要成分。根据相应的紫外吸收峰，我们进行三个主要峰的富集。结合UPLC-Q/TOF质谱信息，确诊出三个抗氧化成分分别为没食子酸（a）、儿茶素（b）和水杨酸（c）。

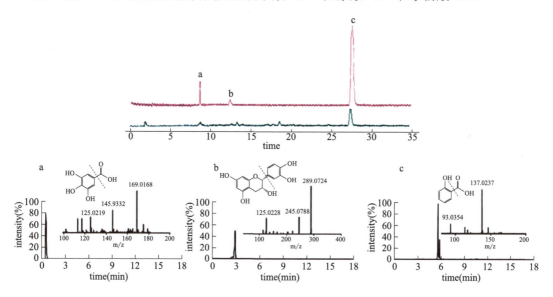

图 2.4.1-3　柱后衍生荧光色谱图及主要抗氧化成分质谱解析

10.构建分子网络筛选金花茶中抗氧化活性成分

为了探索金花茶中更多的抗氧化活性成分，我们将乙酸乙酯萃取层的二级质谱碎片信息与GNPS在线数据库结合起来，建立了金花茶的分子网络（图2.4.1-4）。在分子网络中包括了乙酸乙酯层中所有成分，筛选出的三种主要活性成分也可以清楚地定位。我们可以更直观地分析成分之间的关系，可见与这三个成分形成网络直接相连的有7个组分。如图2.4.1-4所示，为金花茶乙酸乙酯层的负模式下总离子色谱图，结合7个成分的质谱碎片信息可对其进行鉴定，分析可知这些物质主要为多酚、黄酮类成分，其中一些已被报道具有抗氧化活性。除文献报道的一些活性成分外，其他主要是一系列鞣花酸衍生物，如3'甲基鞣花酸-4'-葡萄糖苷，

3'-甲基鞣花酸，3,4-O,O-次甲基鞣花酸和冲山茶苷（okicamelliaside）为筛选出的新的抗氧化成分。综上所述，借助分子网络手段，我们可以筛选出更多的新型、微量的活性药理成分。

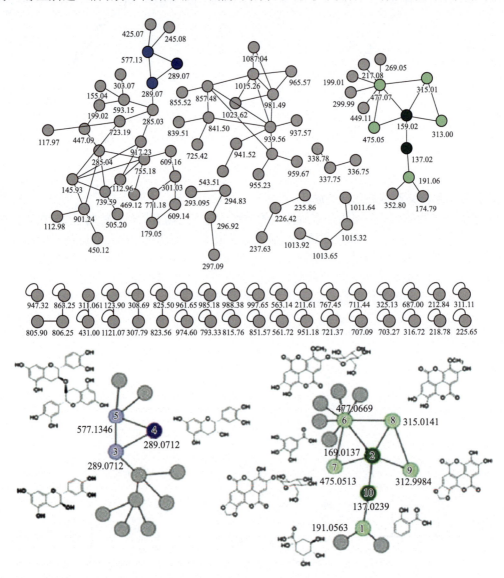

图 2.4.1-4　基于分子网络的金花茶乙酸乙酯层抗氧化成分筛选

11. 抗氧化成分的活性验证

为了验证筛选出的活性物质的抗氧化能力，我们评价了化合物的三种自由基清除率。结果如图2.4.1-5所示，在10μM剂量下，没食子酸、儿茶素、水杨酸及冲山茶苷（okicamelliaside）均具有一定的自由基清除率，其中没食子酸的效果最佳。

此外我们还评估了在HEK293细胞内四种成分对两个重要的抗氧化剂指标SOD和CAT活性的影响；结果如图2.4.1-6所示。与对照组相比，四种化合物均能浓度依赖性地引起CAT和SOD活性的显著升高。可以看出，所筛选的三个成分以及借助分子网络的手段筛选出的新的活性成分都有较强的抗氧化能力，这一活性筛选方法可用于复杂样品中活性成分的发现研究，为天然产物的研究开发提供了新思路。

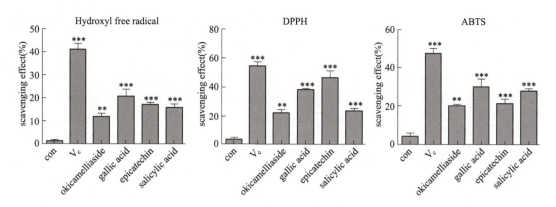

图 2.4.1-5　金花茶抗氧化活性成分的体外抗氧化能力评价

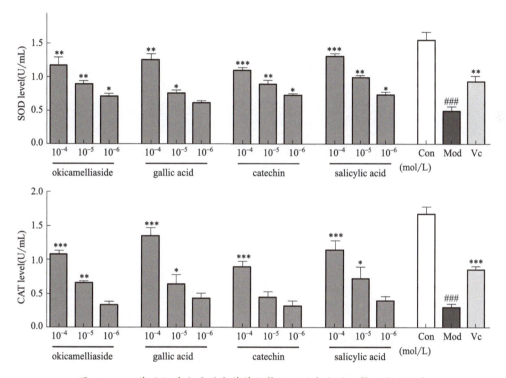

图 2.4.1-6　基于细胞水平的金花茶抗氧化活性成分的抗氧化能力评价

二、金花茶抗炎成分的谱效筛选

1. NF-κB 抑制活性检测

使用 NF-κB 双荧光素酶报告体系检测金花茶对 HEK293 细胞中 TNF-α 诱导产生的 NF-κB 的抑制作用。实验方法如下：将处于对数生长期的 HEK293 细胞进行消化，接种于 96 孔培养板中，置于 CO_2 培养箱中培养。待细胞生长至 70% 左右时，吸弃培养基，加入含 0.4μg PGL 4.32 质粒、0.01μg Renilla 质粒和 2.6μg PEI 的 DMEM 培养基，24h 后完成转染；弃去培养基再加入含 20ng/mL TNF-α 与供试品溶液，同时设置 DMEM 作为空白对照组（C），10μmol/L Dex 作为阳性对照组（P），给药孵育 6h；使用 PBS 缓冲液清洗细胞，重复 3 次，弃去 PBS 缓冲液；每孔加入双荧光素酶报告系统试剂盒中的裂解液 20μL，室温震荡 40min；每孔吸取 15μL 细胞裂解液置于1.5mL离心管中，加入20μL试剂盒中的LAR试剂，使用Modulus荧光检测仪测得荧光值A，再加入20μL的Stop试剂，测得荧光值B。通过每孔细胞的荧光值=荧光值A/B来确定NF-κB抑制活性。

2. 抗炎活性成分的谱效筛选

考虑到金花茶中组分复杂对于抗炎组分的筛选造成阻碍，因此对金花茶五个萃取层的NF-κB抑制活性进行检测，之后再针对活性萃取层进行谱效筛选。谱效筛选前首先进行馏分的收集，具体操作为：称取所需筛选的金花茶萃取层，使用甲醇超声复溶配制为10mg/mL的溶液。样品经0.22μm滤膜进行过滤除去不溶物后，采用上述UPLC条件进行分离。记录正负模式下的总离子流图，每0.5min流出液收集为一个馏分至深孔板中，重复进样3次富集样品。收集的样品置于真空干燥箱中减压干燥挥发溶剂，每孔中加入100μL细胞培养基超声复溶。每一孔馏分作为一个给药组，按照上述操作进行细胞给药，采用上述双荧光素酶报告基因NF-κB活性检测系统检测馏分的抗炎活性。

3. 金花茶抗炎成分鉴定与评价

NF-κB是重要的炎症因子之一，为了探究金花茶的花及叶的抗炎效果，利用NF-κB双荧光素酶报告体系对金花茶的花及叶的抗炎效果进行评价。结果发现，当HEK293细胞受到TNF-α刺激时，NF-κB表达量显著升高。而用金花茶的花及叶的提取物干预后，NF-κB的表达量显著降低，且具有浓度依赖性。结果说明金花茶的花及叶均具有抗炎活性，且花与叶的抗炎效果无显著性差异。

进一步，我们对不同极性萃取层的抗炎效果进行评价，金花茶花及叶的结果如图2.4.2-1所示，花与叶的正丁醇层均显示出最高的NF-κB抑制活性，并随着给药剂量的升高，呈现剂量依赖性关系，这说明金花茶花及叶的正丁醇层均可以有效缓解TNF-α诱导的细胞炎症。随后我们针对正丁醇萃取层进行了谱效筛选和抗炎成分的鉴定。

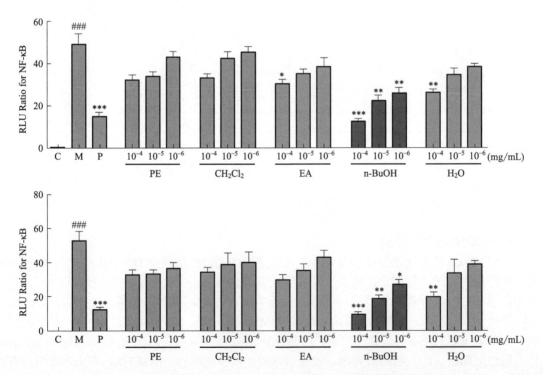

图 2.4.2-1　金花茶花（上图）及叶（下图）各萃取层抗炎效果的评价

4. 金花茶花及叶中抗炎活性成分的谱效筛选

确定正丁醇萃取层为主要的抗炎活性层后，我们对正丁醇层进行了谱效筛选。在金花茶的花中共筛选出6个主要的抗炎活性成分，叶中共筛选出4个活性成分。结合质谱信息，主要的抗炎活性成分为黄酮类、酚类物质，共计7个成分，其结构信息见图2.4.2-2。具体正丁醇层双荧光素酶报告基因筛选结果如图2.4.2-3（金花茶花）和图2.4.2-4（金花茶叶）所示。

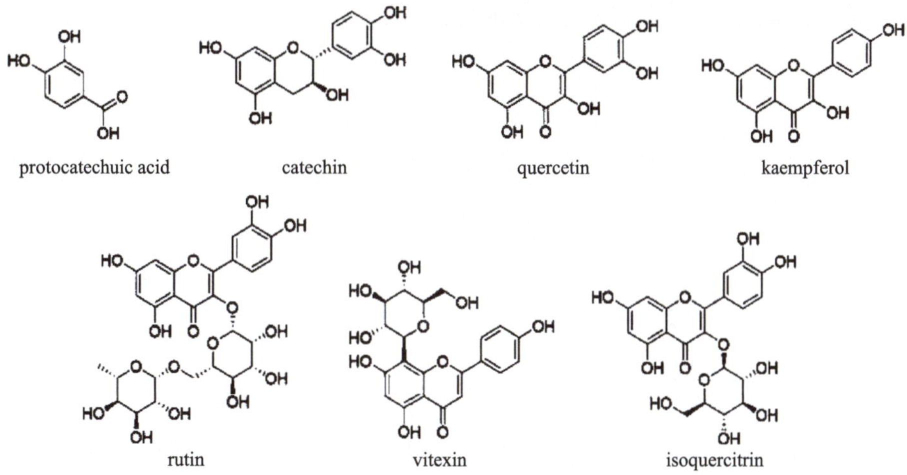

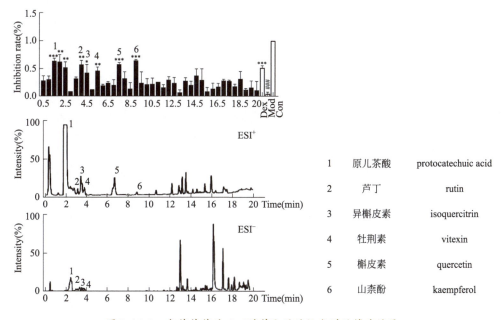

图 2.4.2-2　金花茶花和叶中抗炎活性成分的化学结构式

1	原儿茶酸　protocatechuic acid
2	芦丁　rutin
3	异槲皮素　isoquercitrin
4	牡荆素　vitexin
5	槲皮素　quercetin
6	山柰酚　kaempferol

图 2.4.2-3　金花茶花的正丁醇萃取层的抗炎谱效筛选结果

5. 抗炎成分的活性验证

同样采用双荧光素酶报告基因系统对谱效筛选出的活性成分的对照品进行化合物的活性验证。结果如图2.4.2-5所示，每个化合物在10^{-4}mol/L至10^{-6}mol/L的浓度范围内均能对NF-κB有很好的抑制作用，且具有浓度依赖性。综上，借助双荧光素酶报告系统从金花茶中筛选出多种黄酮和酚酸类的抗炎活性成分，为金花茶在抗炎药理活性方面的研究奠定了物质基础。

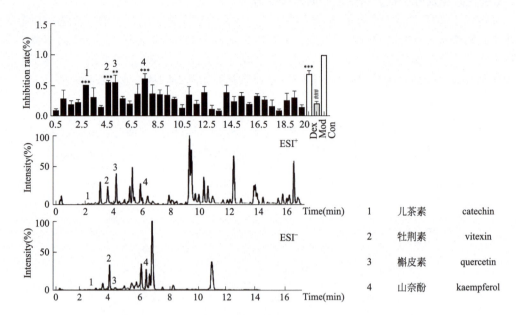

图 2.4.2-4　金花茶叶的正丁醇萃取层的抗炎谱效筛选结果

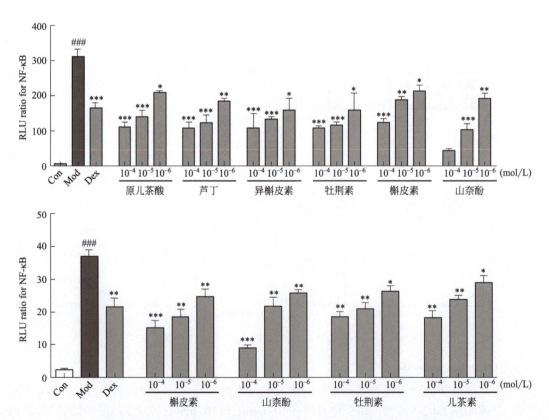

图 2.4.2-5　金花茶花（上图）及叶（下图）中抗炎活性成分的确证

小结

（1）通过体外抗氧化·OH、DPPH、ABTS⁺的检测，发现金花茶抗氧化活性物质主要在乙酸乙酯萃取层。进一步通过果蝇过氧化氢急性损伤实验验证发现金花茶能增强果蝇的抗氧化能力。利用HPLC-UV-FLD柱后衍生系统对金花茶中的抗氧化成分进行筛选，其中发现3个主要的抗氧化成分，分别为没食子酸、儿茶素及水杨酸等酚酸类化合物。结合分子网络分析发现金花茶中潜在的7个抗氧化活性成分，其中以鞣花酸为母核的成分有4种，均为首次报道。

（2）通过对金花茶花及叶对NF-κB的抑制效果的测定，表明花和叶均能有效降低NF-κB炎症因子的表达且活性物质均集中在正丁醇层。谱效筛选结果表明花中有原儿茶酸、芦丁、异槲皮素、牡荆素、槲皮素及山柰酚6种活性单体，叶中有儿茶素、牡荆素、槲皮素和山柰酚4种活性单体。与报道的大多数黄酮类成分具有抗炎活性的结果一致。

三、金花茶的标志性成分冲山茶苷的制备与近红外检测

基于化学物质组的金花茶的药效成分筛选以及体内代谢物分析发现，金花茶中以鞣花酸为母核的衍生物为其特色成分，冲山茶苷（okicamelliaside）以原型形式存在于大鼠血浆中。鉴于冲山茶苷含量较高并能以原型状态入血，且目前对于冲山茶苷的研究甚少，国内外文献只报道了冲山茶苷的化学合成方法及细胞毒性。在金花茶抗氧化研究中发现其具有抗氧化活性，为了更加深入地探究冲山茶苷的生物活性，将分离制备高纯度的冲山茶苷，通过优化提取条件，采用大孔吸附树脂初步分离，使用高效制备液相色谱进行制备。此外，针对金花茶叶片建立了冲山茶苷的近红外检测方法，可以用于直接筛查叶片中的冲山茶苷含量，为以其作为质量标志物的品质等级鉴定以及质量标准的制定提供了保障。

1.金花茶叶中冲山茶苷的制备及表征

1.1 金花茶叶中冲山茶苷的含量考察

取80批广西防城港普通种金花茶叶，粉碎，精密称定1.0g，按10∶1比例（V/W）加入50%甲醇溶液，超声提取30min后，3600rpm离心10min，取上清1mL，采用岛津LC-15C液相色谱仪进行含量检测，根据自制的冲山茶苷标准品所测的标准曲线进行各批样品中冲山茶苷的含量计算。

HPLC色谱条件如下，Phenomenex Luna C18色谱柱（250mm×4.6mm，5μm）；流速1.0mL/min；紫外检测器，检测波长254nm；样品进样量：20μL；柱温35°C流动相：A为0.1%甲酸-水溶液，B为乙腈；二元梯度洗脱：0～5min，2%～20%B；5～7min，20%～25%B；7～40min，25%～35%B；40～45min，35%～100%B。其色谱图见图2.4.3-1。

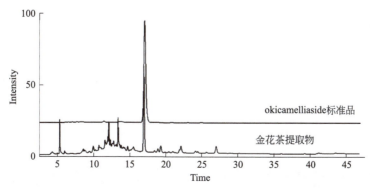

图 2.4.3-1 金花茶提取物与冲山茶苷对照品溶液的液相色谱图

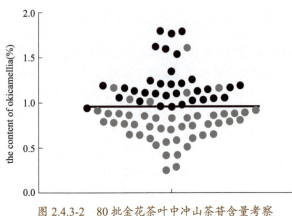

图 2.4.3-2　80批金花茶叶中冲山茶苷含量考察

采用HPLC法测定80批金花茶叶中冲山茶苷的含量，从含量散点分布图（图2.4.3-2）中可以看出，样品中冲山茶苷最高含量可达1.8%，最低的仅为0.2%，其含量在1%左右。相比于颜色偏绿、质地较薄的新叶（灰色点），颜色偏黄、质地厚硬的老叶（黑色点）中的含量较高。因此，在接下来的提取制备过程中，挑选颜色偏黄、质地厚硬的广西防城港普通种老叶作为原料。

1.2　提取条件的考察

利用软件Minitab17设计响应曲面试验优化提取条件，选取质地偏厚的黄褐色老叶作为提取原料，采用水煮的方式进行提取，综合考察提取的物料比、提取次数、提取时间对提取效率的影响（表2.4.3-1）。其中提取物料比考察范围在6.6∶1～23.4∶1；提取次数考察指标在1～5次；提取时间选定在0.66～2.34h。按照HPLC分析条件测定提取液中冲山茶苷的含量。根据响应面实验确定最佳提取条件。

表 2.4.3-1　金花茶中冲山茶苷提取条件的响应曲面考察

序号	物料比（mL/g）	次数	时间（h）	okicamelliaside 含量（%）
1	15	3	0.66	20.05
2	6.6	3	1.5	17.12
3	15	3	1.5	16.06
4	10	2	1	21.82
5	20	4	2	12.26
6	23.4	3	1.5	13.10
7	15	3	1.5	16.06
8	10	4	2	17.97
9	10	2	2	20.54
10	15	3	1.5	16.06
11	15	3	2.34	17.00
12	15	3	1.5	16.06
13	20	4	1	12.03
14	15	1	1.5	18.15
15	20	2	1	14.90
16	20	2	2	16.07
17	10	4	1	19.56
18	15	3	1.5	16.06
19	15	3	1.5	16.06
20	15	5	1.5	13.10

通过单因素试验确定液料比、次数和时间三个因素的范围，再通过响应面实验确定最佳提取条件。根据响应曲面试验的实验结果，最终确定冲山茶苷的最佳提取条件为：物料比为6.6∶1，提取次数1次，时间0.66小时。

1.3 AB-8大孔吸附树脂富集冲山茶苷

选取防城港普通种的金花茶颜色偏黄、质地偏厚的老叶约1.12kg，粉碎，加入7.4L蒸馏水，按照最优提取条件，对金花茶叶加热提取40min，采用100目不锈钢筛趁热过滤，放冷后混悬液中加入乙醇，调整溶液中乙醇的比例至70%，混匀后静置过夜，沉淀去除多糖。过滤取上清，采用闪蒸仪减压浓缩得总粗提物74.4g。进一步的向粗提物中加入蒸馏水溶解，配制成固含量约1%的溶液，上样AB-8大孔吸附树脂柱（直径：5.5cm），冲洗后，分别以不同浓度的乙醇溶液（10%→20%→30%→40%乙醇）梯度洗脱，流速1mL/min。每500mL收集为一份洗脱液，并采用HPLC分析条件检测其含量。如图2.4.3-3左图所示，20%乙醇洗脱液中冲山茶苷的含量最高，收集该洗脱部分，减压浓缩后得到冲山茶苷粗提物1.1g。

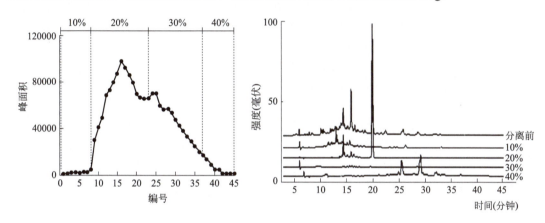

图2.4.3-3 AB-8冲山茶苷的大孔吸附树脂吸附及洗脱条件考察

1.4 高效制备液相色谱制备冲山茶苷

取大孔吸附树脂富集得到的冲山茶苷粗提物，加水溶解，配制成约50mg/mL的溶液，在3600rpm条件下离心10min，取上清液，采用高效制备液相色谱法制备冲山茶苷。选用CoMetro高效制备液相色谱仪（美国），Phenomenex Luna C18色谱柱（250mm×21.2mm，5μm）；流速9mL/min；CoMetro紫外检测器，检测波长254nm；样品进样量：500μL；柱温35℃；流动相：A为纯水，B为甲醇；二元梯度洗脱：0～7min，10%～25%B；7～20min，25%～40%B；20～35min，40%～48%B；35～36min，48%～100%B；36～45min，100%～100%B。收集液相流出液，HPLC法监测各流出液中冲山茶苷的含量。取粗提物1g，按照上所述方法采用高效制备液相色谱法进一步纯化，收集含量较高的色谱峰馏分（16.5～18min，甲醇比例：35.9%～37.7%），每一次分离制得6.6mg冲山茶苷，共收集260mg，HPLC检测纯度在98%以上，如图2.4.3-4。

1.5 冲山茶苷的结构确证

冲山茶苷样品的UPLC-Q/TOF分析结果如图2.4.3-5所示，负离子模式下的特征碎片为$[M-H]^-$475.0505，$[2M-H]^-$951.1107，$[M-Glu]^-$312.9997，HRMS（ESI）理论值为$[M-H]^-$475.0513，实验值为475.0505。

进一步采用核磁共振仪进行表征，其氢谱和碳谱的具体数据如下：1HNMR（400MHz，DMSO-d6）δ7.54（s，1H），7.42（s，1H），6.32（d，J=2.6Hz，2H），4.99（d，J=4.0Hz，1H），

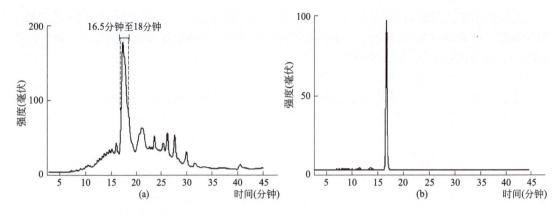

图 2.4.3-4　冲山茶苷高效液相制备纯化（a）与 HPLC 纯度检测（b）

4.92（d，J=5.0Hz，1H），4.64（t，J=5.8Hz，1H），4.47（d，J=7.0Hz，1H），3.70（dd，J=5.0,11.5Hz，2H），3.48（dd，J=5.9,11.8Hz，2H），3.15（qd，J=3.7,9.5,9.9Hz，4H）.13CNMR（1010MHz，DMSO-d6）δ159.9,158.5,150.5,149.8,138.4,137.7,132.4,118.9,117.1,115.5,112.8,105.8,103.8,102.7,94.8,92.8,77.5,76.9,73.6,69.6,60.9。

经以上核磁和质谱结果与文献相符，该化合物就是目标产物。

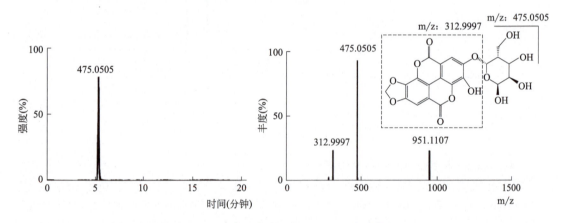

图 2.4.3-5　冲山茶苷 UPLC-Q/TOF 质谱鉴定

2. 金花茶叶中冲山茶苷含量的近红外快速测定

2.1　近红外原始光谱的采集与模型的建立

取自然阴干的金花茶叶，60℃加热4h得待测样品。选取直径大于3cm平整的叶片置于采集池光斑下，直接进行近红外原始光谱的采集。傅里叶变换近红外光谱仪的检测条件设为：分辨率8cm^{-1}，样品扫描次数64次，扫描范围12000～4000cm^{-1}，扫描方式为连续光斑漫反射扫描。每个样品重复测定3次，取平均光谱。

选取50片金花茶叶片的近红外光谱及其所对应的冲山茶苷含量，通过OPUS7.5软件定量模块进行建模操作，建立冲山茶苷的近红外光谱分析方法，采用交叉验证，分别对光谱预处理方法、光谱区段的选择进行考察优化。以相关系数（R^2）、交叉检验均方根误差（RMSECV）以及相对分析误差（RPD）为评价指标，对于模型预测性能进行评判。其中R^2越接近1，RMSECV越小，模型的准确度及预测效果越好；当RPD＞3.0，则认为所建模型具有较高可靠性，可用于后续分析。

将分别采集不同金花茶树叶的近红外光谱,通过矢量归一化进行预处理后,消除了背景干扰。同时将上述50批次样品的近红外预处理光谱与其冲山茶苷含量进行建模拟合,经优化发现选用4600～4200cm^{-1}波段所构建的模型具有较高的稳健性,见图2.4.3-6(a),相关系数R^2=93.31%,RMSECV=0.0315,RPD=3.79。

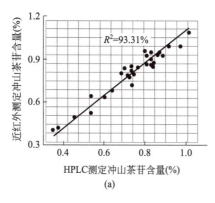 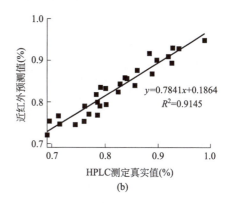

图2.4.3-6 金花茶叶中冲山茶苷的近红外光谱检测方法的考察

2.2 冲山茶苷的近红外光谱验证

为了进一步验证模型的准确性,进一步另取30批金花茶叶片,采集原始的近红外光谱,并参照OPUS7.5分析方法,进行模型预测分析,将其中冲山茶苷的含量与HPLC含量测定结果相比较,考察模型的预测效果。根据预测值与各批次中HPLC所测定的冲山茶苷真实值进行拟合,见图2.4.3-6(b),其相关系数可以达到R^2=0.9145,表明所建模型具有良好的预测能力。

2.3 金花茶中冲山茶苷的含量评价

选取来自中国广西与越南不同产地的15批金花茶的叶片,每个产地随机选取3个样本。分别采集其近红外光谱,利用上述模型对其中的冲山茶苷含量进行考察(表2.4.3-2)。结果发现不同批次的含量之间存在较大差异,其中NO.1、NO.2、NO.4、NO.7、NO.8、NO.9、NO.10、NO.12中冲山茶苷含量相对较高。除NO.1外,其余批次均属于防城港普通种(防普),故而选取其中大叶防普品种进行冲山茶苷的制备最为合适。

表2.4.3-2 不同来源金花茶中冲山茶苷含量分析(n=3)

编号	产地来源	含量(%)
1	越南中叶三区	1.33±0.31
2	小叶防普一区	1.15±0.02
3	显脉三区	0.99±0.09
4	大叶防普三区	1.16±0.07
5	越南小叶三区	0.56±0.02
6	大叶金花茶三区	0.51±0.04
7	窄叶防普三区	1.33±0.06
8	大叶防普五区	1.23±0.08
9	大叶防普一区	1.05±0.03
10	大叶防普沟口-压枝	1.16±0.12

续表

编号	产地来源	含量（%）
11	越南中叶九区	0.83±0.05
12	大叶防普九区	1.15±0.04
13	越南中叶十二区	0.76±0.06
14	越南小叶九区	0.75±0.04
15	越南小叶十五区	0.66±0.11

小结

（1）冲山茶苷作为金花茶中代表性的化学成分物质，因品种、产地与采收季节等不同，含量也存在较大差异。经多批次的含量考察，其中大叶防城港普通种的颜色偏黄、质地厚硬的老叶中的含量较高，可作为优质的原料。

（2）开发了冲山茶苷的制备工艺，明确了从金花茶叶中提取条件，水提法最优提取条件为：物料比6.6∶1，提取次数1次，时间0.66h。粗提物经AB-8大孔吸附树脂进行初步分离，20%乙醇洗脱，并进一步经高效液相制备色谱进行制备，最终可获得纯度≥98%的标准品。

（3）建立了冲山茶苷的近红外快检方法，采用近红外技术对金花茶叶片进行直接扫描，通过光谱预处理与算法优化，实现了对冲山茶苷含量的迅速准确的分析，为富含冲山茶苷品种的选育和优质原料的收集提供了便捷的手段。

第三章 金花茶药理作用及机制研究

第一节
金花茶抗炎药理作用及机制研究

咽炎为咽部黏膜、黏膜下组织的炎症，按病程长短又分为急性咽炎和慢性咽炎，急、慢性咽炎可单独发生，亦常继发于急、慢性鼻炎或扁桃体炎。急性咽炎多因病毒或细菌感染，亦可由高温、粉尘、烟幕、刺激性气体等诱发。慢性咽炎可因急性咽炎反复发作所致，亦可继发于慢性鼻腔、鼻窦或呼吸道慢性炎症，烟酒过度、粉尘、有害气体的刺激及全身疾病等都可能是发病的病理基础。急性咽炎的临床表现为咽部黏膜充血、肿胀，咽后壁淋巴滤泡隆起，表面可见黄白色点状渗出物。单纯慢性咽炎临床表现为黏膜充血、血管扩张，咽后壁有散在的淋巴滤泡，常有少量黏稠分泌物附着在黏膜表面。近年来大气污染、粉尘、饮食习惯的改变，咽炎的发病率呈不断增加的趋势。2018年报道显示，在对23376例患者进行耳鼻咽喉科健康体检时，发现有25.7%体检人员患有耳鼻咽喉疾病，其中患有慢性咽炎的人数最多，共4407例，占耳鼻咽喉疾病的73%。因此研究有效治疗咽炎的药物具有深远意义。

目前，现代医学主要是采用地塞米松、庆大霉素、奥美拉唑等药物以及中药汤剂结合雾化吸入法对咽炎进行治疗。如对慢性咽炎患者采用清咽利喉汤剂与超声雾化法结合，雾化吸入硫酸庆大霉素、地塞米松进行治疗。此外，使用阿奇霉素+糜蛋白酶+地塞米松雾化吸入治疗咽炎亦具有显著疗效。西药对咽炎的治疗虽能直达病灶，短时间内控制病情，但亦存在过度使用抗生素的情况。糖皮质激素长时间使用存在骨质疏松、电解质紊乱、代谢综合征等严重不良反应。

在中医中，咽炎属于"喉痹"范畴，"喉痹"一词，最早见于帛书《五十二病方》，意为咽喉闭塞疼痛。喉痹有广义喉痹与狭义喉痹之分。广义喉痹为咽喉肿痛阻塞之多种疾病的总称，狭义喉痹为咽部红肿疼痛，吞咽不利，异物塞感，间或有恶寒、发热、痰多黏稠、咽下困难等，根据症状缓急可分为风热喉痹、风寒喉痹、阴虚喉痹、阳虚喉痹、帘珠喉痹等。喉痹的病因主要有外感、内伤两大类；外感主要为风热邪毒或风寒之邪侵袭肺系咽喉所致，以风热者多见，风寒者少见。常因气候急剧变化、起居不慎、肺卫失固，而为风热或风寒所中。内伤主要以阴虚者多见，阳虚、气虚、血虚、气滞者少见；阴虚中尤以肺肾亏损为常见。此外，粉尘、浊气刺激、嗜好烟酒、辛辣等亦为形成虚火喉痹的诱因。咽喉为肺胃之门户，当风热外侵，肺经有热，邪毒搏结于咽喉又或外邪壅盛，乘势传里，致肺胃热盛，以致蒸灼咽喉，咽部肿痛而为风热喉痹。而当风寒之邪犯于皮毛，致营卫不和，邪气郁结而不能外达，壅结于咽喉，为风寒喉痹；肺胃亏损，津液不足，虚火上炎，循经上蒸，熏灼咽喉而为虚火喉痹。故对风寒喉痹，应治以疏风散寒、辛温解表；风热喉痹，治以祛邪为主；风热外侵者宜疏风清热、解毒利咽；邪热传里者，宜泻热解毒、利咽消肿；虚火喉痹者，以滋养润燥为主。

金花茶叶为山茶科植物金花茶的干燥叶，最早记载出现于《本草纲目》。其叶味微苦、涩，性平，归肝、肾经。可清热解毒、利尿消肿、止痢。用于咽喉疼痛、水肿、小便不利、疮疡、泄泻等。为明确金花茶叶治疗咽炎的药效，本课题采用斑马鱼、小鼠炎症模型初步探讨金花茶叶的抗炎作用，再进一步研究金花茶叶对急、慢性咽炎的治疗作用，观察金花茶叶对咽炎大鼠血清中白细胞、中性粒细胞、单核细胞等数量的影响以及促炎因子TNF-α、IL-1β、抗炎因子IL-10的影响，并通过病理切片分析咽部黏膜组织的病理变化，初步探讨金花茶叶治疗咽炎的药效，为后续金花茶相关产品的进一步开发提供实验基础。

一、金花茶叶对斑马鱼急性创伤性炎症模型的药效研究

对荧光标记了中性粒细胞、巨噬细胞的转基因斑马鱼进行切断尾鳍处理，造斑马鱼急性创伤性炎症模型；给药6小时后，在荧光显微镜下观察、统计中性粒细胞、巨噬细胞的数量及聚集情况，比较金花茶叶醇提物、水提物的抗炎效果。

1. 斑马鱼模型构建与给药设计

构建巨噬细胞带GFP荧光的斑马鱼炎症模型，将造模成功的斑马鱼随机放入24孔板中，并加入相应药物6h后，观察炎症细胞的聚集情况及数量。具体药物及其给药剂量见表3.1.1-1。

表3.1.1-1 斑马鱼具体分组、所给药物及其给药剂量

组别	药物	给药剂量（ug/mL）
空白对照组	/	/
阿司匹林组1	阿司匹林	40
阿司匹林组2	阿司匹林	60
地塞米松组1	地塞米松	20
地塞米松组2	地塞米松	30
水提物组	金花茶叶水提物	25
75%乙醇提取	金花茶叶75%乙醇提取物	25
95%乙醇提取	金花茶叶95%乙醇提取物	25
石油醚组	75%乙醇提取物石油醚萃取部位	25
乙酸乙酯组	75%乙醇提取物石油醚萃取部位	7.5
正丁醇组	75%乙醇提取物石油醚萃取部位	8

2. 金花茶叶对斑马鱼急性创伤性炎症模型的药效

2.1 在斑马鱼尾部切除部分组织，造成急性炎症模型，如图3.1.1-1所示。

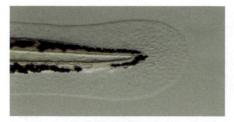 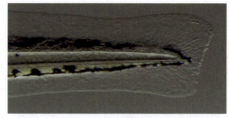

(a) 造模前　　　　　　　　　　　　　　　(b) 造模后

图 3.1.1-1　斑马鱼造模前后尾鳍照片

2.2　通过荧光显微镜对斑马鱼炎症伤口的巨噬细胞进行拍照及计数，通过与空白对照组相比，金花茶叶75%乙醇提取物、95%乙醇提取物、石油醚部位、乙酸乙酯部位及正丁醇部位的抗炎作用均具有显著性，说明具有一定的抗炎作用，且抗炎效果优于阿司匹林组（40μg/mL、60μg/mL），但与地塞米松相比，各给药组并无显著性。见表3.1.1-2、图3.1.1-2、图3.1.1-3。

表 3.1.1-2　不同药物给药后对炎症细胞的抑制作用

组别	细胞数（$\bar{x}\pm S$）	组别	细胞数（$\bar{x}\pm S$）
空白对照组	31.71±8.30	75%乙醇提取物组	21.44±7.60**△△
阿司匹林组1	33.33±11.18	95%乙醇提取物组	23.11±7.33**△△
阿司匹林组2	32.44±10.69	石油醚组	18.625±7.53**△△
地塞米松组1	27.4±7.748	乙酸乙酯组	19.4±6.32**△△
地塞米松组2	21.88±5.904**	正丁醇组	21±9.340**△△
水提物组	27.55±10.44		

注：** 与空白对照组相比 $P<0.05$（具有显著性差异）。△△ 与阿司匹林组1、2相比 $P<0.05$（具有显著性差异）。

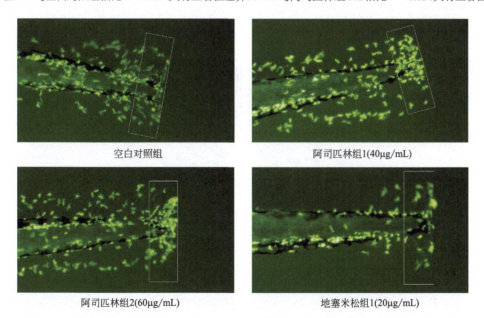

图 3.1.1-2

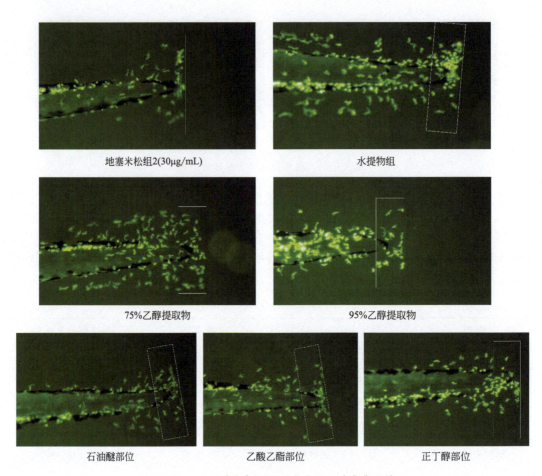

图 3.1.1-2　不同药物抑制斑马鱼炎症细胞聚集的作用

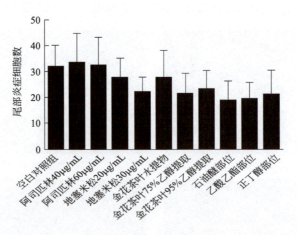

图 3.1.1-3　不同药物给药后对炎症细胞的抑制作用

二、金花茶叶对小鼠一般炎症模型的药效研究

采用二甲苯致小鼠耳肿胀模型、冰醋酸致小鼠腹腔通透性增加模型、小鼠棉球肉芽肿增殖模型，观察金花茶叶对小鼠耳肿胀、腹腔通透性增加以及棉球诱导的肉芽肿增殖的抑制作

用，观察金花茶叶的抗炎效果。

1. 金花茶叶对二甲苯致小鼠耳肿胀模型的药效研究

1.1 二甲苯致小鼠耳肿胀模型构建与实验设计

取昆明种小鼠64只，雌雄各半，随机分为模型组，阳性组，叶水提物高、中、低剂量组，叶醇提物高、中、低剂量组，共8组，每组8只。各组小鼠每日灌胃给药1次，每次给药体积为0.3mL/10g，连续灌胃7天。在末次给药45min后，于每只小鼠右耳正反两面涂40μL二甲苯致炎，以左耳做对照。致敏30min后，用脱颈椎法处死小鼠，沿耳廓剪下左右两耳，用6mm直径打孔器在同一位置下打下圆耳片，用分析天平称分别对左右耳进行称重，两耳重量之差为肿胀度，根据下列公式计算各组耳肿胀度、抑制率：

$$肿胀度 = 模型组平均肿胀度 - 给药组平均肿胀度$$

$$抑制率（\%） = \frac{模型组平均肿胀度 - 给药组平均肿胀度}{模型组平均肿胀度} \times 100\%$$

1.2 金花茶叶对二甲苯致小鼠耳肿胀模型的药效

与模型组相比，阿司匹林、金花茶叶水提物中剂量、低剂量以及金花茶叶醇提物各剂量均对小鼠耳肿胀具有极显著的抑制作用，差异具有统计学意义（$P < 0.01$）；金花茶叶水提物高剂量则对小鼠耳肿胀具有显著的抑制作用（$P < 0.05$）。见表3.1.2-1。

表3.1.2-1　金花茶叶对二甲苯致小鼠耳肿胀的抑制作用（$\bar{x} \pm S$，n=8）

组别		剂量（g/kg）	抑制率（%）	肿胀度（mg）
模型组		—	—	3.86±1.59
阿司匹林组		0.2	61	1.5±1.34**
叶水提物	高剂量组	4.55	56	1.71±1.22*
	中剂量组	2.275	71	1.16±1.78**
	低剂量组	1.1375	69	1.21±0.71**
叶醇提物	高剂量组	5.687	67	1.29±0.67**
	中剂量组	2.8435	68	1.24±1.04**
	低剂量组	1.4218	63	1.43±0.77**

注：与模型组相比，*$P < 0.05$，**$P < 0.01$。

2. 金花茶叶对冰醋酸致小鼠毛细血管通透性增加的抑制作用

2.1 冰醋酸致小鼠腹腔通透性增加模型构建与实验设计

取昆明种小鼠64只，雌雄各半，随机分为：模型组，阳性组，叶水提物高、中、低剂量组，叶醇提物高、中、低剂量组，共8组，每组8只。各组小鼠每日灌胃给药1次，每次给药体积为0.3mL/10g，连续灌胃7天，在末次给药30min后，尾静脉注射0.5%伊文思蓝溶液（10mL/kg），随即腹腔注射0.6%冰醋酸（10mL/kg）；30min后，用脱颈椎法处死小鼠，打开腹腔，用5mL生理盐水洗涤腹腔，吸取洗涤液。将腹腔洗涤液置于离心机上以转速3000r/min离心10min后，取上清液置于590nm波长处进行测定吸光度，根据下式计算通透性增加度、抑制率：

$$通透性增加度 = 模型组平均 OD 值 - 给药组平均 OD 值$$

$$抑制率（\%） = \frac{模型组平均 OD 值 - 给药组平均 OD 值}{模型组平均 OD 值} \times 100\%$$

2.2 金花茶叶对冰醋酸致小鼠腹腔通透性增加模型的药效

与模型组相比，阿司匹林、金花茶叶水提物高、中剂量，叶醇提物中、低剂量均能极显著抑制小鼠腹腔通透性的增加，差异具有统计学意义（$P<0.01$）；金花茶叶醇提物高剂量则能显著抑制小鼠腹腔通透性的增加，差异具有统计学意义（$P<0.05$）。见表3.1.2-2。

表3.1.2-2 金花茶叶对冰醋酸致小鼠腹腔通透性增加的影响（$\bar{x} \pm S$，n=8）

组别		剂量（g/kg）	抑制率（%）	通透性增加度
模型组		—	—	0.82±0.16
阿司匹林组		0.2	60.21	0.32±0.07**
叶水提物	高剂量组	4.55	49.42	0.41±0.19**
	中剂量组	2.275	36.27	0.52±0.27**
	低剂量组	1.1375	17.95	0.67±0.26
叶醇提物	高剂量组	5.687	33.43	0.54±0.35*
	中剂量组	2.8435	38.7	0.50±0.21**
	低剂量组	1.4218	55.2	0.37±0.24**

注：与模型组相比，*$P<0.05$，**$P<0.01$。

3.金花茶叶对小鼠棉球肉芽肿增生模型的药效研究

3.1 小鼠棉球肉芽肿增生模型构建与实验设计

取昆明种小鼠48只，雌雄各半，随机分为：模型组，阳性组，叶水提物高、中、低剂量组，叶醇提物高、中、低剂量组，共8组，每组6只。各组小鼠用10%水合氯醛（0.04mL/10g）麻醉后，于无菌条件下在小鼠右侧腋窝切开1cm小伤口，将5mg棉球（经过高压灭菌，每个棉球再用10mg/mL氨苄青霉素浸润，50℃烘箱烘干）植入右侧腋窝下，随即缝合皮肤，用碘液消毒后常规饲养。造模当天给药，各组每日灌胃给药1次，连续灌胃7天。末次给药1h后，将小鼠脱颈椎法处死。将棉球连同结缔组织一起取出，剔除脂肪组织后，将附有结缔组织的棉球置于70℃烘箱进行烘干，精密称定重量，按下式计算肉芽肿重量、抑制率：

肉芽肿重量＝模型组肉芽肿平均质量－给药组肉芽肿平均质量

$$抑制率（\%）=\frac{模型组肉芽肿平均质量-给药组肉芽肿平均质量}{模型组肉芽肿平均质量}\times100\%$$

3.2 金花茶叶对小鼠棉球肉芽肿增生模型的药效

与模型组相比，地塞米松、叶醇提物高剂量能极显著抑制小鼠体内肉芽组织的增生（$P<0.01$）；叶水提物高剂量，叶醇提物中、低剂量亦能显著抑制肉芽组织的增生（$P<0.05$）。见表3.1.2-3。

表3.1.2-3 金花茶叶对小鼠棉球肉芽肿增生的抑制作用（$\bar{x} \pm S$，n=6）

组别	剂量（g/kg）	抑制率（%）	肉芽肿重量（mg）
模型组	—	—	11.36±2.54
地塞米松组	0.005	39.85	6.83±1.36**

续表

组别		剂量（g/kg）	抑制率（%）	肉芽肿重量（mg）
叶水提物	高剂量组	4.55	36.26	7.24±5.32*
	中剂量组	2.275	20.32	9.05±3.25
	低剂量组	1.1375	24.64	8.56±1.15
叶醇提物	高剂量组	5.687	48.47	5.85±2.35**
	中剂量组	2.8435	30.84	7.86±2.72*
	低剂量组	1.4218	29.71	7.98±1.64*

注：与模型组相比，*$P<0.05$，**$P<0.01$

三、金花茶叶对大鼠急慢性咽炎模型的药效研究

1. 金花茶提取物对急性咽炎模型的药效研究

1.1 大鼠急性咽炎模型构建与实验设计

取SD大鼠，雌雄各半，随机分为空白组、模型组、地塞米松组、叶水提物高、中、低剂量组，叶醇提物高、中、低剂量组，花醇提物高、中、低剂量组，共12组，除空白组外，采用10%氨水对大鼠咽部刺激3天，使大鼠咽部黏膜因氨水急性刺激而充血肿胀，形成急性炎症模型（图3.1.3-1）。

图3.1.3-1 急慢性咽炎模型建立示意图

实验第4天时即造模结束后的第1天，除空白组、模型组外，各组大鼠灌胃给予相应药物：阳性组灌胃给予地塞米松溶液（5mg/kg），叶醇提物、叶水提物、花醇提物组给予高（7.875g/kg）、中（3.9375g/kg）、低（1.968g/kg）剂量。空白组与模型组给予纯净水，灌胃体积为1mL/100g，1次/天。连续给药5天。实验第9天进行取样，观察金花茶叶醇提物、水提物对急性咽炎大鼠体重、血常规指标，血清中炎症因子TNF-α、IL-1β、IL-10含量以及咽部黏膜病理组织变化的影响，评价金花茶治疗急性咽炎的药效。

1.2 金花茶提取物对急性大鼠咽炎的药效

1.2.1 金花茶对氨水造急性咽炎大鼠体重的影响

使用10%氨水对大鼠咽部进行刺激3天后，与空白组相比，模型组、地塞米松组大鼠体重明显下降（$P<0.05$）；给药干预后，与空白组相比，模型组体重无明显变化（$P>0.05$）。见表3.1.3-1。

表 3.1.3-1　金花茶对氨水造急性咽炎大鼠体重的影响（$\bar{x}\pm S$, n=6）

组别		体重（g）		
		造模前	造模后	给药后
空白组		227.67±25.74	242.03±32.5	260.87±35.71
模型组		224.65±26.9	194.7±15.46#	232.45±32.64
地塞米松组		206.78±29.14	201.48±22.56#	232.78±22.83
叶醇提物组	低剂量	228.07±21.52	233.65±27.27	262.08±37.36
	中剂量	221.78±13.68	214.9±20.63	242.37±22
	高剂量	248.85±38.62	223.67±26.46	256.9±33.27
叶水提物组	低剂量	234.58±19.77	223.22±33.08	257.5±35.88
	中剂量	228.3±10.08	221.22±29.72	253.85±31.04
	高剂量	224.17±24.4	222.55±16.2	245.05±22.11
花醇提物组	低剂量	234.17±29.71	232.7±25.57	266.72±29.01
	中剂量	240.47±32.59	239.92±40.77	269.93±50.29
	高剂量	211.72±12.87	198.55±22.68#	234.07±26.73

注：#与空白组相比 $P<0.05$。

1.2.2　金花茶对氨水造急性咽炎大鼠血常规指标的影响

与空白组相比，模型组血清中的中性粒细胞百分比、淋巴细胞百分比极显著升高（$P<0.01$）；但模型组血清中的白细胞与空白组相比，无明显差异（$P>0.05$）。与模型组相比，叶水提物低剂量组血清中的中性粒细胞百分比、淋巴细胞百分比均明显降低（$P<0.05$）。见表3.1.3-2。

表 3.1.3-2　金花茶对氨水造急性咽炎大鼠血常规的影响（$\bar{x}\pm S$, n=6）

组别		白细胞数（10^9/L）	中性粒细胞百分比（%）	淋巴细胞百分比（%）	单核细胞百分比（%）
空白组		2.11±0.93	12.75±5.91	85.32±5.49	1.02±0.6
模型组		3.67±3.04	24.92±12.43#	73.1±12.18#	0.82±0.31
地塞米松组		1.71±0.88	17.37±6.02	81.15±6.19	0.3±0.35
叶醇提物组	低剂量	4.22±3.81	20.17±5.73	78.48±5.96	0.72±0.72
	中剂量	8.06±5.6	21.42±7.65	76.67±7.83	0.68±0.32
	高剂量	8.93±5.67	16.53±6.02	81.92±6.38	0.42±0.26
叶水提物组	低剂量	8.05±3.19	15.9±7.38*	83.13±7.45*	0.35±0.14
	中剂量	4.38±3.21	23.65±11.83	75.22±12.16	0.48±0.57
	高剂量	2.15±6.2	20.9±25.46	78.6±73.31	0±0.56
花醇提物组	低剂量	7.22±4.36	17.2±5.93	82±6.11*	0.23±0.14
	中剂量	5.81±3.64	14.52±5.37	84.42±5.1*	0.45±0.34
	高剂量	6.77±2.82	16.03±3.99*	82.58±4.07*	0.45±0.16

注：#与空白组相比 $P<0.05$；*与模型组相比 $P<0.05$。

1.2.3 金花茶对急性咽炎大鼠血清中炎症因子含量的影响（图3.1.3-2）

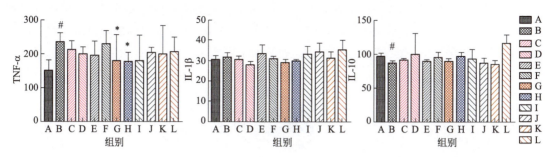

A：空白组，B：模型组，C：地塞米松组，D：叶醇提物低剂量组，E：叶醇提物中剂量组，F：叶醇提物高剂量组，G：叶水提物低剂量组，H：叶水提物中剂量组，I：叶水提物高剂量组，J：花醇提物低剂量组，K：花醇提物中剂量组，L：花醇提物高剂量组

图 3.1.3-2　金花茶对急性咽炎大鼠血清中炎症因子含量的影响

注：与空白组相比，#$P<0.05$；与模型组相比，*$P<0.05$，**$P<0.01$

1.2.4 金花茶对氨水造急性咽炎大鼠咽部黏膜损伤的影响（表3.1.3-3）

表 3.1.3-3　金花茶对氨水造急性咽炎大鼠咽部黏膜损伤评分统计结果（$\bar{x} \pm S$，n=6）

组别		病理损伤评分
空白组		0.00±0.00
模型组		1.83±0.75##
地塞米松组		0.5±0.55*
叶醇提物组	低剂量	0.67±0.82*
	中剂量	1.17±0.75
	高剂量	1.5±1.22
叶水提物组	低剂量	1±0.89
	中剂量	0.67±0.52*
	高剂量	0.86±0.69*
花醇提物组	低剂量	0.83±0.98*
	中剂量	1.17±0.75
	高剂量	0.67±0.82*

注：##与空白组相比$P<0.01$；*与模型组相比$P<0.05$。

2. 金花茶叶提取物对大鼠慢性咽炎模型的药效研究

2.1 大鼠慢性咽炎模型构建与实验设计

取SD大鼠，雌雄各半，随机分为空白组、模型组、地塞米松组、叶水提物高、中、低剂量组，叶醇提物高、中、低剂量组，花醇提物高、中、低剂量组，共12组。除空白组外，采用2.5%氨水对大鼠咽部进行刺激15天，使大鼠咽部黏膜因氨水慢性刺激形成慢性炎症动物模型（图3.1.3-3）。实验第16天时即造模结束后的第1天，除空白组、模型组外，其余各组灌胃给予相应药物：阳性组大鼠给予地塞米松溶液（5mg/kg），叶醇提物组、叶水提物组、花醇提物组给予高（7.875g/kg）、中（3.9375g/kg）、低（1.968g/kg）剂量；空白组与模型组给予纯净水，各组大鼠灌胃体积均为1mL/100g，1次/天。连续给药7天。第23天进行取材检测，观察金花茶对慢性咽炎大鼠血常规指标、血清中炎症因子TNF-α、IL-1β、IL-10含量以及咽部黏膜病理组织变化的影响，评价金花茶叶治疗慢性咽炎的药效。

图 3.1.3-3　慢性咽炎模型建立示意图

2.2　金花茶提取物对氨水造慢性咽炎大鼠模型的药效

2.2.1　金花茶叶对氨水造慢性咽炎大鼠血常规指标的影响

与空白组相比，模型组血清中的白细胞数量具有显著性差异（$P<0.01$）；与模型组相比，地塞米松组、叶醇提物中剂量组、花醇提取物中剂量组大鼠血清中白细胞数量极显著降低（$P<0.01$）；叶水提物中剂量组、叶醇提物低剂量组、花醇提物低剂量组血清中白细胞数量亦显著降低（$P<0.05$）。见表3.1.3-4。

表 3.1.3-4　金花茶对氨水造慢性咽炎大鼠血常规的影响（$\bar{x}\pm S$, n=8）

组别		白细胞数（10^9/L）	中性粒细胞百分比（%）	淋巴细胞百分比（%）	单核细胞百分比（%）
空白组		6.92±3.54	12.79±3.5	85.5125±4.54	0.4±0.3
模型组		11.47±2.25#	9.88±3.6	89.38±3.67	0.28±0.13
地塞米松组		5.85±1.4**	18.11±6.19	80.76±6.37	0.41±0.16
叶醇提物组	低剂量	7.76±2.22*	10.13±6.03	88.93±6.19	0.39±0.21
	中剂量	5.79±3.87**	13.45±8.96	84.93±9.5	0.88±0.4*
	高剂量	10.62±3.37	8.36±4.15	90.51±4.3	0.54±0.62
叶水提物组	低剂量	9.29±2.23	7.94±4.2	91.33±4.55	0.28±0.39
	中剂量	7.67±2.09*	14.8±7.29	84.13±7.76	0.51±0.43
	高剂量	9.98±3.73	12±5.32	86.85±5.55	0.6±0.4
花醇提物组	低剂量	7.48±3.71*	14.44±7.42	84.46±7.4	0.65±0.27*
	中剂量	5.49±1.77**	13.89±6.17	84.94±6.12	0.46±0.24
	高剂量	9.63±3.11	11.11±5.28	88.21±5.38	0.23±0.1

注：#与空白组相比$P<0.05$；*与模型组相比$P<0.05$；**与模型组相比$P<0.01$。

2.2.2　金花茶对氨水造慢性咽炎大鼠咽部黏膜损伤的影响（表3.1.3-5）

表 3.1.3-5　金花茶对氨水造慢性咽炎大鼠咽部黏膜损伤评分统计结果（$\bar{x} \pm S$, n=8）

组别		病理损伤评分
空白组		0±0
模型组		1.75±0.71[#]
地塞米松组		0.75±0.89**
叶醇提物组	低剂量	1.38±0.52
	中剂量	1.25±1.16
	高剂量	0.38±0.52**
叶水提物组	低剂量	1.5±0.53
	中剂量	1±0.53*
	高剂量	0.63±0.52**
花醇提物组	低剂量	1.88±0.64
	中剂量	1.13±0.64
	高剂量	0.63±0.52**

注：#与空白组相比$P<0.05$；*与模型组相比$P<0.05$；**与模型组相比$P<0.01$。

四、金花茶提取物对创新型大鼠咽炎的药效研究

为更贴近临床咽炎发病情况，利用辣椒水建立大鼠创新型咽炎模型，为完善咽炎动物模型提供依据。造模过程见图3.1.4-1。试验结果见表3.1.4-1～表3.1.4-3及图3.1.4-2、图3.1.4-3。

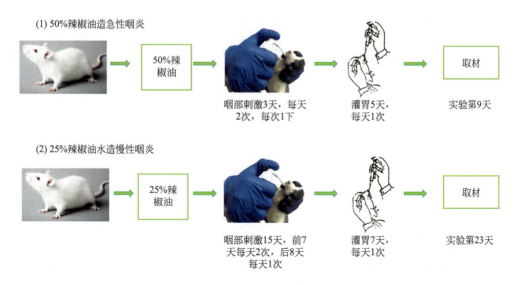

图 3.1.4-1　辣椒水创新炎症模型建立示意图

表 3.1.4-1　金花茶对辣椒油造急性咽炎大鼠血常规的影响（$\bar{x} \pm S$，n=8）

组别		白细胞数（10^9/L）	中性粒细胞百分比（%）	淋巴细胞百分比（%）	单核细胞百分比（%）
空白组		7.14±2.14	8.95±2.32	88.85±3.06	1.38±1.11
模型组		7.85±1.62	13.05±8.12	83.14±9.02	2.94±3.41
地塞米松组		6.46±1.54	13.89±4.87	83.53±5.89	1.88±1.28
叶醇提物组	低剂量	6.46±1.54	13.89±4.87	83.53±5.89	1.88±1.28
	中剂量	6.69±2.08	11.19±2.83	86.54±3.08	1.69±1.25
	高剂量	5.84±1.51	14.61±6.74	84.14±6.68	0.9±0.46
叶水提物组	低剂量	5.71±0.82	10.09±2.66	88.03±3.05	1.23±0.78
	中剂量	8.53±1.8	9.03±4.15	89.23±4.25	1.01±0.82
	高剂量	6.32±1.62	12.73±5.54	82.93±7.66	3.54±5.69
花醇提物组	低剂量	5.25±1.4	10.19±2.01	85.44±3.82	3.69±4.27
	中剂量	7.72±2.39	8.31±3.08	89.05±5.7	2.04±3.31
	高剂量	7.66±1.56	7.99±1.79	90.23±2.59	1.21±0.95

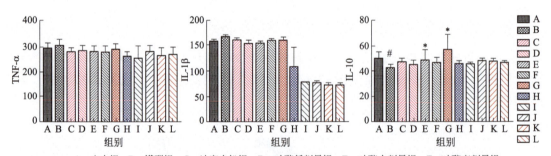

A：空白组；B：模型组；C：地塞米松组；D：叶醇低剂量组；E：叶醇中剂量组；F：叶醇高剂量组；
G：叶水低剂量组；H：叶水中剂量组；I：叶水高剂量组；J：花醇低剂量组；
K：花醇中剂量组；L：花醇高剂量组

图 3.1.4-2　金花茶对辣椒油造急性咽炎大鼠血清中 TNF、IL-1、IL-10 含量的影响
注：与空白组相比，#$P < 0.05$；与模型组相比，*$P < 0.05$。

表 3.1.4-2　金花茶对辣椒油造慢性咽炎大鼠血常规指标的影响（$\bar{x} \pm S$，n=8）

组别	白细胞数（10^9/L）	中性粒细胞百分比（%）	淋巴细胞百分比（%）	单核细胞百分比（%）
空白组	6.92±3.54	12.79±3.5	85.51±4.54	0.4±0.3
模型组	9.8±2.47#	7.05±2.81	92.15±3.08	0.21±0.06
地塞米松组	5.36±0.92*	14.8±5.29	83.79±5.12*	0.38±0.17

续表

组别		白细胞数（10⁹/L）	中性粒细胞百分比（%）	淋巴细胞百分比（%）	单核细胞百分比（%）
叶醇提物组	低剂量	7.74±3.64	13.01±8.2	86.1±8.67	0.29±0.31
	中剂量	8.56±2.75	10.91±8.11	88.28±8.65	0.31±0.4
	高剂量	8.69±1.63	10.66±7.98	88.73±8.14	0.24±0.18
叶水提物组	低剂量	7.73±2	10.11±2.14	89.06±2.36	0.24±0.12
	中剂量	6.81±2.46*	10±3.46	89.13±3.61	0.34±0.29
	高剂量	10.29±1.74	13.46±5.02	85.1±5.19*	0.4±0.3
花醇提物组	低剂量	6.26±2.45*	9.56±6.18	89.1±5.89	1.04±2.18
	中剂量	11.6±2.34	19.06±10.56	79.61±10.49*	0.64±0.26
	高剂量	7.06±1.37*	7.26±2.79	91.93±3.02	0.33±0.38

注：#与空白组相比 $P<0.05$；*与模型组相比 $P<0.05$。

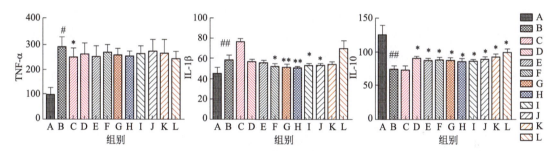

A：空白组；B：模型组；C：地塞米松组；D：叶醇低剂量组；E：叶醇中剂量组；F：叶醇高剂量组；G：叶水低剂量组；H：叶水中剂量组；I：叶水高剂量组；J：花醇低剂量组；K：花醇中剂量组；L：花醇高剂量组

图 3.1.4-3　金花茶对辣椒油造慢性咽炎大鼠血清中 TNF、IL-1、IL-10 含量的影响

注：与空白组相比，$*P<0.05$，$\#\#P<0.01$；与模型组相比，$*P<0.05$；$**P<0.01$。

表 3.1.4-3　金花茶对辣椒油造慢性咽炎大鼠慢性咽部黏膜组织病理切片的影响评分

组别		病理损伤评分
空白组		0.0±0.0
模型组		1.63±0.74##
地塞米松组		0.38±0.52**
叶醇提物组	低剂量	1±0.0*
	中剂量	1.13±0.35
	高剂量	0.63±0.52**

续表

组别		病理损伤评分
叶水提物组	低剂量	1.25±0.71
	中剂量	0.88±0.35*
	高剂量	0.75±0.71**
花醇提物组	低剂量	1.13±0.64
	中剂量	0.75±0.46**
	高剂量	0.25±0.46**

注：##与空白组相比$P<0.01$；*与模型组相比$P<0.05$；**与模型组相比$P<0.01$。

小结

（1）金花茶叶醇提物、水提物及金花茶花醇提物均具有一定的抗炎作用。

（2）金花茶叶醇提物中剂量对10%氨水、50%辣椒油所致的急性咽炎具有一定的治疗作用。金花茶各组高剂量对2.5%氨水、25%辣椒油所致的慢性咽炎具有一定的治疗作用，其抗炎作用可能与升高IL-10、降低IL-1b有关。

（3）金花茶叶水提物高剂量对氨水所致的急、慢性咽炎模型以及辣椒油所致的急慢性咽炎模型均有良好的治疗作用；此外，水提物中剂量对10%氨水所致的急性咽炎模型、25%辣椒油所致的慢性咽炎模型亦有较好的治疗作用。

（4）金花茶花醇提物高剂量对氨水所致的急、慢性咽炎模型以及辣椒油所致的急慢性咽炎模型均有良好的治疗作用；此外花醇提物中剂量对辣椒油所致的咽炎模型亦具有较好的治疗效果。

第二节
金花茶抗肿瘤药理及机制研究

一、金花茶标志性物质冲山茶苷抗肿瘤药理及机制研究

基于化学物质组的金花茶的药效成分筛选以及网络药理学预测发现冲山茶苷与癌症关系密切，进一步对多种癌细胞株进行抗肿瘤效果评价。在细胞水平确定了其具有抗肿瘤活性后，构建肿瘤模型进行动物水平的研究，在动物水平考察冲山茶苷的抗肿瘤效果。结果发现冲山茶苷不论在细胞水平及移植瘤动物模型中均能抑制癌细胞的生长，诱导细胞的凋亡。因此进一步借助化学生物学的技术，设计冲山茶苷的分子探针，通过靶点垂钓捕获靶点蛋白，并探究了冲山茶苷与靶蛋白的相互作用及作用形式和效果，为冲山茶苷在抗肿瘤方面的应用提供理论参考。

1. 冲山茶苷抗肿瘤效果的体内外考察

1.1　冲山茶苷对不同肿瘤细胞的抑制作用

为了探究冲山茶苷对肿瘤细胞的抑制力及细胞特异性，我们筛选了6株不同细胞系，设置浓度3.125μmol/L、6.25μmol/L、12.5μmol/L、25μmol/L、50μmol/L、100μmol/L浓度梯度，运用CCK-8细胞活性试剂盒进行测定。结果如图3.2.1-1（a）所示，冲山茶苷对不同的癌细胞抑

制作用不同，其中对A549（非小细胞肺癌）作用效果最好，对Hepg2、A375及MFC-7三种癌细胞的抑制效果次之，对H295R和Hela癌细胞的抑制效果较弱。故我们选用选择A549作为对象进行接下来的研究。我们进一步对不同给药时间和给药浓度进行了考察，测定了冲山茶苷对A549的半数抑制浓度（IC_{50}）。结果如图3.2.1-1（b），随着给药时间的增长，抑制效果明显增加，计算给药干预72h后的冲山茶苷的IC_{50}为24.0μmol/L。

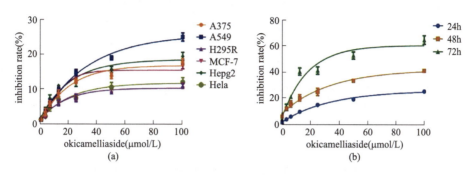

图 3.2.1-1　CCK-8测定冲山茶苷对癌细胞的抑制效果考察

1.2　冲山茶苷对A549细胞生长和迁移的抑制作用

为了进一步验证冲山茶苷对A549细胞趋化性运动的影响，我们研究了冲山茶苷对A549细胞迁移和划痕的影响。如图3.2.1-2（a）所示，与空白对照相比，等剂量的DMSO组无差异，阳性对照Tig则使迁移的细胞数显著降低，10μmol/L、20μmol/L和40μmol/L的冲山茶苷均能显著降低细胞迁移，且呈现浓度依赖性。在划痕实验中，与空白组相比，阳性对照Dox可明显的抑制细胞的生长，不同剂量的冲山茶苷以浓度依赖性的方式抑制A549细胞的生长。结果如图3.2.1-2（b）所示。

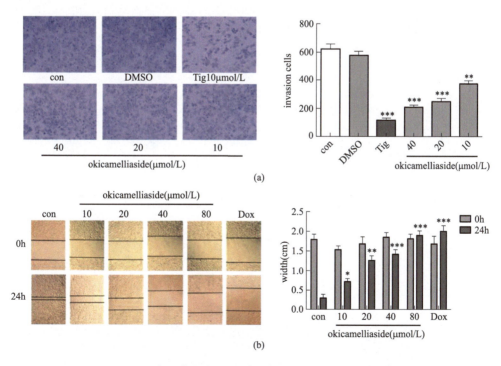

图 3.2.1-2　冲山茶苷对A549细胞生长和迁移的抑制作用考察

1.3 冲山茶苷对 A549 细胞周期与凋亡影响

为了研究冲山茶苷是否可以阻滞细胞周期，我们通过流式细胞仪评估了药物对细胞周期分布的影响。如图 3.2.1-3 所示，与对照组相比，高剂量（80μmol/L）冲山茶苷与细胞孵育后 G0/G1 期的细胞数从 59.96% 上升至 75.22%，说明冲山茶苷能够阻滞 A549 细胞的 G0/G1 期，而低剂量组效果不佳。

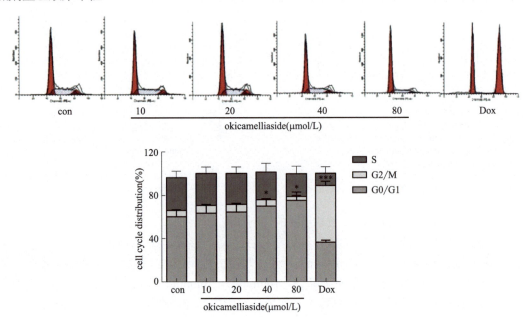

图 3.2.1-3　冲山茶苷对 A549 细胞周期的影响

同时，为了检测冲山茶苷是否诱导了 A549 细胞的凋亡，通过 V-FITC/PI 进行细胞双染，流式细胞仪进行检测，结果显示凋亡细胞从 8.3% 增加到 23.43%，见图 3.2.1-4。结果表明冲山茶苷可以诱导 A549 细胞的凋亡。

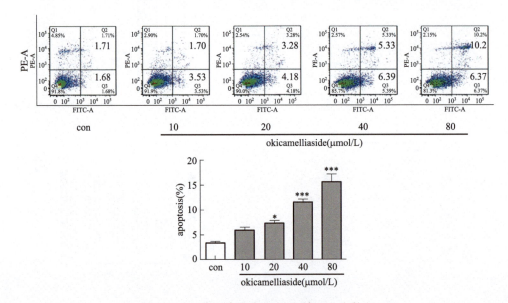

图 3.2.1-4　冲山茶苷对 A549 细胞凋亡的影响

1.4 冲山茶苷对小鼠肿瘤生长的抑制作用

我们进一步构建了肺癌移植瘤动物模型，在动物水平上评价化合物的抗肿瘤药理活性（图3.2.1-5A）。对实验期间小鼠体重统计时发现，阿霉素组在给药两周开始体重逐渐变轻，在第19天动物死亡，而模型组及给药组体重则无太大变化。分析可能是由阿霉素的心脏毒性在

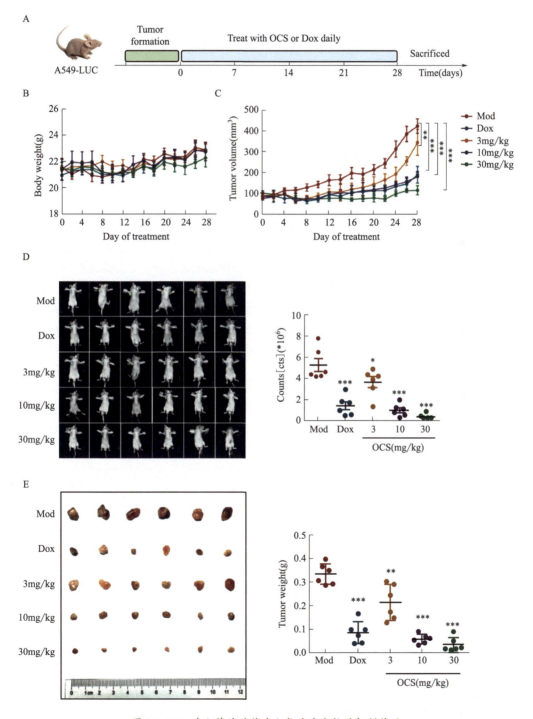

图 3.2.1-5　冲山茶苷对荷瘤小鼠肿瘤生长的抑制作用

内等一些毒副作用所致，结果也反映出冲山茶苷对机体的毒副作用较小（图3.2.1-5B）。抗肿瘤实验结果显示，模型组小鼠肿瘤不断增加，而阳性药阿霉素组及冲山茶苷给药组的肿瘤均有变小的趋势，呈现出抑制效果。冲山茶苷不同剂量组呈现一定的浓度依赖性，其中中剂量组（10mg/kg）与阳性药组效果相当（图3.2.1-5C）。

小动物活体荧光成像结果也表明，冲山茶苷可以浓度依赖性方式降低A549-luc在小鼠体内的存活数量，以光子数统计的结果见图3.2.1-5D，模型组鼠的总光子数最大，阳性药阿霉素则明显降低，不同剂量的冲山茶苷同样降低总光子数且均有一定的浓度依赖趋势。对肿瘤的重量进行统计时，其中模型组肿瘤重量最大，阳性药组中肿瘤的重量大幅减少，不同剂量的冲山茶苷呈现以一定浓度依赖性的方式降低肿瘤的重量，如图3.2.1-5E所示。

综合以上分析统计结果，可以得出冲山茶苷对癌症移植瘤动物具有较好的疗效，且毒副作用较小，有望进行更加深入的研究开发。

但首先其作用机制需要进一步明确，因此我们制备了冲山茶苷分子探针，开展了化学生物学相关研究。

2. 冲山茶苷抗肿瘤作用机制分析

2.1 基于冲山茶苷分子探针的抗肿瘤靶点发现

为了识别冲山茶苷（OCS）潜在的抗癌靶点，我们合成了冲山茶苷光敏探针，用于A549细胞中靶点追踪，其结构如图3.2.1-6A所示。随后我们通过功能化磁微球从A549细胞中捕获目标蛋白。磁性捕获的蛋白经DTT还原后释放用于SDS-PAGE分析。如图3.2.1-6B所示，与对照组相比靶蛋白得到特异富集，并进一步采用HPLC-MS/MS鉴定。

将所鉴定的蛋白、pharmacmapper预测的靶蛋白、human gene database of geneecards中的癌症相关靶蛋白进行综合分析。如图3.2.1-6C所示，推荐唯一可能的靶蛋白即HSP90。经western blot确认（图3.2.1-6B右图），以及A549细胞中的共定位分析（图3.2.1-6D），进一步证实了HSP90和冲山茶苷具有互作关系。为了进一步评价冲山茶苷对HSP90下游客户蛋白的影响，采用western blot检测具有代表性的其调控的激酶和非激酶客户蛋白。结果如图3.2.1-6E所示，冲山茶苷可以导致HSP90下游客户蛋白的磷酸化状态减少ERK1/2（P-AKT473和P-ERK1/2），而蛋白质含量没有变化，推测冲山茶苷可能不是典型的HSP90 ATPase抑制剂，而可能是一种选择性抑制HSP90-cdc37的抑制剂。

2.2 冲山茶苷靶向HSP90 N端CDC37结合袋

为了证实上述这一假设我们进行了分子动力学模拟，Hsp90-CDC37复合体的结合情况见图3.2.1-7A。能量相互作用主要来源于范德华力相互作用，主要是疏水相互作用，结果显示Glu-47和Gln-133是CDC37与HSP90结合最关键的位点。而在HSP90/OCS-CDC37三者互作的复合物中（图3.2.1-7B），显示冲山茶苷可能与CDC37与HSP90结合的关键位点Glu-47结合，并阻碍了CDC37与HSP90的结合。如图3.2.1-7C所示标记了HSP90 N端两个结合口袋的位置，CDC37结合位点与ATP结合位点存在明显不同，分子动力学模拟为冲山茶苷、HSP90和CDC37之间的相互作用提供了合理的解释。

此外，我们表达和纯化了HSP90 N端蛋白，并开展了冲山茶苷与其相互作用研究。根据SPR检测的解离常数KD为6.45μmol/L（图3.2.1-7D）。热位移显示冲山茶苷使HSP90热稳定性提高了1.76℃（ΔTm）（图3.2.1-7E）。经冲山茶苷处理后，CD光谱中在230nm的β-薄片构象的负峰出现了明显变化（图3.2.1-7F）。以上结果表明，冲山茶苷靶向HSP90蛋白的N端口袋，影响了HSP90与CDC37的相互作用。

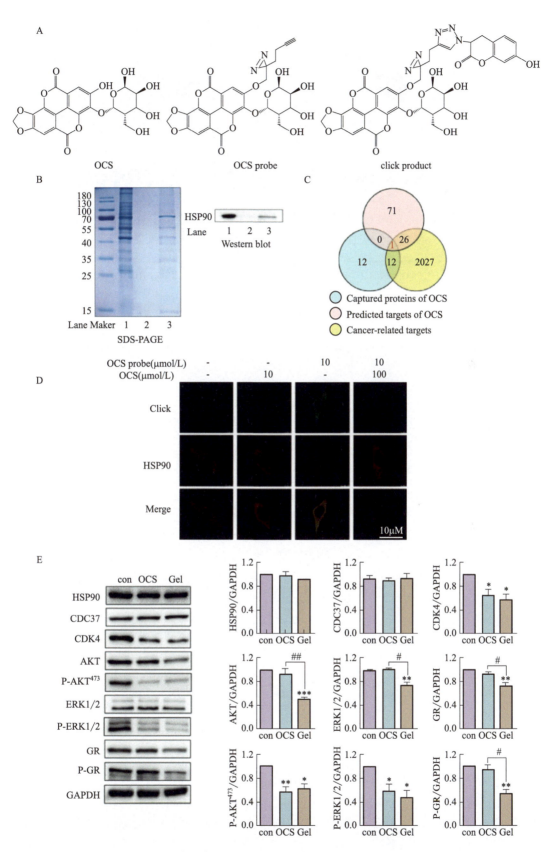

图 3.2.1-6 冲山茶苷靶向 HSP90 蛋白并影响下游激酶客户蛋白

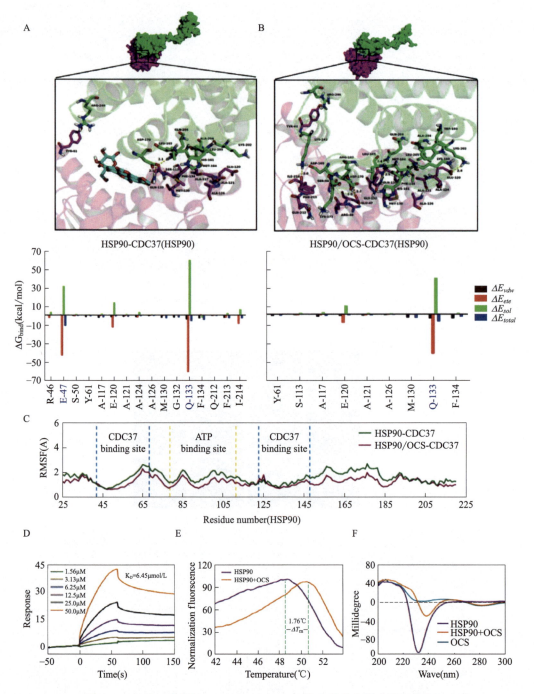

图 3.2.1-7 冲山茶苷与 HSP90 N 端 CDC37 结合袋结合影响蛋白稳定性

2.3 冲山茶苷与CDC37共同竞争HSP90的Glu-47

虚拟对接结果显示，冲山茶苷与HSP90中的glu47、Gly-132和Phe-213有很强的相互作用（图3.2.1-8A）。此外，对不同物种（human、mouse）的HSP90序列比对表明，HSP90序列高度保守（图3.2.1-8B）。为了验证预测的准确性，将上述三个与HSP90-CDC37口袋结合相关的关键残基分别突变为丙氨酸。通过荧光猝灭法测定突变体与冲山茶苷的结合亲和力（**KD**）。

结果如图3.2.1-8C所示，与WT HSP90（19.71μmol/L）相比，E47A突变体（146.8μmol/L）的KD值显著降低，G132A（15.57μmol/L）和F213A（35.52μmol/L）突变体的KD值较弱。MST检测结果也显示，E47A突变体的KD值（67.0μmol/L）明显大于HSP90突变体（8.6μmol/L）。结果表明冲山茶苷主要与HSP90的glu47结合，竞争了HSP90和CDC37结合的关键位点。

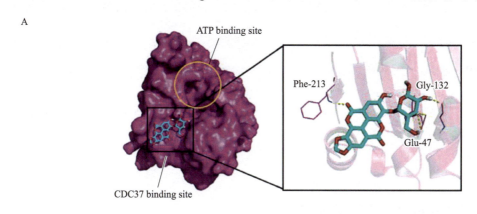

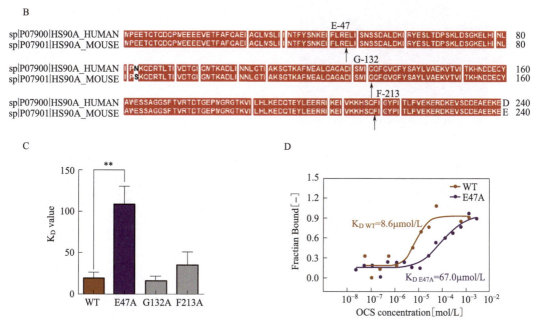

图3.2.1-8　冲山茶苷与CDC37竞争HSP90的Glu-47，影响其与CDC37的相互作用

2.4　冲山茶苷在细胞水平干扰了HSP90-cdc37的相互作用

为了准确评价冲山茶苷对HSP90-CDC37蛋白相互作用的破坏效果，我们进行了共免疫沉淀（CO-IP）实验。如图3.2.1-9A所示，冲山茶苷可以明显破坏A549细胞中HSP90-CDC37相互作用。在A549细胞中HSP90和CDC37的共定位检测可以看出，空白组HSP90（红色）和CDC37（绿色）这两种蛋白大部分可以融合在一起（图3.2.1-9B），冲山茶苷（10μmol/L）处理后，黄色重合图像明显减少。MST分析也提供了同样的支持证据，加入冲山茶苷后，HSP90和CDC37蛋白互作的KD值从149nmol/L下降到946nmol/L（图3.2.1-9C）。

电镜负染色也可清楚观察到该现象。如图3.2.1-9D示，野生型HSP90和CDC37蛋白分布较为均匀，两种蛋白的混合物表现出明显的聚集，当冲山茶苷与HSP90-CDC37蛋白复合物共孵育时，聚集物有所分散。Western blot结果也证实，冲山茶苷以剂量依赖的方式诱导HSP90-CDC37代表性激酶客户蛋白下调（图3.2.1-9E）。因此，冲山茶苷作为一种选择性激酶客户端抑制剂，通过阻断HSP90-CDC37的相互作用发挥抗癌作用。

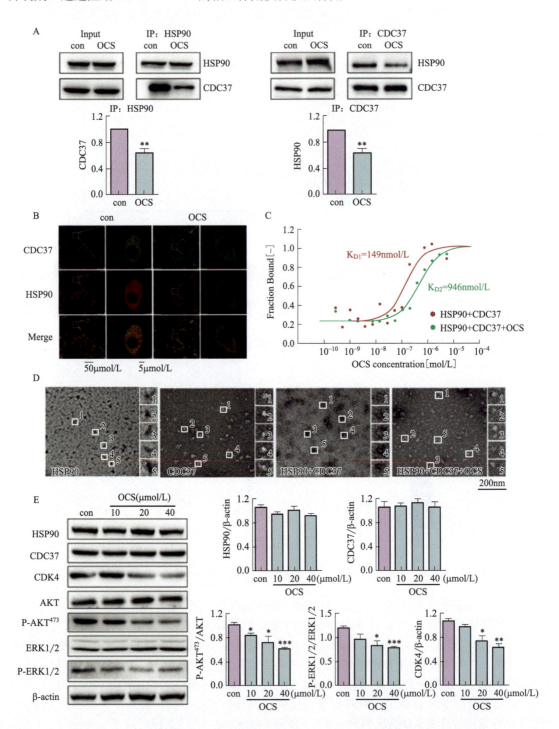

图 3.2.1-9 冲山茶苷干扰HSP90-cdc37的相互作用，下调了HSP90的激酶客户蛋白

2.5 冲山茶苷在动物水平干扰了HSP90-CDC37互作从而发挥了抗肿瘤作用

为了在荷瘤小鼠水平考察冲山茶苷干扰了HSP90-CDC37互作，发挥了抗肿瘤作用，我们通过western blot检测了肿瘤组织中HSP90/CDC37的互作机制。如图3.2.1-10A所示，冲山茶苷处理可选择性抑制CDK4和HSP90激酶客户蛋白磷酸化水平，结果与A549细胞水平高度一致。免疫组化结果也证实，与Mod组相比，30mg/kg的冲山茶苷能显著降低肿瘤组织中CDK4、P-AKT473和P-ER1/2的表达（图3.2.1-10B）。进一步证实冲山茶苷在体内和体外均能抑制HSP90激酶客户蛋白发挥抗肿瘤作用。

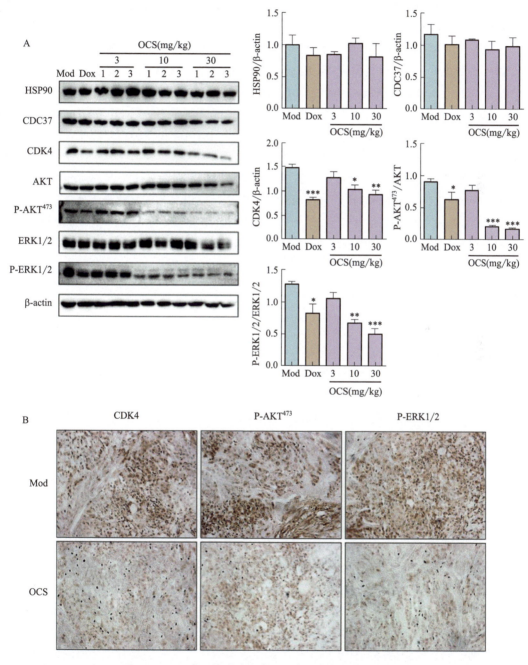

图3.2.1-10 冲山茶苷对肿瘤组织中激酶客户蛋白的影响

小结

HSP90蛋白参与许多癌蛋白和端粒酶的成熟和稳定，HSP90在癌细胞中的表达水平是正常细胞的2~10倍。因此，近年来HSP90被认为是癌症治疗的重要靶点之一。目前报道最多的HSP90抑制剂是通过将HSP90 N端与ATPase口袋结合，例如格尔德霉素（geldanamycin，Gel），从而阻止HSP90在ADP结合构象中的催化循环，从而使伴侣活性失活，导致客户蛋白泛素化和蛋白酶体降解。但它不能避免对所有HSP90客户的伤害，并导致脱靶毒性和热应激。因此，完全抑制HSP90或直接靶向HSP90的ATPase结合位点可能不是治疗癌症的最佳选择。高选择性、低毒的优点将成为HSP90抑制剂研究的新方向。

由于蛋白质-蛋白质相互作用（PPI）的复杂性，很少有小分子抑制剂可以直接靶向HSP90-CDC37的蛋白互作，随后针对解耦co-chaperon-HSP90抑制剂的研究越来越多。值得关注的是，尤启栋等从五十万种化合物数据库中通过虚拟筛选发现HSP90-CDC37目标化合物VS-8（KD：80.4 μmol/L），以及结构优化的ddo5936（KD：3.86 μmol/L）和18h（KD：0.5 μmol/L），后两个化合物明确了HSP90抑制剂glu47的特异性位点，为HSP90-cdc37抑制剂的开发提供了重要线索。

本研究发现，冲山茶苷作为另一种类型的天然抑制剂，靶向HSP90 N端结合口袋，具有较高的亲和力（KD=6.45 μmol/L），破坏HSP90-CDC37的PPI，具有抗肿瘤活性。基于之前的MD模拟，结果清楚地描述了冲山茶苷对HSP90的Glu-47残基具有作用，影响HSP90-CDC37复合物。阻断CDC37与HSP90的结合，破坏HSP90-CDC37复合物的形成，阻碍HSP90的二聚化，抑制HSP90的功能，发挥了抗肿瘤作用。

二、金花茶抗结肠癌药理作用及机制研究

结肠癌（colon cancer，CC）是全球主要癌症及造成死亡的癌症之一。根据2021年美国癌症协会（ACS）的分析与统计，在全部恶性肿瘤中，结直肠癌死亡率居世界第三位。我国学者开展的统计调查发现，国内结直肠癌发病率和死亡率分别排第三、第五位，城镇居民发病率更高。在目前的老龄化速度加快，以及不合理的作息与饮食影响下，我国结肠癌的人数有不断增加趋势。

现代药理研究表明，金花茶叶具有抗癌、抗氧化等方面效果，且可以增强机体免疫力，在降血压方面也效果显著。在抗肿瘤方面，金花茶叶对多种癌症具有一定抑制增殖作用，但对结肠癌的系统研究尚未见相关报道。金花茶叶联合化疗药治疗肿瘤的作用也未见报道。根据邓家刚教授提出的平性药"双向适用"理论，即"平性药具有双向适用，条件显性药性特征"。中医认为，结肠癌多为湿热毒邪瘀结肠道所致，而金花茶叶归肺、大肠经，具有清热解毒之功效，为金花茶叶用于抗结肠癌研究提供了中医理论支撑，故可尝试用于结肠癌的治疗。前期研究中，分别对金花茶叶的水、50%乙醇、75%乙醇、95%乙醇提取物进行了初步的抗肿瘤体外药效评估，发现金花茶叶75%乙醇提取物的作用最强，因此，后续采用75%乙醇作为提取溶剂。本课题组前期对金花茶叶提取物进行抗肿瘤药效筛选的研究，包括结肠癌、肺癌、肝癌、前列腺癌、乳腺癌等，初步确定了金花茶叶提取物对结肠癌具有显著的细胞增殖抑制作用，但尚未进行深入系统的研究。

在前期研究基础上，采用体外细胞模型及体内裸鼠移植瘤模型对金花茶叶提取物的体外、体内抗结肠癌药效进行研究，并利用4D-Label free定量蛋白质组学技术探讨其发挥抗结肠癌作用的可能机制。此外，将金花茶叶提取物与化疗药5-氟尿嘧啶联用，采用体外细胞模型及体内裸鼠移植瘤模型，通过细胞增殖实验、克隆形成实验、细胞凋亡和周期实验等，探讨金花茶叶提取物联合5-氟尿嘧啶是否具有协同增效减毒抗结肠癌的作用，并对可能的机制进行初步探讨。为广西特色药用资源金花茶叶药用价值的开发提供重要的理论依据，同时也为把金花茶叶开发为安全、有效的临床辅助抗癌药物提供实验研究基础。

1. 研究目的

金花茶是我国珍稀药用植物，也是广西特色的壮瑶药，文献报道，金花茶具有抗炎、抗肿瘤等药理作用。本研究在中医药/壮瑶医药理论指导下，应用现代药理学、蛋白组学等分子生物学技术和方法，通过体外细胞实验和体内动物模型实验等研究，观察金花茶叶提取物抗结肠癌作用，并基于金花茶清热解毒的传统功效，观察金花茶叶提取物联合5-氟尿嘧啶拮抗结肠癌的增效减毒作用。在此基础上，进一步对单药和联合用药抗结肠癌的作用机制进行初步研究，以期揭示金花茶叶提取物及其联合5-氟尿嘧啶抗结肠癌的药用科学内涵，为利用金花茶叶提取物研制抗结肠癌创新药物提供基础研究依据。

2. 研究方法

2.1 金花茶叶提取物体外抗结肠癌药效研究

采用不同浓度的金花茶叶提取物干预结肠癌细胞24h、48h、72h后，用MTS试剂检测结肠癌细胞的活力，计算金花茶叶提取物的IC_{50}；观察金花茶叶提取物干预细胞48h后的形态，并拍照记录；采用不同浓度的金花茶叶提取物干预结肠癌细胞7天后，固定细胞，并用结晶紫染色，拍照，计算单个细胞克隆形成数量；细胞长满后，用枪头在6孔板底部划一道痕，用不同浓度的金花茶叶提取物干预结肠癌细胞，分别在0h、12h、24h、36h、48h时对划痕进行拍照，计算细胞的迁移率；采用Annexin V FITC/PI试剂对不同浓度金花茶叶提取物干预48h后的结肠癌细胞进行双染，采用流式细胞仪对细胞进行分析，计算细胞的凋亡率；采用荧光染料JC-1对不同浓度金花茶叶提取物干预48h后的结肠癌细胞进行染色，并利用高内涵系统观察细胞荧光并拍照；采用不同浓度的金花茶叶提取物干预结肠癌细胞48h后，75%预冷乙醇固定细胞后，用PI/RNAse Solution染色，采用流式细胞仪对细胞的周期进行分析，计算细胞在各个周期的分布率。

2.2 金花茶叶提取物体内抗结肠癌药效研究

将转染荧光的人结肠癌细胞HCT116-luc皮下注射于BALB/C-nu裸鼠腋下，复制BALB/C-nu裸鼠人结肠癌HCT116移植瘤模型，观察金花茶叶提取物在体内对结肠癌细胞生长的影响。实验设置金花茶叶提取物低、中、高浓度组（1.2g/kg，2.4g/kg，4.8g/kg，灌胃给药，每天一次），5-氟尿嘧啶组（25mg/kg，注射给药，每周2次），模型组（生理盐水10mL/kg，灌胃给药，每天一次），空白组（不做任何处理）共6组，每组6只，共36只。根据肿瘤体积进行分组，连续给药14天，并每3天测肿瘤体积及裸鼠体重。

2.3 金花茶叶提取物抗结肠癌作用机制研究

应用4D-Label free结合Nano LC-MS/MS技术，获得金花茶叶提取物作用人结肠癌细胞HCT116后的蛋白质谱数据。对筛选出的差异蛋白基于UniProt注释结果进行分类。接着针对这些蛋白进行GO分析、KEGG Pathway富集分析等。最后通过体外细胞和体内裸鼠研究模型，对富集到的关键蛋白以及关键通路进行相关实验验证。

2.4 金花茶叶提取物联合5-氟尿嘧啶体外协同增效抗结肠癌的研究

采用不同浓度的5-氟尿嘧啶联合金花茶叶提取物干预结肠癌细胞48h后，用MTS试剂检测结肠癌细胞的活力，计算IC_{50}；通过倒置显微镜，观察金花茶叶提取物、5-氟尿嘧啶单独或联合干预细胞48h后的形态，并拍照记录；采用金花茶叶提取物、5-氟尿嘧啶单独或联合干预结肠癌细胞7天后，固定细胞，并用结晶紫染色，拍照，计算单个细胞克隆形成数量；采用Annexin V FITC/PI试剂对金花茶叶提取物、5-氟尿嘧啶单独或联合干预48h后的结肠癌细胞进行双染，采用流式细胞仪对细胞进行分析，计算细胞的凋亡率；采用金花茶叶提取物、5-氟尿嘧啶单独或联合干预结肠癌细胞48h后，75%预冷乙醇固定细胞后，用PI/RNAse Solution染色，采用流式细胞仪对细胞的周期进行分析，计算细胞在各个周期的分布率。采用Realtime-PCR技术，检测金花茶叶提取物、5-氟尿嘧啶单独或联合干预48h后的结肠癌细胞内与5-氟尿嘧啶代谢相关基因的变化并计算表达量。

2.5 金花茶叶提取物联合5-氟尿嘧啶体内协同增效减毒抗结肠癌的研究

将转染荧光的人结肠癌细胞HCT116-luc皮下注射于BALB/C-nu裸鼠腋下，复制BALB/C-nu裸鼠人结肠癌HCT116移植瘤模型，设单独金花茶叶提取物组（1.2g/kg灌胃给药，每天一次，ECPL）、单独5-氟尿嘧啶组（25mg/kg，注射给药，每天一次，5-Fu/d）、单独5-氟尿嘧啶组（25mg/kg，注射给药，每2天1次，5-Fu/2d）、金花茶叶提取物联合5-氟尿嘧啶组（1.2g/kg+25mg/kg，每天灌胃金花茶叶提取物，每天注射5-氟尿嘧啶，ECPL+5-Fu/d）、金花茶叶提取物联合5-氟尿嘧啶组（1.2g/kg+25mg/kg，每天灌胃金花茶叶提取物，每2天注射5-氟尿嘧啶，ECPL+5-Fu/2d）、模型组（生理盐水10mL/kg，灌胃给药，每天一次）、空白组（不做任何处理）共7组，每组6只，共42只。观察金花茶叶提取物联合5-氟尿嘧啶后在体内对结肠癌细胞生长的影响。通过测量各组肿瘤大小、血常规的变化、血清中相关炎症因子指标的检测等来判断金花茶叶提取物联合5-氟尿嘧啶的增效作用。通过观察裸鼠各脏器，以及骨髓有核细胞等指标来判断金花茶叶提取物能否缓解5-氟尿嘧啶导致的毒副作用。

2.6 金花茶叶提取物联合5-氟尿嘧啶体外、体内抗结肠癌作用的机制研究

采用Realtime-PCR的方法检测人结肠癌HCT116细胞内与5-氟尿嘧啶代谢相关基因（TS、DPD、OPRT）含量的变化。采用组织免疫荧光技术（IF），对肿瘤组织中CD31、TS、DPD、OPRT蛋白的表达量进行测定，以及对肿瘤组织进行TUNEL染色分析。以探讨金花茶叶提取物联合5-氟尿嘧啶发挥协同增效的可能作用机制。

3.研究结果

3.1 金花茶提取物体外抗肿瘤药效研究

体外抗结肠癌研究发现金花茶叶提取物可显著抑制人结肠癌细胞HCT116、SW480、HCT15的增殖。作用于HCT116细胞24h、48h、72h后，半抑制浓度IC_{50}值分别为124.2μg/mL、92.37μg/mL、108.6μg/mL；作用于SW480细胞24h、48h、72h后，半抑制浓度IC_{50}值分别为124.2μg/mL、103.5μg/mL、97.98μg/mL；作用于HCT15细胞24h、48h、72h后，半抑制浓度IC_{50}值分别为128.5μg/mL、97.17μg/mL、84.38μg/mL。通过对各个细胞48h IC_{50}的比较发现，

在这三株结肠癌细胞中,金花茶叶提取物对HCT116细胞的增殖抑制作用相对来说较好。如图3.2.2-1、表3.2.2-1所示。

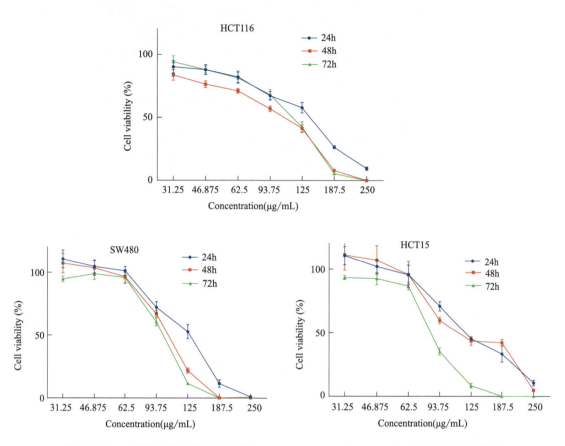

图 3.2.2-1　金花茶叶提取物对结肠癌 HCT116、SW480 和 HCT15 细胞的增殖抑制作用

表 3.2.2-1　金花茶叶提取物抑制结肠癌细胞增殖的 IC_{50}

time（h）	cell lines IC_{50}（μg/mL）		
	HCT116	SW480	HCT15
24	124.2	124.2	128.5
48	92.37	103.5	97.17
72	108.6	97.98	84.38

细胞形态学实验显示,不同浓度金花茶叶提取物干预HCT116、SW480和HCT15细胞48h后,对细胞的形态变化产生较大影响。相比于空白对照组,金花茶叶提取物组的细胞形态变得亮圆,折光性增强,皱缩或脱落漂浮于培养基,随着给药剂量的增加,漂浮的死细胞越来越多。结果见图3.2.2-2。

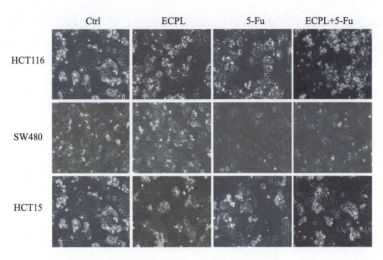

图 3.2.2-2　倒置显微镜下观察 HCT116、SW480、HCT15 细胞形态（4X）

　　细胞克隆形成实验显示，随着金花茶叶提取物浓度的增加，克隆形成率降低趋势越明显。与空白对照组比较，HCT116 细胞在 25μg/mL、50μg/mL、100μg/mL 浓度药物干预下的细胞克隆的形成个数，均具有显著性差异（$P < 0.01$）；SW480 细胞在 25μg/mL、50μg/mL、100μg/mL 浓度药物干预下的细胞克隆形成数，均具有极显著性差异（$P < 0.01$）；HCT15 细胞在 50μg/mL、100μg/mL 浓度药物干预下的细胞克隆形成数，均具有极显著性差异的（$P < 0.01$）。结果见图 3.2.2-3。

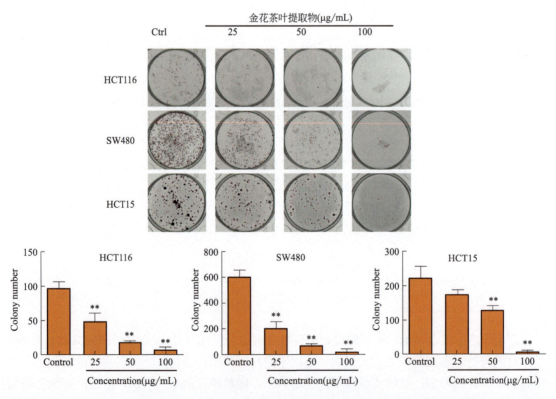

图 3.2.2-3　金花茶叶提取物对 HCT116，SW480 和 HCT15 细胞克隆形成的抑制作用
（注：与对照组相比，$*P < 0.05$；$**P < 0.01$。）

划痕实验结果显示,在48h时SW480空白组都愈合较明显,愈合率达20.64%,而经不同浓度金花茶叶提取物(25μg/mL、50μg/mL、100μg/mL)处理的SW480细胞愈合率分别为17.94%、13.53%和2.09%。与对照组相比,具有显著性统计学差异($P<0.01$);在48h时HCT15空白组都愈合较明显,愈合率达44.93%,而经不同浓度金花茶叶提取物(25μg/mL、50μg/mL、100μg/mL)处理的SW480细胞愈合率分别为17.53%、6.33%、4.26%。与对照组相比,具有显著性统计学差异($P<0.01$)。结果见图3.2.2-4、图3.2.2-5。

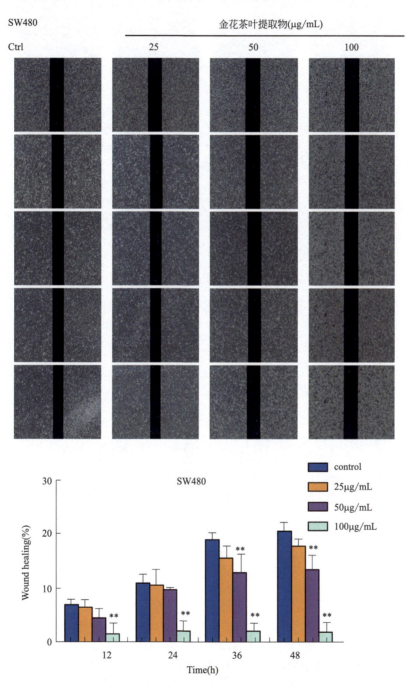

图3.2.2-4 金花茶叶提取物抑制结肠癌细胞SW480的迁移

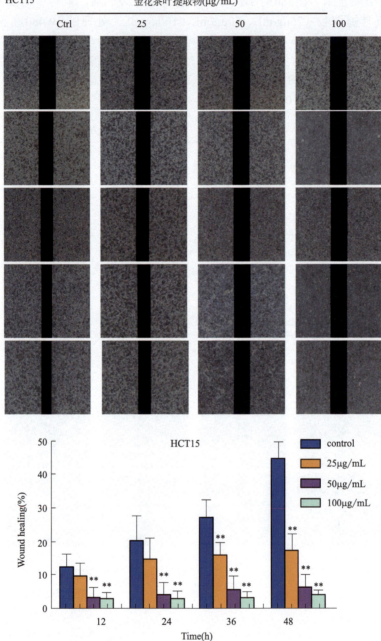

图 3.2.2-5 金花茶叶提取物抑制结肠癌细胞 HCT15 的迁移
（注：与 control 组相比，* $P<0.05$；** $P<0.01$。）

流式细胞术检测细胞凋亡，结果发现随着药物浓度的增加金花茶叶提取物能诱导结肠癌细胞 HCT116、SW480、HCT15 凋亡，其中高浓度组（150μg/mL）的细胞凋亡最为明显，与空白对照组相比，细胞凋亡率分别为 54.08%、63.04%、71.24%（$P<0.01$）。结果见图 3.2.2-6。

高内涵成像系统对 JC-1 染色后细胞线粒体膜电位拍照结果显示，当金花茶叶提取物浓度达到 50μg/mL 和 100μg/mL 时，在高内涵成像系统上能观察到绿色荧光逐渐增强，即线粒体膜电位下降。结果见图 3.2.2-7。

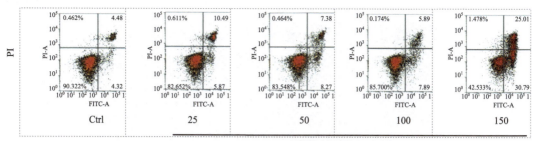

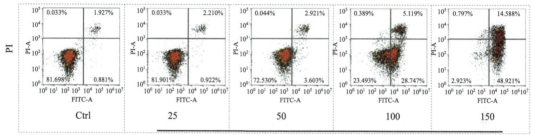

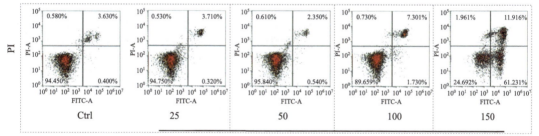

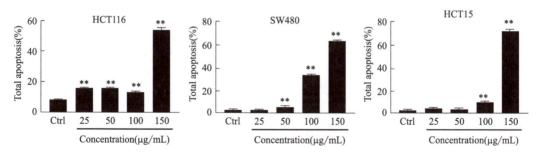

图 3.2.2-6　金花茶叶提取物诱导 HCT116、SW480 和 HCT15 细胞凋亡
（注：与对照组相比，*$P<0.05$；**$P<0.01$。）

细胞周期实验结果表明，与空白对照组相比，随着药物浓度的增加，G0/G1 期细胞比例减少，G2/M 期细胞比例增加。当金花茶叶提取物浓度为 150μg/mL 时，G2/M 期细胞比例明显增加。结果见图 3.2.2-8。

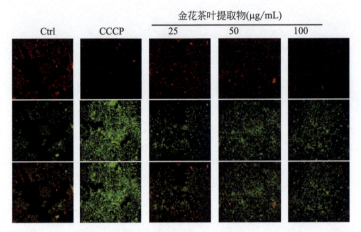

图 3.2.2-7　金花茶叶提取物对结肠癌细胞 HCT116 线粒体膜电位的影响
（JC-1 多聚体为红色荧光；JC-1 多单体为绿色荧光）

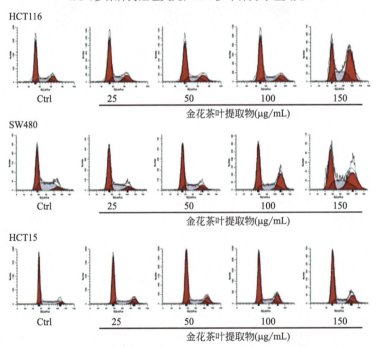

图 3.2.2-8　金花茶叶提取物对 HCT116、SW480 和 HCT15 细胞周期的影响

3.2　金花茶叶提取物体内抗结肠癌药效研究

裸鼠活体成像结果显示，模型组的肿瘤组织荧光面积和强度最大，各药物组的肿瘤组织荧光面积和强度相对较小，特别是阳性对照 5-氟尿嘧啶组。结果见图 3.2.2-9。

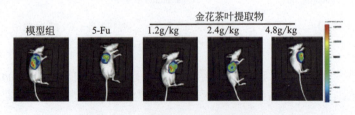

图 3.2.2-9　移植瘤裸鼠活体成像荧光图

肿瘤生长曲线显示,连续给予药物处理14天后,最终模型组的裸鼠的肿瘤体积为 $2680.43\pm380.66mm^3$,5-氟尿嘧啶组肿瘤体积减小最明显,为 $1109.21\pm305.36mm^3$,其抑瘤率达58.62%。高浓度的金花茶叶提取物组(4.8g/kg)显著减小肿瘤体积至 $1288\pm336.61mm^3$,其抑瘤率达到51.94%。中浓度的金花茶叶提取物组(2.4g/kg)显著减小肿瘤体积至 $1551.53\pm482.32mm^3$,其抑瘤率达到42.11%。低浓度的金花茶叶提取物组(1.2g/kg)显著减小肿瘤体积至 $1466.19\pm154.56mm^3$,其抑瘤率达到45.30%。HE染色结果表明,与模型组相比,各浓度金花茶叶提取物组和5-氟尿嘧啶组的肿瘤组织凋亡细胞数量明显增加,肿瘤细胞排列变得稀疏,细胞有肿胀现象,部分肿瘤细胞的核分裂溶解(蓝),周围的组织有纤维化状态,出现多片状坏死区域呈空泡状态,有坏死灶状态。结果见图3.2.2-10、图3.2.2-11,表3.2.2-2。

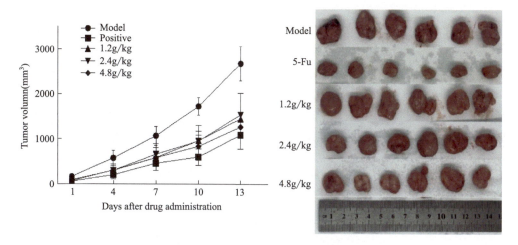

图 3.2.2-10　裸鼠肿瘤体积的生长曲线及肿瘤大小

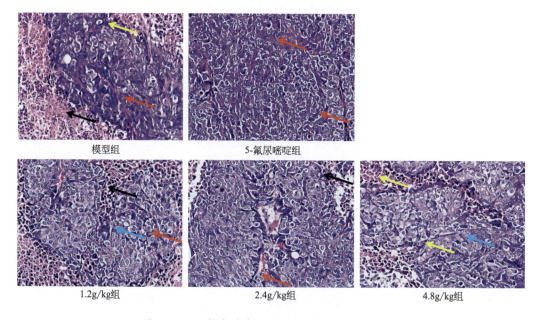

图 3.2.2-11　裸鼠肿瘤组织 HE 病理切片图(400X)

表 3.2.2-2　移植瘤裸鼠各脏器指数（%）（n=6, $\bar{x}\pm SD$）

组别	心	肝	脾	肺	肾
空白对照组	0.542±0.054	5.635±0.316	0.461±0.071	0.597±0.050	1.324±0.089
模型组	0.480±0.059	4.465±0.257**	0.428±0.090	0.570±0.057	1.118±0.077
5-Fu 组	0.494±0.061	5.041±0.495*	0.364±0.057	0.556±0.093	1.148±0.066
1.2g/kg 组	0.500±0.049	4.551±0.355**	0.356±0.092	0.559±0.115	1.153±0.083
2.4g/kg 组	0.526±0.062	4.920±0.318*	0.482±0.123	0.659±0.111	1.115±0.255
4.8g/kg 组	0.549±0.118	5.204±0.447	0.321±0.127	0.699±0.109	1.429±0.168

注：与空白对照组相比，*$P<0.05$，**$P<0.01$。

3.3　金花茶叶提取物抗结肠癌作用机制研究

通过 4D-Label free 联合 Nano LC-MS/MS 分析，共检测鉴定到 6720 个蛋白。当 $P<0.05$ 时，设置 1.5 倍的阈值后，发现有 363 个蛋白质表达发生显著变化，其中 157 个蛋白质表达上调，206 个蛋白质表达下调。通过 GO 富集分析结果表明，这些蛋白质的表达位置主要是细胞核及细胞质，在细胞增殖和凋亡中发挥一定调节功能。KEGG 研究发现差异蛋白和胆固醇代谢、铁死亡通路（ferroptosis）、FoxO 信号通路等相关。其中，铁死亡通路近年来被发现与肿瘤的发生与发展密切相关。因此，推测金花茶叶提取物很可能通过调控铁死亡通路发挥抗结肠癌作用。结果见图 3.2.2-12～图 3.2.2-15。

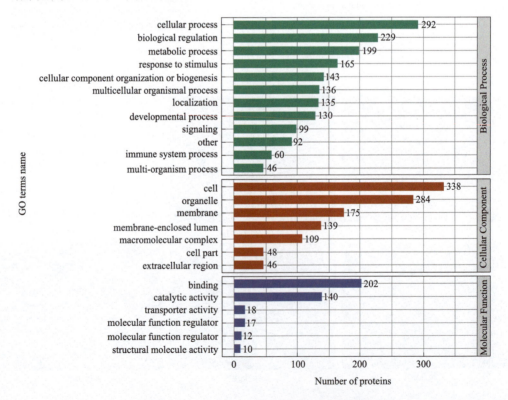

图 3.2.2-12　差异表达蛋白质的 GO 功能注释

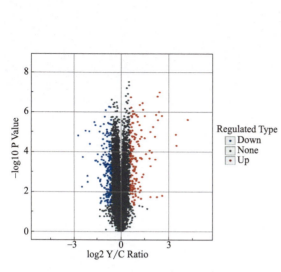

图 3.2.2-13　差异表达蛋白定量火山图

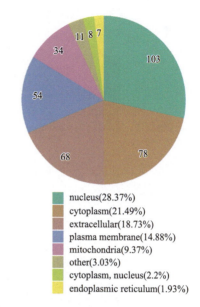

图 3.2.2-14　差异表达蛋白质的亚细胞定位

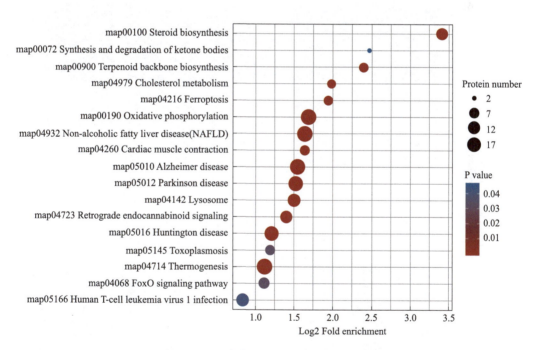

图 3.2.2-15　差异蛋白质的 KEGG 通路分析

HCT116 细胞经金花茶叶提取物干预后，通过透射电镜观察细胞线粒体的形态，发现 HCT116 细胞出现了铁死亡的形态学特征，主要表现为线粒体变小及双层膜密度增高。同时对铁死亡的相关指标进行检测，发现金花茶叶提取物能使 HCT116 细胞内 ROS 积聚增加，且呈现浓度依赖效应。相比于空白对照组，不同浓度金花茶叶提取物组中的细胞 Fe 含量逐渐增加，并具有显著性差异（$P < 0.05$，$P < 0.01$），而各组之间细胞内 GSH 的含量无显著性差异（$P > 0.05$）。结果见图 3.2.2-16～图 3.2.2-19。

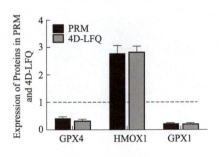

图 3.2.2-16　铁死亡相关蛋白的 PRM 分析结果

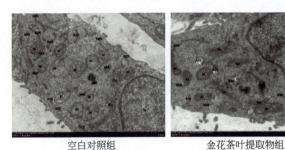

图 3.2.2-17　HCT116 细胞线粒体的电镜形态图

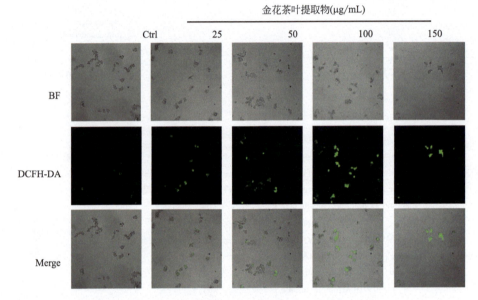

图 3.2.2-18　金花茶叶提取物诱导 HCT116 内 ROS 的积聚

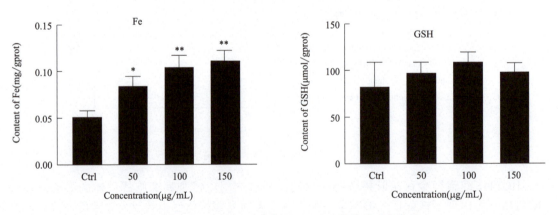

图 3.2.2-19　HCT116 细胞中 Fe 及 GSH 含量的测定结果

（注：与对照组相比，$*P<0.05$，$**P<0.01$。）

RT-qPCR 检测结果显示，金花茶叶提取物能使 HCT116 细胞内 GPX4 mRNA 的表达水平下降，但无显著性变化（$P>0.05$）。100μg/mL 和 150μg/mL 的金花茶叶提取物能使细胞内HMOX1 mRNA的表达水平显著上调（$P<0.05$，$P<0.01$）。结果见图3.2.2-20。

WB结果显示，给予金花茶叶提取物干预后，HCT116细胞内凋亡相关蛋白cleaved caspase 9与caspase 9的比值逐渐增加，而caspase 3的表达逐渐下降。抗凋亡蛋白Bcl-2的表达量逐渐下降，但Bax与Bcl-2的比值没有明显变化。周期以及增殖相关蛋白CDK4、CDK6和PCNA的表达量逐渐下调。铁死亡相关蛋白GPX4的表达有所下降，经统计没有显著性差异（$P>0.05$）。HMOX1蛋白的表达量逐渐升高，经统计分析后有显著性差异（$P<0.05$，$P<0.01$）。结果见图3.2.2-21、图3.2.2-22。

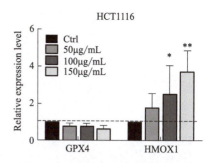

图3.2.2-20　HCT116细胞中GPX4及HMOX1基因表达含量的测定结果

（注：与对照组相比，$*P<0.05$，$**P<0.01$。）

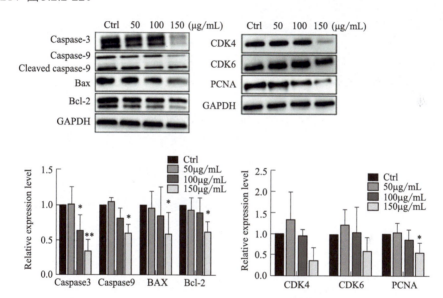

图3.2.2-21　HCT116细胞中凋亡及周期相关蛋白的WB结果及统计分析图

（注：与对照组相比，$*P<0.05$，$**P<0.01$。）

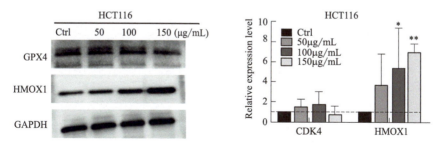

图3.2.2-22　HCT116细胞中GPX4及HMOX1蛋白的WB结果及统计分析图

（注：与空对照组相比，$*P<0.05$，$**P<0.01$。）

体内肿瘤组织免疫荧光结果显示，与模型组相比，金花茶叶提取物组裸鼠肿瘤组织GPX4蛋白表达量均显著降低（$P<0.01$），而HMOX1蛋白的表达量均有所升高，但只有低浓度

组（1.2g/kg）具有统计学意义（$P<0.05$），CDK4和PCNA的蛋白表达量显著降低，具有统计学差异（$P<0.01$）。TUNEL分析结果显示，金花茶叶提取物组的肿瘤组织细胞凋亡百分率明显升高，其中高剂量组（4.8g/kg）具有极显著性差异（$P<0.01$）。结果见图3.2.2-23、图3.2.2-24。

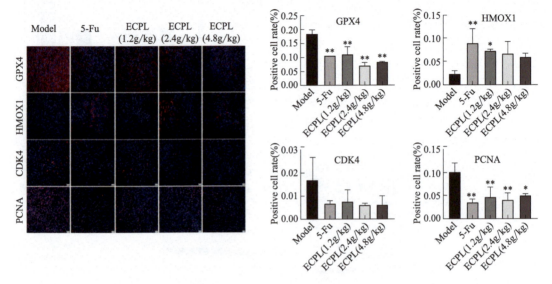

图3.2.2-23　肿瘤组织相关蛋白免疫荧光表达结果
（注：与模型组相比，$*P<0.05$，$**P<0.01$。）

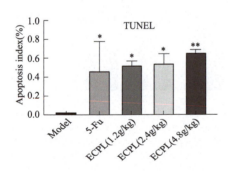

图3.2.2-24　肿瘤组织TUNEL分析结果
（注：与模型组相比，$*P<0.05$，$**P<0.01$。）

3.4　金花茶叶提取物联合5-氟尿嘧啶体外协同增效抗结肠癌作用研究

MTS实验表明，联合50μg/mL的金花茶叶提取物后，相比于单独5-氟尿嘧啶组，分别提高了HCT116、SW480和HCT15细胞对药物敏感度的3.16倍、1.7倍、4倍。克隆形成、细胞凋亡和细胞周期等实验也表明，相比于单独5-氟尿嘧啶组，联合金花茶叶提取物后，抗结肠癌作用显著增强。结果见图3.2.2-25～图3.2.2-29、表3.2.2-3。

表3.2.2-3　金花茶叶提取物联合5-氟尿嘧啶抑制结肠癌细胞增殖的IC_{50}

Cell lines	48h IC_{50}（μg/mL）		Sensitization folds
	5-Fu	5-Fu+ECPL（50μg/mL）	
HCT116	1.17	0.37	3.16
SW480	4.75	2.80	1.70
HCT15	8.43	2.11	4.0

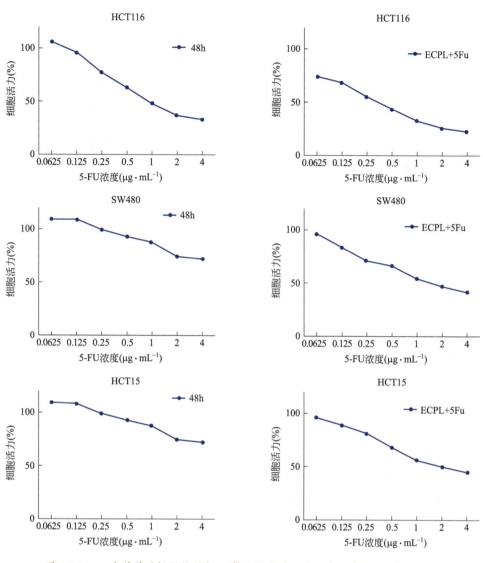

图 3.2.2-25　金花茶叶提取物联合 5-氟尿嘧啶对人结肠癌细胞的增殖抑制作用

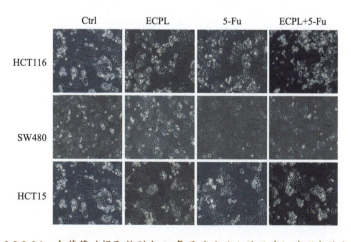

图 3.2.2-26　金花茶叶提取物联合 5-氟尿嘧啶后人结肠癌细胞形态的变化

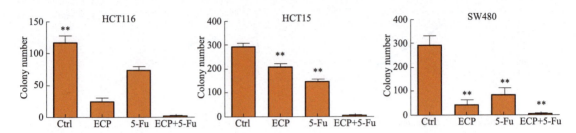

图 3.2.2-27　金花茶叶提取物联合 5- 氟尿嘧啶对人结肠癌细胞克隆形成的抑制作用
（注：与对照组相比，*$P<0.05$，**$P<0.01$。）

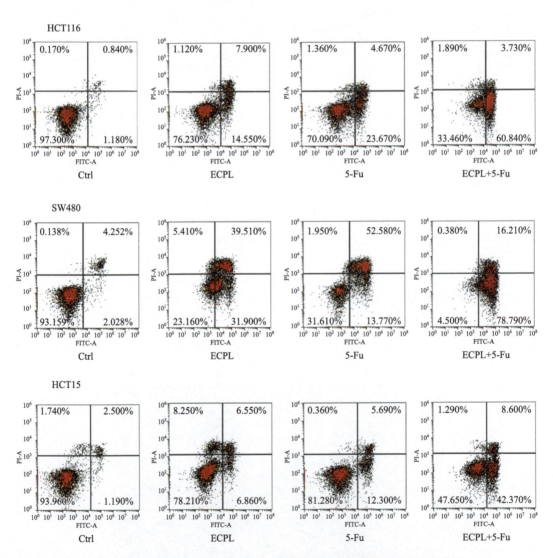

图 3.2.2-28　金花茶叶提取物联合 5- 氟尿嘧啶对人结肠癌细胞的凋亡作用

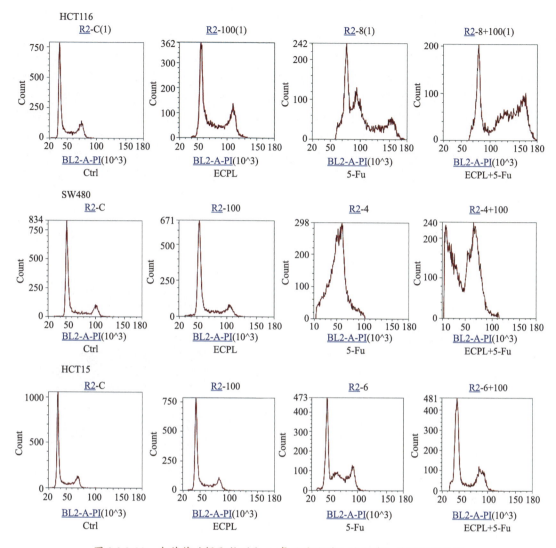

图 3.2.2-29　金花茶叶提取物联合 5-氟尿嘧啶对人结肠癌细胞周期的作用

3.5　金花茶叶提取物联合 5-氟尿嘧啶体内协同增效减毒抗结肠癌作用研究

裸鼠活体成像结果显示，金花茶叶提取物联合 5-氟尿嘧啶每 2 天注射组（ECPL+5-Fu/2d 组）的肿瘤组织荧光面积和强度最小。结果见图 3.2.2-30。

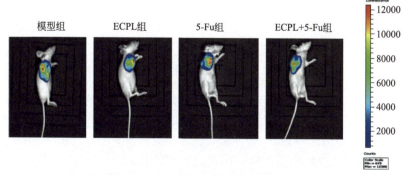

图 3.2.2-30　移植瘤裸鼠活体成像荧光图

肿瘤生长曲线结果显示，连续给予药物干预14天后，模型组裸鼠的肿瘤体积为1527.76±119.21mm³，金花茶叶提取物组（ECPL组）裸鼠的肿瘤体积为850.51±124.88mm³，抑瘤率为44.32%；5-氟尿嘧啶组（5-Fu/d组）裸鼠的肿瘤体积为440.56±97.77mm³，抑瘤率为71.16%；5-氟尿嘧啶组（5-Fu/2d组）裸鼠的肿瘤体积为951.48±97.98mm³，抑瘤率为37.72%；金花茶叶提取物联合5-氟尿嘧啶组（ECPL+5-Fu/d组）裸鼠的肿瘤体积为373.73±86.51mm³，抑瘤率为75.53%；金花茶叶提取物联合5-氟尿嘧啶组（ECPL+5-Fu/2d组）裸鼠的肿瘤体积为745.66±102.21mm³，抑瘤率为51.19%。综上发现，给予每天注射5-氟尿嘧啶的组（5-Fu/d组），裸鼠的肿瘤体积最小，其中联合用药组的肿瘤体积比单独用药组的小。但同时每天注射5-氟尿嘧啶组（5-Fu/d组）的裸鼠表现出来的毒副作用最明显，精神状态最差。与空白对照组相比，金花茶叶提取物联合5-氟尿嘧啶每天注射组（ECPL+5-Fu/d组）裸鼠的脏器变化较明显，肝和脾变小，肺变大，且均有显著性差异（$P<0.05$），显示每日注射5-氟尿嘧啶给裸鼠带来了严重的脏器毒性。其余各组脏器指数没有显著性差异，表明在此剂量下，各个给药组对裸鼠脏器的毒性较低。结果见图3.2.2-31、表3.2.2-4。

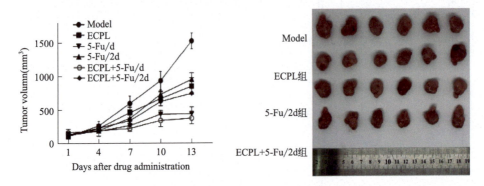

图3.2.2-31　裸鼠肿瘤体积的生长曲线及肿瘤大小

表3.2.2-4　移植瘤裸鼠各脏器指数（%）（n=6，$\bar{x}\pm SD$）

组别	心	肝	脾	肺	肾
空白对照组	0.541±0.043	5.334±0.505	0.588±0.102	0.661±0.076	1.246±0.042
模型组	0.529±0.028	5.649±0.551	0.50±0.090	0.624±0.037	1.201±0.051
ECPL组	0.544±0.076	5.191±0.533	0.482±0.105	0.752±0.235	1.185±0.089
5-Fu/d组	0.582±0.041	4.459±0.271*	0.220±0.053	0.781±0.053	1.330±0.064
5-Fu/2d组	0.539±0.038	6.011±0.556	0.528±0.122	0.630±0.047	1.254±0.063
ECPL+5-Fu/d组	0.609±0.043	4.074±0.325**	0.161±0.037*	0.892±0.176*	1.348±0.093
ECPL+5-Fu/2d组	0.577±0.058	5.544±0.591	0.443±0.084	0.692±0.110	1.326±0.091

注：与模型组相比，*$P<0.05$；**$P<0.01$。

裸鼠外周血象结果显示，联合金花茶叶提取物后，能在一定程度上恢复5-氟尿嘧啶造成的血液中WBC数量的下降。对血清中相关免疫因子的检测发现，单独5-氟尿嘧啶组（5-Fu/2d组）裸鼠血清中IL-6、IL-12、VEGF-A、TNF-a的含量均有所下降，而联合金花茶叶提取物后，血清中各个指标的下降程度均有所缓解。其中，金花茶叶提取物联合5-氟尿嘧啶组（ECPL+5-Fu/2d组）血清中IL-6的含量显著增加，与空白组相比具有显著性差异（$P<0.05$）。结果见

图3.2.2-32、表3.2.2-5、表3.2.2-6。

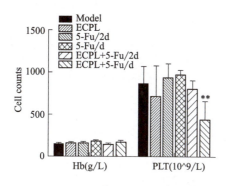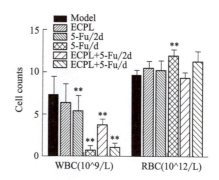

图 3.2.2-32　各组裸鼠 WBC、RBC、Hb、PLT 含量图
（注：与模型组相比，*$P<0.05$，**$P<0.01$。）

表 3.2.2-5　各组裸鼠血常规（n=6, $\bar{x} \pm SD$）

组别	WBC（10^9/L）	RBC（10^{12}/L）	Hb（g/L）	PLT（10^9/L）
模型组	7.30±2.103	9.67±0.502	151.33±10.093	875.67±196.751
ECPL 组	6.34±2.216	10.43±0.832	160.33±15.188	717.5±362.477
5-Fu/d 组	0.76±0.467**	11.95±0.683**	187.5±8.313	972±57.184
5-Fu/2d 组	5.39±1.742**	10.24±1.112	163.17±15.184	938.33±167.427
ECPL+5-Fu/d 组	1.04±0.510**	11.27±1.601	173.83±17.600	438±222.802**
ECPL+5-Fu/2d 组	3.73±0.673**	9.27±0.649	147.17±11.873	810±99.627

注：与模型组相比，*$P<0.05$，**$P<0.01$。

表 3.2.2-6　各组裸鼠血清中相关因子的含量（n=6, $\bar{x} \pm SD$）

组别	IL-6	IL-12	VEGF-A	TNF-α
空白对照组	46.28±9.2	26.22±8.06	205.37±5.14	20.66±1.33
模型组	63.12±11.98	20.05±2.46	236.81±12.98##	23.26±1.32
ECPL 组	60.98±15.13	20.53±4.25	217.53±12.85	23.19±5.18
5-Fu/2d 组	51.68±12.75	17.30±2.22#	204.54±16.33**	19.90±1.35
ECPL+5-Fu/2d 组	70.14±12.70#	20.15±3.03	213.59±15.34*	21.55±2.50

注：与模型组相比，*$P<0.05$，**$P<0.01$；模型组与空白组比，#$P<0.05$，##$P<0.01$。

结果显示，单独用药组裸鼠脾脏中NO含量没有明显变化，而联合用药组裸鼠脾脏中NO含量明显升高。与模型组相比，联合用药组裸鼠脾脏中NO含量具有显著性差异（$P<0.01$）。因此，认为联合金花茶叶提取物后，能在一定程度上提高脾脏中NO的含量，提高裸鼠机体免疫力。骨髓有核细胞计数显示，单独金花茶叶提取物组（ECPL组）能显著增加裸鼠骨髓有核细胞数量，而单独5-氟尿嘧啶组（5-Fu/d组）裸鼠的骨髓有核细胞数量显著下降。当金花茶叶提取物联合5-氟尿嘧啶（ECPL+5-Fu/d组）后，对5-氟尿嘧啶（5-Fu/d组）造成的骨髓有核细胞数量下降有一定的恢复作用，与模型组相比，具有显著性差异（$P<0.05$，$P<0.01$）。因

此，认为金花茶叶提取物能增加骨髓有核细胞数量，同时对 5-氟尿嘧啶造成的骨髓造血系统损伤有一定的恢复作用。结果见图 3.2.2-33。

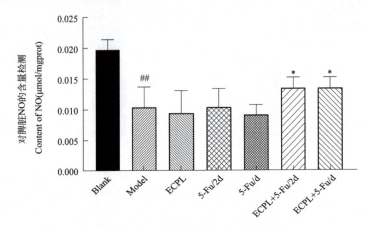

图 3.2.2-33　各组裸鼠脾脏 NO 含量图

（注：模型组与空白组相比，##$P<0.01$；各给药组与模型组相比，*$P<0.05$。）

肿瘤组织，股骨及各个脏器的 HE 染色结果显示，金花茶叶提取物联合 5-氟尿嘧啶后，能协同增效抑制裸鼠肿瘤的生长。各个药物组特别是金花茶叶提取物联合 5-氟尿嘧啶组可见坏死肿瘤细胞崩解，胞核固缩、溶解，坏死区嗜酸性增强，与坏死交界处凋亡细胞增多。各组肝、肾组织的 HE 染色结果未见明显病变坏死，对于脾组织，5-氟尿嘧啶组（5-Fu/d 组）的脾脏白髓淋巴细胞减少最为明显，生发中心不明显，边缘区丢失。5-氟尿嘧啶组（5-Fu/d 组）造成的骨髓抑制现象最为严重，表现为骨髓腔内不成熟骨髓细胞明显减少，血窦明显扩张等，但联合金花茶叶提取物后，上述骨髓抑制现象有所缓解。结果见图 3.2.2-34～图 3.2.2-36。

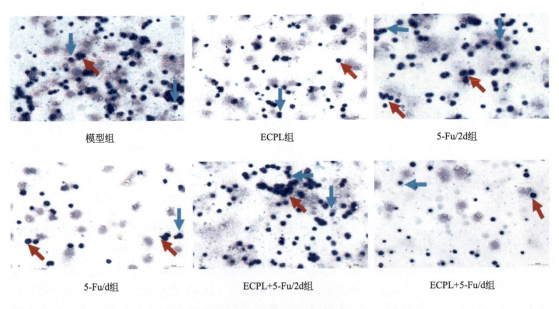

图 3.2.2-34　瑞氏染色计数骨髓有核细胞（400X）

粒系细胞（↑）红系细胞（↑）

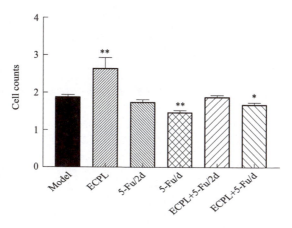

图3.2.2-35 各组裸鼠骨髓有核细胞计数
（注：与模型组相比，*$P<0.05$，**$P<0.01$。）

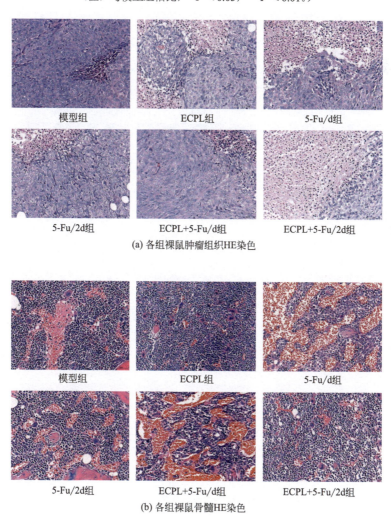

(a) 各组裸鼠肿瘤组织HE染色

(b) 各组裸鼠骨髓HE染色

图3.2.2-36

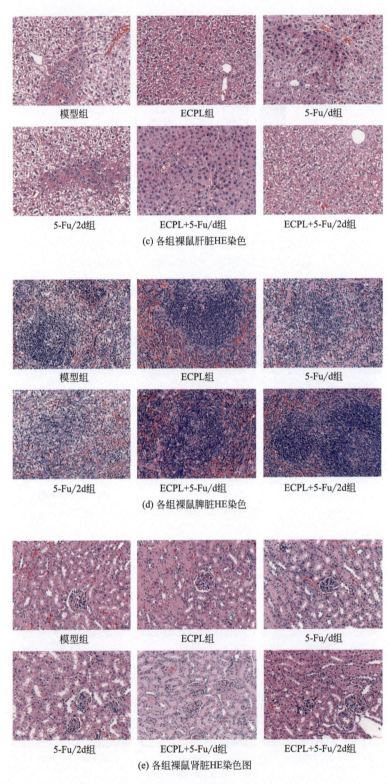

图 3.2.2-36 各组裸鼠 HE 染色

3.6 金花茶叶提取物联合 5-氟尿嘧啶体外、体内抗结肠癌作用的机制研究

Realtime-PCR 检测体外 HCT116 细胞中 5-氟尿嘧啶相关代谢基因结果显示，金花茶叶提取物能显著下调细胞内 TS mRNA 和 DPD mRNA 的表达水平，其中联合用药组下调最明显，与空白对照组相比，具有显著性差异（$P<0.01$）。对于 OPRT 基因，与模型组相比，各药物组无显著性差异（$P>0.05$）。结果见图 3.2.2-37。

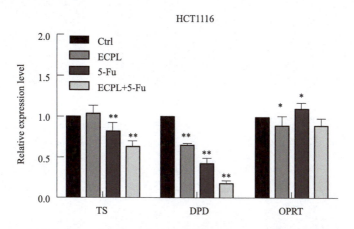

图 3.2.2-37　金花茶叶提取物联合 5-氟尿嘧啶对 TS、DPD、OPRT mRNA 表达的影响

（注：与对照组相比，$*P<0.05$，$**P<0.01$。）

体内裸鼠肿瘤组织 CD31、TS、DPD、OPRT 蛋白免疫荧光检测结果显示，金花茶叶提取物组（ECPL 组）、金花茶叶提取物联合 5-氟尿嘧啶组（ECPL+5-Fu/d 组、ECPL+5-Fu/2d 组）裸鼠肿瘤组织 CD31 蛋白含量均明显降低，与模型组相比，具有显著性差异（$P<0.01$），其中联合用药组肿瘤组织 CD31 蛋白含量最低。对于 TS 和 DPD 蛋白，药物干预后，各组的蛋白表达量均下降，其中，金花茶叶提取物联合 5-氟尿嘧啶组（ECPL+5-Fu/d 组、ECPL+5-Fu/2d 组）的表达量最低，与模型组相比，具有显著性差异（$P<0.01$）。对于 OPRT 蛋白，药物干预后，各组的蛋白表达量均升高，与模型组相比，除 5-氟尿嘧啶组（5-Fu/2d 组），其余各组均具有显著性差异（$P<0.05$）。因此，认为金花茶叶提取物联合 5-氟尿嘧啶发挥协同增效作用可能是通过调节血管生成因子及 5-氟尿嘧啶相关代谢酶实现的。结果见图 3.2.2-38 ～图 3.2.2-41、表 3.2.2-7 ～表 3.2.2-10。

表 3.2.2-7　裸鼠肿瘤组织 CD31 平均荧光强度统计结果（$\bar{x} \pm SD$）

组别	N（只）	OD（$\bar{x} \pm SD$）
模型组	6	13.4308±1.0203
ECPL 组	6	10.7484±1.1842**
5-Fu/d 组	6	12.1222±1.2063
5-Fu/2d 组	6	12.3949±1.6951
ECPL+5-Fu/d 组	6	9.9293±1.2940**
ECPL+5-Fu/2d 组	6	9.6924±0.5744**

注：与模型组相比，$*P<0.05$，$**P<0.01$。

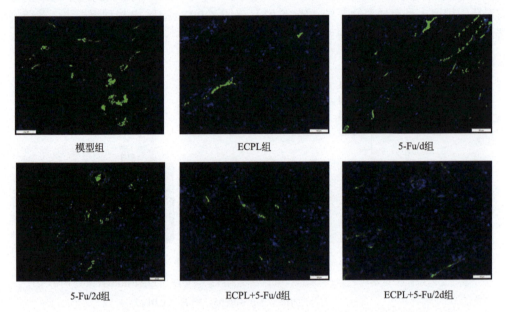

图 3.2.2-38　各组裸鼠肿瘤组织 CD31 免疫荧光表达
（DAPI 染核显示蓝色，CD31 显示绿色）

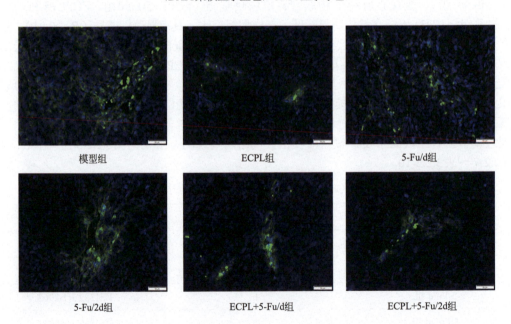

图 3.2.2-39　各组裸鼠肿瘤组织 TS 免疫荧光表达
（DAPI 染核显示蓝色，TS 显示绿色）

表 3.2.2-8 裸鼠肿瘤组织 TS 平均荧光强度统计结果（$\bar{x} \pm SD$）

组别	N（只）	OD（$\bar{x} \pm SD$）
模型组	6	39.5809±8.6414
ECPL 组	6	23.0691±2.7068
5-Fu/d 组	6	32.2962±4.3879
5-Fu/2d 组	6	31.6404±4.3878
ECPL+5-Fu/d 组	6	21.5198±2.4338*
ECPL+5-Fu/2d 组	6	18.9986±0.9185*

注：与模型组相比，$*P<0.05$，$**P<0.01$。

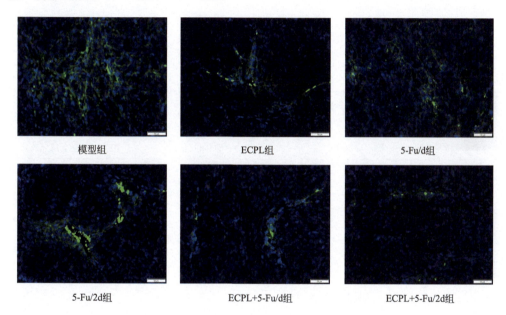

图 3.2.2-40 各组裸鼠肿瘤组织 DPD 免疫荧光表达
（DAPI 染核显示蓝色，DPD 显示绿色）

表 3.2.2-9 裸鼠肿瘤组织 DPD 平均荧光强度统计结果（$\bar{x} \pm SD$）

组别	N（只）	OD（$\bar{x} \pm SD$）
模型组	6	34.68655±5.5676
ECPL 组	6	25.9665±2.1053
5-Fu/d 组	6	30.8461±4.0200
5-Fu/2d 组	6	30.1392±2.0721
ECPL+5-Fu/d 组	6	23.1430±1.8055*
ECPL+5-Fu/2d 组	6	22.9814±1.0161*

注：与模型组相比，$*P<0.05$，$**P<0.01$。

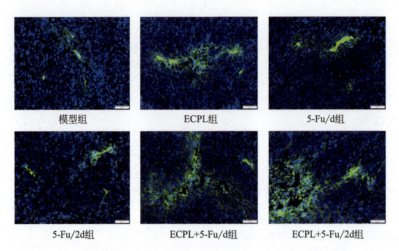

图 3.2.2-41　各组裸鼠肿瘤组织 OPRT 免疫荧光表达
（DAPI 染核显示蓝色，OPRT 显示绿色）

表 3.2.2-10　裸鼠肿瘤组织 OPRT 平均荧光强度统计结果（$\bar{x} \pm SD$）

组别	N（只）	OD（$\bar{x} \pm SD$）
模型组	6	23.3561±0.8096
ECPL 组	6	27.3662±1.7855*
5-Fu/d 组	6	25.3194±0.7085*
5-Fu/2d 组	6	24.859±1.4151
ECPL+5-Fu/d 组	6	32.9738±4.5461*
ECPL+5-Fu/2d 组	6	33.5915±4.7552*

注：与模型组相比，*$P<0.05$，**$P<0.01$。

肿瘤组织 TUNEL 检测结果显示，药物干预后，各组肿瘤组织细胞凋亡百分率均有所升高。与模型组相比，金花茶叶提取物组（ECPL 组）具有显著性差异（$P<0.05$），5-氟尿嘧啶组（5-Fu/d 组）、金花茶叶提取物联合 5-氟尿嘧啶组（ECPL+5-Fu/d 组、ECPL+5-Fu/2d 组）具有极显著性差异（$P<0.01$）。因此，认为金花茶叶提取物联合 5-氟尿嘧啶发挥协同增效作用也有可能是通过诱导肿瘤细胞凋亡实现的。结果见表 3.2.2-11、图 3.2.2-42。

表 3.2.2-11　裸鼠肿瘤组织内细胞凋亡百分率（%）统计结果（$\bar{x} \pm SD$）

组别	N（只）	$\bar{x} \pm SD$
模型组	6	0.05±0.07
ECPL 组	6	3.55±1.16*
5-Fu/d 组	6	3.83±1.20**
5-Fu/2d 组	6	1.60±0.75
ECPL+5-Fu/d 组	6	5.95±1.84**
ECPL+5-Fu/2d 组	6	2.29±0.33**

注：与模型组相比，*$P<0.05$，**$P<0.01$。

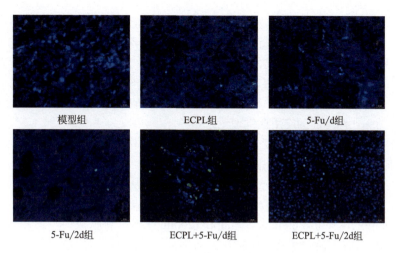

图 3.2.2-42　各组裸鼠肿瘤组织 TUNEL 染色分析
（凋亡细胞核绿光，正常细胞核蓝光）

小结

本研究采用细胞模型、裸鼠异种移植瘤模型对金花茶叶提取物单独及联合5-氟尿嘧啶后抗结肠癌药效学及机制的研究。应用4D-Label free结合Nano LC-MS/MS技术，对金花茶叶提取物抗结肠癌作用机制进行深入探讨。通过研究得出以下结论：

（1）金花茶叶提取物对结肠癌细胞的增殖、克隆形成、迁移等，展现了较强的抑制作用，并与浓度呈正相关依赖性。能够诱导结肠癌细胞凋亡，降低线粒体膜电位，阻滞细胞周期在G2/M期。

（2）金花茶叶提取物在体内能抑制结肠癌裸鼠移植瘤的生长，HE染色结果显示，药物干预后能诱导肿瘤组织发生坏死。

（3）基于蛋白质组学及相关实验的验证，提示金花茶叶提取物发挥抗结肠癌作用的可能机制为诱导细胞凋亡，调控细胞周期及调节铁死亡信号通路的相关蛋白。

（4）金花茶叶提取物联合5-氟尿嘧啶后，无论体外还是体内均能发挥协同抗结肠癌的作用，其作用机制可能与调节血管生成因子（CD31）及调控5-氟尿嘧啶相关代谢酶（TS、DPD、OPRT）相关。同时，金花茶叶提取物联合5-氟尿嘧啶后，能提高裸鼠免疫力并减轻5-氟尿嘧啶对裸鼠造成的骨髓抑制作用。

第三节　金花茶调节血脂药理及机制研究

金花茶中黄酮类化合物调节糖脂代谢的作用机制研究

蛋白激酶B（AKT）具有调节生长、代谢、存活、增殖等多方面功能，是癌症、糖尿病、免疫性疾病和心血管疾病中的重要靶标。AKT蛋白也是胰岛素信号通路中的关键靶标蛋白，通过介导一系列级联反应，调节三大营养物质的代谢。我们以金花茶中代表性黄酮类化合物—山奈酚和槲皮素为研究对象，对其调节糖代谢的作用机制进行了研究。整合金花茶黄酮类成分体内代谢物的PCA分析研究发现，山柰酚和槲皮素的葡萄糖醛酸型代谢产物为其主要代谢形式。基于网络的预测分析提示其葡萄糖醛酸代谢产物可能为AKT蛋白的作用靶点。本部分内容从AKT酶活检测、膜移位分析和荧光猝灭的互作实验证明，山柰酚和槲皮素的葡萄糖醛酸型代谢产物可以与AKT蛋白PH domain的关键氨基酸位点发生相互作用，从而直接激活AKT蛋白，并使其下游的GSK3β磷酸化，促进糖原合成，从而发挥调节糖代谢的作用，为金花茶在调节糖脂代谢方面的应用提供理论依据。

1. 金花茶中黄酮类化合物调节糖脂代谢的物质基础与作用靶点

1.1 山柰酚、槲皮素大鼠体内主要代谢产物的分析

12只雄性SD大鼠（200～220g），随机分为两组，从尾静脉取空白血300μL于1.5mL肝素钠EP管中，然后灌胃山柰酚（50mg/kg）；另外6只灌胃槲皮素（50mg/kg）。分别在灌胃后的第15min、30min、45min、60min、90min和120min进行尾静脉取血。血液静置半小时后，3500rpm离心10min取上清，获得血浆。在血浆中加入三倍体积的甲醇，沉淀蛋白质。随后，将样品9000rpm离心后收集上清，每个时间点取200μL上清液混合，于氮气下吹干。经甲醇-水（1∶1，V/V）复溶后，12000rpm离心取上清，用于UPLC-Q/TOF-MS分析。

将LC/MS数据导入MassLynx软件的Markerlynx功能模块，使用SIMCA-P软件对数据进行正交偏最小二乘判别分析（OPLS-DA），同时基于化合物的紫外吸收和LC-MS特征鉴定出主要代谢产物。

质谱数据显示在血浆中未能检测到山柰酚和槲皮素。据报道山柰酚和槲皮素在大鼠体内代谢经历了甲基化、硫酸结合、葡萄糖醛酸结合、乙酰化等代谢过程。如图3.3.1-1A所示，SD大鼠口服山柰酚或槲皮素后，Score图显示给药组与空白组有明显区别。Loading图显示了每个离子的贡献率，如图3.3.1-1B所示，山柰酚-3-*O*-葡萄糖醛酸苷（K-3-G）和槲皮素-3-*O*-葡萄糖醛酸苷（Q-3-G）为分散在最外部的点，因此可以将其视为主要代谢产物。

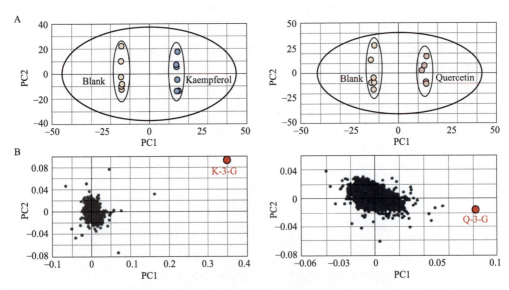

图3.3.1-1　山柰酚、槲皮素的主要代谢产物的PCA鉴定分析

1.2 PharmMapper靶点预测与String蛋白互作分析

使用ChemDraw绘制山柰酚-3-*O*-葡萄糖醛酸苷（K-3-G）和槲皮素-3-*O*-葡萄糖醛酸苷（Q-3-G）的分子结构并保存为.sdf格式文件。在PharmMapper数据库网站，选择Submit

Job，在 Upload Query File 一栏中上传 .sdf 分子结构文件，设置参数 Maximum Generated Conformations 为 100，Select Targets Set 选择 Human Protein Targets Only（v2010,2241），进行靶点预测。预测得到的结果中，使用 Uniprot 数据库 Retrieve/ID mapping 功能将结果中 Uniprot 的蛋白名称转换为相应的蛋白编码，用于接下来的蛋白互作分析。在 Gene Cards 数据库网站，输入 glucose metabolism，检索与糖代谢相关靶点。以 Pharm Mapper 预测结果中 fit 值为依据，选取 K-3-G 和 Q-3-G 的前 100 个靶点，使用 VENNY2.1 软件，与 GeneCards 中糖代谢相关靶点进行交集运算，预测糖代谢相关的靶点。并通过 String11.0 数据库网站，绘制靶点蛋白间相互作用关系，使用 Cytoscape 绘制蛋白互作图。

如图 3.3.1-2A 所示，K-3-G、Q-3-G 与糖代谢相关的共同靶点有 AKT1、HRAS、PTPN1、ESR1、HK1、INSR、PCK1、PKLR、SHBG、AKR1B1、PAH、GPI、MAPK10、F2。使用 String 11.0 对这 14 个靶点进行蛋白互作分析，结果显示在这些靶点中 AKT1 与其他靶点关联度最高，显示其为最重要的靶点（图 3.3.1-2B）。并且 KEGG PATHWAY 分析提示其与 insulin signal pathway、insulin resistance、foxo signaling pathway、type II diabetes mellitus 与 glycolysis gluconeogenesis 信号通路相关（图 3.3.1-2C）。因此推测 AKT 可能为葡萄糖醛酸型代谢产物发挥调节糖代谢作用的核心靶点。

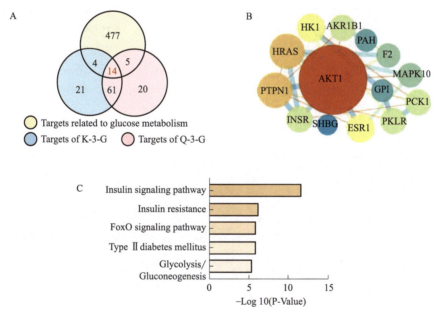

图 3.3.1-2　K-3-G 和 Q-3-G 的靶点预测及蛋白互作分析

1.3　K-3-G 和 Q-3-G 对 AKT 酶活的影响

为了评估葡萄糖醛酸型代谢产物 K-3-G 和 Q-3-G 对 AKT 酶活的影响，使用 AKT 酶活试剂盒测定了药物干预后对其酶活的影响。结果如图 3.3.1-3 所示，SC79 作为一种 AKT 激动剂，较空白组可以显著激活 AKT（$p<0.001$），而不同浓度的 K-3-G 和 Q-3-G 与 SC79 有相似的激活效果。曲线图显示在给药 K 3-G（0.1μmol/L、1μmol/L、10μmol/L），Q-3-G（0.1μmol/L、1μmol/L、10μmol/L）后，在 120 秒时间内 AKT 酶活较空白组持续增强。直方图展示了给药后 40 秒 AKT 的酶活情况，表明 K-3-G 和 Q-3-G 均具有可以显著地激活 AKT 的作用。

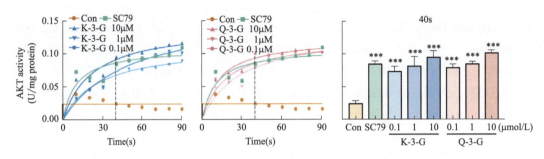

图 3.3.1-3　K-3-G 和 Q-3-G 对 AKT 酶活的影响

1.4　葡萄糖醛酸型代谢产物对 AKT 膜移位的影响

为了研究山柰酚、槲皮素葡萄糖醛酸型代谢产物对 AKT 功能的影响，我们进行了 AKT PH domain 膜移位实验。我们采用在 AKT 蛋白上融合了绿色荧光蛋白、AKT-GFP 质粒，用来对细胞中的 AKT 蛋白进行示踪（R25）。AKT-R25C-GFP 质粒是突变 AKT PH domain 的 25 位的精氨酸（R）至半胱氨酸（C）的质粒，这种突变会导致 AKT PH domain 的膜移位功能丧失，可作为阴性对照（R25C）。此外，设置 AKT 磷酸化激活剂 SC79 阳性对照组、山柰酚组（0.1μmol/L、1μmol/L、10μmol/L）、K-3-G 组（0.1μmol/L、1μmol/L、10μmol/L）、槲皮素组（0.1μmol/L、1μmol/L、10μmol/L）和 Q-3-G 组（0.1μmol/L、1μmol/L、10μmol/L）来观察其对 AKT 蛋白膜移位的影响。DiI 是一种亲脂性荧光染料，能够标记细胞膜。实验结果如图 3.3.1-4 所示，正常状态下的 AKT 分布于细胞膜和细胞质中（R25 组）；R25 突变后 AKT PH domain 的膜移位功能受阻，分布于细胞膜上的 AKT 减少（R25C 组）；给药 SC79 可以有效地抑制 AKT PH domain 的膜移位（SC79 组）；给药 K-3-G 和 Q-3-G（0.1μmol/L、1μmol/L、10μmol/L）同样也可以有效地阻断 AKT PH domain 介导的膜移位，而原型药山柰酚和槲皮素没有这种效果。经 Pearson 系数的统计分析，直方图同样显示了山柰酚、槲皮素葡萄糖醛酸型代谢产物能够有效阻断 AKT PH domain 介导的膜移位情况。

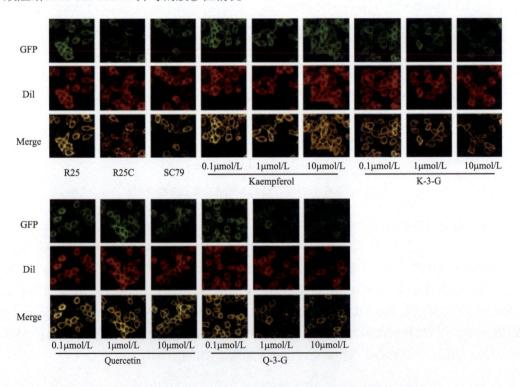

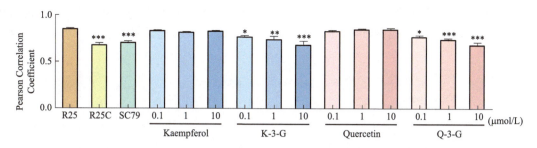

图 3.3.1-4　K-3-G 和 Q-3-G 抑制 AKT PH domain 介导的膜移位

1.5　葡萄糖醛酸型代谢产物对 AKT/GSK3β 信号通路的影响

PI3K/AKT/GSK3β 信号通路是与糖代谢相关的一条重要通路。我们进一步通过 Western Blot 考察了葡萄糖醛酸型代谢产物对 AKT/GSK3β 信号通路的影响。根据实验室前期实验结果，阳性对照组给药 AKT 磷酸化激活剂（SC79,10μmol/L）30min；分别给药葡萄糖醛酸型代谢产物 K-3-G 和 Q-3-G，给药 30min 后检测 P-AKT 的磷酸化水平，给药 2h 后检测 P-GSK3β 的磷酸化水平。

结果如图 3.3.1-5 所示，SC79 作为 AKT 激动剂能够显著激活 AKT，AKT 磷酸化水平明显升高（$p<0.05$，$p<0.01$）。K-3-G 和 Q 3-G 同样能够明显地激活 AKT，使 AKT（Ser473）磷酸化水平升高，而 AKT（Thr308），虽然有升高的趋势，但是并没有显著性差异；而对于 AKT 的下游节点 GSK3β，K 3-G 和 Q-3-G 能够明显增加 GSK3β 的磷酸化水平。以上结果说明 K-3-G 和 Q-3 G 直接作用并激活 AKT 的 Ser473 位点，激活下游信号分子，增加 GSK3β 的磷酸化，从而促进糖原合成，发挥调节糖代谢的作用。

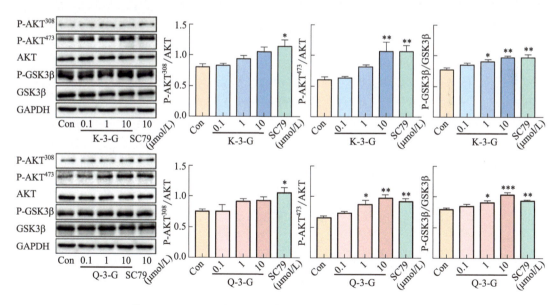

图 3.3.1-5　K-3-G 和 Q-3-G 对 AKT-GSK3β 信号通路的影响

1.6　山柰酚和槲皮素及主要代谢产物对 HepG2 细胞葡萄糖消耗的影响

采用 50mmol/L D-葡萄糖建立胰岛素抵抗 HepG2 细胞模型，干预阳性药二甲双胍、山柰酚、槲皮素原型药及主要代谢产物（K-3-G、Q-3-G）后，检测细胞上清液葡萄糖含量，考察原型药及主要代谢产物对 HepG2 细胞葡萄糖消耗的影响。结果如图 3.3.1-6 所示，D-葡萄糖造模后，模型组葡萄糖消耗量相比空白组显著下降（$p < 0.001$）；造模的同时分别给予1μmol/L二甲双胍和梯度浓度（0.1μmol/L、1μmol/L、10μmol/L）的山奈酚、槲皮素、K-3-G和Q-3-G。

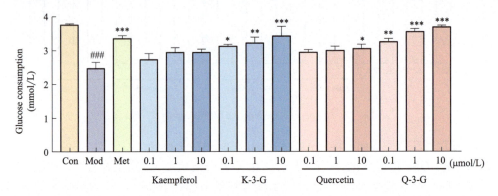

图 3.3.1-6　山奈酚、槲皮素及主要代谢产物对 HepG2 细胞葡萄糖消耗的影响

结果显示 K-3-G 和 Q-3-G 组与模型组相比葡萄糖消耗量显著增加，且高浓度时与阳性药二甲双胍改善葡萄糖消耗作用效果相当，而原型药山奈酚和槲皮素改善葡萄糖消耗的效果较弱。以上结果表明，葡萄糖醛酸型代谢产物较原型黄酮化合物具有更好的改善胰岛素抵抗从而改善糖代谢的作用。

2. 葡萄糖醛酸代谢产物与AKT PH domain蛋白的相互作用研究

2.1　葡萄糖醛酸型代谢产物与 AKT PH Domain 的分子对接

为了更好地了解葡萄糖醛酸型代谢产物 K-3-G 和 Q-3-G 与 AKT PH domain 的相互作用，我们使用 Autodock 软件对 AKT 磷酸化激活剂（SC79）、K-3-G 和 Q-3-G 与 AKT PH domain 进行了分子对接。从 PDB 数据库中下载 AKT PH domain 的晶体结构（1UNQ）。使用 SYBYL 2.0 软件绘制并优化 AKT 磷酸化激活剂（SC79）、葡萄糖醛酸型代谢产物 K-3-G 和 Q-3-G 的分子结构，并对蛋白晶体结构进行提取配体、去除水分子等处理。以配体所在位置为对接口袋设定对接晶格的大小，使用遗传学算法进行 SC79、K-3-G 和 Q-3-G 与 AKT PH domain 晶体结构的对接，使用 Pymol 进行蛋白与小分子配体互作关系的作图分析。

结果如图 3.3.1-7 所示，K-3-G、Q-3-G 和 SC79 均能够与 Lys14、Arg25 和 Arg86 残基形成

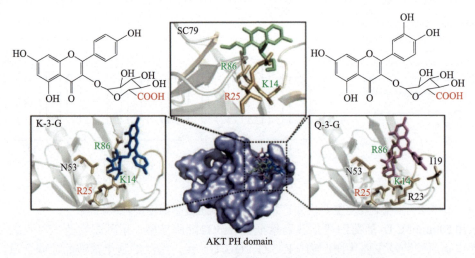

图 3.3.1-7　K-3-G 和 Q-3-G 与 AKT PH domain 的分子对接

氢键。K-3-G除了与SC79具有相同的三个氢键外，还与Asn53残基建立了氢键。Q-3-G也具有与K-3-G相同的氢键，同时Q-3-G黄酮母核B环的3'位的羟基与Arg23和Ile19残基形成氢键。根据分子对接结果，K-3-G和Q-3-G葡萄糖醛酸的羧基都与Arg25这一与膜移位相关的关键氨基酸建立了氢键联系，这进一步为K-3-G和Q-3-G激活AKT从而抑制膜移位做出了合理解释。

2.2 荧光热漂移

荧光热漂移（fluorescence-based thermal shift，FTS）的原理是基于蛋白质随着温度升高会发生解链暴露出疏水性氨基酸，从而与荧光染料相结合发出荧光，通过解链荧光值的偏移可以检测蛋白稳定性的变化。而配体的结合会对蛋白稳定性造成影响。荧光热漂移实验用于研究小分子对AKT PH domain 热稳定性的影响。AKT PH domain蛋白浓度为10μmol/L，小分子浓度为100μmol/L。按照Dye KitTM使用说明，使用实时荧光定量PCR仪进行检测，设定初始温度为16℃，终点温度为95℃，加热速率0.02℃/s。使用Bio-Rad CFX Maestro软件进行数据处理。

实验结果如图3.3.1-8所示，AKT PH domain 蛋白本身具有一定的稳定性，其解链温度为52.2℃；加入药物小分子后，其解链温度发生了变化，山奈酚的ΔTm为0.1℃，槲皮素的ΔTm为0.5℃，K-3-G的ΔTm为1.3℃，Q-3-G的ΔTm为0.9℃，由此结果可见K-3-G和Q-3-G相较于山奈酚和槲皮素对AKT PH domain蛋白结构的稳定性影响更大。

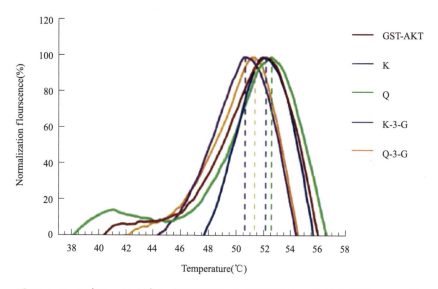

图3.3.1-8 山奈酚、槲皮素及其代谢产物对AKT PH domain稳定性的FTS分析

2.3 荧光猝灭

蛋白质具有天然内源性荧光，当小分子与蛋白质相互作用时，小分子能够猝灭其内源性荧光。取一块96孔板，每孔加入50μL浓度为10μmol/L的AKT PH domain蛋白，并加入50μL系列浓度的山奈酚、槲皮素、K-3-G和Q-3-G（0～100μmol/L），充分混匀。使用多功能酶标仪进行荧光强度扫描，设定温度为37℃，激发波长为260nm，发射波长为305～405nm，扫描间隔为5nm。对获得的数据进行Half-life非线性拟合，计算解离常数KD的值。荧光猝灭结果（图3.3.1-9）显示，山奈酚和槲皮素的葡萄糖醛酸型代谢产物K-3-G和Q-3-G相对原型化合物AKT PH domain蛋白结构稳定性的影响更大，其解离常数分别为：K-3-G，KD=27.6μmol/L；Q-3-G，KD=10.8μmol/L；山奈酚，KD=70.0μmol/L；槲皮素，KD=101.9μmol/L。

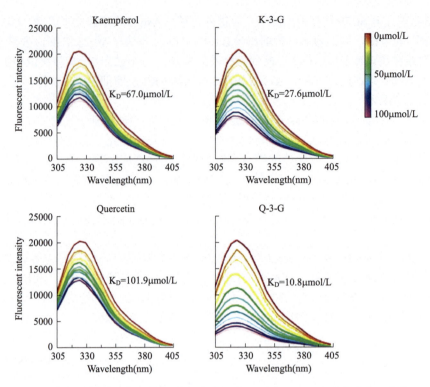

图 3.3.1-9　山柰酚、槲皮素及其代谢产物对 AKT PH domain 的荧光猝灭分析

小结

（1）通过对大鼠给药血浆样品的 PCA 分析发现，葡萄糖醛酸型代谢产物 K-3-G 和 Q-3-G 分别是山柰酚和槲皮素在体内的主要代谢形式。靶点预测和通路分析结果显示，AKT1 可能是 K-3-G 和 Q-3-G 参与糖代谢的主要作用靶点。

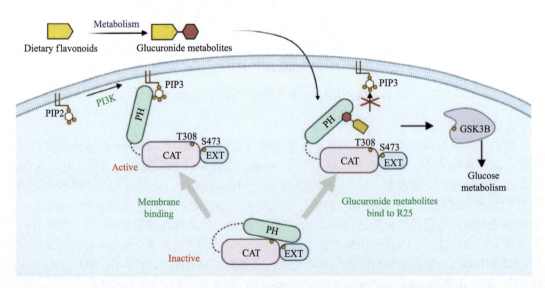

图 3.3.1-10　山柰酚、槲皮素的糖醛酸代谢产物激活 AKT 改善糖脂代谢的机制图

（2）FTS及荧光猝灭结果显示，山柰酚和槲皮素的葡萄糖醛酸型代谢产物K-3-G和Q-3-G相对原型化合物AKT PH domain蛋白结构稳定性的影响更大，表明山柰酚和槲皮素的体内代谢产物K-3-G和Q-3-G是关键的药效分子，激活了AKT1参与了糖代谢。

（3）通过AKT蛋白酶活测定、膜移位分析和分子对接的综合分析发现，葡萄糖醛酸型代谢产物K-3-G和Q-3-G通过与AKT PH domain Arg25等氨基酸残基相互作用，直接在细胞质内激活AKT，调节下游信号分子GSK3β磷酸化，影响糖原合成，从而改善了糖脂代谢（图3.3.1-10）。

第四节 金花茶调节神经精神疾病药理及机制研究

一、金花茶抗衰老药理及机制研究

衰老是一种普遍的生理现象，是机体形态结构和生理功能出现的一系列退行性变化。衰老是外界环境刺激（辐射、氧化、低氧以及高热等）和机体内部环境改变（代谢、遗传因素以及炎症等）共同作用的结果。目前公认的哺乳动物衰老的特征有：基因组不稳定、端粒磨损、表观遗传改变、蛋白平衡丧失、营养感觉失调、线粒体功能障碍、细胞衰老、干细胞衰竭和细胞间通讯改变。已有的研究证据表明衰老是生命体发生癌症、心脑血管疾病以及神经退行性疾病的关键病因。研究已经证实在酵母、果蝇、秀丽线虫、小鼠、大鼠，甚至人类近亲的灵长类动物中，衰老相关信号通路具有高度的保守性，且很多影响衰老的信号通路参与了疾病的发生发展，因此通过对衰老特定通路的干涉，可以达到延缓衰老、延长寿命、治疗和预防与年龄相关的老年疾病的目的。

1. 金花茶促进正常中老年小鼠的学习记忆功能及抗应激和抗焦虑作用

我们研究金花茶（JHC）对正常中老年小鼠（12～15月龄）的神经行为学的影响，小鼠摄取金花茶（20mg/mL，40mg/mL）以后，我们利用水迷宫评测小鼠长期学习记忆功能，利用新事物学习记忆实验评测小鼠短期学习记忆能力。通过悬尾实验、强迫游泳实验及矿场实验评测金花茶对焦虑样行为的影响。结果显示，金花茶可以显著地促进小鼠的长期和短期学习记忆功能，见图3.4.1-1（A）。小鼠在5天训练以后，移去平台后，给予金花茶小鼠找到平台的时间明显减少，轨迹路线图显示给予金花茶小鼠记忆平台位置明显强于正常小鼠。另外短期学习记忆实验同样证明金花茶可以促进新事物对小鼠的刺激，给予金花茶小鼠更容易记得旧事物，见图3.4.1-1（B）。同时金花茶高剂量组可以一定程度上改善小鼠压力应激行为。在

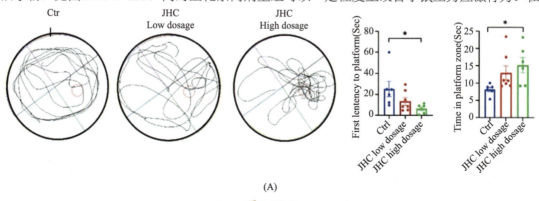

(A)

图 3.4.1-1

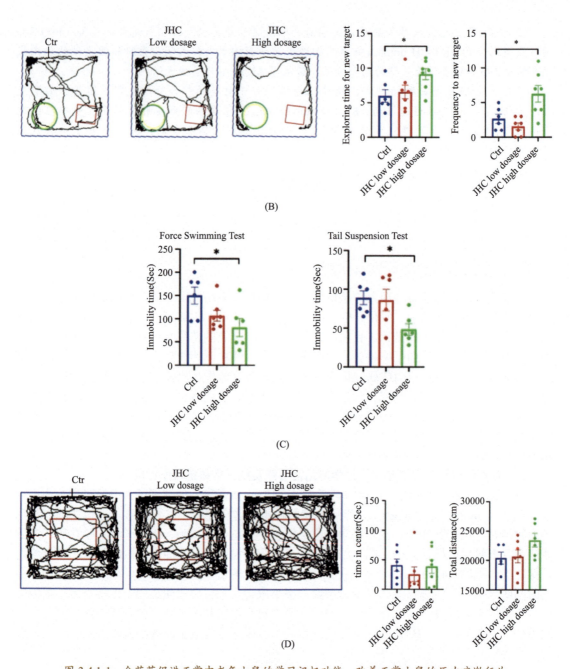

图 3.4.1-1 金花茶促进正常中老年小鼠的学习记忆功能，改善正常小鼠的压力应激行为

强迫游泳与悬尾实验中，我们发现给予金花茶以后可以改善小鼠压力应激行为，见图 3.4.1-1（C），但对正常小鼠在矿场中探索行为并没有明显的影响，见图 3.4.1-1（D）。

2. 金花茶抗衰老机制研究

为了检测金花茶提取物对正常中老年小鼠的海马神经产生的作用，我们通过免疫荧光方法检测了海马 DG 区干细胞生长密度、BrdU 标记的神经细胞以及前体细胞的细胞密度。我们共染了 BrdU 与新生非成熟神经元标记物 DCX，并通过统计 BrdU+/DCX+ 双阳性细胞鉴定金花茶提取物的神经发生效应。如图 3.4.1-2 所示，通过对比 BrdU+/DCX+ 共染水平，我们发现金花茶提取物也能够促进海马中的 BrdU+/DCX+ 双阳性细胞的数量。

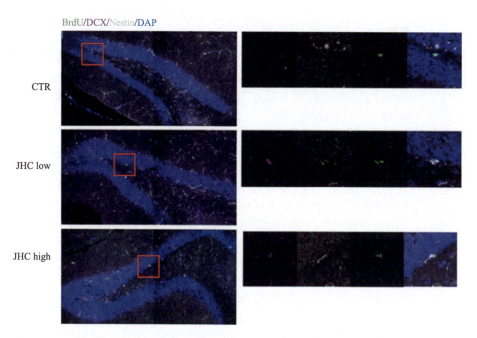

图 3.4.1-2　金花茶促进正常中老年小鼠的海马区域神经干细胞的分化

同时我们共染了成熟神经元的标记物 NeuN 和新生细胞的标记物，通过与对照组比较我们发现金花茶给药组的 BrdU/NeuN 共阳性的细胞明显多于对照组，见图 3.4.1-3。

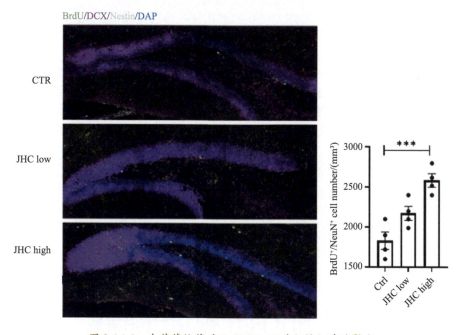

图 3.4.1-3　金花茶给药对 BrdU/NeuN 共阳性细胞的影响

中老年小鼠的海马神经发生与衰老密切相关，我们的研究表明，金花茶提取物抗衰老作用机制很有可能是通过改善、促进海马中的神经发生相关，其深入的调控机制仍需进一步深入研究。

二、金花茶抗抑郁药理作用及机制研究

抑郁症（重度抑郁或临床抑郁症）已经成为了严重威胁当今人类精神健康的心理疾病。抑郁症病人常伴随悲伤、焦虑、易怒、过分的负罪感以及羞涩的情绪，抑郁症还严重影响患者睡眠、饮食，以及社会生活。严重者导致患者自杀。因此，对抗抑郁药物的开发对促进社会发展，减轻人民负担具有深远的影响。

早期心理干预对抑郁症患者确有疗效，但是心理干预并不能改变患者长期所处的生活环境，心理干预对抑郁症尤其是重度抑郁的改善作用有限。药物治疗是目前主要的治疗抑郁症途径，通用的抗抑郁西药包括SSRI（选择性5-羟色胺再摄取抑制剂）、SNRIs（5-羟色胺去甲肾上腺素再摄取抑制剂）、NDRIs（去甲肾上腺素多巴胺再摄取抑制剂）、tricyclic antidepressants（三环类抗抑郁药物）以及MAOIs（单胺氧化酶抑制剂）。西药治疗抑郁症疗效时间短，同时副作用也十分明显，除药物成瘾外，其他副作用例如口干、睡眠异常、尿潴留、视物模糊、头痛、焦虑等，也常见于上述抗抑郁药物。其他治疗方法如电休克刺激（ECT）方法对于目前越来越普遍的抑郁症人群很难达到普及作用。因此，寻找能够对抑郁症有改善作用的有效药物变得十分迫切及重要。

金花茶是一种古老的植物，经过国家多所权威机构检验表明，金花茶富含400多种营养物质、无毒副作用，富含茶多糖、茶多酚、总皂苷、总黄酮、几十种氨基酸、大量维生素及矿物元素等。大量研究表明，金花茶具有明显的降血糖和尿糖、降脂、抑制肿瘤等多种保健作用。但直至目前，但尚未有研究显示金花茶可以用于抑郁症的临床防治。

1. 质量控制研究

1.1 制备金花茶样品

精密称取金花茶叶，用打粉机将茶叶磨成细粉，加入10倍体积（w：v）70%乙醇浸泡过夜，过滤取乙醇滤液，利用旋转蒸发仪将乙醇挥发，再进行冻干处理，得金花茶乙醇提取物。提取率经计算约为7.4%。

1.2 化学成分鉴定

以上提取物溶于80%乙醇中进行高分辨飞行质谱分析。根据负离子模式下样品的典型基峰强度（BPI）色谱图（图3.4.2-1）UPLC-QTOF获得的准确分子量和相关片段信息，我们鉴定了金花茶提取物中检测到的主要成分。如表3.4.2-1总结的结果，推断出金花茶提取物中共有17种成分，包括7种黄酮类化合物、3种多酚、4种三萜类和3种其他化合物。

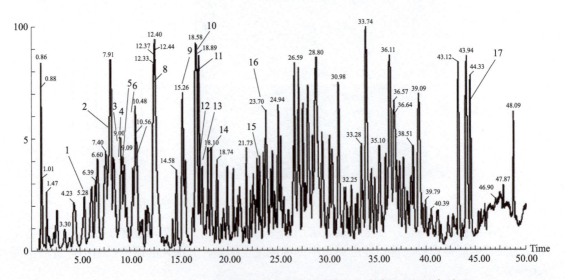

图 3.4.2-1 通过 UPLC-Q-TOF/MS 在负离子模式下金花茶提取物的色谱图

表 3.4.2-1 金花茶中的主要鉴定成分

No.	Retention time (min)	[M-H]- (m/z) Experimental	[M-H]- (m/z) Theory	ppm	Fragments (m/z)	Molecular formula	Tentative Identification	Chemotype
1	5.213	577.1354	577.1351	0.51	407.0793,289.0751,125.0286	C30H26O12	procyanidin D	polyphenols
2	7.887	563.1377	563.1406	-5.1	533.0334,473.1102,383.0789,353.0691, 311.0533,283.0595,259.0123	C26H28O14	vicenin-3	flavonoids
3	8.984	431.0978	431.0983	-1.15	311.0566,283.0622,117.0349	C21H20O10	vitexin	flavonoids
4	9.351	577.1564	577.1562	0.34	477.0679,315.0147,269.0816	C27H30O14	apigenin 7-O-rutinoside	flavonoids
5	9.351	477.0682	477.0669	2.7	315.0146,299.9920,270.9891,242.9936	C22H22O12	3'-methy-4'-glucoside-ellagic acid	polyphenols
6	10.196	577.1545	577.1557	-1.9	269.0819	C27H30O14	camellianin B	—
7	10.531	755.2035	755.2039	0.5	285.0427	C33H40O20	faralateroside	—
8	12.328	475.0535	475.0513	2.2	312.9993	C21H16O13	okicamelliaside	polyphenols
9	15.228	917.2392	917.241	-2.0	771.1975,301.0348,178.9986,151.0032	C42H46O23	camelliquercetiside B	flavonoids
10	16.593	755.2016	755.204	-3.1	285.0396,255.0286,229.0490,151.0029	C33H40O20	camelliaside A	flavonoids
11	16.593	901.2411	901.2407	0.44	755.2033,431.1107,285.0404,151.0027, 117.0341	C42H46O22	kaempferol 7-O-deoxyhexosyl- (1-6) -hexosyl- (1-6) -hexoside-4'-O-deoxyhexoside	flavonoids
12	16.939	715.3730	715.3694	5.0	697.3619,569.3126,417.1525,285.0393	C33H31O18	kaempferol 7-galloyldeoxyxyloside	flavonoids
13	17.801	437.2015	437.2023	-1.8	875.4121, [2M-H]-113.0239	C19H34O11	cyclohexylmethyl beta-maltoside	others
14	18.087	503.2227	503.2222	1.0	459.2007,285.0392,225.0717	C30H48O6	camelliaolean B	triterpenes
15	23.430	985.5020	985.5067	-4.8	839.4224,797.4470,665.3901,647.3788, 503.3347	C50H82O19	sapogenin1-3-glc-xyl-acetyl-rha	triterpenoids
16	23.740	943.4913	943.4961	-5.1	811.4505,617.4049,455.3522	C51H76O16	oleanolic acid 3-[xylosyl- (1->6) -feruloyl- (1->2) -glucoside]	triterpenoids
17	44.340	487.3425	487.3423	0.4	409.3105,379.2993	C30H48O5	asiatic acid	pentacyclic triterpenes

2. 金花茶抗抑郁药理作用研究

2.1 金花茶促进正常小鼠的学习记忆功能及抗应激和抗焦虑作用

我们研究金花茶（JHC）对正常中老年小鼠（12～15月龄）的神经行为学的影响，小鼠摄取金花茶（20mg/mL，40mg/mL）以后，我们利用水迷宫评测小鼠长期学习记忆功能，利用新事物学习记忆实验评测小鼠短期学习记忆能力。通过悬尾实验、强迫游泳实验及旷场实验评测金花茶对焦虑样行为的影响。如图3.4.2-2a显示的结果，金花茶可以显著的促进小鼠的长期和短期学习记忆功能。小鼠在5天训练以后，移去平台，给予金花茶小鼠找到平台的时间明显减少，轨迹路线图显示给予金花茶小鼠记忆平台位置明显强于正常小鼠。另外短期学习记忆实验同样证明金花茶可以促进新事物对小鼠的刺激，给予金花茶小鼠更容易记得旧事物（图3.4.2-2b）。同时金花茶高剂量组可以一定程度上改善小鼠压力应激行为。在强迫游泳与悬尾实验中，我们发现给予金花茶以后可以改善小鼠压力应激行为（图3.4.2-2c），但对正常小鼠在旷场中探索行为并没有明显的影响（图3.4.2-2d）。

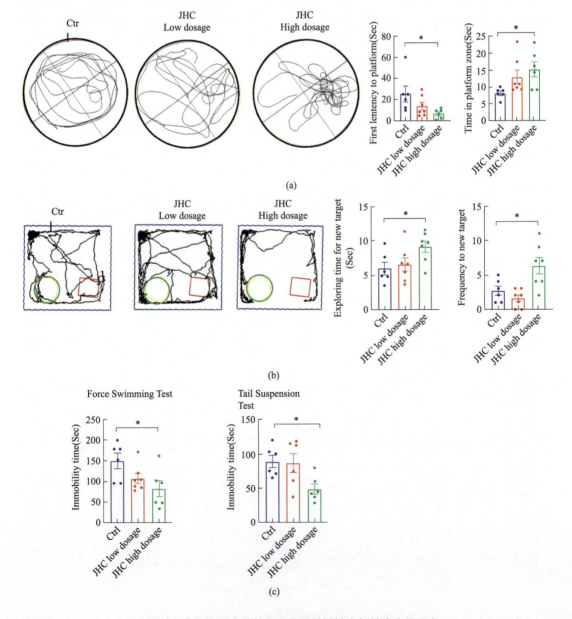

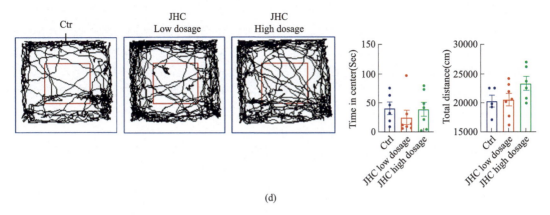

(d)

图 3.4.2-2　金花茶促进正常小鼠的学习记忆功能，改善正常小鼠的压力应激行为

2.2　金花茶提取物有效阻止了皮质酮引起的抑郁焦虑行为

我们根据本课题组已建立的抑郁症研究平台，建立糖皮质激素诱导C57BL/6N小鼠抑郁症模型。糖皮质激素作为一种应激激素，其在压力应激以及抑郁症病人中会显著升高。而糖皮质激素通过作用于脑内神经元的糖皮质激素受体会起到一系列的反用，例如神经发生水平下降等。这些神经功能改变最终反映在抑郁焦虑行为上。所以，我们设计了以糖皮质激素长期饲喂模型从而模拟内分泌改变引发的抑郁症，并以此了解金花茶对该抑郁症模型的治疗效果。

如图3.4.2-3所示，雄性6～8周龄C57BL/6N小鼠，在适应性饲养后分成以下组别：对照组（正常饲养，无处理；从造模过程第21日起每日给予0.1mL生理盐水灌胃）；皮质酮饲喂模型组（将皮质酮以70μg/mL溶解于0.45% β-环糊精的饮水中，持续40天；从造模过程第21日起每日给予0.1mL生理盐水灌胃）；金花茶低剂量组（饮水处理与模型组相同；从造模过程

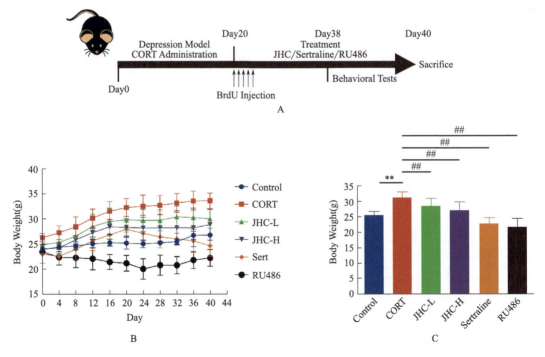

图 3.4.2-3　糖皮质激素饲喂诱导抑郁症小鼠模型时间线路图及糖皮质激素对小鼠体重的影响

第21日起每日给予金花茶提取物10mg/kg灌胃处理）；金花茶高剂量组（饮水处理与模型组相同；从造模过程第21日起每日给予金花茶提取物50mg/kg灌胃处理）；西药对照组（采用经典的抗抑郁药物舍曲林作为对照，饮水处理与模型组相同；从造模过程第21日起每日给予舍曲林20mg/kg腹腔注射处理）；抑制剂对照组（采用糖皮质激素受体拮抗剂RU486作为对照，饮水处理与模型组相同；从造模当日起每日给予RU486 10mg/kg腹腔注射处理）。在造模过程第21日期连续5天进行50mg/kg BrdU腹腔注射进行新生细胞标记，并在造模过程中的第38日进行行为学检测。实验过程中每4天记录体重一次。

结果显示，皮质酮饲喂导致小鼠体重显著性增加，不同剂量的金花茶给药组均能降低实验终点动物体重，但效果不及舍曲林对照组及RU486拮抗剂组。

在模型建立第38日起，对小鼠进行行为学检测。我们分别采用糖水喷涂实验（splash test）、强制游泳（forced swimming test）、悬尾实验（tail suspension test）、旷场试验（open field test）以及新环境进食抑制（novelty suppressed feeding）这五种行为学测定手段评价动物的抑郁症程度。

如图3.4.2-4所示，长期饲喂糖皮质激素（CORT）导致了小鼠显著的抑郁样行为。在糖水喷涂实验（splash）中，小鼠整理毛发时间显著下降（one-way ANOVA，** $p<0.01$），说明了小鼠失去了主观躲避不适体验的能动性，提示了其抑郁症状。在悬尾实验（TST）与强制游泳实验（FST）中，小鼠在模拟的绝望环境下的活动时间明显减少（** $p<0.01$）。三组行为学均证明长期在高水平激素影响下会造成显著的抑郁情绪。同时，旷场实验（OFT）提示小

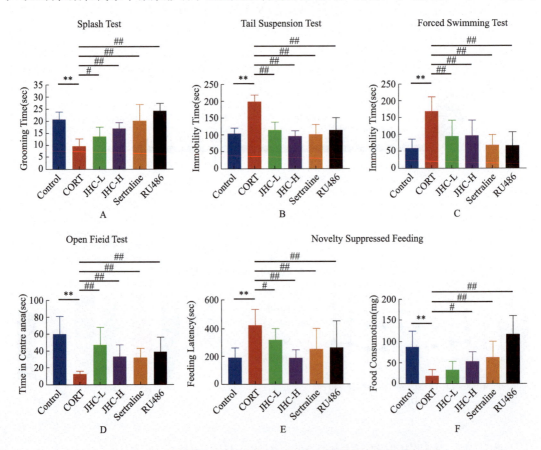

图3.4.2-4　金花茶提取物对抑郁症模型抑郁及焦虑情绪的调节效应

鼠在中心区域的运动时间显著减少（** $p<0.01$）；而新环境进食抑制（NSF）结果表明小鼠在经历过饥饿后，其在旷场中进食潜伏期明显延长（** $p<0.01$）。这两组数据均提示了小鼠的焦虑行为。而从数据上可以看出，与模型组相比，给予金花茶提取物后，小鼠在糖水喷涂实验中表现出了更多的自我整理时间，以高剂量组更为明显（one-way ANOVA，# $p<0.05$；## $p<0.01$）；同时，悬尾实验与强制游泳实验中金花茶提取物也显著恢复了小鼠的活动时间（## $p<0.01$）；这一结果与阳性对照药物舍曲林及糖皮质激素受体拮抗剂RU486组一致（## $p<0.01$）。这部分结果说明了金花茶提取物在调节内分泌引起的抑郁症方面的治疗效果。另外，图3.4.2-4D～F显示了小鼠的焦虑行为实验结果。金花茶提取物同样可以逆转皮质酮慢性饲喂引起的小鼠在旷场实验的中心区域活动的减少（## $p<0.01$）。与此同时，而新环境进食抑制（NSF）结果也表明金花茶提取物显著逆转了长期饲喂皮质酮导致的小鼠觅食潜伏期的延长以及食量的降低（# $p<0.05$；## $p<0.01$）。并且这类效应与舍曲林和RU486效果一致。综上所示，金花茶提取物能够有效治疗皮质酮升高引起的抑郁与焦虑模型。

2.3 金花茶提取物改善了慢性皮质酮饲喂压抑的海马神经发生

神经发生（neurogenesis）是一种成年脑内特有的神经干细胞分化成熟并发展成为成熟神经元的过程。海马作为脑内认知与情绪调节的主要区域，其齿状回区（dentate gyrus，DG）的神经发生过程对情绪与学习记忆调控起到了至关重要的作用。神经发生已经证实在抑郁症患者海马区域会出现明显的减少趋势。该过程是抗抑郁药物治疗的必要条件；各类抗抑郁药物都有促进抑郁症动物模型神经发生而起效；此外，非药物类治疗如电刺激方法也有促进海马神经发生的效果。同时，单纯增加神经发生也可有效降低抑郁症动物模型的焦虑与抑郁行为。神经发生作为脑内的一种神经可塑性，不仅能够促进动物适应复杂多变的周围环境，而且能够帮助其根据不同的环境因素区分危险与安全的环境状态，从而降低动物在正常环境下的焦虑情绪。所以神经发生作为一种新的抗抑郁靶点，将会成为抗抑郁药物筛选和新药开发的一个重要指标。因此，我们对金花茶提取物是否可以通过促进海马神经再生进行了研究。

为了检测金花茶提取物对皮质酮饲喂模型中海马神经发生的作用，我们通过免疫荧光方法检测了海马DG区干细胞生长密度、BrdU标记的神经细胞以及前体细胞的细胞密度。如图3.4.2-5所示，皮质酮饲喂模型导致了DG区干细胞标志物MCM2阳性细胞数目显著下降（one-way ANOVA，* $p<0.05$），而金花茶提取物高、低剂量组、舍曲林及RU486均能显著提高DG区阳性细胞个数（# $p<0.05$；## $p<0.01$），证明金花茶提取物能够发挥类似抗抑郁药物所达到的神经发生作用。

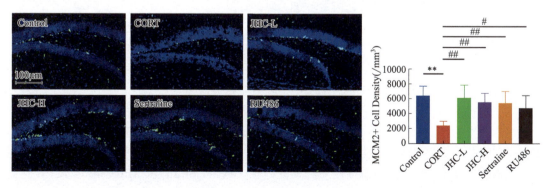

图3.4.2-5 金花茶提取物对抑郁症模型海马干细胞生长调控效应

另外，我们共染了BrdU与新生非成熟神经元标记物DCX，并通过统计BrdU+/DCX+双阳性细胞鉴定金花茶提取物的神经发生效应。如图3.4.2-6、图3.4.2-7所示，CORT模型组显著降低了BrdU+/DCX+双阳性细胞在DG区的水平（** $p<0.01$）。通过对比BrdU+/DCX+共染水平，我们发现金花茶提取物也能够改善皮质酮压抑的BrdU+/DCX+双阳性细胞的数量，并且效果与阳性对照组舍曲林一致（# $p<0.05$）。而糖皮质激素拮抗剂RU486则并没有此效果。我们的结果说明，金花茶提取物在对抗皮质酮引起的抑郁症过程中具有显著的促进神经发生的功效，与传统抗抑郁西药舍曲林相似。

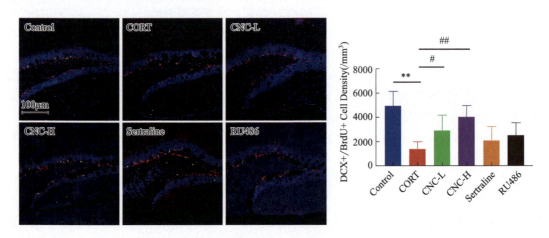

图 3.4.2-6　金花茶提取物对抑郁症模型干细胞神经分化调控效应

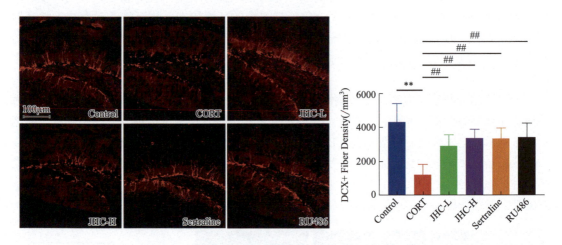

图 3.4.2-7　金花茶提取物对抑郁症模型神经分化调控效应

3.金花茶抗抑郁机制研究

3.1　金花茶提取物调节抑郁小鼠海马中神经发生相关通路

除了从行为学及形态学进行评价外，我们同时检测了金花茶提取物调节抑郁焦虑行为的分子机制。根据我们的假设，我们先从糖皮质激素受体相关通路进行研究。如图3.4.2-8所示，我们发现金花茶提取物对磷酸化GR无显著调节作用，但却能够显著提高皮质酮饲喂小鼠大脑海马磷酸化Akt蛋白含量，并且糖皮质激素受体相关通路GSK3β及CREB磷酸化水平，达到促进神经发生、分化及再生的效果。

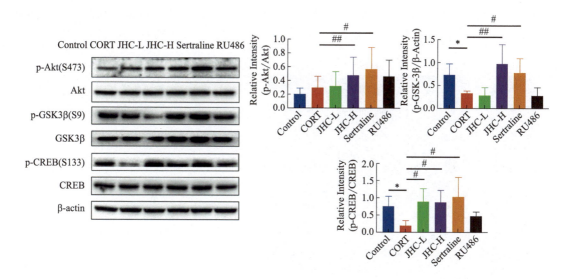

图 3.4.2-8　金花茶提取物对抑郁症模型小鼠海马内神经发生相关蛋白通路的调控效应

另外，我们也检测了实验小鼠血浆中 ACTH 及 5-HT 水平。结果如图 3.4.2-9 所示，长期皮质醇饲喂使小鼠血浆中促肾上腺皮质激素（adrenocorticotropic hormone，ACTH）的水平显著升高（** $p<0.01$），同时减少血浆中 5-羟色胺（5-hydroxytryptamine，5-HT）水平（** $p<0.01$）。金花茶提取物能够显著抑制过量的 ACTH 释放（## $p<0.01$），且避免 5-HT 再摄取（## $p<0.01$；# $p<0.05$）。这些作用均与西药对照舍曲林组类似。证明金花茶提取物对因内分泌紊乱导致的抑郁症有显著的改善效果。

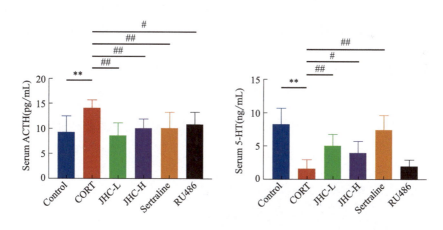

图 3.4.2-9　金花茶提取物对抑郁症模型血清学指标的调控效应

3.2　金花茶提取物调节神经发生的机制研究

除了动物模型，我们同时利用体外细胞模型重复验证金花茶的神经发生作用。我们从大鼠孕鼠提取 E17 胚胎，分离大脑海马原代神经元细胞，分别培养 5 天使其开始分化，然后给予金花茶提取物处理，发现金花茶提取物孵育 3 天后能够使海马原代神经元细胞内 MAP2 表达上升。MAP2 的长度和网络结构能一定程度上反映神经细胞成熟度，低剂量金花茶提取物（1μg/mL）能够促进海马神经元细胞 MAP2/NeuN 表达，树突长度增加，证明金花茶提取物能够促进神经细胞成熟。但我们发现5μg/mL金花茶提取物效果并不优于1μg/mL，且10μg/mL金花茶提取物会导致细胞凋亡，因此我们着重摸索低剂量金花茶提取物的神经发生调节效果。见图3.4.2-10。

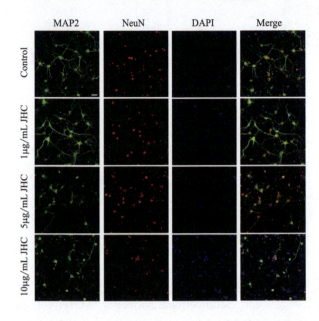

图3.4.2-10　金花茶提取物对正常大鼠大脑原代神经元细胞促进神经细胞成熟作用（Bar=50μm）

其后，我们采用糖氧剥夺细胞模型，探讨金花茶对氧化损伤下是否会影响神经发生。结果表明，糖氧剥夺对原代神经元细胞神经分化影响并不显著。于是我们采用糖皮质激素模型进行研究。利用皮质酮（CORT）刺激原代细胞7天，发现皮质酮对大鼠海马原代神经元细胞内DCX荧光表达下降，MAP2结构缺失，影响神经细胞分化及成熟。而金花茶提取物孵育8天后，DCX及MAP2的荧光表达均有显著恢复，此结果与动物实验一致，证明金花茶提取物具有促神经分化及成熟作用。见图3.4.2-11～图3.4.2-13。

由于我们在动物实验中发现金花茶提取物能够促进小鼠大脑内海马p-Akt蛋白表达，并影响其下游Akt/GSK3β/CREB通路。因此，我们利用糖皮质激素细胞模型探讨PI3K抑制剂Wortmannin是否能够阻断金花茶提取物对大鼠海马原代神经元细胞的神经再生作用。在提取细胞蛋白进行分析后，我们发现wortmannin并不能抑制大鼠海马原代神经元细胞的p-Akt表

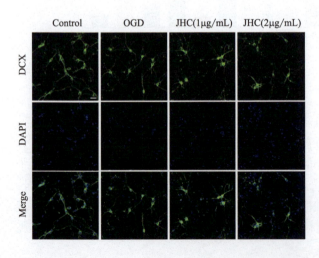

图3.4.2-11　金花茶提取物对糖氧剥夺模型下大鼠原代神经元促进神经细胞分化作用（Bar=50μm）

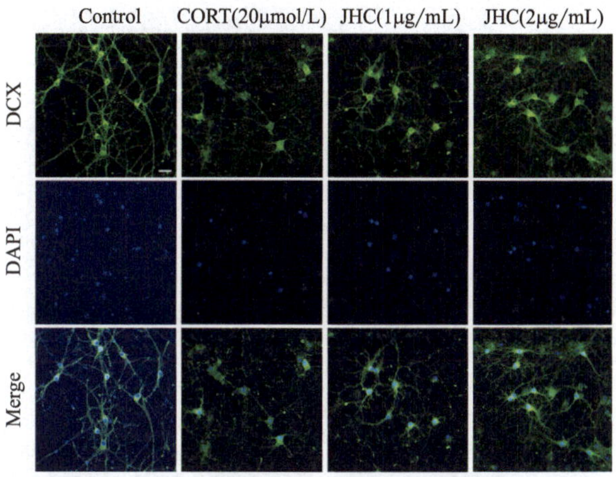

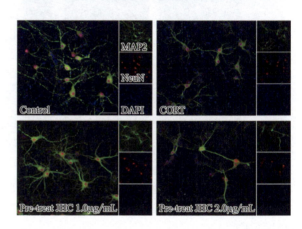

图 3.4.2-12　金花茶提取物对糖皮质激素模型下大鼠原代神经元促进神经细胞分化作用（Bar=50μm）

图 3.4.2-13　金花茶提取物对糖皮质激素模型下大鼠原代神经元促进神经细胞成熟作用（Bar=50μm）

达。于是我们改为利用PC12细胞株，根据结果再次摸索实验条件。结果表明，将150μmol/L CORT与PC12细胞孵育5天能够显著降低Akt的磷酸化蛋白表达，以及影响下游GSK3β/CREB磷酸化蛋白表达。给予2μg/ml金花茶提取物能够显著提高被抑制的p-Akt蛋白表达，同时恢复其下游蛋白p-GSK-3β的表达。在加入PI3K抑制剂wortmannin后，p-Akt表达被抑制，金花茶提取物并不能显著恢复wortmannin所抑制的p-Akt表达，侧面证明金花茶提取物确实能够激活Akt/GSK3β/CREB通路。见图3.4.2-14。

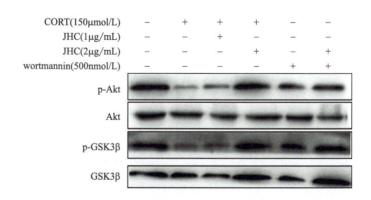

图 3.4.2-14　金花茶提取物对糖皮质激素PC12细胞模型Akt/GSK3β通路蛋白的调节作用

接下来我们利用了本课题组建立的干细胞药物筛选平台，尝试探讨金花茶是否能够在干细胞生长的不同阶段对其分化再生有促进作用。利用人源胚胎干细胞诱导的神经干细胞模型（hESC-H7 induced NSCs），前期将H7细胞培养14天，诱导成神经干细胞后，连续14天给予金花茶提取物，检测胚胎干细胞向神经干细胞分化诱导情况。实验发现，在正常培养条件下，H7细胞在诱导成神经干细胞后再给予金花茶提取物，免疫荧光结果显示，给予1μg/mL金花茶提取物后，神经干细胞的DCX阳性细胞个数比正常组增多，Tuj1形态更好，树突长度增长。DCX和Tuj1的长度及网络结构能一定程度上反映神经细胞的分化程度。结果显示金花茶提取物对人源胚胎干细胞诱导的神经干细胞有一定的促进分化的作用。见图3.4.2-15。

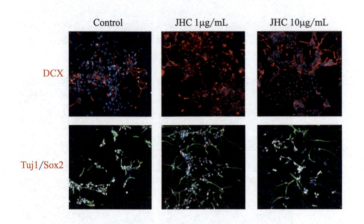

图3.4.2-15 金花茶提取物对人源胚胎干细胞诱导的神经干细胞神经分化调控效应

同样，我们对H7细胞进行CORT处理，发现金花茶提取物可以增加CORT（20μmol/L）刺激环境下，H7细胞的神经分化度（Tuj1阳性细胞）及非成熟神经元突触长度（DCX length）。见图3.4.2-16。

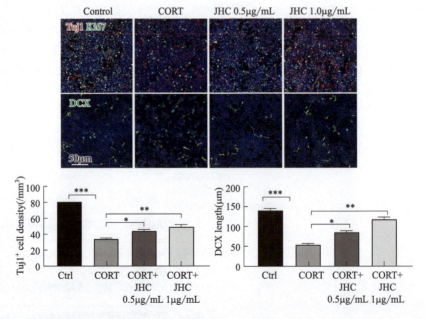

图3.4.2-16 金花茶提取物对CORT刺激下胚胎干细胞神经分化调控效应

另外，流式细胞实验结果显示，金花茶提取物能够增加Nestin阳性细胞群及$Tuj1^+/Ki-67^-$细胞群的百分比。虽然对DCX阳性细胞群并没有影响，但从上述免疫荧光结果显示，金花茶提取物能够恢复DCX突触形态，这些结果均提示金花茶提取物具有促进神经再生及细胞分化的作用。见图3.4.2-17。

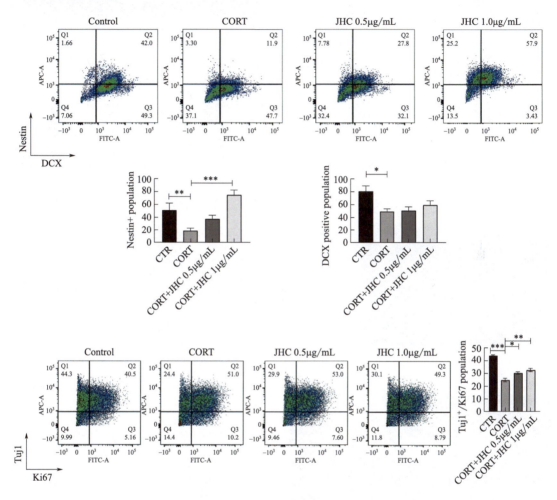

图3.4.2-17　流式细胞术分析金花茶提取物对H7胚胎干细胞神经分化的作用

3.3　柚皮苷对慢性皮质酮导致的抑郁症模型的作用

为了增加金花茶对抑郁症的治疗作用，我们打算通过利用药物联合的方式促进金花茶的产品化。根据前期柚皮苷对PI3K/Akt通路的作用，我们希望通过对柚皮苷的抗抑郁作用的研究促进柚皮苷与金花茶的联用以促进金花茶作为抗抑郁药物的临床应用。

柚皮苷促进正常小鼠海马区域的神经再生。我们首先检测了柚皮苷对正常小鼠成年海马神经发生的影响。我们使用外源性细胞追踪剂5'-bromo-2'-deoxyuridine（BrdU）来鉴定成人海马神经发生的细胞增殖。我们分析了BrdU/MCM2双阳性细胞的百分比，用于在24小时和7天用或不用柚皮苷处理的小鼠海马中识别细胞增殖。柚皮苷处理后，BrdU+细胞的数量在24小时增加，并且增加持续7天后处理（图3.4.2-18d）。值得注意的是，在柚皮苷处理（50mg/kg）下，MCM2+细胞在24小时后增加，柚皮苷处理之间的差异在7天后消失。柚皮苷治疗组在所有BrdU+细胞中的MCM2+/BrdU+细胞百分比较低（图3.4.2-18e、g）。因此，我们怀疑柚

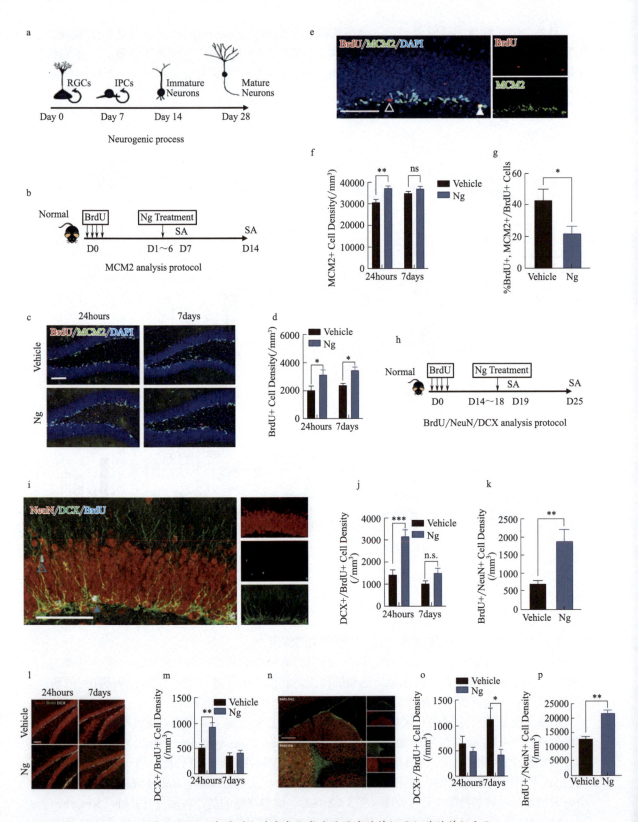

图 3.4.2-18 柚皮苷加速成年小鼠海马区域的神经干细胞的神经分化

皮苷可能会加速新生细胞脱离细胞周期并进入分化阶段的过程。为了验证这一想法，我们进行了双重免疫荧光实验，其中BrdU与未成熟神经元标记双皮质素（DCX）和成熟神经元标记NeuN共同免疫染色以检查神经元分化（图3.4.2-18h）。在我们的研究中，在24小时接受柚皮苷治疗后，小鼠在海马中显著上调了BrdU+/DCX+细胞密度（图3.4.2-18i、j）。然而，在柚皮苷处理后7天，BrdU+/DCX+细胞的增加消失了（图3.4.2-18i、j）。相反，具有BrdU+/NeuN+细胞的成熟新生神经元在海马中显著增加（图3.4.2-18k）。在DG区域也发现了这种现象（图3.4.2-18l、m）。柚皮苷处理降低了SVZ处的未成熟BrdU+/DCX+细胞密度，但在7天时在OB位点增加了具有BrdU+/NeuN+染色的成熟神经元（图3.4.2-18o、p）。脑室下区至嗅球（SVZ-OB）区域是成人神经发生的重要部位。因此，柚皮苷可以促进神经元分化并诱导神经干细胞迁移到SVZ-OB系统中，从而导致正常小鼠的成年海马神经发生。

同时我们检测了柚皮苷对皮质酮（CORT）诱导的小鼠神经干细胞作用。小鼠在饮用水中随意口服给药CORT40天。在第15天至第40天期间，将柚皮苷［10,50mg/（kg·d）］口服给予CORT治疗的小鼠。从第15天开始连续5天进行BrdU标记。结果表明高剂量柚皮苷［50mg/（kg·d）］增加了CORT处理小鼠DG区的BrdU+细胞（图3.4.2-19b、c）。柚皮苷处理［10、50mg/（kg·d）］对DCX+/BrdU+细胞群没有影响（图3.4.2-19e、f）。然而柚皮苷处理［50mg/（kg·d）］显著增加了CORT处理的小鼠模型海马中的BrdU+/NeuN+细胞（图3.4.2-19e、g）。这些结果表明柚皮苷可以促进BrdU+新生细胞发育成熟。此外，在10mg/（kg·d）和50mg/（kg·d）的剂量下，柚皮苷增加了DCX+纤维的密度（图3.4.2-19b、d）并增强了DCX+树枝状纤维向分子层（ML）的扩展（图3.4.2-19h、i）。然后我们研究了BrdU+细胞和BrdU+/NeuN+细胞在分子层（ML）、颗粒细胞层（GCL）和亚颗粒区（SGZ）的分布。柚皮苷处理对神经干细胞迁移到DG区域没有显著影响（图3.4.2-19h、j和k）。

然后，我们检查了柚皮苷对CORT诱导的抑郁和焦虑行为的影响。以50mg/（kg·d）的剂量处理柚皮苷后，力量游泳试验（FST）和悬尾试验（TST）的不动性显著降低（图3.4.2-19l、m），表明其具有抗抑郁作用。同时，柚皮苷处理［50mg/（kg·d）］在旷场试验（OFT）期间延长了中心区域的运动持续时间，表明其抗焦虑作用（图3.4.2-19n）。而在10mg/kg的剂量下，柚皮苷在TST和OFT中没有显示出有效性，在FST中显示出有效性（图3.4.2-19n）。值得注意的是，CORT和柚皮苷治疗对运动活动没有影响（图3.4.2-19o）。因此，这些研究表明柚皮苷具有抗抑郁作用，其潜在机制可能与促进成人海马神经发生有关。

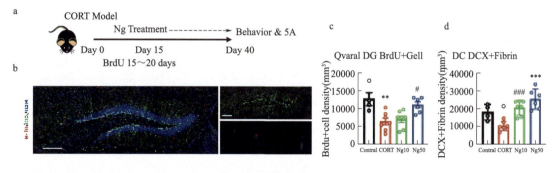

图 3.4.2-19

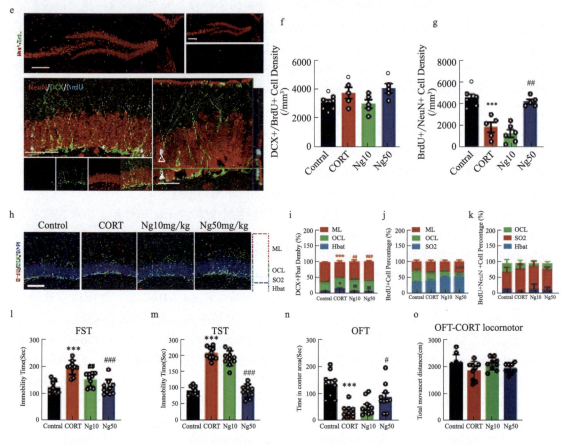

图 3.4.2-19　柚皮苷对皮质酮所致的小鼠抑郁的改善作用

3.4　替莫唑胺（TMZ）消除柚皮苷在CORT诱导的抑郁症小鼠模型中促进神经发生和抗抑郁的作用

TMZ用于探索成人海马神经发生与体内和体外抗抑郁模型的研究。在体外培养的小鼠胚胎干细胞C17.2细胞中，TMZ和CORT均显著抑制神经干细胞增殖，MCM2+和BrdU+细胞减少（图3.4.2-20a、b）。在体内实验中，我们测试了神经源性效应是否有助于改善抑郁的症状。与我们的体外研究一致，TMZ治疗阻断了柚皮苷对CORT治疗小鼠海马中MCM2+细胞和BrdU+细胞的影响（图3.4.2-20b、c、d）。有趣的是，TMZ治疗不影响DCX+未成熟神经元的总体密度以及新产生的成神经细胞群（DCX+/BrdU+）（图3.4.2-20e～g）。相反，TMZ阻止神经干细胞的分化。TMZ处理后，DG区ML亚区的DCX+树突状纤维显著减少（图3.4.2-20h）。TMZ处理降低了具有树突状DCX+/BrdU+染色标志物的晚期新生未成熟神经元的百分比，并增加了早期新生未成熟神经元显示DCX+/BrdU+染色细胞的非树突形态（图3.4.2-20i）。这些数据表明，TMZ可能会损害柚皮苷对成人海马DG区神经元分化的影响。我们进一步研究了TMZ是否影响抑郁症的行为学。正如所料，FST显示TMZ治疗消除了柚皮苷对CORT治疗小鼠不动时间的影响（图3.4.2-20j）。因此，柚皮苷的抗抑郁作用可能依赖于促进CORT诱导的抑郁小鼠模型中的神经元分化。

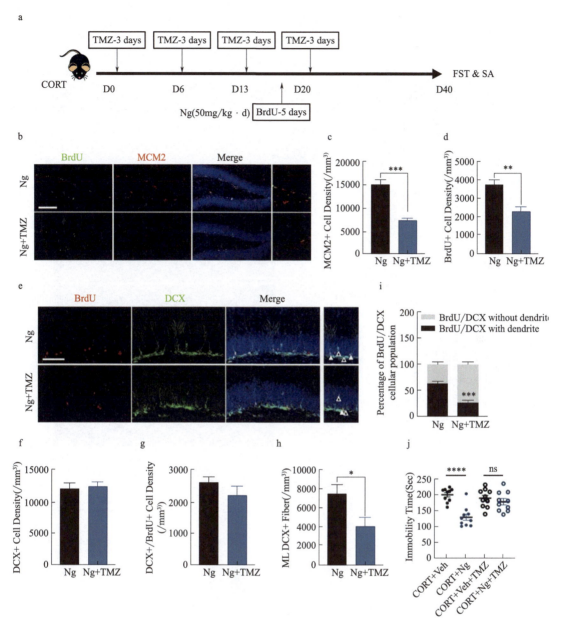

图 3.4.2-20 TMZ 抑制柚皮苷对 CORT 所致的小鼠抑郁的治疗作用

3.5 CREB 是柚皮苷介导成年海马神经发生和抗抑郁的重要治疗靶点

BDNF、TrkB 的磷酸化和 CREB 的磷酸化的表达水平在 CORT 导致的抑郁小鼠中低于正常组。有趣的是，柚皮苷治疗对 BDNF 和 p-TrkB 的表达水平没有影响，但上调了海马中 p-CREB 的表达（图 3.4.2-21a、b）。这些结果表明，CREB 可能是柚皮苷促进成人海马神经发生和减轻抑郁行为的分子治疗靶点。

我们接下来分别使用 CREB 和 BDNF/TrkB 的特异性抑制剂 666-15 和 cyclotraxin-B（Cyc-B）研究了 CREB 和 BDNF 受体 TrkB 在柚皮苷诱导的体外和体内神经发生中的作用。在体外实验中，666-15 和 Cyc-B 处理均减少了 BrdU+/MCM2+ 细胞的数量，表明神经干细胞的增殖受到抑

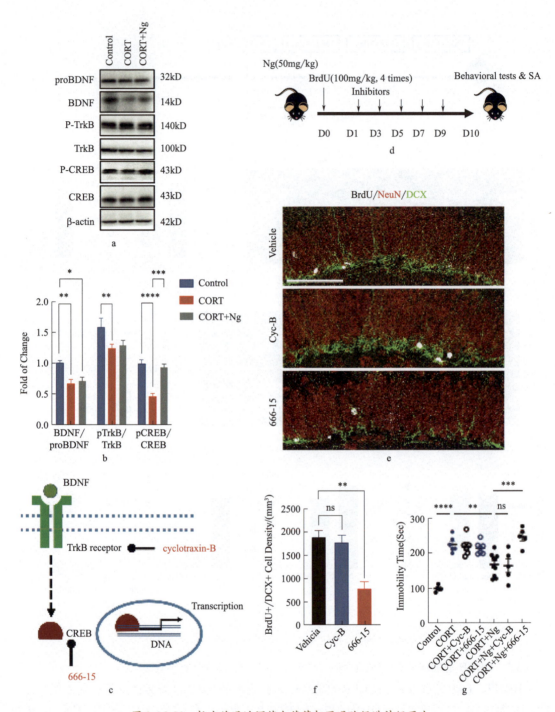

图 3.4.2-21　柚皮苷通过调节金花茶相同通路促进神经再生

制（图3.4.2-21c、d）。在体内研究中，我们研究了666-15（10mg/kg，ip）和Cyc-B（2.5mg/kg，iv）对CORT治疗小鼠海马神经发生的影响（图3.4.2-21c、d）。一致地，Cyc-B处理没有改变柚皮苷处理的CORT小鼠海马中BrdU+和DCX+细胞的密度（图3.4.2-21e、f）。虽然CREB抑制剂666-15治疗显著损害了海马中的BrdU+和DCX+细胞（图3.4.2-21e、f）。这些结果强烈表明柚皮苷诱导的海马神经发生是CREB依赖性的。

我们最后进行了FST以检查666-15和Cyc-B对有或没有柚皮苷治疗的CORT小鼠不动时间的影响。在CORT处理的小鼠中，Cyc-B和666-15处理都没有改变不动（图3.4.2-21g）。在柚皮苷处理的CORT小鼠中，666-15处理显著降低了小鼠在FST中的不动时间，而Cyc-B处理没有效果（图3.4.2-21g）。这些结果表明，柚皮苷的抗抑郁作用可能与通过激活CREB促进成年海马神经发生，但不影响BDNF的产生或其受体反应。

我们希望通过研究柚皮苷的相似的抗抑郁作用，提出一个以金花茶为主，结合柚皮苷的抑郁症治疗药物。由于相似的作用通路，柚皮苷可以加强金花茶的抗抑郁作用。未来可以发展成为一个金花茶和柚皮苷的治疗药物。

第四章 金花茶质量控制关键技术及质量标准研究

金花茶含有丰富的生物活性成分，包括总黄酮、茶色素、茶多酚及维生素等天然营养成分以及对人体有重要保健作用的天然硒、锌、钼、钡、锗等多种微量元素，且具有很高的经济和保健价值。药理研究证明金花茶具有抗肿瘤、抗氧化、降血脂、降血糖、抗过敏、抗皮肤光老化以及抑菌等多种药理作用。目前，《广西中药材标准（第二册）》中对金花茶尚无含量测定标准；而《广西壮药质量标准（第二卷）》则以山柰素为指标成分进行含量测定，定量指标和方法的专属性不强。

研究表明，冲山茶苷（okicamelliaside）作为金花茶的主要特征成分之一，在金花茶、显脉金花茶及其伪品越南金花茶中的含量分布存在极显著性差异。通过对18批金花茶、5批显脉金花茶及7批越南金花茶的研究结果表明，冲山茶苷在金花茶和显脉金花茶具有较高的含量，但在越南金花茶中未能检测到。这一研究结果说明冲山茶苷在金花茶和显脉金花茶中的分布具有专属性。同时，冲山茶苷也被研究证明为金花茶抗肿瘤的重要活性成分之一。

目前金花茶研究仍然处于较初级阶段，对化学成分和药理活性缺乏更深入的研究。化学成分上主要集中于黄酮类成分的研究，而关于其他类成分的研究相对较少，未能充分地认识其内部成分组成和活性物质。药理作用的研究主要集中于抗氧化和抗肿瘤的基础活性探究，缺乏更深入的物质基础和作用机制等系统性研究。在质量控制研究方面，目前的文献报道主要是通过测定金花茶的总皂苷、总多酚（鞣质）、总黄酮或总多糖的含量来实现。此外，有学者分别进行了金花茶叶中黄酮类成分和多酚类成分的HPLC指纹图谱研究。但这些研究仅针对单一基源不同产地的样品，所建立的方法并不能有效区分正品和伪品金花茶。

第一节 药材的采集与鉴定

在课题执行期间，从我国广西壮族自治区及越南等地收集18批金花茶、5批显脉金花茶及7批越南金花茶。所有药材均由广西中医药大学郝二伟教授鉴别相应植物的干燥叶，所有样品均保存于澳门大学中药质量研究国家重点实验室（表4.1.1-1）。

表 4.1.1-1　金花茶样品信息

No.	样品编号	批号	样品名	产地	采集时间
1	JHC-001	CC001	金花茶	大叶防普1区，广西	2019
2	JHC-002	CC002	金花茶	大叶防普3区，广西	2020
3	JHC-003	CC003	金花茶	大叶防普5区，广西	2019
4	JHC-004	CC004	金花茶	大叶防普沟口一压枝，广西	2019
5	JHC-005	CC005	金花茶	大叶防普九区（嫁接），广西	2019
6	JHC-006	CC006	金花茶	大叶防普1区，广西	2020
7	JHC-007	CC007	金花茶	大叶防普2区，广西	2020
8	JHC-008	CC008	金花茶	大叶防普3区，广西	2019
9	JHC-009	CC009	金花茶	小叶防普1区，广西	2019
10	JHC-010	CC010	金花茶	小叶防普1区，广西	2020
11	JHC-011	CC011	金花茶	小叶防普2区，广西	2020
12	JHC-012	CC012	金花茶	小叶防普3区，广西	2020
13	JHC-013	CC013	金花茶	小叶防普4区，广西	2020
14	JHC-014	CC014	金花茶	窄叶防普3区，广西	2020
15	JHC-015	CC015	金花茶	窄叶防普1区，广西	2020
16	JHC-016	CC016	金花茶	窄叶防普2区，广西	2020
17	JHC-017	CC017	金花茶	窄叶防普3区，广西	2020
18	JHC-018	CC018	金花茶	窄叶防普4区，广西	2020
19	JHC-019	CE001	显脉金花茶	显脉3区，广西	2020
20	JHC-020	CE002	显脉金花茶	显脉1区，广西	2020
21	JHC-021	CE003	显脉金花茶	显脉2区，广西	2020
22	JHC-022	CE004	显脉金花茶	显脉3区，广西	2019
23	JHC-023	CE005	显脉金花茶	显脉4区，广西	2020
24	JHC-024	CI001	越南金花茶	越南中叶三区，越南北部	2019
25	JHC-025	CI002	越南金花茶	越南小叶三区，越南北部	2019
26	JHC-026	CI003	越南金花茶	大叶金花茶三区，越南北部	2019
27	JHC-027	CI004	越南金花茶	越南中叶九区，越南北部	2019
28	JHC-028	CI005	越南金花茶	越南中叶十二区，越南北部	2019
29	JHC-029	CI006	越南金花茶	越南小叶九区，越南北部	2019
30	JHC-030	CI007	越南金花茶	越南小叶十五区，越南北部	2019

第二节
质量控制关键技术研究

一、研究方法

1. DNA条形码种源检测技术研究

以建立金花茶及其种子种苗基源DNA条形码生物鉴定体系为主要内容，形成可供技术人员稳定操作的金花茶基源（真伪）鉴定DNA条形码技术。

1.1 采样及实施原则

原植物：道地产区、主产区、野生分布区。

种子种苗：道地产区、主产区、人工育种。

复核：科研单位、药检所。

样本量：＞10。

1.2 实验流程标准化

见图4.2.1-1。

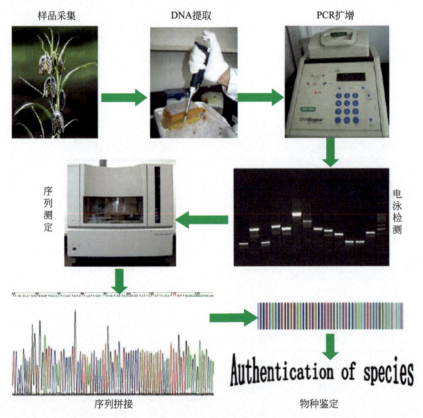

图 4.2.1-1 实验流程

1.3 采集和保存

以个体为单位进行统一编号和记录。

采集健康、新鲜的叶片。

采集后及时提取DNA。

野外采取硅胶干燥法保存样品或非低温保存方法（如乙醇保存等）。

1.4 供试品处理

按叶片和种子取样法（《中华人民共和国药典》附录IIA）取样，使用75%乙醇擦洗表面后晾干，称取10～100mg备用。

1.5 DNA提取

破碎细胞：研钵或研磨仪。

分离DNA：CTAB法或基因组提取试剂盒。

1.6 PCR扩增

ITS2引物，正向：5′-ATGCGATACTTGGTGTGAAT-3′。

引物：5′-GACGCTTCTCCAGACTACAAT-3′。

psbA-trnH引物，正向：5′-GTTATGCATGAACGTAATGCTC-3′；反向：5′-CGCGCATGGTGGATTCACAATCC-3′。

反应体系：

ITS2扩增程序：94℃ 5分钟；94℃ 30秒，56℃ 30秒，72℃ 45秒，35～40个循环；72℃ 10分钟。

psbA-trnH扩增程序：94℃ 5分钟；94℃ 1分钟，55℃ 1分钟，72℃ 1.5分钟，30个循环；72℃ 7分钟。

1.7 PCR产物检测

琼脂糖凝胶电泳方法。

1.8 测序

Sanger测序法进行双向测序，PCR扩增引物作为测序引物。

1.9 序列拼接

以20bp的窗口分别从序列5′端和3′端进行滑动，如果窗口内有多于2个碱基的Q值小于20，则删除一个碱基，窗口继续滑动，如果窗口内碱基Q值小于20的数目小于或等于2个，窗口停止滑动。测序结果的剩余部分需大于150bp，且平均Q值大于等于30。

1.10 结果判定

美国国家生物信息中心数据库（https://www.ncbi.nlm.nih.gov/）或BLAST（Basic Local Alignment Search Tool）方法进行结果判定。

2. 药效组分指纹图谱技术研究

2.1 仪器与试剂

METTLER TOLEDO电子天平（梅特勒-托利多仪器）；BRANSON CPX5800H型数控超声波清洗器（美国必能信）；HERAEUS MULTIFUGE离心机（美国赛默飞）；Agilent 1200高效液相色谱仪（美国-安捷伦）；Agilent 1200检测器。

色谱纯甲醇、乙腈（RCI Labscan Limited，Thailand）。

2.2 供试品溶液的制备

取本品粉末（过四号筛）取本品粉末约1.0g，精密称定，置具塞锥形瓶中，精密加入50%

甲醇15mL，称定重量，超声提取2小时，放冷，再称定重量，用50%甲醇补足减失的重量，摇匀，滤过，取续滤液，即得。

2.3 色谱条件

色谱柱：Agilent Zorbax ODS C18柱（4.6mm×250mm，5μm）；以0.2%甲酸（A）-乙腈（B）为流动相梯度洗脱，流速为1mL/min，进样量10μL，柱温30℃。检测波长为254nm。洗脱梯度见表4.2.1-1。

表4.2.1-1 洗脱梯度表

时间（分钟）	流动相A（%）	流动相B（%）	时间（分钟）	流动相A（%）	流动相B（%）
0～2	95～89	5～11	38～40	86～85	14～15
2～10	89～88	11～12	40～43	85～81	15～19
10～25	88～87	12～13	43～60	81～79	19～21
25～26	87～86	13～14	60～65	79～50	21～50
26～38	86～86	14～14	65～66	50～10	50～90

3. 近红外快速检测技术研究

3.1 分组

按照金花茶产地将所有的30份样品分为两大类：产于广西的为正品，产于越南的则为伪品，共有24批正品，6批伪品。详细的样品信息见表4.2.1-2。

表4.2.1-2 金花茶样品信息表

No.	Batch	品种	采集时间（年）	原编号
1	DY001	大叶防普1区	2019	JHC009
2	DY002	大叶防普3区	2019	JHC004
3	DY003	大叶防普5区	2019	JHC008
4	DY004	大叶防普沟口—压枝	2019	JHC010
5	DY005	大叶防普九区（嫁接）	2019	JHC012
6	DY006	大叶防普1区	2020	—
7	DY007	大叶防普2区	2020	—
8	DY008	大叶防普3区	2020	—
9	XY001	小叶防普1区	2019	JHC002
10	XY002	小叶防普1区	2020	—
11	XY003	小叶防普2区	2020	—
12	XY004	小叶防普3区	2020	—
13	XY005	小叶防普4区	2020	—
14	XM001	显脉3区	2019	JHC003
15	XM002	显脉1区	2020	—
16	XM003	显脉2区	2020	—
17	XM004	显脉3区	2020	—
18	XM005	显脉4区	2020	—

续表

No.	Batch	品种	采集时间（年）	原编号
19	ZY001	窄叶防普3区	2019	JHC007
20	ZY002	窄叶防普1区	2020	—
21	ZY003	窄叶防普2区	2020	—
22	ZY004	窄叶防普3区	2020	—
23	ZY005	窄叶防普4区	2020	—
24	-	越南中叶三区	2019	JHC001
25	-	越南小叶三区	2019	JHC005
26	-	大叶金花茶三区	2019	JHC006
27	-	越南中叶九区	2019	JHC011
28	-	越南中叶十二区	2019	JHC013
29	-	越南小叶九区	2019	JHC014
30	-	越南小叶十五区	2019	JHC015

3.2　样品制备

将所有样品用剪刀剪小并用粉碎机粉碎，粉碎后过4号药典筛。将过筛后的样品装入塑封袋并编号，等待近红外检测，共得到30份样品粉末。

3.3　近红外测试

开始测试样品之前先打开傅里叶变换近红外光谱仪（nicolet iS50，thermo fisher scientific，USA）以及自带的OMNIC软件并设置参数：采样波数范围为10000～4000cm^{-1}，分辨率为8cm^{-1}，扫描64次。设置完成后预热1h，待仪器稳定后开始测试。以积分球漫反射方法采集30个样品的近红外光谱。首先将未装样品的石英瓶置于光点中心处，作为背景保存。然后进行样品扫描，将约2g的样品装入石英瓶中（大概2cm高，避免光透过），在桌面上震动数十次使得样品表面平整。然后将样品置于光点处采集光谱，每个样品重复3次操作，3次实验的平均值作为样品最终光谱数据。

4. 外源性有害残留快速检测技术研究

本研究重点针对使用率高、易检出或易蓄积的农药残留种类及药典规定的重金属离子开发了多项快速检测方法和平台，主要包括新型聚集诱导增强的荧光金属团簇及检测应用、亲-疏水双相体系农药残留的荧光分析方法、比率型荧光纳米探针传感器、基于新型纳米金属纳米酶复合电极的电化学传感方法及新型晶态荧光MOFs的重金属检测法。

4.1　新型聚集诱导增强的荧光金属团簇及检测应用

金属纳米团簇的荧光探针因准确、便利和高选择性的特性，受到广泛关注和应用。本研究则开发新型金属纳米团簇荧光探针用于农残检测。本研究以谷胱甘肽为稳定剂，抗坏血酸为还原剂，通过一锅法首次合成了水溶性荧光纳米簇（GSH-Ni NCs）。纳米簇探针水溶液在加入乙二醇后发生聚集诱导荧光增强的现象。氨基甲酸酯类农药（DTC）可通过铜离子形成络合物引起荧光内滤效应而导致探针的荧光猝灭。基于此，本研究建立了DTC农药残留的快检方法。

4.2　亲-疏水双相体系农药残留的荧光分析方法

农药残留导致的中药材安全性问题日益严重，福美双和百草枯为两种广泛应用的农药，其残留超标不仅可引起食用者急性中毒，且会在人畜体内累积毒性、致畸、致癌、致突变等。本研究构建了一种基于碳量子点和纳米金属团簇复合物的高灵敏比率型荧光传感体系。仅需简单更换检测体系中溶剂,即可轻松实现对两种不同极性的农药(福美双和百草枯)的快速检测。此研究主要基于碳量子点和纳米金属团簇复合物的荧光共振能量转移效应结合在一起,纳米团簇充当能量受体而荧光碳点作为能量供体。除此之外,我们还将探针结合智能手机建立了比色分析方法,实现对两种农药的可视化检测。目前该比率型荧光探针已应用于真实药材样品进行检测并得到良好结果。

4.3 比率型荧光纳米探针传感器

荧光传感技术具有响应快、稳定性高、操作简单、耗时短等特点,吸引众多学者应用于污染物检测。而同时检测两个或多个目标物的荧光方法是此领域一大挑战。该研究通过多通道技术与比率检测模式相结合,首次应用于农药残留和重金属同时检测,大大提高了方法适用性。首先,我们利用3-氨基苯硼酸通过水热法合成了荧光碳点,而后通过添加铽金属离子($TbCl_2$)和2,6-吡啶二甲酸混合反应生成荧光碳基复合材料(FCC)。将制备的FCC材料和具有类酶活性的纳米铈金属氧化物,实现对两种物质的灵敏检测。一方面,有机磷农药甲基对氧磷和镍金属离子可分别通过蓝色(420nm)和绿色(546nm)荧光通道进行识别检测。另一方面,本研究为两种污染物共存情况提供了一种比率检测策略。此外,此研究方法可应用智能手机进行便捷比色分析,大大拓展了应用场景。

4.4 基于新型金属纳米酶复合电极的电化学传感方法

此项研究中,我们报道了一种基于双功能纳米金属类酶的新型电化学传感器,通过将纳米类酶技术应用于电化学领域,实现了农药残留的灵敏检测。具体来说,首先合成制备具有类似磷酸水解酶活性的CeO_2纳米材料,然后将有机磷农药降解为低毒小分子对硝基苯酚。此外,制备CeO_2修饰的玻碳电极来检测产物分子,其中修饰电极因纳米粒的高电导特性而具有极强的信号增强效应。本研究中纳米酶一方面用于农药分子的仿生识别催化;另一方面,将纳米酶修饰在电极表面可增强农药分子的电子传导,而实现农药残留的电化学灵敏检测。

4.5 新型晶态荧光MOFs的重金属检测法

此部分工作利用点击化学,可控制备荧光探针材料,以便于重金属离子的高效检测。通过六水合硝酸铕与1,4-萘二羧酸在混合溶剂中水热合成。然后将含有金属硝酸盐的水溶液和1,4-萘二羧酸配体的DMF溶液混合,在室温下剧烈搅拌,然后均匀转移至反应釜,在120℃恒温放置72小时进行晶化。最后,以5℃/h的速度冷却到室温得到黄色柱状晶体,并将得到的产物过滤,用DMF溶液洗涤,自然干燥可得到无色透明小晶体。该荧光探针材料能够在250~330nm的激发光照射下能够表现出红光发射现象,在Pb^{2+}、Cu^{2+}、Cd^{2+}离子的痕量检测方面中具有很高的应用价值。

二、研究结果

1.DNA条形码种源检测技术研究

本研究采集了不同产地的金花茶样本共计15份(表4.2.2-1),实验获得psbA-trnH序列和ITS2序列,同时从GenBank中下载了金花茶以及同属的psbA-trnH序列和ITS2序列,基于K2P模型进行遗传距离分析和NJ树聚类分析。研究结果表明:金花茶的psbA-trnH序列为371bp,存在6个变异位点,分别为42、53、75、277、322和345位点。存在1处插入/缺失,为103位点。NJ树结果显示金花茶不能单独聚为一支,仅与部分同属物种聚为不同的支;金花茶的ITS2序列为230bp,存在2个变异位点,分别为227位点、230位点,存在4处插入/缺失,分别为第30、31、56、177位点。基于K2P模型进行遗传距离分析,结果表明金花茶种内平均K2P遗传距离均远小于种间K2P遗传距离;NJ树结果显示金花茶具有单系性,与同属物种聚为不同的支。因此，推荐ITS2序列作为鉴定金花茶的通用条形码。

表 4.2.2-1　金花茶 Camellia nitidissima C.W.Chi 样品编号详情表

样品	名称	编号	样品	名称	编号
1	越南中叶三区	YNZYSQ01	9	大叶防普一区	DYFPYQ01
2	小叶防普一区	XYFPYQ01	10	大叶防普沟口-压枝	DYFPGK-YZ01
3	显脉三区	XMSQ01	11	越南中叶五区	YNZYWQ01
4	大叶防普三区	DYFPSQ01	12	大叶防普九区	DYFPWQ09
5	越南小叶三区	YNXYSQ01	13	越南中叶十二区	YNZYSEQ01
6	大叶金花茶三区	DYJHCSQ01	14	越南小叶九区	YNXYJQ01
7	窄叶防普三区	ZYFPSQ01	15	越南小叶十五区	YNXYSWQ01
8	大叶防普五区	DYFPWQ01			

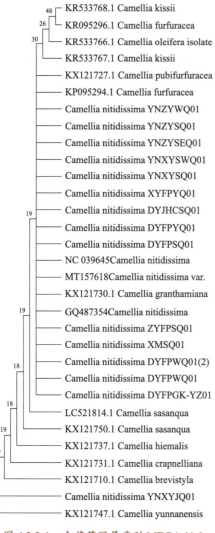

图 4.2.2-1　金花茶同属序列 MEGA.11.0 软件比对图（*psbA-trnH*）

【*psbA-trnH*序列特征】

金花茶 *C.nitidissima* 共15条序列，来自药材，对比后长度为371bp，有6个变异位点，分别为42、75位点G-A变异，53位点T-A变异，277位点G-T变异，322位点A-G变异，345位点T-G变异。有1处插入/缺失，为103位点。主导单倍型序列特征如下：

GACTTTGGTCTTAGTGTATACTCGTTTT
TAAAAGTAAAGGAGCAATAACCAATTTCT
TGTTCTATCAGGAAGGCGTTATTGTTCCTT
TACTTTTTTTTTTTTACATATCCTTTTTTCG
TTACAAGAAAAGATTCGTATGGGTAAAA
AGAAAAGGATTTTTATGGGTTATGGGTTGG
TTCATCATTGAGTATCGTCTTTTTGTTATGTA
TTAATTTAGAATTTATATACCTTTGTGAAATT
GTTATTTTCCATTTAAAATAAAAGATAAAAT
TTTGAATTTTGCTTACTATTTGTATCTCAA
AAATAAGAGAAGAAAGAAATAATCATGAAT
GGTTGAATTTTAATTCTTTATTTTATAATTTA
AATAG

对*psbA-trnH*条形码进行遗传距离分析和NJ树聚类分析（图4.2.2-1），基于K2P模型进行遗传距离分析，结果表明金花茶种内平均K2P遗传距离部分小于种间K2P遗传距离；NJ树结果显示金花茶不能单独聚为一支，能与部分同属物种聚为不同的支。因此，*psbA-trnH*序列不建议作为DNA通用条形码鉴定金花茶及其同属物种。

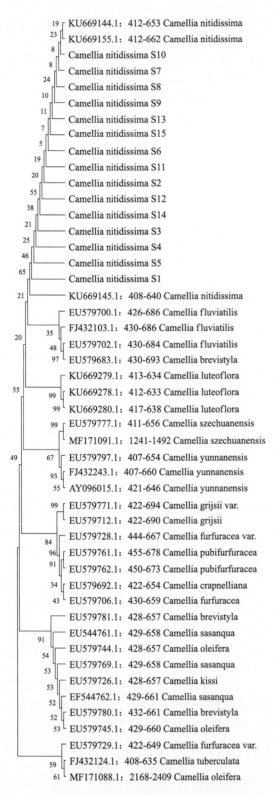

图 4.2.2-2　金花茶同属序列 MEGA.11.0
软件比对图（ITS2）

【ITS2序列特征】

金花茶 C.nitidissima 共15条序列，来自药材，对比后长度为230bp，有2个变异位点，227位点、230位点A-G，有四处插入/缺失，分别为第30、31、56、177位点。主导单倍型序列特征如下：

TTGCGTCGCCCGCGCCCCTCCC
CCCCCCCGAGGGGAAGGAGGGCTG
CGGGCGGATGTTGGCCCCCGCGCG
CGCCCGCGGTCGGCCCAAAAACGAG
TCCCCCGCGACGGACGACGCGTCGC
GACGAGTGGTGGTTGACAAACCGTT
GCGTCGCCTCGCGCGCGTCCGCGCC
GTCTCGGGAGGCCTGTCGTGACCCC
ATCGCGCCGCCAAGGCCAAGGCCAA
GGCCAAA

对ITS2条形码进行遗传距离分析和NJ树聚类分析（图4.2.2-2），基于K2P模型进行遗传距离分析，结果表明金花茶种内平均K2P遗传距离均远小于种间K2P遗传距离；NJ树结果显示金花茶具有单系性，与同属13个物种聚为不同的支。因此，ITS2序列作为DNA条形码可以鉴定金花茶及其同属物种。

2. 药效组分指纹图谱技术研究

采用高分辨质谱分析，结合代谢组学的方法，我们对30份金花茶样本（包括金花茶样本18份，显脉金花茶样本5份以及越南金花茶样本7份）甲醇提取物的化学成分进行了整体的分析和比较（图4.2.2-3）。通过3步优化的方法，筛选出可用于3个金花茶品种的鉴别最小化合物组合的6个指标成分，包括槲皮素、冲山茶苷、山奈酚7-O-鼠李糖苷、铃兰苷、积雪草酸苷、鞣花酸苷（图4.2.2-4）。此外，通过对15个批次金花茶样品的研究，建立了3种金花茶的HPLC-UV指纹图谱（图4.2.2-5）。指纹图谱相似度分析、聚类分析及主成分分析的结果均表明，各个品种的金花茶能被有效区分。

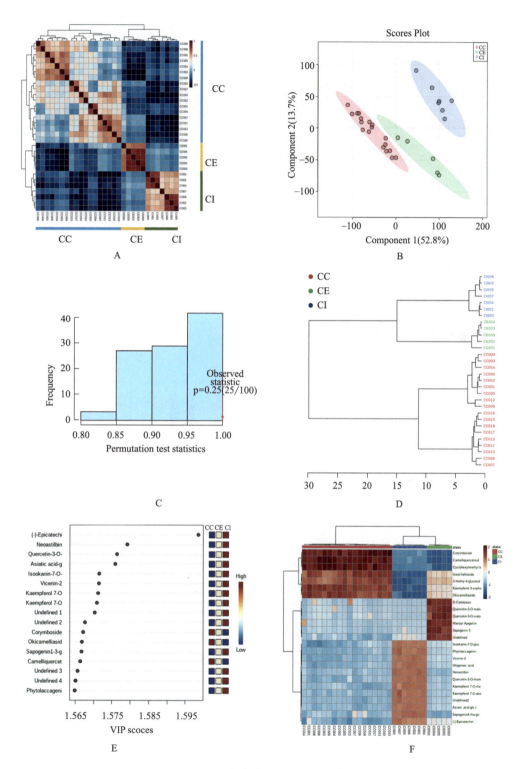

图 4.2.2-3 种金花茶样品的代谢组学研究

A：斯皮尔曼等级相关系数分析；B：PLS-DA分析；C：机会置换检验；D：HCA分析；E：VIP值排名前17位化合物；F：单因素方差分析排名前25位化合物的热图分析。

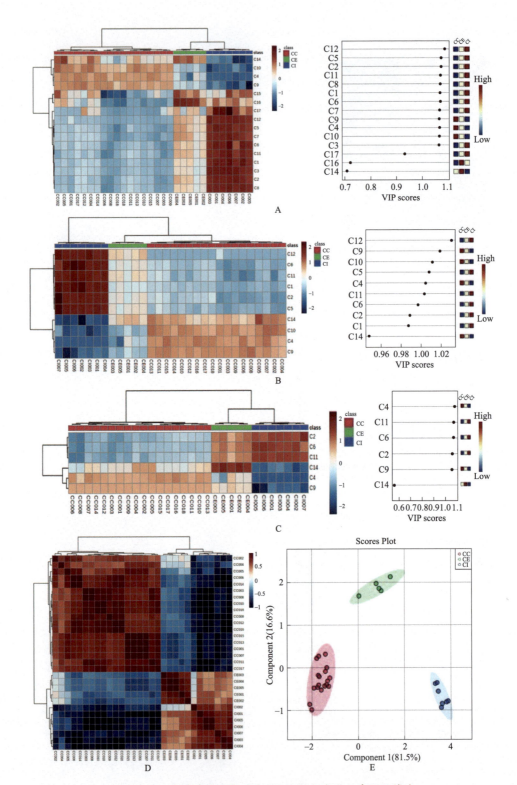

图 4.2.2-4 金花茶种间鉴别最小化合物组合的 3 步优化筛选

A：模型1中按单因素方差分析值和VIP值排名优化出的18个标志化合物热图；B：模型2中按单因素方差分析值和VIP值排名优化出的10个标志化合物热图；C：模型3中按单因素方差分析值和VIP值排名优化出的6个标志化合物热图；D：模型3筛选出的6个标志化合物用于金花茶种间鉴别的验证；E：PLS-DA分析。

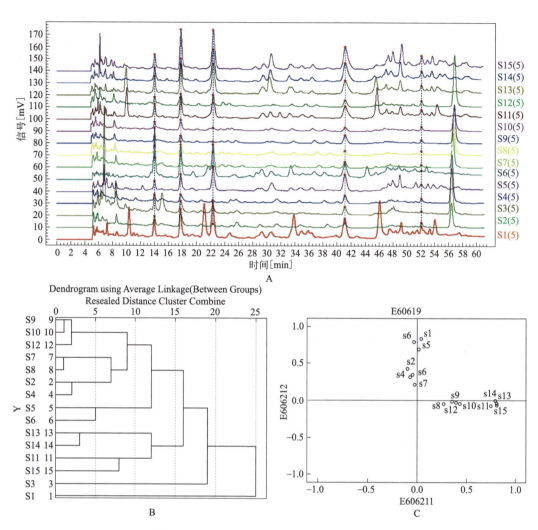

图 4.2.2-5　3 个品种金花茶样品的 HPLC-UV 指纹图谱分析
A：HPLC-UV 色谱图；B：聚类树状；C：主成分分析。

3. 近红外快速检测技术研究

从30份样品的谱图（图4.2.2-6）上来看，正品金花茶和伪品相差不是很大，从光谱图上难以用肉眼区分差别。基于此情况，将近红外光谱结合化学计量学非常有必要。

在测得30个样品的近红外光谱的基础上，利用Metaboanalyst5.0软件建立主成分分析（PCA）、偏最小二乘法判别分析（PLS-DA）、稀疏最小二乘法判别分析（SPLS-DA）、正交偏最小二乘法判别分析（OPLS-DA）、支持向量机（SVM）等多种鉴别模型以达

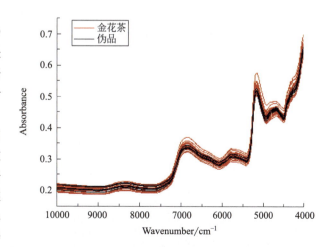

图 4.2.2-6　30 份样品的近红外光谱图

到能直接区分出正品和伪品的目的。

3.1 全部样品

使用 Metaboanalyst5.0 软件,通过多种建模方法处理 30 个样品的原始光谱,尝试达到区分正品金花茶和伪品金花茶的目的。

图 4.2.2-7 是利用样品的前三个主成分得分 PC1、PC2、PC3 在空间上的投影进行作图,由图可以看出,30 份样品分布较为聚集,只有一部分样品在整体聚集区之外,大部分分布较为集中,并不能找出正品金花茶和伪品明显的聚集区域,无法通过主成分分析直观地将正品和伪品金花茶区分开,需要利用其他的定性手段来进行识别。

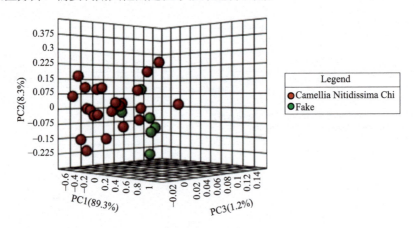

图 4.2.2-7 正伪品金花茶前三个主成分得分投影图

PCA 是一种无监督判别方法,在 PCA 的基础上又发展了一些有监督判别方法,例如 PLS-DA、SPLS-DA、OPLS-DA 和 SVM。图 4.2.2-8 是这些方法的得分图或者分类判定图,但结果显示鉴别效果均不理想。

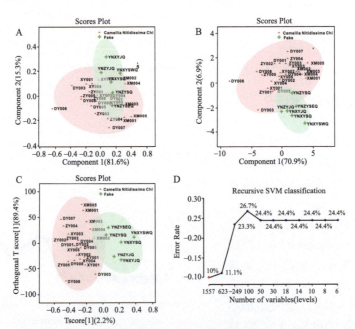

图 4.2.2-8 有监督判别方法

A:PLS-DA 模型得分图,B:SPLS-DA 得分图,C:OPLS-DA 得分图,D:SVM 分类图

3.2 去除大叶金花茶后的样品

通过分析前面所有的模型，发现大叶金花茶样品的光谱信息处于正品和伪品之间。通过观察，其颜色和叶型与其他样品相差很大，能够用肉眼直接辨别出来。故而在接下来的模型构建中将其取舍掉，再进行建模判别。

① PCA模型

通过正交变换将一组可能存在相关性的变量转换为一组线性不相关的变量，转换后的这组变量叫主成分，PCA是一种无监督模式的鉴别方法。利用29份样品的原始光谱数据，在全光谱范围内进PCA分析，根据主成分分析得到主成分来选择能较好地代表正品和伪品金花茶样品光谱数据信息的主成分数。提取正品和伪品金花茶样品光谱数据的主成分，前五个主成分得分的方差贡献率分别为90.8%、7.1%、1%、0.7%、0.3%，前三个主成分累计方差贡献率为98.9%，可以达标全部样品绝大部分光谱信息，因此可以人为利用主成分分析得到前三个主成分在空间上的投影情况，从而能够充分反映样品在多维空间中的分布情况。前五个主成分总方差贡献率如图4.2.2-9所示。

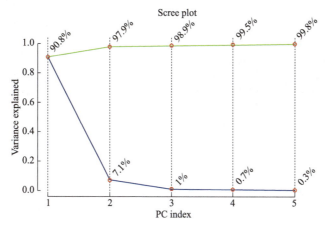

图 4.2.2-9　PCA 模型的前 5 个主成分方差贡献率

利用样品的前三个主成分得分PC1、PC2、PC3在空间上的投影进行作图，结果如图4.2.2-10所示。在剔除了性状差异较大的大叶金花茶的基础上，与前面未剔除相比，正品和伪品分得比较开，但是还是有部分样品没有分开，效果不是很好，还可以用其他方法提高判别能力。

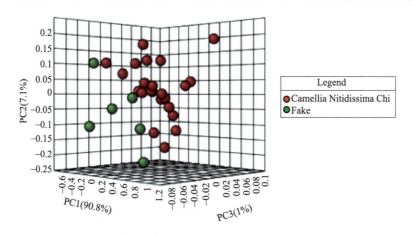

图 4.2.2-10　PCA 模型中正伪品金花茶前三个主成分

② PLS-DA 模型

在 PCA 模型的基础上，使用了 PLS-DA 模型来定性判别。PLS-DA 为判别基础上的偏最小二乘法算法，是一种应用广泛的有监督模式的定性判别方法。由图 4.2.2-11 可看出，与前面 PCA 模型相比，PLS-DA 模型将正品和伪品区分得更开，基本分成了两个聚集团。对此模型进行置换检验（图 4.2.2-12），通过 100 次置换模拟，其 P 值小于 0.01，说明次模型预测效果良好，能够区别出正品和伪品金花茶。

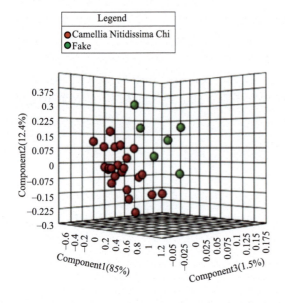

图 4.2.2-11　PLS-DA 模型中正伪品金花茶前三个成分得分投影图

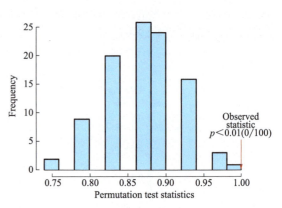

图 4.2.2-12　PLS-DA 模型置换检验图

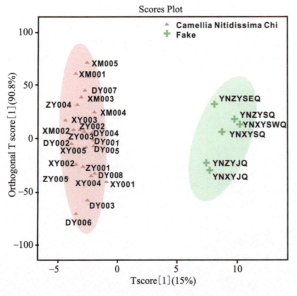

图 4.2.2-13　OPLS-DA 模型得分图

③ OPLS-DA 模型

OPLS-DA 模型是一种多因变量对多自变量的回归建模方法，其最大的特点是可以去除自变量 X 中与分类变量 Y 无关的数据变异，使分类信息主要集中在一个主成分中，从而模型变得简单和易于解释，其判别效果及主成分得分图的可视化效果更加明显，是一种有监督模式判别方法。从图 4.2.2-13 中可以直观的区分出正品金花茶和伪品的差别，达到检测目的。

通常情况下 VIP 值大于 1 就是对此模型贡献较大的成分，对于近红外光谱而言就是它波数。图 4.2.2-14 展示了此模型 VIP 值前 30 个波数，大多都集中于 $5030 \sim 5110 cm^{-1}$，此波段对于建立此模型贡献较大。

对此模型进行验证,其中R2和R2Y分别表示所建模型对X和Y矩阵的解释率,Q2表示模型的预测能力,理论上R2、Q2数值越接近1说明模型越好,越低说明模型的拟合准确性越差,通常情况下,R2、Q2高于0.5较好,高于0.4即可接受(图4.2.2-15)。此模型中Q2和R2Y值分别为0.911和0.965,Q2和R2Y的P值均小于0.01,说明此模型预测效果较好,能够准确鉴别金花茶的正伪品。

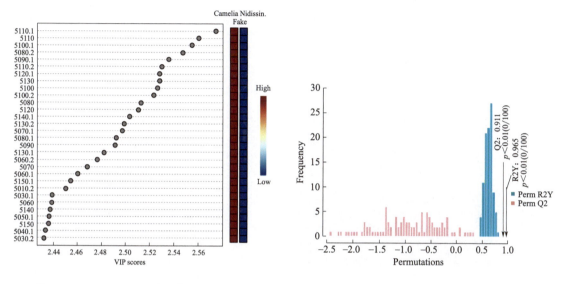

图4.2.2-14　OPLS-DA模型前30个VIP　　　　图4.2.2-15　OPLS-DA模型验证图

4. 外源性有害残留快速检测技术研究

4.1　新型聚集诱导增强的荧光金属团簇及检测应用

本研究首次制备和报道了一种新型金属纳米簇荧光探针(GSH-Ni NCs)。TEM图像显示纳米团簇呈球形颗粒,结构晶格间距为0.23nm,尺寸正态分布分析测得平均直径为5.6nm。通过UV-vis吸收光谱、荧光光谱、ESI-MS、FT-IR、EDS等技术进一步确定了探针的成功合成(图4.2.2-16)。金属纳米团簇虽然被广泛研究,但该类研究更多地偏向于贵金属纳米簇,在实际推广中有一定的局限性。与金、银相比,镍金属具有资源丰富、价格低廉等优点。而镍的荧光纳米簇研究仍处于起步阶段,本研究则首次报道制备了镍金属荧光纳米簇探针,并将其应用于中药材农药残留检测。

DTC类农药和Cu^{2+}结合形成络合物后可使金属纳米簇的荧光猝灭。以农残福美双为例,在最佳条件下,通过荧光发射光谱研究了金属团簇对不同浓度的福美双的响应。结果显示,团簇荧光猝灭程度随福美双浓度的增大而增加,所构建的检测福美双的线性范围为0.5～75μmol/L,其检测限为0.13μmol/L(图4.2.2-17)。

为了评估此探针对福美双在潜在干扰物中的特异性检测,在相同条件下分别测试了一系列具有不同结构类型的农药分子,为乙酰甲胺磷、毒死蜱、内吸磷、百草枯、甲基对硫磷、伏杀磷和丙溴磷和环境样品中常见离子,包括Na^+、Cl^-、SO_4^{2-}、K^+、Mg^{2+}、Zn^{2+}、Al^{3+}和Pb^{2+}。只有农药福美双显示荧光猝灭效应,其他农药和离子对荧光强度没有明显的影响。以上结果表明该方法具有优异选择性以及强大的抗干扰能力,可用于复杂样品中农药残留检测。

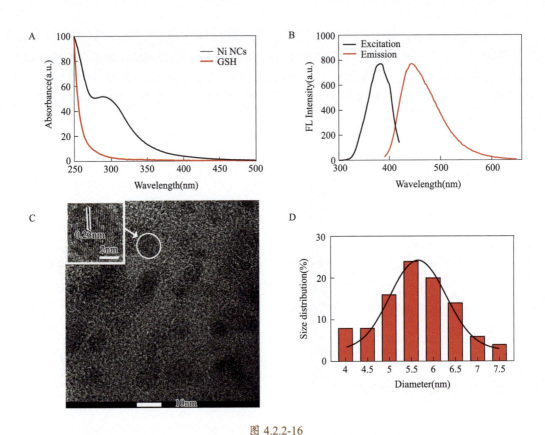

图 4.2.2-16

A：GSH-Ni NCs 和 GSH 的 UV-vis 吸收光谱；B：GSH-Ni NCs 水溶液的激发和发射荧光光谱；
C：GSH-Ni NCs 的 TEM 图像；D：GSH-Ni NCs 的粒径分布

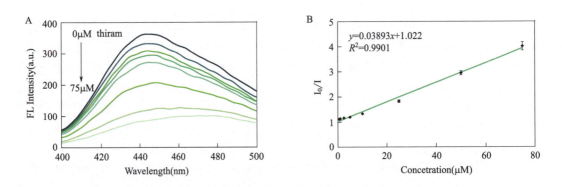

图 4.2.2-17

A：在 Cu^{2+} 和各种浓度的福美双的混合物存在下 GSH-Ni NCs 的荧光光谱；
B：通过荧光强度定量分析福美双的标准曲线

4.2 亲-疏水双相体系农药残留的荧光分析方法

本研究首次建立了双相体系中农药残留荧光分析方法，对于不同极性的农药均可实现灵敏检测。首先，通过合成制备了一种比率型的复合材料荧光探针（包含金属纳米团簇和氮掺杂碳量子点），其具有特异性聚集诱导发射特征。目前对于代表性农药福美双的检测结果显示，该方法的检测限低至 7.49nM（0.02mg/kg），远低于食品安全国家标准（GB2763-2019）中农药最大残留限量标准（0.3mg/kg）和美国环境保护署推荐标准（7ppm）（图4.2.2-18A～B）。目前此方法已成功用于中药材真实样品的检测，回收率结果符合《中华人民共和国药典》相关要求。更有趣的是，此方法只需改变该检测体系溶剂，由高比例乙醇溶液变为水相溶液，即可用于亲水性农药百草枯的灵敏检测，检测限低至3.03nmol/L（图4.2.2-18C～D）。将该比率型荧光检测平台结合智能手机所建立的比色分析方法，可以实现对两种农药的可视化检测。较高浓度的福美双和百草枯溶液表现出明显的特征，可用于农药残留的可视化鉴别（图4.2.2-18E）。这种双模式检测同时显示荧光、可视化两种方法的优点，提高检测的准确性和便利性。真实样品检测结果表明，制备的比率型荧光探针可以实现对农药残留的定性定量分析，为评价中药材安全质量提供了具有前景的监测手段。

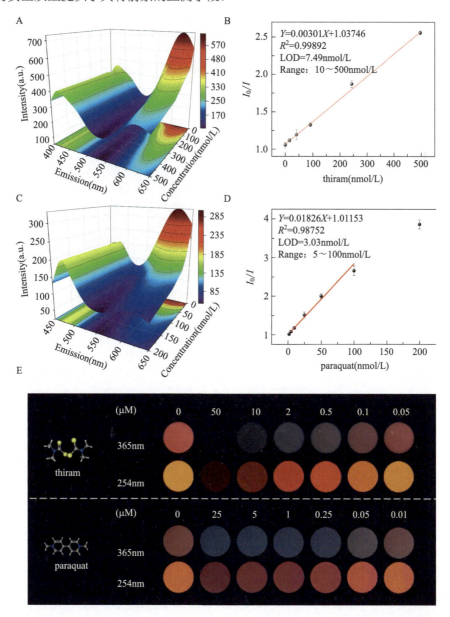

图4.2.2-18　荧光探针在不同浓度福美双（A）和百草枯（C）存在下的荧光光谱及定量关系图（福美双为B；百草枯为D）；紫外光下不同浓度福美双和百草枯的可视化照片（E）

4.3 比率型荧光纳米探针传感器

本研究开发构建了稀土金属离子和碳纳米量子点的荧光复合探针体系并应用于农药残留检测。针对有机磷农药和重金属离子的检测限度分别达到1.25μmol/L和10nmol/L（图4.2.2-19）。在两种目标物同时存在下，本策略仍可依次检测出不同污染物，检测结果互不影响（图4.2.2-20）。真实样品检测数据表明，本方法的检测回收率为90.02%到109.00%，达到药典规定要求。本研究成功实现了单一体系的多目标检测目的，保持了高度选择性和灵敏度。该研究不仅为中药材安全性评估开发了具有高效、实用、便捷的农残分析平台，还为多目标分析的设计和研发提供了思路。

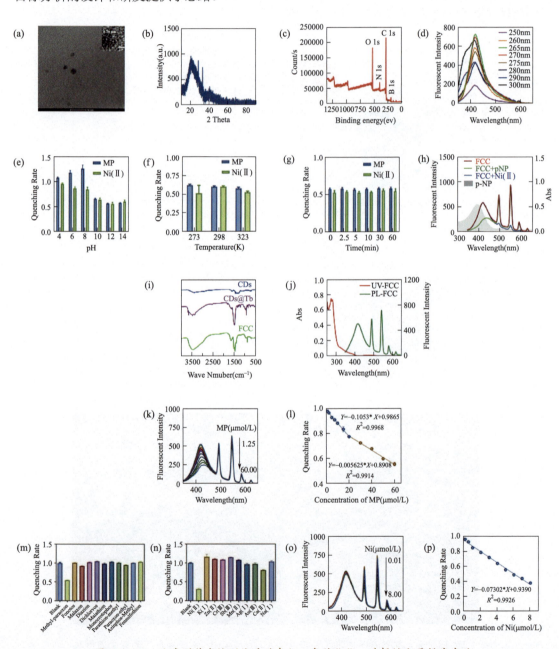

图 4.2.2-19 比率型荧光检测体系的表征、条件优化、选择性和灵敏度实验

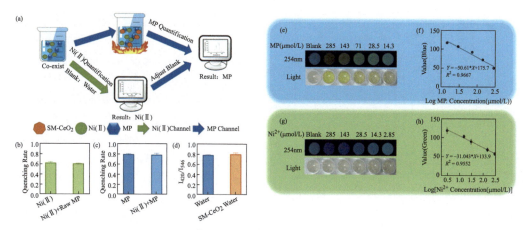

图 4.2.2-20　多目标检测策略示意图及可视化检测实验

4.4　基于新型金属纳米酶复合电极的电化学传感方法

在该项工作中,通过金属纳米酶构建新型电化学方法应用于有机磷农药残留检测。与以往电化学研究不同,本研究的纳米酶在底物催化和信号放大中都发挥着重要作用。UV-Vis结果揭示了其对从有机磷分子降解的产物分子p-NP的催化活性(图4.2.2-21 A)。伏安研究表明,纳米酶修饰的电极对农药检测具有信号放大功能(图4.2.2-21B)。经过系统条件优化,该研究对甲基对氧磷的检出限低至0.06μmol/L(图4.2.2-22)。进一步研究表明,该项工作中纳米酶在

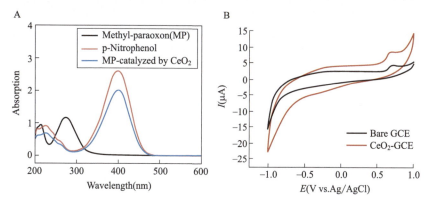

图 4.2.2-21

A:p-NP、对氧磷及纳米酶催化后对氧磷的吸收光谱;B:裸玻碳电极和修饰后玻碳电极的CV工作曲线。

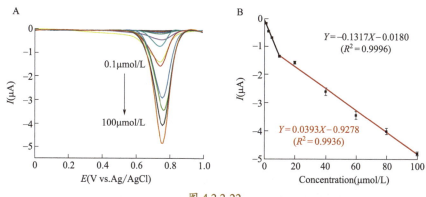

图 4.2.2-22

A:使用修饰电极,有机磷MP在0.1～100μmol/L浓度范围的DPV工作曲线;B:峰值电流与MP浓度的校准曲线。

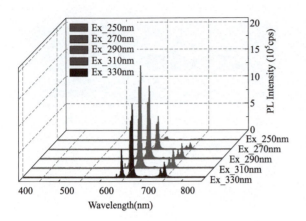

图 4.2.2-23 晶态荧光探针的荧光发射行为

样品制备和检测程序两个步骤中独立使用。电极上负载的纳米酶含量不能完全保证催化反应完成，与此同时大幅增加纳米材料会降低电子电导率，影响信号增强效果。因此，后续我们还将优化探索纳米材料负载在多孔材料或大比表面积的三维材料，以实现具有催化、检测等多重功能的电化学传感方法。

4.5 新型晶态荧光MOFs的重金属检测法

本研究采用Xe照射已制备荧光探针晶态材料，选取250~330nm作为激发波长，以400~800nm作为发射监测范围，可探测得到探针晶态材料荧光发射光谱信息（图4.2.2-23）。再以365nm作为激发波长，以550~710nm作为发射监测范围，配置1μmol/L浓度的Pb^{2+}、Cd^{2+}和Cu^{2+}水溶液并与探针溶液混匀，可观察到荧光探针猝灭效应，其在618nm处的荧光发射强度呈现比率型下降，验证本研究制备得到的探针材料可对药典规定重金属离子具有识别、检测特性（图4.2.2-24）。进一步实验表示该红光发射荧光探针晶态材料对金属能力的检测能力为$Pb^{2+}>Cu^{2+}>Cd^{2+}$。根据国际纯粹化学和应用化学联合会规定，计算得出各重金属离子的检测极限分别为3.28nmol/L（Pb^{2+}）、52.61nmol/L（Cd^{2+}）和7.01nmol/L（Cu^{2+}）。

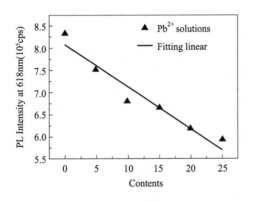
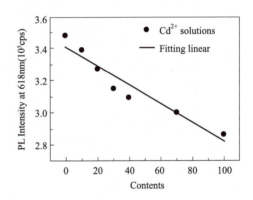
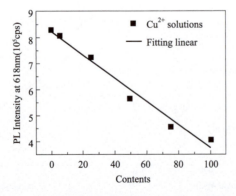

图 4.2.2-24 晶态荧光探针对Pb^{2+}、Cd^{2+}和Cu^{2+}离子的痕量检测

第三节
金花茶药材质量标准研究

一、研究方法

1. 薄层色谱（定性）鉴别标准研究

1.1 供试品溶液的制备

取本品粉末（过四号筛）约0.5g，精密称定，加50%甲醇10mL，超声处理30min，用0.45μm MCE滤膜过滤，取滤液作为供试品溶液。

1.2 色谱条件

薄层板：薄层色谱硅胶板（TLC Silica GF254，德国Merck）；点样量：2～5μL；点样条带宽度：8mm；以二氯甲烷-乙酸乙酯-甲酸-水（7∶3∶3∶0.2）为展开剂，展开7cm，取出晾干后置于紫外光灯（365nm）下检视。

2. 含量测定（定量）标准研究

2.1 供试品溶液的制备

取本品粉末（过四号筛）约0.2g，精密称定，置20mL具塞玻璃试管中，精密加入50%甲醇10mL，称定重量，超声提取30min，再称定重量，用50%甲醇补足减失的重量，摇匀，用0.45μm滤器过滤，取续滤液，即得。

2.2 色谱条件

色谱柱：Agilent Zorbax ODS C18柱（4.6mm×250mm，5μm）；以乙腈-水-磷酸（22∶78∶0.2，v/v/v）为流动相，流速为1mL/min，进样量10μL，柱温30℃。检测波长为254nm。

二、研究结果

1. 薄层色谱（定性）鉴别标准研究

按照《中华人民共和国药典》的有关研究要求，我们建立了以冲山茶苷为对照的定性鉴别方法，采用薄层色谱法，对金花茶、显脉金花茶及越南金花茶（伪品）等样品进行了分析和比较，建立了金花茶（包括金花茶和显脉金花茶）质量标准中的鉴别部分。

1.1 提取溶剂考察

通过对不同提取溶剂考察，优化并建立了金花茶样品的提取方法。研究的结果表明，50%甲醇提取的供试品溶液的薄层色谱图中，冲山茶苷的条带呈现最明显，样品中信息丰富且无干扰（图4.3.2-1）。因此，选择50%甲醇作为提取溶剂。

1.2 色谱条件考察

对薄层色谱分析的点样量（图4.3.2-2）、展开剂（图4.3.2-3）、展开距离（图4.3.2-4）、检测条件（图4.3.2-5）以及色谱系统的耐用性（图4.3.2-6）进行了系统的比较和优化，最终确定了金花茶薄层色谱鉴别的方法。

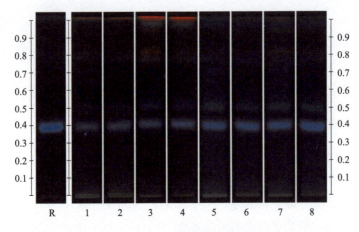

图 4.3.2-1　提取溶剂考察

R—对照品；1—CC001-纯水提取；2—CE001-纯水提取；3—CC001-甲醇提取；4—CE001-甲醇提取；
5—CC001-50%甲醇提取；6—CE001-50%甲醇提取；7—CC001-50%乙醇提取；8—CE001-50%乙醇提取。
（TLC Silica GF254，Merck；T：24 ℃，RH：57%；冲山茶苷 R_f=0.39）

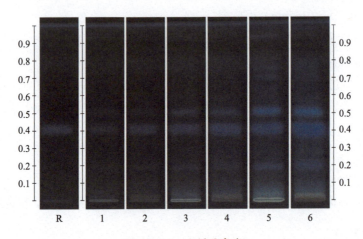

图 4.3.2-2　点样量考察

R—对照品-2μL；1—CC005-2μL；2—CE001-2μL；3—CC005-5μL；4—CE001-5μL；
5—CC005-10μL；6—CE001-10μL。
（TLC Silica GF254，Merck；T：22℃，RH：53%；冲山茶苷 R_f=0.40）

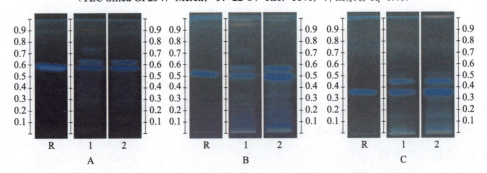

图 4.3.2-3　展开剂考察（TLC Silica GF254，Merck；T：24 ℃，RH：53%）

R—对照品；1—CC003样品；2—CE002样品。

A：冲山茶苷 R_f=0.57；B：冲山茶苷 R_f=0.50；C：冲山茶苷 R_f=0.36。

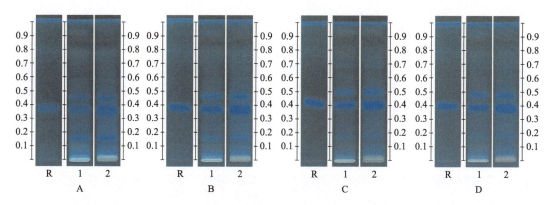

图 4.3.2-4 展开距离考察

R—对照品；1—CC005样品；2—CE001样品。

A：冲山茶苷R_f=0.37；展距6.0cm；B：冲山茶苷R_f=0.37；展距6.5cm；C：冲山茶苷R_f=0.40；展距7.0cm；
D：冲山茶苷R_f=0.39；展距7.5cm。

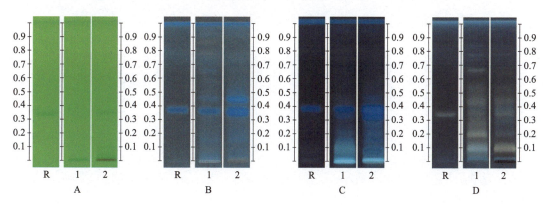

图 4.3.2-5 显色条件考察（T：23℃，RH：52%；TLC Silica GF254，Merck）（冲山茶苷R_f=0.36）

R—对照品；1—CC006样品；2—CE004样品。

A：紫外光灯254nm；B：紫外光灯366nm；C：1%三氯化铝乙醇溶液后置紫外366nm；
D：10%硫酸乙醇后置紫外366nm。

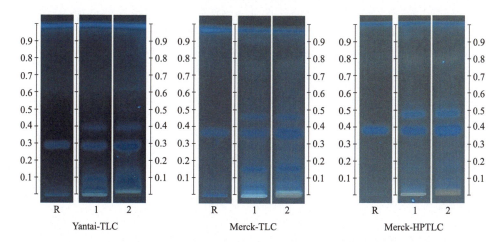

图 4.3.2-6 不同类型硅胶板考察（T：23℃，RH：53%）

R—对照品；1—CC005样品；2—CE001样品。

Yantai-TLC：冲山茶苷R_f=0.29；Merck-TLC：冲山茶苷R_f=0.37；Merck-HPTLC：冲山茶苷R_f=0.38。

第四章 金花茶质量控制关键技术及质量标准研究

1.3 金花茶样品的分析

采用以上建立的样品处理及薄层色谱的方法，我们对30批金花茶样品进行了比较分析。根据欧洲药典要求，薄层色谱鉴别还需提供1/4浓度的对照品溶液的色谱图，以及用于系统适应性试验的对照品。研究结果如图4.3.2-7所示，18批金花茶和5批显脉金花茶的供试品色谱中，在与对照品冲山茶苷色谱相应的位置上，显相同的蓝色荧光斑点，而7批越南金花茶（伪品）的供试品色谱中无相应斑点。此外，经考察，3,4-二咖啡酰奎宁酸和3,5-二咖啡酰奎宁酸Rf值适中，分离度合适，可用作系统适应性考察（图4.3.2-7）。

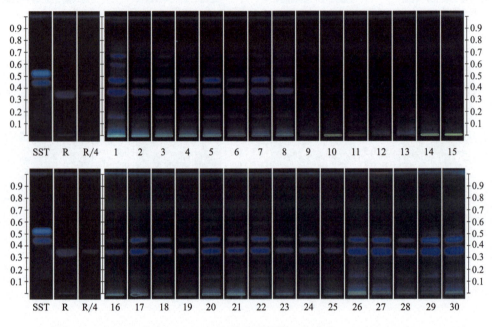

图 4.3.2-7　金花茶药材薄层色谱图

SST：系统适应性试验对照品（下：3,4-二咖啡酰奎宁酸甲醇溶液，0.25mg/mL，R_f= 0.44；上：3,5-二咖啡酰奎宁酸甲醇溶液，0.25mg/mL，R_f=0.52）

R：对照品溶液（冲山茶苷50%甲醇溶液，1mg/mL，R_f=0.36）；R/4：1/4浓度对照品溶液（冲山茶苷50%甲醇溶液，0.25mg/mL，R_f=0.36）；1～8：金花茶（CC 001-008）；
9～15：越南金花茶（伪品）（CI 001-007）；16～25：金花茶（CC 009-018）；
26～30：显脉金花茶（CE 001-005）。Temperature：24℃，Humidity：52%。

1.4 薄层色谱（定性）鉴别标准草案的制定

基于以上研究结果，初步拟定了金花茶薄层色谱（定性）鉴别标准草案。补充的标准草案如下：

【鉴别】取本品粉末0.5g，加50%甲醇10ml，超声处理30分钟，滤过，取滤液作为供试品溶液。另取冲山茶苷对照品，加50%甲醇制成每1mL含1mg的溶液，作为对照品溶液。照薄层色谱法（《中华人民共和中国药典》2020年版第四部通则0502）试验，吸取上述两种溶液各2～5μL，分别点于同一硅胶G薄层板上，以二氯甲烷-乙酸乙酯-甲酸-水（7：3：3：0.2）为展开剂，展开，取出，晾干，置紫外光灯（365nm）下检视。供试品色谱中，在与对照品色谱相应的位置上，显相同颜色的荧光斑点。

2.含量测定（定量）标准研究

按照《中华人民共和国药典》的有关研究要求，我们建立了以冲山茶苷为指标的含量测定（定量）方法，采用建立的色谱方法，对金花茶、显脉金花茶及越南金花茶（伪品）等样品进行了分析和比较，建立了金花茶（包括金花茶和显脉金花茶）质量标准中的含量测定部分。

2.1 提取方法考察

以山茶苷峰面积为指标，我们对样品处理的提取溶剂、提取方法、提取体积以及提取时间等进行了比较研究。供试品溶液制备方法最终确定为：取本品粉末（过四号筛）约0.2g，精密称定，置20mL具塞玻璃试管中，精密加入50%甲醇10mL，称定重量，超声提取30min，再称定重量，用50%甲醇补足减失的重量，摇匀，用0.45μm滤器过滤，取续滤液，即得。

2.2 色谱系统考察

采用紫外灯扫描模式（190～400nm）对冲山茶苷标准品溶液进行扫描。结果表明（图4.3.2-8），标准品的最大吸收波长均为254nm，因此选择254nm作为检测波长。

综合考虑保留时间、分离度、对称因子、理论塔板数、信噪比等色谱参数，我们对色谱系统考察中的相关因素进行了考察，包括色谱柱类别、流动相系统、流动相pH、流动相比例、流动相流速、色谱柱温度等方面的系统分析比较。其中，最佳色谱条件下金花茶样品的代表性色谱图如图4.3.2-9所示。

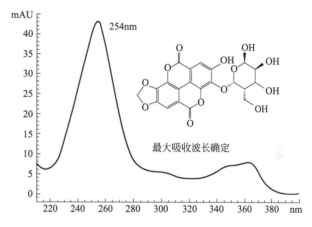

图4.3.2-8 冲山茶苷的紫外光谱

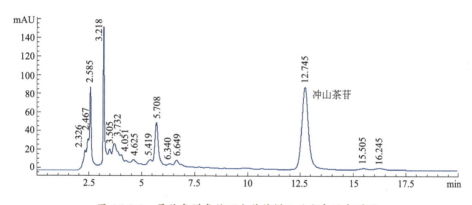

图4.3.2-9 最佳色谱条件下金花茶样品的代表性色谱图

综合上述各项考察结果，冲山茶苷含量测定的色谱分析方法最终确定为：以十八烷基硅烷键合硅胶为填充剂；以水-乙腈-磷酸（78：22：0.2, v/v/v）为流动相；流速为1mL/min；进样量10μL；柱温为30℃；检测波长为254nm。理论板数按冲山茶苷峰计算应不低于2500。

2.3 色谱分析方法学考察

以冲山茶苷含量结果为指标，我们对冲山茶苷定量分析的色谱分析方法进行系统的方法学考察。考察内容包括：标准曲线制订及线性范围考察；精密度考察（重复性、中间精密度，包括日内、日间、不同操作人员、不同色谱柱、不同仪器）；稳定性考察；回收率考察；专属性考察；耐用性考察（包括流动相pH、流动相比例、流动相系统、检测波长、流动相流速、进样体积、色谱柱温度)等。其中,标准曲线制订及线性范围考察见图4.3.2-10及表4.3.2-1。

表 4.3.2-1　金花茶标准品的 HPLC 标准曲线

	回归方程	相关系数 r^2	线性范围 (μg/mL)	检测限 (μg/mL)	定量限 (μg/mL)
标准品	$y=0.0467x+1.1557$	0.9999	5.0～200.0	0.025	0.10

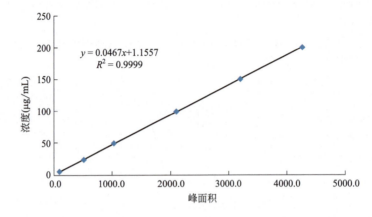

图 4.3.2-10　冲山茶苷的 HPLC 标准曲线

以上研究的结果表明,所建立冲山茶苷的含量测定方法具有良好的耐用性,符合药典标准建立的要求。但在应用本方法时,应注意控制流动相酸度、乙腈比例、流速和柱温。

2.4　金花茶样品中冲山茶苷的含量测定

采用上述样品制备方法制备金花茶样品(18批金花茶,5批显脉金花茶,7批越南金花茶),配置50μg/mL的冲山茶苷对照品溶液。分别精密吸取对照品溶液与供试品溶液各10μl,注入液相色谱仪,测定,按外标法计算冲山茶苷含量。30批药材含量测定结果见表4.3.2-2,色谱分离见图4.3.2-11。

表 4.3.2-2　30 批金花茶药材含量测定结果

No.	样品编号	批号	样品名	产地	冲山茶苷(外标法)	
					含量(%)	RSD(%)
1	JHC-001	CC001	金花茶	大叶防普1区,广西	0.41±0.01	2.7
2	JHC-002	CC002	金花茶	大叶防普3区,广西	0.42±0.01	3.2
3	JHC-003	CC003	金花茶	大叶防普5区,广西	0.25±0.00	1.8
4	JHC-004	CC004	金花茶	大叶防普沟口一压枝,广西	0.30±0.01	1.8
5	JHC-005	CC005	金花茶	大叶防普九区(嫁接),广西	0.45±0.01	1.9
6	JHC-006	CC006	金花茶	大叶防普1区,广西	0.29±0.01	2.9
7	JHC-007	CC007	金花茶	大叶防普2区,广西	0.63±0.01	1.3
8	JHC-008	CC008	金花茶	大叶防普3区,广西	0.37±0.01	3.0
9	JHC-009	CC009	金花茶	小叶防普1区,广西	0.25±0.01	2.5
10	JHC-010	CC010	金花茶	小叶防普1区,广西	0.44±0.01	2.8

续表

No.	样品编号	批号	样品名	产地	冲山茶苷（外标法）	
					含量（%）	RSD（%）
11	JHC-011	CC011	金花茶	小叶防普2区，广西	0.40±0.01	3.1
12	JHC-012	CC012	金花茶	小叶防普3区，广西	0.40±0.02	4.0
13	JHC-013	CC013	金花茶	小叶防普4区，广西	0.51±0.01	1.5
14	JHC-014	CC014	金花茶	窄叶防普3区，广西	0.67±0.01	0.8
15	JHC-015	CC015	金花茶	窄叶防普1区，广西	0.98±0.02	2.0
16	JHC-016	CC016	金花茶	窄叶防普2区，广西	0.72±0.01	1.2
17	JHC-017	CC017	金花茶	窄叶防普3区，广西	0.74±0.02	3.2
18	JHC-018	CC018	金花茶	窄叶防普4区，广西	0.77±0.01	0.8
19	JHC-019	CE001	显脉金花茶	显脉3区，广西	0.36±0.00	1.4
20	JHC-020	CE002	显脉金花茶	显脉1区，广西	0.56±0.03	5.3
21	JHC-021	CE003	显脉金花茶	显脉2区，广西	0.45±0.00	0.6
22	JHC-022	CE004	显脉金花茶	显脉3区，广西	0.50±0.02	3.1
23	JHC-023	CE005	显脉金花茶	显脉4区，广西	0.34±0.01	4.3
24	JHC-024	CI001	越南金花茶	越南中叶三区，越南北部	—	—
25	JHC-025	CI002	越南金花茶	越南小叶三区，越南北部	—	—
26	JHC-026	CI003	越南金花茶	大叶金花茶三区，越南北部	—	—
27	JHC-027	CI004	越南金花茶	越南中叶九区，越南北部	—	—
28	JHC-028	CI005	越南金花茶	越南中叶十二区，越南北部	—	—
29	JHC-029	CI006	越南金花茶	越南小叶九区，越南北部	—	—
30	JHC-030	CI007	越南金花茶	越南小叶十五区，越南北部	—	—

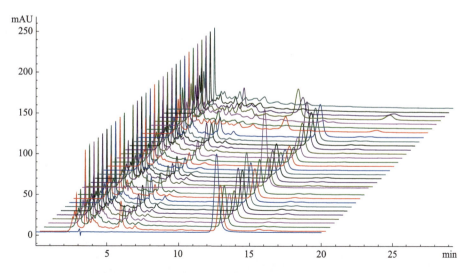

图 4.3.2-11　30批金花茶药材样品液相色谱图（冲山茶苷标准品、JHC-001～JHC-030；由下至上）

如表4.3.2-2所示，18批金花茶（JHC-001～JHC-018）中冲山茶苷的含量范围为0.25%～0.98%；5批显脉金花茶中冲山茶苷的含量范围为0.34%～0.56%；7批越南金花茶中均检测不到冲山茶苷。冲山茶苷在金花茶和显脉金花茶样品中的平均含量为0.49%。

以金花茶和显脉金花茶样品中冲山茶苷平均含量的60%为依据，暂定金花茶样品按干燥品计算，含冲山茶苷（$C_{19}H_{18}O_6$）不得少于0.29%（23批样品中有3批样品含量不合格）。

2.5　含量测定（定量）标准草案的制定

基于以上研究结果，初步拟定了金花茶含量测定（定量）标准草案。补充的标准草案如下：

【含量测定】照高效液相色谱法（《中华人民共和国药典》2020年版第四部通则0512）测定。

色谱条件与系统适用性试验　以十八烷基硅烷键合硅胶为填充剂；以水-乙腈-磷酸（78∶22∶0.2，v/v/v）为流动相；流速为1mL/min；进样量10μL；柱温为30℃；检测波长为254nm。理论板数按冲山茶苷峰计算应不低于2500。

对照品溶液的制备　取冲山茶苷对照品适量，精密称定，加50%甲醇制成每1mL含0.05mg的溶液，即得。

供试品溶液的制备　取本品粉末（过四号筛）约0.2g，精密称定，置具塞锥形瓶中，精密加入50%甲醇10mL，密塞，称定重量，超声处理30分钟，放冷，再称定重量，用50%甲醇补足减失的重量，摇匀，滤过，取续滤液，即得。

测定法　分别精密吸取对照品溶液与供试品溶液各10μL，注入液相色谱仪，测定，即得。本品按干燥品计算，含冲山茶苷（$C_{19}H_{18}O_6$）不得少于0.29%。

2.6　金花茶商品等级标准研究

基于23批样品中冲山茶苷的含量分布特征，初步建立了金花茶的分级标准。分级标准如下：

一级品（占合格样品总数的10%），要求冲山茶苷的含量不低于0.75%。

二级品（占合格样品总数的30%），要求冲山茶苷的含量不低于0.50%。

三级品（占合格样品总数的60%），要求冲山茶苷的含量不低于0.29%。

注：鉴于目前金花茶样本量的限制（包括20批合格样品，即冲山茶苷含量不少于0.29%），分级标准需要在扩大样品量的基础上进一步完善。

第五章 金花茶优良品种选育和产地加工技术研究

针对金花茶的品种选育、人工种植、产地加工等关键技术进行深入研究,可解决金花茶产业发展在源头上存在的问题,对于打造金花茶区域品牌具有重要意义。随着金花茶全产业链的不断完善,对金花茶的需求量将不断增加,金花茶种植、加工、产品销售规模也会相应扩大,金花茶种植户的数量和收入也会大大提高,项目实施带来的后期效应可为当地创造更多的就业机会,在使企业获得快速发展的同时,促进农民增收,对于解决当地"三农"问题、促进区域经济发展、构建和谐社会具有重要意义。自金花茶被发现以来,人们对金花茶进行了大量研究,但大多集中在药理作用和化学成分方面。其种间差异及分类鉴定、优良品种选育和栽培品种纯化方面研究较少。为促进金花茶产业的发展,有必要对金花茶品种分类鉴定及优良品种选育进行研究。

优良品种选育

一、研究方法

1.SSR分子标记分类试验方法

采金花茶叶,提取总RNA,测序获得金花茶转录组序列,从转录组序列中挖掘SSR分子标记,基于标记2端保守序列设计引物。选择含2个碱基以上、在所有材料中分布均匀的引物进行多态性检验,获得多态性引物。以所有挂牌株系叶片DNA为模板,用具有多态性的引物进行PCR扩增,分析扩增结果。最后筛选的引物见表5.1.1-1,PCR扩增程序见图5.1.1-1。

表 5.1.1-1 引物信息表

Primer name	SSR	FPr1 (5'-3')	Tm	RPr1 (5'-3')	Tm	PSize
UG_304657	(TTC) 8	AACTTGAGTTCACGGGGATG	59.97	TCCAAGTATCGTAGGTGCC	59.96	121
UG_049344	(TGA) 8	CCCCCAAAGTTCATTCTTCA	59.90	GAGAAAGCCCATTTGTCTCTG	59.96	128
UG_002254	(GAA) 8	GTATGGCGAGAAGGATTGA	60.04	TCCATAAGGTTCGCCTTTGT	59.57	141
UG_008559	(TCC) 7	CACCATCATCATCCTCAACG	59.92	AAGTAAAGGCGAGAGGCTCC	59.98	172
UG_018638	(TTC) 8	AGGAAGGACAGGTGAAGGGT	59.97	GAAGCCCTAGTCCAGCACAG	60.01	172
UG_027720	(AGA) 9	CCAGAGGGTGCAATTTTTA	59.93	ATGGTAGCTTGGCTTCCTCA	59.84	137
UG_007891	(CAA) 8	ACGAATGGTACCGAGACGAC	60.00	CTTGGGCTTGGAGAGAACAG	59.98	128
UG_010514	(GAA) 7	AGAGCTCTTGGTGTGAGGGTT	60.25	TGACGAGACCACTCAGTTCG	60.02	142
UG_015870	(CTT) 7	GGTTTCACAATCAAGGTAAGACG	59.92	TTCGAGCGAGCTCCAATAAT	59.95	126
UG_039856	(CAC) 11	CCCCACCAATTCTCTCAAAA	59.90	AAGGGCGTAGAGTTCCGATT	60.10	173
UG_043234	(TTC) 13	CTAGGGGCCAAGGGACTTTA	60.44	GCCGTATGAAGTTCAACACAA	58.69	171
UG_219454	(ATC) 8	CTGCCTTGTCCTCCAAGAAG	59.98	CTCTGTCGTACCTCGCCATT	60.28	136
UG_062487	(CTT) 8	GGGCTTCATCTTCTTCCTCC	60.15	TTGCCAGAAGGGAAATCATC	60.01	161
UG_033333	(ATC) 14	ATCCCGTACCAACACAGTC	60.00	GATCGTGAAGTGAGCGATGA	59.95	172
UG_000416	(AAG) 8	CTCTTCGTCGGTGAGAGACC	59.99	CGTGGACAAGGTATTTGGCT	59.99	121
UG_009875	(TCT) 8	CCCTCCATATCCTCCCTCTC	59.851	GCCCCAACAAACCATTCTTA	59.80	248
UG_000546	(AAG) 7	TGTTTGAGCGACGATTCTTG	59.99	GAGAAGGGGAGAATTGGAG	60.01	201
UG_010720	(AAG) 7	GTGGTAGCAGGAGGTTGGTC	59.58	AATGGCTTCTCTTATGCCGA	59.81	243
UG_011402	(GCT) 7	CTGAGGTGGCTACTGCTTCC	60.01	TTCTCCGAATCGGATAGTG	60.03	240
UG_015958	(CTT) 7	TCAGTTCATGATCGGGACAA	60.05	CAATCTACCCATCCGAAGGA	59.89	213
UG_016750	(AGC) 7	GCCAACAACAGTCCTCCAGT	60.16	CAAGAAGTGCACCAAACAA	60.03	246
UG_025168	(CAC) 7	AGAGAACCACCACCACCATC	59.82	CTTCCACAAGGAAGCAAAGC	59.99	207
UG_030878	(CAA) 7	ACCGCCTCTCTTTTTCCTC	59.83	AAGGAGCAATTGGGTCATTG	59.93	200
UG_033314	(TCT) 7	CATGAGAGCTGACGATTCCA	59.94	CCGTCTTAGCAGCAACAACA	60.05	248
UG_044988	(CAA) 14	AGAAATGCCATCCTCCAACAG	60.07	ATTGGGTCCATACCAGGTGA	60.05	205
UG_048295	(AGC) 8	CGGCTAGAAAGAAGACCGATG	59.97	GGCACTGCTTTCGGAGATAG	59.98	245
UG_049190	(AAG) 7	CCGATCACCAAAACCCTAGA	59.93	GAGGGCTCTGTCTTCTGCATC	60.10	170
UG_059691	(GAT) 7	CTTCAAATTGGTTGGGCAGT	59.97	TAATCCATTGGGAGCGAAAG	60.03	203
UG_064031	(CTC) 10	CTGCGGCAGTTATTTCCAAT	60.10	CATCCCTTATTCGGTGGTG	60.18	132
UG_071143	(TCA) 12	TGGTTTTCAGGAGAGTGGCT	59.84	AAGCCAAGTACCTCCCATCA	59.55	204
UG_209907	(TTG) 8	ACAGCACAACGCAACTCAAC	59.95	GCTCTTCAACCACCAAAGGA	60.23	138
UG_290536	(GAT) 7	GCTATGGCTCTTGGAAGCAC	59.99	GGGCTGATGAGGAGTACCAA	60.07	242

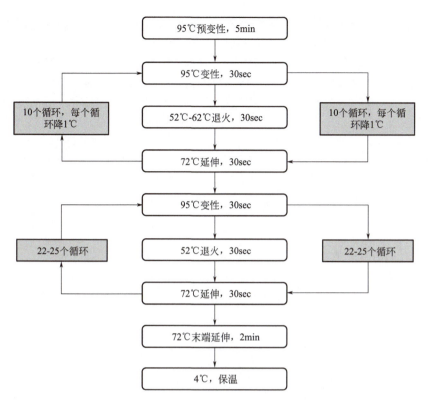

图 5.1.1-1　PCR 扩增程序

2.UPLC指纹图谱及含量测定方法

超高效液相色谱仪（美国 Waters 公司，包括 Waters FIN 样品管理器，QSM四元溶剂管理器，TUV Detector检测器，Empower 色谱工作站）；色谱柱ACQUITY UPLC HSS T3（2.1mm×100mm，1.8μm）。

色谱条件：流动相为乙腈（A）-0.1%磷酸水溶液（B）；柱温35 ℃，样品温25 ℃；进样量0.1μl，流速0.2mL/min，波长320nm，以表5.1.1-2方法进行梯度洗脱。

表 5.1.1-2　梯度洗脱程序

时间（min）	乙腈（%）	0.1% 磷酸水（%）	时间（min）	乙腈（%）	0.1% 磷酸水（%）
0	9	91	22	18.5	81.5
6	13	87	24	20.5	79.5
12	17	83	30	23	77
13	17	83	40	35	65

二、研究结果

1.金花茶表型性状及生长性状

金花茶目前发现有42个种5个变种，防普金花茶是来源于防城港市的一个金花茶种，越南金花茶则是引种于越南的金花茶种，现基地种植的金花茶种未经人工选育，存在种质混杂现象。物种鉴定是品种选育的前提，其中生物学性状是物种鉴别最基础也是最原始的方法，具有简单直观的特点。金花茶生物学性状差异主要表现在株型和叶表型性状的差异上。经观察（见表5.1.2-1），基地种植的防普金花茶叶形有椭圆形、长椭圆形、卵圆形、矩圆形4种形状，其中长椭圆形叶最多，其次为椭圆形。叶基有下延、圆钝2种，以下延较多。叶尾形状有渐尖、尾尖、锐尖、圆钝、凸尖5种类型，其中以渐尖最多，圆钝和凸尖较少。叶脉纹有的深，有的较浅，深叶脉者数量较多。大多数株系具有中等程度的细脉数（影响脉岛数）。叶面积在32～113.36cm²之间，差异极大；叶柄长在0.5～2.17cm之间，也具有较大差异。整体来看，防普金花茶表型性状差异明显，以大小衡量可明显区分为细叶型和大叶型，以叶形衡量可明显区分为椭圆形和矩圆形。防普金花茶株高在2.5～4.5m之间，冠幅在1.14～3.6m之间，产量1.120～12.25kg/株，各指标差异均较大（见表5.1.2-2）。但考虑到种植密度、生长年限及生长环境的差异，各株系间的差异是否显著有待进一步证实。

表 5.1.2-1　防普金花茶叶表型性状特征

编号	叶形	基形	尾形	脉深浅	脉小格	叶面积（cm²）	叶柄（cm）
FP1-01	长椭圆	下延	尾尖	中	少	76.1	1.3
FP1-02	椭圆	下延	渐尖	深	中	87.1	1.4
FP1-03	矩圆	圆钝	锐尖	深	中	87.9	1.5
FP1-04	长椭圆	下延	锐尖	中	中	69.0	1.0
FP1-05	椭圆	下延	渐尖	中	中	63.4	1.1
FP1-06	长椭圆	下延	渐尖	中	中	42.1	1.2
FP1-07	矩圆	圆钝	渐尖	中	中	67.2	1.4
FP1-08	长椭圆	下延	渐尖	中	中	70.7	1.7
FP1-09	椭圆	下延	尾尖	中	中	81.1	2.0
FP1-10	卵圆	圆钝	渐尖	深	中	53.7	1.4
FP1-11	长椭圆	下延	尾尖	深	中	113.4	2.2
FP1-12	长椭圆	下延	渐尖	深	中	68.9	1.5
FP1-13	椭圆	圆钝	圆钝	中	中	89.7	1.1
FP1-14	长椭圆	下延	尾尖	深	中	97.1	1.2
FP1-15	矩圆	圆钝	锐尖	中	中	80.8	1.4
FP1-16	矩圆	圆钝	锐尖	深	中	85.8	1.5
FP1-17	长椭圆	下延	尾尖	深	中	81.6	1.6
FP1-18	长椭圆	下延	尾尖	深	中	87.0	1.5
FP1-19	椭圆	圆钝	凸尖	深	中	79.6	1.4
FP1-20	长椭圆	下延	渐尖	深	中	96.1	1.6
FP1-21	长椭圆	下延	渐尖	深	中	82.8	1.7
FP1-22	矩圆	圆钝	尾尖	中	中	69.8	1.3
FP1-23	长椭圆	下延	锐尖	中	中	75.6	1.7
FP1-24	长椭圆	下延	渐尖	深	中	96.6	1.4
FP1-25	长椭圆	下延	渐尖	深	中	76.3	1.4

续表

编号	叶形	基形	尾形	脉深浅	脉小格	叶面积（cm²）	叶柄（cm）
FP1-26	椭圆	下延	渐尖	深	中	65.1	1.7
FP1-27	椭圆	下延	尾尖	深	中	56.3	1.3
FP1-28	长椭圆	下延	锐尖	深	中	68.3	1.3
FP1-29	长椭圆	下延	尾尖	深	中	78.8	1.5
FP1-30	椭圆	下延	尾尖	深	中	88.0	1.6
FP1-31	长椭圆	下延	渐尖	深	中	48.1	1.2
FP1-32	长椭圆	下延	渐尖	深	中	54.9	1.2
FP1-33	长椭圆	下延	尾尖	深	中	71.7	1.4
FP1-34	长椭圆	下延	尾尖	深	中	97.2	1.7
FP1-35	椭圆	下延	锐尖	深	中	70.2	1.3
FP1-36	长椭圆	下延	尾尖	深	中	93.6	1.4
FP1-37	椭圆	下延	锐尖	深	中	62.2	1.2
FP1-38	长椭圆	下延	尾尖	深	中	113.3	1.5
FP1-39	长椭圆	下延	尾尖	深	中	98.3	1.5
FP1-40	椭圆	圆钝	锐尖	深	中	67.1	1.4
FP1-41	长椭圆	下延	尾尖	深	中	85.1	1.5
FP1-42	长椭圆	下延	尾尖	深	中	90.3	1.7
FP1-43	长椭圆	下延	尾尖	深	中	69.6	1.1
FP1-44	矩圆	圆钝	尾尖	深	中	96.7	1.5
FP1-45	矩圆	圆钝	锐尖	深	中	84.1	1.5
FP1-46	长椭圆	下延	锐尖	深	中	85.6	1.4
FP1-47	长椭圆	下延	渐尖	深	中	109.1	1.9
FP1-48	长椭圆	下延	渐尖	深	中	80.8	1.3
FP1-49	长椭圆	下延	锐尖	深	中	82.5	1.3
FP1-50	矩圆	圆钝	尾尖	深	中	97.1	1.6
FP3-100	椭圆	下延	凸尖	浅	中	65.5	1.3
FP3-43	长椭圆	下延	尾尖	深	中	82.5	2.0
FP3-46	椭圆	下延	锐尖	深	中	56.5	1.0
FP3-51	椭圆	下延	渐尖	深	中	87.7	1.5
FP3-52	卵圆	圆钝	尾尖	深	中	33.6	1.0
FP3-53	长椭圆	下延	渐尖	深	多	62.3	1.1
FP3-54	椭圆	下延	渐尖	浅	中	75.6	1.4
FP3-55	矩圆	圆钝	圆钝	深	多	104.1	1.6
FP3-56	椭圆	下延	渐尖	深	多	50.9	1.3

续表

编号	叶形	基形	尾形	脉深浅	脉小格	叶面积（cm²）	叶柄（cm）
FP3-57	长椭圆	下延	渐尖	浅	少	93.4	1.7
FP3-58	卵圆	圆钝	凸尖	深	多	61.7	0.9
FP3-59	长椭圆	下延	渐尖	浅	少	84.6	1.6
FP3-60	长椭圆	下延	尾尖	深	中	46.9	1.0
FP3-61	卵圆	圆钝	渐尖	深	中	78.0	1.1
FP3-62	卵圆	圆钝	尾尖	深	中	92.0	1.8
FP3-63	长椭圆	下延	尾尖	浅	少	67.7	1.5
FP3-64	椭圆	下延	渐尖	深	多	71.6	1.2
FP3-65	长椭圆	下延	渐尖	深	中	90.4	1.5
FP3-66	长椭圆	下延	渐尖	深	多	49.5	1.2
FP3-67	卵圆	圆钝	渐尖	浅	少	64.0	1.4
FP3-68	长椭圆	下延	渐尖	浅	少	63.5	1.3
FP3-69	椭圆	圆钝	渐尖	深	中	40.4	1.0
FP3-70	长椭圆	下延	渐尖	深	中	47.6	1.5
FP3-71	长椭圆	下延	渐尖	深	中	71.1	1.2
FP3-72	长椭圆	下延	渐尖	深	中	60.5	1.0
FP3-73	长椭圆	下延	渐尖	深	中	58.4	1.5
FP3-74	矩圆	圆钝	凸尖	浅	中	57.1	1.1
FP3-75	长椭圆	下延	尾尖	深	中	54.5	1.2
FP3-76	长椭圆	下延	渐尖	浅	少	56.4	1.0
FP3-77	长椭圆	下延	尾尖	深	少	75.4	1.9
FP3-78	长椭圆	下延	渐尖	浅	小	45.5	1.1
FP3-79	长椭圆	下延	渐尖	深	多	55.1	1.6
FP3-80	长椭圆	下延	尾尖	深	中	72.4	1.7
FP3-81	长椭圆	下延	渐尖	浅	少	51.1	1.5
FP3-82	长椭圆	下延	尾尖	深	中	70.8	1.0
FP3-83	长椭圆	下延	尾尖	浅	少	56.0	1.4
FP3-84	椭圆	下延	凸尖	浅	小	49.8	1.2
FP3-85	椭圆	下延	锐尖	浅	少	55.0	1.0
FP3-86	椭圆	圆钝	渐尖	浅	少	52.3	1.0
FP3-87	长椭圆	下延	渐尖	深	中	72.1	1.9
FP3-88	长椭圆	下延	渐尖	浅	少	55.1	1.1
FP3-89	长椭圆	下延	渐尖	浅	少	70.7	1.4
FP3-90	卵圆	圆钝	尾尖	浅	少	71.3	1.5

续表

编号	叶形	基形	尾形	脉深浅	脉小格	叶面积（cm²）	叶柄（cm）
FP3-92	长椭圆	下延	渐尖	深	多	66.0	4.5
FP3-93	长椭圆	下延	渐尖	浅	小	68.7	1.5
FP3-94	长椭圆	下延	尾尖	深	中	61.1	1.8
FP3-95	椭圆	下延	锐尖	浅	少	67.3	1.7
FP3-96	椭圆	下延	渐尖	浅	小	66.9	1.9
FP3-97	椭圆	下延	渐尖	深	中	100.2	0.5
FP3-98	长椭圆	下延	渐尖	浅	少	32.0	0.9
FP3-99	卵圆	圆钝	渐尖	浅	小	58.7	1.1
GFP01	矩圆	圆钝	渐尖	中	中	95.2	1.0
GFP02	矩圆	圆钝	渐尖	中	中	60.2	1.3
GFP03	椭圆	下延	渐尖	深	中	53.7	0.9
GFP04	长椭圆	下延	尾尖	中	中	60.7	1.0
GFP05	长椭圆	下延	渐尖	深	中	83.0	1.4
GFP06	长椭圆	下延	尾尖	中	中	68.2	1.2
GFP07	椭圆	下延	圆钝	深	多	65.2	1.3
GFP08	椭圆	圆钝	渐尖	深	多	48.7	1.0
GFP09	长椭圆	下延	渐尖	深	中	51.1	1.4
GFP10	卵圆	圆钝	尾尖	中	中	52.7	1.0

表5.1.2-2　防普金花茶生长性状差异

编号	叶色	长势	健康叶片率（%）	株高（m）	主干高（m）	冠幅（m）	叶干重（g）	叶片总数	产量（kg/株）
FP1-01	3	3	100	3.30	0.60	2.00	0.538	4230	2.275
FP1-02	4	3	100	3.00	1.00	1.65	0.811	1935	1.570
FP1-03	3	3	95	3.00	0.60	2.70	0.665	5923	3.936
FP1-04	4	3	90	3.00	0.70	2.24	0.583	5329	3.105
FP1-05	4	3	100	2.60	0.95	2.00	0.578	3886	2.248
FP1-06	3	3	100	2.60	0.50	2.00	0.295	6680	1.971
FP1-07	3	3	100	3.50	0.75	2.45	0.582	7178	4.179
FP1-08	3	3	100	3.30	1.10	2.10	0.667	4012	2.675
FP1-09	4	3	100	3.50	0.60	2.39	0.823	5388	4.435
FP1-10	4	3	100	3.20	0.30	2.30	0.672	7347	4.936
FP1-11	4	3	100	3.20	0.60	2.30	0.598	2987	1.786
FP1-12	3	3	100	3.10	0.90	2.68	0.551	6635	3.653
FP1-13	3	3	100	3.50	0.40	2.83	0.757	7494	5.674

第五章　金花茶优良品种选育和产地加工技术研究

续表

编号	叶色	长势	健康叶片率（%）	株高（m）	主干高（m）	冠幅（m）	叶干重（g）	叶片总数	产量（kg/株）
FP1-14	4	3	100	3.20	0.80	2.40	0.721	3696	2.664
FP1-15	4	3	100	3.60	0.70	1.98	0.978	3714	3.633
FP1-16	3	2	100	2.90	0.70	1.74	0.712	2070	1.474
FP1-17	4	4	100	2.70	0.80	2.35	0.728	3593	2.615
FP1-18	3	3	80	2.70	0.40	1.74	0.413	2170	0.896
FP1-19	3	3	80	3.20	0.50	2.64	0.701	6138	4.302
FP1-20	3	3	90	3.00	0.60	2.00	0.582	2619	1.525
FP1-21	3	3	90	3.30	0.90	2.05	0.646	3013	1.945
FP1-22	2	4	90	3.00	0.50	2.30	0.545	5986	3.261
FP1-23	4	3	100	3.30	0.90	2.40	0.606	5564	3.373
FP1-24	4	2	100	4.40	0.50	2.36	0.665	4683	3.115
FP1-25	3	4	60	3.20	0.75	2.25	0.679	4086	2.774
FP1-26	3	3	100	3.20	0.70	2.50	0.438	8130	3.559
FP1-27	3	3	60	3.00	0.90	2.48	0.597	8279	4.946
FP1-28	3	1	60	3.10	0.60	1.95	0.680	4305	2.926
FP1-29	4	3	100	3.40	0.70	2.45	0.641	5611	3.599
FP1-30	3	4	100	3.20	0.70	2.55	0.524	5409	2.832
FP1-31	3	3	100	2.80	0.60	2.39	0.458	10004	4.582
FP1-32	3	3	100	3.10	0.60	2.35	0.583	8990	5.243
FP1-33	3	2	70	2.80	0.70	2.24	0.687	4450	3.055
FP1-34	3	3	70	3.60	0.40	3.00	0.513	7186	3.684
FP1-35	3	4	90	2.93	0.58	2.11	0.748	4683	3.503
FP1-36	3	3	95	3.23	0.57	1.99	0.935	2739	2.561
FP1-37	4	3	98	3.00	0.54	2.11	0.435	5722	2.492
FP1-38	4	4	99	3.20	1.00	3.05	0.415	4417	1.835
FP1-39	3	3	95	3.50	0.48	2.52	1.492	4883	7.283
FP1-40	3	4	95	3.20	0.40	3.37	0.592	13799	8.166
FP1-41	3	4	90	2.53	0.43	2.14	0.492	3032	1.493
FP1-42	3	3	80	3.03	0.60	2.54	0.922	4223	3.892
FP1-43	3	2	95	3.50	0.62	2.27	0.367	5744	2.108
FP1-44	3	4	98	3.50	0.28	2.43	0.388	4607	1.788
FP1-45	3	4	95	3.30	0.48	2.49	0.629	5631	3.541
FP1-46	3	4	95	3.20	0.27	2.51	0.95	5219	4.948
FP1-47	3	3	95	3.70	0.50	2.72	0.89	4540	4.022

续表

编号	叶色	长势	健康叶片率（%）	株高（m）	主干高（m）	冠幅（m）	叶干重（g）	叶片总数	产量（kg/株）
FP1-48	3	3	98	3.70	0.45	2.69	0.47	7914	3.733
FP1-49	3	4	98	3.40	0.40	2.75	0.90	7063	6.343
FP1-50	3	4	95	3.55	0.20	3.60	1.01	12077	12.250
FP3-100	2	3	70	4.50	0.60	1.80	0.65	6288	4.056
FP3-43	4	3	95	2.90	0.60	1.53	0.73	1827	1.338
FP3-46	4	4	85	3.50	0.75	2.06	0.48	6960	3.320
FP3-51	2	2	100	2.20	0.90	1.90	0.91	1765	1.613
FP3-52	1	3	100	2.90	0.70	1.40	0.35	5467	1.903
FP3-53	3	3	80	3.00	0.70	2.40	0.40	5458	2.158
FP3-54	3	2	90	3.10	1.00	1.85	0.88	2846	2.493
FP3-55	1	3	70	2.80	0.80	1.69	1.28	1596	2.042
FP3-56	2	2	10	2.70	0.90	1.94	0.50	4466	2.252
FP3-57	1	3	30	3.30	0.90	2.18	1.05	3094	3.235
FP3-58	3	3	50	2.80	1.00	1.60	0.71	3037	2.157
FP3-59	3	3	50	3.00	1.00	1.14	0.81	904	0.735
FP3-60	3	4	70	2.90	0.30	1.90	0.44	6150	2.700
FP3-61	3	3	50	3.00	1.00	1.14	0.65	1204	0.781
FP3-62	3	3	80	3.00	0.90	1.05	0.94	790	0.746
FP3-63	3	3	90	3.50	0.90	1.25	0.70	1708	1.201
FP3-64	3	3	60	2.80	1.00	1.20	0.73	1263	0.925
FP3-65	3	2	80	3.00	0.90	1.39	0.95	1176	1.120
FP3-66	3	3	80	2.60	0.70	1.22	0.53	2333	1.232
FP3-67	3	2	80	3.00	0.90	1.45	0.62	2109	1.308
FP3-68	3	2	80	3.10	1.20	2.00	0.72	3714	2.671
FP3-69	3	3	90	3.00	1.00	1.85	0.41	6406	2.607
FP3-70	4	4	90	3.10	0.55	2.20	0.49	9260	4.510
FP3-71	3	2	60	3.20	0.60	2.10	0.88	4585	4.032
FP3-72	4	3	90	3.00	0.85	1.75	0.64	3508	2.246
FP3-73	3	2	99	3.20	0.90	2.19	0.71	5960	4.258
FP3-74	3	3	90	3.00	0.70	1.85	0.53	4190	2.205
FP3-75	3	2	80	3.00	0.90	1.80	0.57	4106	2.326
FP3-76	1	2	60	2.90	0.85	1.50	0.70	2594	1.804
FP3-77	3	2	70	2.90	1.00	1.45	0.82	1728	1.416
FP3-78	2	3	20	3.50	0.80	1.55	0.45	4800	2.168

续表

编号	叶色	长势	健康叶片率（%）	株高（m）	主干高（m）	冠幅（m）	叶干重（g）	叶片总数	产量（kg/株）
FP3-79	3	3	80	3.30	0.90	1.84	0.53	4678	2.485
FP3-80	4	3	80	3.20	1.00	1.30	0.52	1641	0.852
FP3-81	2	4	70	4.00	0.60	2.60	0.47	13877	6.578
FP3-82	4	4	80	4.00	0.70	2.00	0.74	5000	3.720
FP3-83	4	4	90	3.60	0.70	2.00	0.41	5803	2.370
FP3-84	1	3	20	4.00	1.00	2.35	0.55	11453	6.299
FP3-85	3	4	90	4.00	0.80	2.00	0.64	6334	4.027
FP3-86	1	2	30	3.90	1.10	2.00	0.73	7805	5.726
FP3-87	3	4	70	3.50	0.80	2.00	0.85	4230	3.596
FP3-88	1	3	15	3.60	0.80	2.22	0.70	7596	5.282
FP3-89	4	4	90	3.40	0.80	2.40	0.70	5914	4.129
FP3-90	4	4	95	3.50	0.90	2.30	0.58	6255	3.618
FP3-92	4	4	60	3.80	1.00	1.80	0.62	3551	2.204
FP3-93	3	2	65	3.70	0.90	2.08	0.61	5345	3.254
FP3-94	3	2	50	3.00	0.70	2.14	0.59	4912	2.875
FP3-95	1	3	10	3.20	0.80	2.15	0.73	5767	4.209
FP3-96	4	4	70	3.80	0.70	2.30	0.67	7036	4.738
FP3-97	4	4	40	2.90	0.60	1.85	0.94	2051	1.930
FP3-98	4	4	70	3.60	0.90	2.04	0.26	16151	4.180
FP3-99	4	3	30	3.80	0.90	2.10	0.62	6476	4.035
GFP01	4	2	60	2.6	0.90	1.40	0.65	1099	0.710
GFP02	3	2	80	2.5	0.80	1.60	0.37	2533	0.930
GFP03	4	3	70	2.35	0.70	1.75	0.46	3388	1.552
GFP04	3	3	85	3.2	1.00	2.04	0.38	4321	1.655
GFP05	3	3	60	3.2	0.70	1.95	0.44	3168	1.388
GFP06	3	3	60	3.2	0.80	1.90	0.32	3978	1.266
GFP07	3	3	50	2.7	0.70	2.25	0.41	5418	2.215
GFP08	3	3	70	2.9	0.70	1.75	0.32	4925	1.593
GFP09	3	2	60	2.7	0.60	1.95	0.38	5397	2.033
GFP10	3	3	50	2.5	0.50	2.15	0.41	5573	2.276

说明：长势赋值，1—极弱、2—弱、3—较强、4—强；叶色赋值，1—病黄、2—黄、3—绿、4—深绿。

越南金花茶（见表5.1.2-3）叶形有椭圆形、长椭圆形、矩圆形3种形状，其中椭圆形叶最多。叶基有下延、圆钝2种，以下延较多。叶尾形状有渐尖、尾尖、锐尖、圆钝、凸尖5种类型，其中以尾尖最多。叶脉以深叶脉者数量较多。大多数株系具有中等程度的细脉数。叶面积在30.68～137.02cm^{2}之间，叶柄长在0.37～1.33cm之间。整体来看，越南金花茶的表型性状差异明显。越南金花茶株高在1.8～3.9m之间,冠幅在1.3～2.6m之间,产量0.55～7.25kg/株之间,各指标差异均较大(见表5.1.2-4)。两相比较,防普金花茶比越南金花茶株型较大、产量较高。

表5.1.2-3 越南金花茶叶表型性状特征

编号	叶形	基形	尾形	脉深浅	细脉数	叶面积平均（cm²）	叶柄平均（cm）
YN1-01	矩圆	圆钝	渐尖	深	多	114.33	1.33
YNX3-01	矩圆	圆钝	尾尖	深	多	71.76	1.07
YNX3-02	椭圆	下延	尾尖	深	中	39.53	1.03
YNX3-03	矩圆	圆钝	锐尖	深	多	127.44	1.00
YNX3-04	矩圆	圆钝	圆钝	深	多	72.59	0.73
YNX3-05	矩圆	圆钝	锐尖	深	多	102.63	0.90
YNX3-06	椭圆	下延	尾尖	深	中	57.50	0.50
YNX3-07	长椭圆	下延	尾尖	深	多	61.47	0.60
YNX3-08	椭圆	下延	渐尖	深	多	85.56	0.87
YNX3-09	矩圆	圆钝	锐尖	深	中	34.23	0.57
YNX3-10	椭圆	下延	锐尖	深	多	66.95	0.70
YNX3-11	长椭圆	下延	尾尖	中	中	40.12	0.93
YNX3-12	矩圆	圆钝	锐尖	深	多	106.59	1.03
YNX3-13	矩圆	圆钝	尾尖	深	中	40.60	0.60
YNX3-14	矩圆	圆钝	锐尖	深	中	64.29	0.90
YNX3-15	椭圆	下延	凸尖	深	中	48.83	0.50
YNX3-16	椭圆	下延	尾尖	深	中	45.47	0.60
YNX3-17	椭圆	下延	尾尖	深	中	49.89	0.47
YNX3-18	矩圆	圆钝	尾尖	深	多	67.80	1.10
YNX3-19	矩圆	圆钝	尾尖	深	少	101.85	1.23
YNX3-20	矩圆	圆钝	渐尖	深	多	104.27	0.97
YNX3-21	矩圆	圆钝	尾尖	深	中	52.36	0.67
YNX3-22	矩圆	圆钝	渐尖	深	多	61.44	0.93
YNX3-23	椭圆	圆钝	锐尖	深	多	82.56	1.00
YNX3-24	椭圆	下延	锐尖	深	多	90.03	0.70
YNX3-25	椭圆	圆钝	锐尖	深	多	86.44	1.07
YNX3-26	长椭圆	下延	尾尖	深	多	91.78	1.03
YNX3-27	矩圆	圆钝	凸尖	深	多	102.89	1.03
YNX3-28	矩圆	圆钝	凸尖	深	多	105.06	0.73
YNX3-29	矩圆	圆钝	尾尖	深	中	44.78	0.77
YNX3-30	矩圆	圆钝	凸尖	深	多	125.25	1.00

续表

编号	叶形	基形	尾形	脉深浅	细脉数	叶面积平均（cm²）	叶柄平均（cm）
YNX3-31	椭圆	下延	渐尖	深	中	63.93	0.97
YNX3-32	矩圆	圆钝	凸尖	深	多	104.82	1.00
YNX3-33	矩圆	圆钝	尾尖	深	多	74.15	0.63
YNX3-34	矩圆	圆钝	尾尖	深	多	98.00	0.90
YNX3-35	矩圆	圆钝	尾尖	深	多	107.29	0.97
YNX3-36	椭圆	下延	锐尖	深	中	59.38	1.00
YNX3-37	矩圆	圆钝	渐尖	深	中	61.77	0.97
YNX3-38	椭圆	下延	短尖	浅	多	67.98	1.13
YNX3-39	矩圆	圆钝	锐尖	深	多	137.02	0.97
YNX3-40	椭圆	下延	锐尖	深	多	83.78	0.77
YN3-41	矩圆	圆钝	凸尖	浅	中	78.96	0.90
YN3-42	长椭圆	下延	尾尖	深	多	54.80	0.83
YN3-44	长椭圆	下延	锐尖	深	中	71.52	1.00
YN3-45	椭圆	下延	锐尖	深	多	81.08	0.80
YN3-47	椭圆	下延	渐尖	浅	中	93.17	0.87
YN3-48	椭圆	下延	锐尖	深	中	76.64	1.20
YN3-49	矩圆	圆钝	凸尖	浅	中	94.06	0.77
YN3-50	矩圆	圆钝	凸尖	深	中	78.75	0.50
YN3-51	椭圆	下延	锐尖	深	中	79.20	1.03
YN3-52	椭圆	下延	渐尖	深	多	57.52	0.80
YN3-53	椭圆	下延	尾尖	浅	少	60.97	0.77
YN3-54	椭圆	下延	锐尖	浅	中	83.70	0.87
YN3-55	椭圆	下延	锐尖	深	多	77.02	0.87
YN3-56	长椭圆	下延	渐尖	浅	中	84.17	0.83
YN3-57	椭圆	下延	尾尖	深	中	98.89	0.83
YN3-58	椭圆	下延	锐尖	浅	少	106.36	1.00
YN3-59	椭圆	下延	渐尖	浅	中	82.60	1.30
YN3-61	长椭圆	下延	尾尖	浅	中	44.64	0.50
YN3-62	椭圆	下延	凸尖	浅	中	50.09	0.50
YN3-63	椭圆	下延	渐尖	浅	少	46.87	0.50
YN3-64	椭圆	下延	尾尖	浅	少	30.68	0.43
YN3-65	椭圆	下延	尾尖	浅	少	42.90	0.63
YN3-66	椭圆	下延	锐尖	深	中	91.73	0.50
YN3-67	椭圆	下延	渐尖	浅	中	56.83	0.50

续表

编号	叶形	基形	尾形	脉深浅	细脉数	叶面积平均（cm²）	叶柄平均（cm）
YN3-68	长椭圆	下延	尾尖	深	中	48.12	0.40
YN3-69	椭圆	下延	渐尖	浅	少	43.58	0.40
YN3-70	椭圆	下延	尾尖	浅	少	33.30	0.57
YN3-71	椭圆	下延	渐尖	浅	中	38.97	0.37
YN3-72	椭圆	下延	尾尖	深	中	61.19	0.47
YN3-73	椭圆	下延	尾尖	浅	少	52.54	0.53
YN3-74	椭圆	下延	尾尖	浅	少	39.78	0.43
YN3-75	椭圆	下延	尾尖	浅	少	65.37	0.53
YN3-76	椭圆	下延	尾尖	浅	少	51.52	0.77
YN3-77	椭圆	下延	尾尖	浅	少	57.29	0.40
YN3-78	椭圆	下延	锐尖	浅	中	45.76	0.80
YN3-79	椭圆	下延	锐尖	浅	中	71.87	0.53
YN3-80	椭圆	下延	凸尖	浅	中	52.00	0.50
YN3-91	椭圆	下延	渐尖	深	少	64.00	0.90

表 5.1.2-4 越南金花茶生长性状差异

编号	株高	叶色	长势	健康叶片率	叶干重	主干高	冠幅	叶产量
YN1-01	3.9	2	3	100	0.80	0.7	2.5	6.75
YN3-41	3.8	4	3	90	0.70	0.4	2.05	3.60
YN3-42	3.2	4	3	95	0.43	0.9	2	1.62
YN3-44	2.7	4	2	60	0.70	0.5	1.5	1.11
YN3-45	2.9	3	2	40	0.47	0.6	1.7	1.45
YN3-47	2.8	4	2	90	0.93	0.55	1.85	0.61
YN3-48	2.9	4	4	70	0.80	0.6	2.15	2.98
YN3-49	2.9	3	2	60	0.87	0.4	2	2.50
YN3-50	2.7	4	3	70	1.04	0.6	1.95	1.46
YN3-51	3.6	3	4	80	0.51	0.8	2.5	2.57
YN3-52	3.4	3	3	40	0.54	0.9	2.05	1.91
YN3-53	3.3	3	3	50	0.41	0.7	1.7	1.60
YN3-54	3.3	4	3	60	0.91	0.6	2.15	2.58
YN3-55	3.4	4	3	70	0.52	0.7	1.95	2.31
YN3-56	3.5	3	3	45	0.51	0.6	1.9	2.36
YN3-57	2	4	3	80	0.32	0.7	2.1	1.64
YN3-58	3.3	4	4	50	0.59	0.8	2.25	2.51

续表

编号	株高	叶色	长势	健康叶片率	叶干重	主干高	冠幅	叶产量
YN3-59	3.7	4	4	80	0.77	0.7	1.55	2.17
YN3-60	2.8	4	4	70	0.89	0.8	2.2	1.98
YN3-61	2.3	1	3	60	0.34	0.4	1.75	1.25
YN3-62	2.7	3	4	95	0.21	0.7	2	2.40
YN3-63	2.7	3	4	95	0.24	0.5	1.85	1.68
YN3-64	2.5	4	4	100	0.30	0.6	1.3	0.55
YN3-65	2.9	3	3	95	0.32	0.7	2.05	1.90
YN3-66	2.8	4	4	95	0.29	0.6	1.95	1.34
YN3-67	2.7	4	4	70	0.27	0.7	2.15	2.38
YN3-68	2.3	3	3	90	0.41	0.6	1.75	1.12
YN3-69	2.9	3	4	95	0.32	0.6	2.05	1.62
YN3-70	3.4	4	4	90	0.35	0.7	2	2.27
YN3-71	2.9	4	4	95	0.18	0.5	2.05	2.08
YN3-72	3.1	3	4	70	0.35	0.5	2.4	3.15
YN3-73	3	4	4	80	0.34	0.75	2.5	3.51
YN3-74	2.1	3	2	60	0.19	0.5	1.6	1.52
YN3-75	3.6	4	4	90	0.51	0.5	2.5	3.80
YN3-76	3	3	2	20	0.40	0.7	1.8	1.88
YN3-77	3	3	3	50	0.34	0.6	2	2.42
YN3-78	2.7	3	2	40	0.39	0.75	1.75	1.55
YN3-79	2.5	3	2	60	0.39	0.5	1.4	0.88
YN3-80	3.2	3	3	80	0.39	0.5	1.8	2.02
YNX3-01	2.94	3	3	95	1.41	0.57	2.2	1.42
YNX3-02	2.1	1	3	20	0.49	0.7	1.75	2.67
YNX3-03	3	1	3	50	0.85	0.4	1.9	0.98
YNX3-04	2.1	4	3	60	0.40	0.4	2	1.80
YNX3-05	2.7	3	4	60	0.73	0.5	2.15	1.70
YNX3-06	2.7	1	3	90	0.24	0.7	2.1	2.67
YNX3-07	2.4	3	3	80	0.54	0.35	2.1	3.38
YNX3-08	3.2	4	4	80	0.78	0.3	2.2	0.61
YNX3-09	2.2	4	4	99	0.16	0.3	1.7	7.25
YNX3-10	2.4	3	4	80	0.73	0.4	2	1.11
YNX3-11	2.5	4	4	90	0.34	0.3	1.75	5.15
YNX3-12	3.1	4	4	95	0.96	0.4	2.5	2.09
YNX3-13	3.2	1	3	20	0.56	0.8	2.4	3.32
YNX3-14	2.8	4	3	98	0.55	0.5	1.8	1.31
YNX3-15	2.5	4	4	95	0.32	0.5	2.05	2.21

续表

编号	株高	叶色	长势	健康叶片率	叶干重	主干高	冠幅	叶产量
YNX3-16	2.5	3	3	100	0.40	0.5	1.65	1.00
YNX3-17	2.2	4	4	100	0.28	0.3	1.8	2.53
YNX3-18	3.2	3	2	60	0.63	0.8	1.9	4.43
YNX3-19	3	4	4	100	0.99	0.6	2.05	1.82
YNX3-20	2.6	4	3	60	0.85	0.3	2.25	1.91
YNX3-21	3.3	3	3	60	0.69	0.8	2.1	3.17
YNX3-22	2.5	3	2	50	0.76	0.6	1.8	1.75
YNX3-23	2.1	3	3	50	0.70	0.37	1.63	1.42
YNX3-24	1.98	3	3	20	0.72	0.39	2.025	2.13
YNX3-25	2.7	1	3	80	0.85	0.5	1.95	1.47
YNX3-26	2.4	3	3	20	0.59	0.7	2	2.71
YNX3-27	2.66	2	3	80	0.89	0.43	2.35	3.00
YNX3-29	2.3	3	3	10	0.31	0.47	1.62	1.74
YNX3-30	2	2	3	60	0.87	0.6	2.02	3.65
YNX3-31	3	3	3	50	0.47	0.65	1.85	0.98
YNX3-32	3	3	3	100	0.94	0.6	1.75	1.66
YNX3-33	1.76	2	2	95	0.56	1.76	1.905	1.76
YNX3-34	3.3	4	4	85	0.73	0.6	2.05	2.79
YNX3-35	1.9	3	3	80	1.06	0.3	1.35	0.85
YNX3-36	2.7	4	4	100	0.32	0.4	1.6	0.63
YNX3-37	2.61	3	2	40	0.57	0.57	1.7	1.88
YNX3-38	2.96	4	4	90	0.64	0.5	2.35	3.35
YNX3-39	2.6	4	4	100	0.93	0.4	2.1	1.95
YNX3-40	3.6	4	4	80	0.60	1	2.6	3.45

2.SSR分子遗传基础分析

K值分析表明，111株防普金花茶全部归入同一群体，不宜分群。越南金花茶可明显分为3个群体，其中群体1包含22株，群体2包含12株，群体3包含46株，各群体所含株系见表5.1.2-5，聚类分析结果见图5.1.2-1。

表5.1.2-5 越南各种SSR群包含株系表

群体	包含株系
群1	3-06、3-15、3-31、3-61、3-62、3-63、3-64、3-65、3-66、3-67、3-68、3-69、3-70、3-71、3-72、3-73、3-74、3-75、3-77、3-78、3-79、3-80
群2	3-02、3-09、3-11、3-13、3-16、3-17、3-18、3-21、3-29、3-76、3-91、3-37
群3	3-01、3-04、3-05、3-07、3-08、3-10、3-12、3-14、3-41、3-52、3-53、1-01、3-03、3-19、3-20、3-22、3-23、3-24、3-25、3-26、3-27、3-28、3-30、3-32、3-33、3-34、3-35、3-36、3-38、3-39、3-40、3-42、3-44、3-45、3-47、3-48、3-49、3-50、3-51、3-54、3-55、3-56、3-57、3-58、3-59、3-60

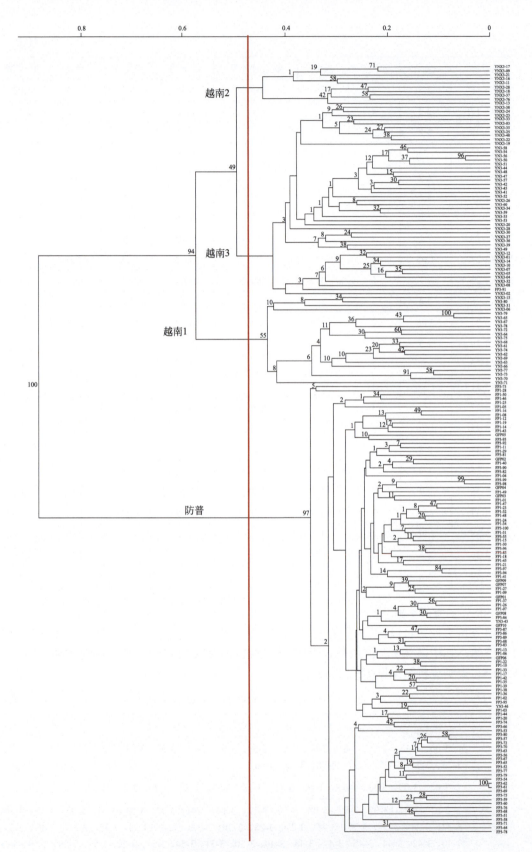

图 5.1.2-1　基于 SSR 遗传距离的聚类结果

3. 品种分类（UPLC指纹图谱及含量差异分析）

2018年下半年，进行品种分类，建立各品种UPLC指纹图谱。2019～2021年对冲峰1区、3区、新3区、基因库不同点的材料（多点试验），连续3年评价其稳定性（多年试验），测定有效成分含量。

3.1 化学成分动态积累

任何有效成分都有一个动态积累过程，为明确金花茶的采收时间，为金花茶的采收加工提供指导，项目对12个月内（每月30日采样）金花茶的液相指纹变化趋势进行比较研究（见图5.1.2-2，图中不同的系列表示为不同的化学成分），发现不同的化学成分，其积累规律有差异，但几乎所有化学成分在7月底的含量最低，8月开始上升，综合大部分的成分，8月底至次年1月底是采样的较佳时间，其次为4、5月份。从该结果可知，年温度最高的时段，有效成分含量最低，不宜采收。

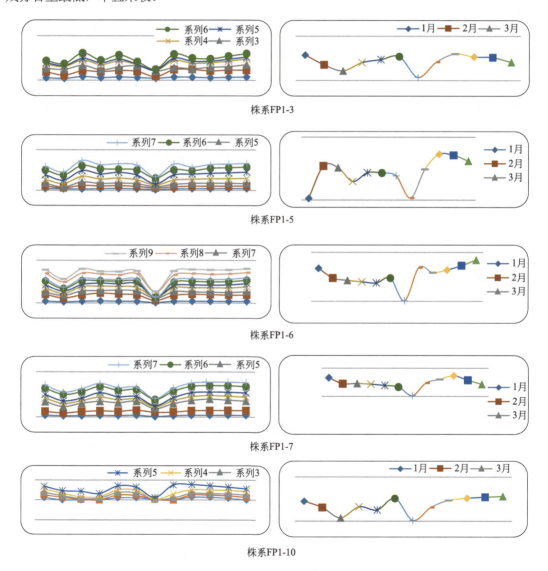

图 5.1.2-2 金花茶动态积累趋势

3.2 指纹图谱建立及品种分类试验

3.2.1 UPLC指纹图谱及稳定性评价

(1)指纹图谱类型差异分析:2018年底,建立所挂牌株系的UPLC指纹图谱,并分析其指纹类型与SSR群体分类的相关性。发现UPLC指纹群体分类与SSR群体分类具有一致性,也就是说其指纹图谱类型具有DNA分子遗传基础,而非个体变异。主要结果如下。

越南种有3个SSR群,群体1(品种命名为JHCYN1号),其特征为化学成分峰主要出现在34min以后,其他群体31min后均无化学成分峰出现。群体2(品种命名为JHCYN2号),其特征为化学成分峰出现在5~21min,该时间段内出峰多且峰面积较高。群体3的46株有3个指纹类型,其中一个指纹类型包含26株(品种命为JHCYN3号),其特征为所含株系较多,为基地所种植越南种的主流品种,但成分种类和含量与其他品种相比均不占优势,没有自己的特征成分;另一个包含8株(品种命名为JHCYN4号),主要特征为在保留时间23.5min时有一个区别于其他品种的特征峰,且5.5min和26min所出的化学成分含量较高;最后一个包含11株(品种命名为JHCYN5号),主要特征表现为比其他品种多了2个特征成分。群体3有1株指纹类型与防普金花茶同,舍弃不用。(越南金花茶指纹图谱见图5.1.2-3)。

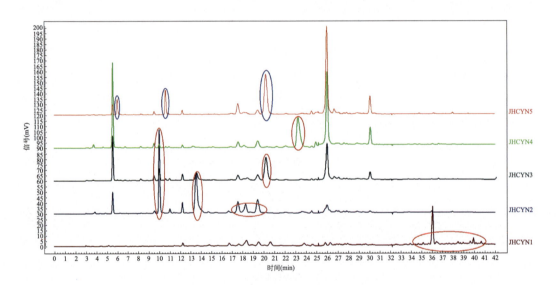

图 5.1.2-3 越南种 UPLC 指纹图谱类型

111株防普金花茶SSR分类为同一群体,但指纹类型有3个,其命名为JHCFP1号的类型包含13株,特征表现为13~29min出峰较多,且峰面积较高。JHCFP2号的包含94株,为防普金花茶栽培种资源最多的品种,27min处有一含量较高的化学成分,10~19min处有较多出峰。JHCFP3号仅有1株,区别于其他2个品种的特征为其在3~9min处有较多成分峰出现,其余出峰同品种1类似,经多年测定其指纹稳定,可作为新的变异种质用于新品种选育。另有3株指纹类型不稳定,舍弃(防普金花茶指纹图谱见图5.1.2-4)。

(2)稳定性评价(多年稳定性):选择各表型性状具有代表性的植株5株,2018年11月第一次取样,至2021年8月止,每季度取样一次,共取样12次,评价其指纹图谱随时间的稳定性,各株多年指纹图谱见图5.1.2-5~图5.1.2-16,相似度检验结果见表5.1.2-6~表5.1.2-10。从指纹图谱相似度检验结果可知,不同时间指纹与对照指纹相似度均大于0.9,表明所建立的指纹图谱在时间上具有稳定性。

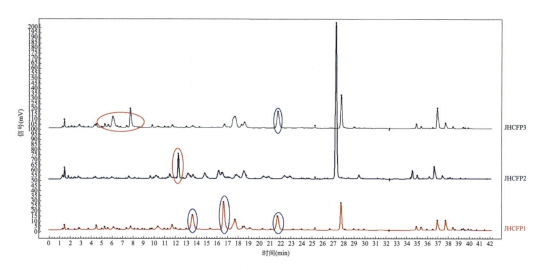

图 5.1.2-4　防普金花茶 UPLC 指纹图谱类型

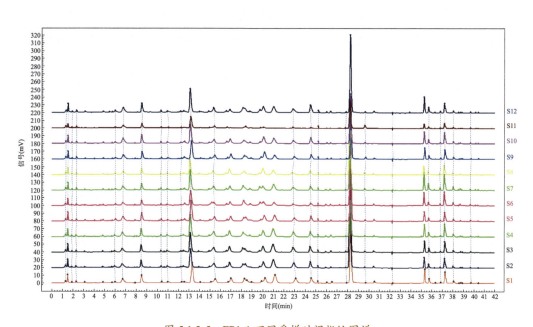

图 5.1.2-5　FP1-1 不同采样时间指纹图谱

表 5.1.2-6　FP1-1 相似度检测结果

时间	2018.11	2019.02	2019.05	2019.08	2019.11	2020.02	2020.05	2020.08	2020.11	2021.02	2021.05	2021.08
对照指纹图谱	0.984	0.985	0.989	0.993	0.982	0.955	0.974	0.986	0.962	0.912	0.904	0.979

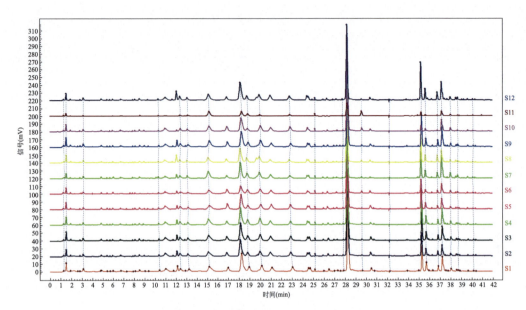

图 5.1.2-6　FP1-3 不同采样时间指纹图谱

表 5.1.2-7　FP1-3 相似度检测结果

时间	2018.11	2019.02	2019.05	2019.08	2019.11	2020.02	2020.05	2020.08	2020.11	2021.02	2021.05	2021.08
对照指纹图谱	0.984	0.993	0.996	0.993	0.985	0.979	0.912	0.976	0.996	0.975	0.979	0.912

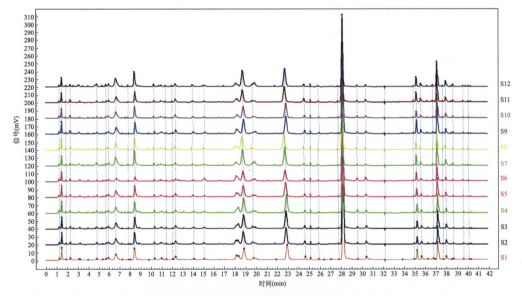

图 5.1.2-7　FP1-5 不同采样时间指纹图谱

表 5.1.2-8　FP1-5 相似度检测结果

时间	2018.11	2019.02	2019.05	2019.08	2019.11	2020.02	2020.05	2020.08	2020.11	2021.02	2021.05	2021.08
对照指纹图谱	0.983	0.990	0.995	0.996	0.997	0.984	0.945	0.995	0.986	0.991	0.996	0.945

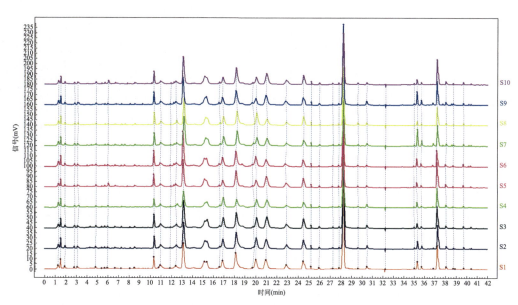

图 5.1.2-8　FP1-6 不同采样时间指纹图谱

表 5.1.2-9　FP1-6 相似度检测结果

时间	2018.11	2019.02	2019.05	2019.08	2019.11	2020.02	2020.05	2020.08	2020.11	2021.02	2021.05	2021.08
对照指纹图谱	0.992	0.979	0.996	0.973	0.968	0.973	0.958	0.977	0.982	0.968	0.992	0.979

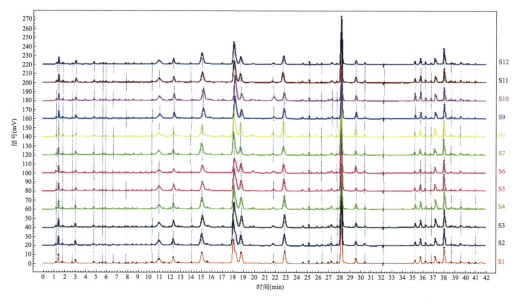

图 5.1.2-9　FP1-7 不同采样时间指纹图谱

表 5.1.2-10　FP1-7 相似度检测结果

时间	2018.11	2019.02	2019.05	2019.08	2019.11	2020.02	2020.05	2020.08	2020.11	2021.02	2021.05	2021.08
对照指纹图谱	0.996	0.989	0.996	0.989	0.99	0.988	0.997	0.989	0.992	0.971	0.998	0.997

第五章　金花茶优良品种选育和产地加工技术研究

（3）多点稳定性评价

2019年至2021年，连续3年对冲峰一区（FP1-01～FP1-50、YN1-01）、三区（FP3-51～FP3-100、FP3-43、FP3-46、YN3-41～YN3-80）、新三区（YN3-01～YN3-40）、基因库（GFP01～GFP10）的品种进行多点稳定性评价，越南品种检验结果见图5.1.2-10～图5.1.2-14，相似度检验结果见表5.1.2-11～表5.1.2-15；防普金花茶品种检验结果见图5.1.2-15～图5.1.2-16，相似度检验结果见表5.1.2-16～表5.1.2-17。由相似度检验结果可知，同一品种不同地点指纹图谱稳定。

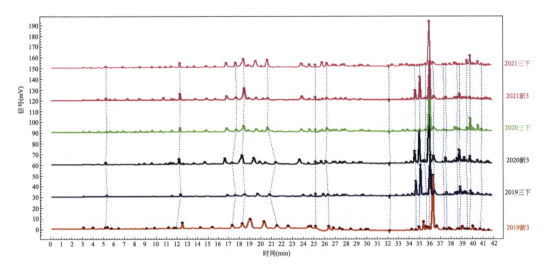

图 5.1.2-10　金花茶越南1号多点稳定性

表 5.1.2-11　金花茶越南1号相似度检验结果

时间	2019 新3	2019 三下	2020 新3	2020 三下	2021 新3	2021 三下
对照指纹图谱	0.976	0.991	0.992	0.963	0.967	0.971

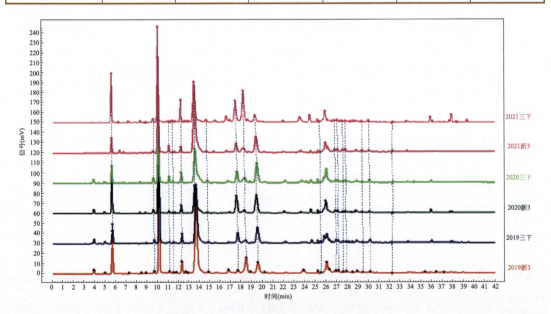

图 5.1.2-11　金花茶越南2号多点稳定性

表 5.1.2-12　金花茶越南 2 号相似度检验结果

时间	2019 新 3	2019 三下	2020 新 3	2020 三下	2021 新 3	2021 三下
对照指纹图谱	0.963	0.976	0.924	0.961	0.902	0.901

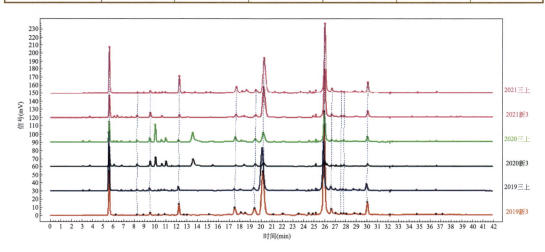

图 5.1.2-12　金花茶越南 3 号多点稳定性

表 5.1.2-13　金花茶越南 3 号相似度检验结果

时间	2019 新 3	2019 三上	2020 新 3	2020 三上	2021 新 3	2021 三上
对照指纹图谱	0.91	0.968	0.912	0.955	0.971	0.969

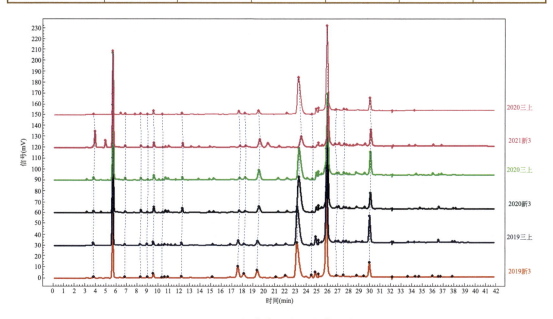

图 5.1.2-13　金花茶越南 4 号多点稳定性

表 5.1.2-14　金花茶越南 4 号相似度检验结果

时间	2019 新 3	2019 三上	2020 新 3	2020 三上	2021 新 3	2021 三上
对照指纹图谱	0.994	0.995	0.927	0.971	0.943	0.994

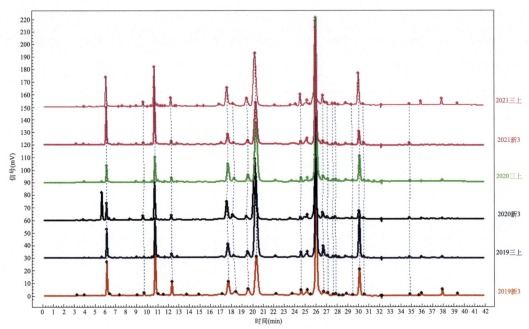

图 5.1.2-14　金花茶越南 5 号多点稳定性

表 5.1.2-15　金花茶越南 5 号相似度检验结果

时间	2019 新 3	2019 三上	2020 新 3	2020 三上	2021 新 3	2021 三上
对照指纹图谱	0.978	0.985	0.939	0.983	0.981	0.979

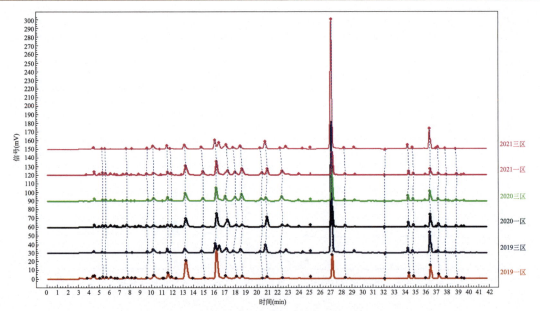

图 5.1.2-15　金花茶防普 1 号多点稳定性

表 5.1.2-16　金花茶防普 1 号相似度检验结果

时间	2019 一区	2019 三区	2020 一区	2020 三区	2021 一区	2021 三区
对照指纹图谱	0.902	0.956	0.979	0.980	0.984	0.931

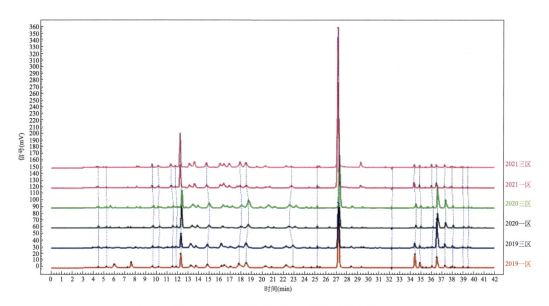

图 5.1.2-16　金花茶防普 2 号多点稳定性

表 5.1.2-17　金花茶防普 2 号相似度检验结果

时间	2019 一区	2019 三区	2020 一区	2020 三区	2021 一区	2021 三区
对照指纹图谱	0.985	0.994	0.988	0.986	0.995	0.997

（4）品种分类

由于 UPLC 指纹类型具有分子遗传基础，多点和多年稳定性试验结果均表明其指纹图谱遗传稳定，可确定所选品种均具有稳定遗传，可用于品种审定和后续扩繁及推广。品种分类结果及所含株系见表 5.1.2-18，越南 5 个品种，防普金花茶 2 个品种，此外防普金花茶还含有一个优质资源 FP1-5 号。

表 5.1.2-18　品种分类结果和所含株系

来源	品种名称	包含株系
防普金花茶	金花茶防普 1 号（JHCFP1 号）	GFP6、GFP8、GFP10、FP1-7、FP1-3、FP3-97、FP1-11、FP1-23、FP1-29、FP1-37、FP3-89、FP3-92、FP3-100
防普金花茶	金花茶防普 2 号（JHCFP2 号）	除 FP1-5、FP1-10、FP1-24、FP1-26 及金花茶防普 1 号外的所有防普金花茶株系
越南金花茶	金花茶越南 1 号（JHCYN1 号）	3-06、3-15、3-31、3-61、3-62、3-63、3-64、3-65、3-66、3-67、3-68、3-69、3-70、3-71、3-72、3-73、3-74、3-75、3-77、3-78、3-79、3-80
越南金花茶	金花茶越南 2 号（JHCYN2 号）	3-02、3-09、3-11、3-13、3-16、3-17、3-18、3-21、3-29、3-76、3-91
越南金花茶	金花茶越南 3 号（JHCYN3 号）	3-03、3-22、3-23、3-24、3-25、3-26、3-27、3-28、3-33、3-35、3-36、3-38、3-40、3-42、3-44、3-45、3-47、3-48、3-50、3-51、3-54、3-55、3-56、3-57、3-58、3-59
越南金花茶	金花茶越南 4 号（JHCYN4 号）	1-01、3-19、3-20、3-30、3-32、3-34、3-39、3-49
越南金花茶	金花茶越南 5 号（JHCYN5 号）	3-01、3-04、3-05、3-07、3-08、3-10、3-12、3-14、3-41、3-52、3-53

3.2.2 品种特征及优良品种确定

课题组对金花茶化学成分进行了质谱分析,获得化学成分190个,其中能在化学成分库中检索到的成分145个,新成分45个。购买市面上能买到的标准品53个对金花茶化学成分进行检测,用本项目条件能检测到的成分越南金花茶有16个(没食子酸,绿原酸,儿茶素,表儿茶素,牡荆素,二氢槲皮素,芦丁,金丝桃苷,异槲皮素,染料木苷,水杨酸,槲皮苷,槲皮素,木犀草素,芹菜素,山柰酚),防普金花茶有23个(维生素B_6,去氧肾上腺素,咖啡碱,丁香酸,马钱苷,表儿茶素,鞣花酸,表没食子酸没食子酯,二氢槲皮素,染料木苷,槲皮苷,杨梅素,19-去甲睾酮,大黄素,齐墩果酸,秦皮甲素,原儿茶醛,木兰花碱,对香豆酸,阿魏酸,牡荆素,金丝桃苷,槲皮素),其他成分峰面积太低,检测不到或不具有检测意义,其中有几个高峰为未知成分。根据《壮药质量标准(第二卷)》金花茶质量评价标准,规定合格的金花茶以山柰素含量计不得低于0.015%,但本项目试验的20个金花茶种(包括防普金花茶和越南金花茶)都检测不到山柰素,表明山柰素不适合用于防城和越南金花茶质量的检测。由于金花茶成分丰富,目前尚未有权威的机构规定金花茶质量的评价指标,且单一指标进行质量评价存在不合理性,故本项目采用主成分分析法对多指标成分(峰面积与含量成正比,考虑到纳入尽可能多的成分,本项目主成分分析采用峰面积)进行主成分综合评分,以主成分得分排名评价其基于化学成分含量的优劣。

7个品种特征见表5.1.2-19。根据表5.1.2-19,防普金花茶有效成分较优品种和生物性状较优品种均为JHCFP2;越南金花茶有效成分较优品种为JHCYN5号,其次为JHCYN4号;产量和抗性均较优品种为JHCYN4号。

表 5.1.2-19 各品种性状特征

种	防普		越南				
品种	JHCFP1	JHCFP2	JHCYN1	JHCYN2	JHCYN3	JHCYN4	JHCYN5
叶形	椭圆、长椭圆、矩圆形、卵圆	椭圆、长椭圆、矩圆形、卵圆	椭圆、长椭圆	椭圆	椭圆、长椭圆、矩圆形	矩圆	椭圆、长椭圆、矩圆形
叶面积(cm^2)	73.61	71.24	50.62	48.21	84.93	109.95	75.39
长宽比	2.53	2.54	2.27	2.33	2.29	2.21	2.37
株高(m)	3.28	3.17	2.65	2.50	2.88	3.08	2.81
冠高(m)	2.58	2.44	2.05	1.95	2.28	2.58	2.31
冠幅平均(m)	2.16	2.07	2.19	1.87	2.12	2.23	2.12
长势	2.77	3.02	3.41	3.23	3.10	3.25	3.55
健康叶片率(%)	58.46	77.77	79.32	60.82	67.40	83.13	75.27
产量(kg/株)	2.60	3.05	1.97	3.20	1.95	2.88	1.87
含量综合得分排名	0.450	0.469	−0.431	−0.263	−0.132	−0.069	0.895

3.2.3 优良株系筛选

筛选出的优良品种,品种个体间存在差异。项目对选出的优良品种内个体间有效成分含量差异进行了分析,选出可用于今后扩繁和推广的株系。越南金花茶2个优良品种个体主成分得分排名及生物学特征见表5.1.2-20，防普金花茶优良品种个体主成分排名及生物学特征见表5.1.2-21。根据表5.1.2-20和表5.1.2-21，可筛选出各品种中较优种质见表5.1.2-22。

表 5.1.2-20　越南2个较优品种个体主成分得分排名及生物学特征

品种	编号	长势	健康叶片率（%）	产量（kg/株）	综合得分
JHCYN4 号	YN1-01	3	100	6.75	−0.309
	YN3-19	4	100	1.82	−0.068
	YN3-20	3	60	1.91	−0.073
	YN3-30	3	60	3.65	−0.191
	YN3-32	3	100	1.66	0.070
	YN3-34	4	85	2.79	0.209
	YN3-39	4	100	1.95	0.381
	YN3-49	2	60	2.50	−0.116
JHCYN5 号	YN3-01	3	95	1.42	0.108
	YN3-04	4	60	1.80	−0.140
	YN3-05	4	60	1.70	0.008
	YN3-07	4	80	3.38	0.076
	YN3-08	4	80	0.61	−0.175
	YN3-10	4	80	1.11	−0.069
	YN3-12	4	95	2.09	−0.162
	YN3-14	3	98	1.31	0.176
	YN3-41	3	90	3.60	−0.352
	YN3-52	3	40	1.91	−0.233
	YN3-53	3	50	1.60	−0.338

表 5.1.2-21　防普金花茶主成分得分排名及生物学特征

株系	长势	健康叶片率（%）	产量（kg/株）	成分含量综合得分排名
GFP07	3.00	50.00	2.21	30.48
GFP01	2.00	60.00	0.71	26.13
FP3-87	4.00	70.00	3.60	17.54
FP1-06	3.00	100.00	1.97	16.74
GFP09	2.00	60.00	2.03	16.39
GFP03	3.00	70.00	1.55	14.85
FP3-86	2.00	30.00	5.73	13.87
GFP05	3.00	60.00	1.39	12.76
GFP02	2.00	80.00	0.93	10.19
FP3-93	2.00	65.00	3.25	10.07

第五章　金花茶优良品种选育和产地加工技术研究

续表

株系	长势	健康叶片率（%）	产量（kg/株）	成分含量综合得分排名
GFP04	3.00	85.00	1.65	8.38
FP3-53	3.00	80.00	2.16	7.57
FP3-84	3.00	20.00	6.30	7.35
FP3-57	3.00	30.00	3.24	5.58
FP1-47	3.00	95.00	4.02	4.31
FP3-65	2.00	80.00	1.12	4.23
FP3-90	4.00	95.00	3.62	4.15
FP3-76	2.00	60.00	1.80	4.01
FP1-48	3.00	98.00	3.73	3.83
FP3-64	3.00	60.00	0.92	3.41
FP1-50	4.00	95.00	12.25	2.79
FP3-78	3.00	20.00	2.17	2.70
FP3-59	3.00	50.00	0.74	2.29
FP3-43	3.00	95.00	1.34	2.18
FP1-21	3.00	90.00	1.95	2.05
FP1-46	4.00	95.00	4.95	1.77
FP1-04	3.00	90.00	3.10	1.70
FP3-95	3.00	10.00	4.21	1.68
FP3-73	2.00	98.50	4.26	1.62
FP3-58	3.00	50.00	2.16	1.36
FP1-35	4.00	90.00	3.50	1.23
FP3-81	4.00	70.00	6.58	1.20
FP1-34	3.00	70.00	3.68	1.17
FP3-54	2.00	90.00	2.49	1.11
FP1-30	4.00	100.00	2.83	1.05
FP1-49	4.00	98.00	6.34	0.72
FP1-42	3.00	80.00	3.89	0.29
FP3-69	3.00	90.00	2.61	0.00
FP3-74	3.00	90.00	2.20	−0.22
FP3-71	2.00	60.00	4.03	−0.48
FP3-66	3.00	80.00	1.23	−0.49
FP1-41	4.00	90.00	1.49	−0.54
FP3-60	4.00	70.00	2.70	−0.76
FP3-55	3.00	70.00	2.04	−0.89
FP1-08	3.00	100.00	2.68	−0.97
FP3-63	3.00	90.00	1.20	−1.05

续表

株系	长势	健康叶片率（%）	产量（kg/株）	成分含量综合得分排名
FP1-31	3.00	100.00	4.58	−1.74
FP1-28	1.00	60.00	2.93	−1.80
FP1-40	4.00	95.00	8.17	−1.90
FP1-16	2.00	100.00	1.47	−1.99
FP3-56	2.00	10.00	2.25	−2.08
FP1-39	3.00	95.00	7.28	−2.16
FP1-32	3.00	100.00	5.24	−2.29
FP3-82	4.00	80.00	3.72	−2.31
FP1-09	3.00	100.00	4.44	−2.56
FP3-46	4.00	85.00	3.32	−2.56
FP1-45	4.00	95.00	3.54	−2.88
FP3-88	3.00	15.00	5.28	−2.99
FP3-72	3.00	90.00	2.25	−3.06
FP3-51	2.00	99.50	1.61	−3.14
FP1-02	3.00	100.00	1.57	−3.23
FP3-62	3.00	80.00	0.75	−3.24
FP3-70	4.00	90.00	4.51	−3.24
FP1-25	4.00	60.00	2.77	−3.59
FP1-44	4.00	98.00	1.79	−3.79
FP3-75	2.00	80.00	2.33	−3.82
FP1-17	4.00	100.00	2.61	−3.85
FP1-27	3.00	60.00	4.95	−4.15
FP3-79	3.00	80.00	2.48	−4.25
FP3-98	4.00	70.00	4.18	−4.58
FP1-12	3.00	100.00	3.65	−4.64
FP1-38	4.00	99.00	1.83	−4.75
FP1-20	3.00	90.00	1.53	−5.31
FP1-33	2.00	70.00	3.06	−5.37
FP3-85	4.00	90.00	4.03	−5.56
FP3-99	3.00	30.00	4.03	−5.67
FP3-67	2.00	80.00	1.31	−5.78
FP3-68	2.00	80.00	2.67	−6.07
FP3-96	4.00	70.00	4.74	−6.13
FP1-13	3.00	100.00	5.67	−6.18
FP3-80	3.00	80.00	0.85	−6.32
FP3-52	3.00	99.60	1.90	−6.92

续表

株系	长势	健康叶片率（%）	产量（kg/株）	成分含量综合得分排名
FP1-18	3.00	80.00	0.90	−7.04
FP3-83	4.00	90.00	2.37	−7.31
FP1-43	2.00	95.00	2.11	−8.39
FP3-94	2.00	50.00	2.88	−8.40
FP3-61	3.00	50.00	0.78	−8.56
FP3-77	2.00	70.00	1.42	−8.89
FP1-15	3.00	100.00	3.63	−9.00
FP1-01	3.00	100.00	2.27	−9.20
FP1-22	4.00	90.00	3.26	−9.37
FP1-36	3.00	95.00	2.56	−10.47
FP1-14	3.00	100.00	2.66	−12.04
FP1-19	3.00	80.00	4.30	−12.63

表 5.1.2-22　各品种优良株系表

来源	品种名称	优良株系
防普金花茶	金花茶防普2号（JHCFP2号）	FP1-47、FP3-90、FP1-48、FP1-50、FP1-46、FP3-73、FP1-35
越南金花茶	金花茶越南4号（JHCYN4号）	YN 1-01、YN3-30、YN3-32、YN 3-34、YN 3-39
	金花茶越南5号（JHCYN5号）	YN 3-01、YN 3-05、YN 3-07、YN 3-14

3.2.4　品种标准

（1）JHCFP 1号

本品叶完整展平后呈椭圆（长宽比＜2.5，叶基下延）、长椭圆（长宽比≥2.5，叶基下延）、矩圆形（叶基圆钝）或卵圆（基部较宽，向尖端渐变窄），表面深绿、绿色或浅绿，长9.7～17.6cm，宽4.1～6.5cm，先端渐尖、锐尖或尾尖，基部圆钝或下延，边缘有锯齿，叶革质，无毛，叶柄长0.8～2.2cm，无毛；花萼青色或青褐色，萼片数5片；花蕾黄绿色，花蕾外三片花冠顶部有3个小黑点，花展开时小黑点撕裂；花冠金黄色，花半开时约长2.8cm×宽2.5cm×高3.3cm，全展时约长4.8cm×宽4.3cm×高4.2cm，花期12月至次年2月。株高2.5～4.0m，树冠高2.0～3.9m，冠幅1.7～2.4m；抗逆性较低；指纹图谱类型见图5.1.2-4。优点：适应性强，株型较大，在产量上有发展前景；缺点：花冠处的小黑点状似病虫害，影响外观品质；由于抗性低，长势较弱。化学成分含量见表5.1.2-23。反映品种特征的标准照片见图5.1.2-17。

卵圆叶

椭圆叶

长椭圆叶

矩圆叶

花部

图 5.1.2-17　JHCFP 1号品种特征

表 5.1.2-23 防普金花茶有效成分含量

化学成分	JHCFP1 号			JHCFP2 号		
	最小值（%）	最大值（%）	平均值	最小值（%）	最大值（%）	平均值
烟酸（%）	0.097	0.199	0.153	0.090	0.225	0.181
维生素 B_6（%）	0.007	0.329	0.153	0.082	0.437	0.203
去氧肾上腺素（%）	0.080	0.295	0.161	0.110	0.548	0.215
没食子酸（%）	0.000	0.020	0.012	0.000	0.030	0.012
咖啡碱（%）	0.080	1.358	0.440	0.000	2.507	0.498
新绿原酸（%）	0.000	0.009	0.002	0.000	0.008	0.001
秦皮甲素（%）	0.000	0.021	0.005	0.000	0.052	0.006
DL-色氨酸	0.000	0.017	0.005	0.000	0.031	0.008
原儿茶醛	0.000	0.030	0.008	0.000	0.017	0.003
儿茶素	0.000	0.014	0.003	0.000	0.026	0.002
绿原酸	0.000	0.004	0.002	0.000	0.000	0.001
丁香酸	0.000	0.258	0.064	0.000	0.495	0.055
马钱苷	0.380	9.688	4.615	0.000	16.447	3.317
表儿茶素	0.000	0.021	0.004	0.000	0.489	0.025
木兰花碱	0.000	0.014	0.008	0.000	0.019	0.006
香草醛	0.000	0.003	0.001	0.000	0.003	0.000
对香豆酸	0.000	0.016	0.007	0.000	0.015	0.004
阿魏酸	0.000	0.006	0.003	0.000	0.015	0.007
鞣花酸	0.000	0.099	0.028	0.000	0.097	0.021
表没酯	0.000	0.267	0.046	0.000	0.022	0.006
牡荆素	0.009	0.065	0.028	0.000	0.059	0.014
二氢槲皮素	0.016	0.077	0.041	0.000	0.152	0.060
芦丁	0.000	0.029	0.005	0.000	0.038	0.002
金丝桃苷	0.000	0.027	0.004	0.000	0.008	0.001
小檗胺	0.000	0.086	0.018	0.000	0.041	0.003
异斛皮苷	0.000	0.104	0.031	0.000	0.088	0.002
染料木苷	0.000	0.077	0.019	0.000	0.117	0.037
紫云英苷	0.000	0.264	0.035	0.000	0.020	0.001
水杨酸	0.000	0.125	0.019	0.000	0.013	0.003
柚皮苷	0.000	0.000	0.000	0.000	0.041	0.005
咖啡酸甲酯	0.000	0.027	0.006	0.000	0.010	0.000
斛皮苷	0.000	0.664	0.171	0.000	0.775	0.329
杨梅素	0.000	0.159	0.060	0.000	0.118	0.006
根皮苷	0.000	0.055	0.007	0.000	0.024	0.001
巴马汀	0.000	0.013	0.002	0.000	0.018	0.002

第五章　金花茶优良品种选育和产地加工技术研究

化学成分	JHCFP1 号			JHCFP2 号		
	最小值（%）	最大值（%）	平均值	最小值（%）	最大值（%）	平均值
斛皮素（木樨草素）	0.000	0.027	0.005	0.000	0.060	0.011
染料木素	0.000	0.012	0.004	0.000	0.029	0.008
19-去甲睾酮	0.545	1.642	1.090	0.335	1.901	1.143
山奈素	0.000	0.010	0.004	0.000	0.011	0.005
N-甲基芸香苷	0.000	0.012	0.004	0.000	0.017	0.007
大黄素	0.000	0.127	0.037	0.000	0.150	0.081
花生四烯酸	0.000	0.138	0.037	0.000	0.134	0.038
齐墩果酸	0.000	0.377	0.178	0.000	0.675	0.192
熊果酸	0.008	0.469	0.215	0.000	0.490	0.149

（2）JHCFP2号

本品叶完整展平后呈椭圆、长椭圆、矩圆形或卵圆，表面深绿、绿色或浅绿，长9.2～17.1cm，宽3.4～6.9cm，先端渐尖、锐尖或尾尖，基部圆钝或下延，边缘有锯齿，叶革质，无毛，叶柄长0.9～2.0cm，无毛；花萼青色、青褐色或灰褐色，萼片数5片；花蕾青绿或黄绿色，花蕾外三片花冠顶部有3个小黑点，花展开时小黑点撕裂；花冠金黄色，花半开时约长2.9cm×宽2.5cm×高3.2cm，全展时约长4.6cm×宽4.2cm×高4.0cm，花期12月至次年2月。株高2.2～4.0m，树冠高1.3～4.0m，冠幅1.5～3.6m；抗逆性较强；指纹图谱类型见图5.1.2-4。优点：适应性强，产量较高，有效成分种类丰富且含量较高；缺点：花冠处的小黑点状似病虫害，影响外观品质。化学成分含量见表5.1.2-23。反映品种特征的标准照片见图5.1.2-18：

长椭圆叶　　矩圆叶　　椭圆叶　　卵圆叶

花萼青色　　花冠金黄色　　三个小棕点　　小棕点撕裂

图5.1.2-18　JHCFP 2 号品种特征

（3）JHCYN1号

本品叶完整展平后呈椭圆或长椭圆形，表面深绿、绿或浅绿色，长7.8～14.3cm，宽3.7～6.4cm，先端渐尖、尾尖或锐尖，基部下延，边缘有锯齿，叶革质，无毛，叶柄长0.4～1.0cm，无毛；花萼青褐色；花蕾紫红或紫褐色，花冠淡黄色，花半开时约长2.0cm×宽1.6cm×高1.8cm，全展时约长3.0cm×宽2.7cm×高2.0cm，花期11月至次年1月。株高2.2～3.8m，树冠高1.5～3.3m，冠幅1.4～2.8m；指纹图谱类型见图5.1.2-3。优点：与其他品种相比，不占优势；缺点：各指标评分均较低，叶型和株型均较小，产量较低，化学成分类型较少，但具有其他越南品种不具有的成分类型。化学成分含量见表5.1.2-24。反映品种特征的标准照片见图5.1.2-19。

（4）JHCYN2号

本品叶完整展平后呈椭圆或长椭圆形，表面深绿、绿或浅绿色，长7.9～12.6cm，宽3.9～5.4cm，先端渐尖、尾尖或锐尖，基部下延，边缘有锯齿，叶革质，无毛，叶柄长0.5～1.1cm，无毛；花萼青褐色或青棕色；花蕾紫红或暗褐色，花冠淡黄色或金黄色，花半开时约长3.3cm×宽3.0cm×高2.9cm，全展时约长4.9cm×宽4.1cm×高3.2cm，花期11月至次年1月。株高1.9～3.5m，树冠高1.3～2.8m，冠宽1.5～2.4m；抗逆性较低；指纹图谱类型见图5.1.2-3。优点：产量较高；缺点：除产量外，各指标均表现较低。化学成分含量见表5.1.2-24。反映品种特征的标准照片见图5.1.2-20。

图5.1.2-19　JHCYN1号品种叶部特征

| 长椭圆叶 | 椭圆叶 | 花萼和花蕾紫红色 | 花金黄色 |

图5.1.2-20　JHCYN2号品种特征

（5）JHCYN3号

本品叶完整展平后呈矩圆、椭圆或长椭圆形，表面深绿、绿或浅绿色，长11.6～16.2cm，宽4.6～7.9cm，先端渐尖、尾尖或锐尖，基部下延或圆钝，边缘有锯齿，叶革质，无毛，叶柄长0.6～1.3cm，无毛；花萼青褐色或青棕色；花蕾紫红、青褐或紫褐色，花冠黄色或金黄色，花半开时约长3.1cm×宽2.7cm×高3.0cm，全展时约长4.4cm×宽4.4cm×高3.8cm，花期11月中旬至次年2月。株高1.8～3.8m，树冠高1.2～3.2m，冠宽1.4～3.5m；抗逆性中等；指纹图谱类型见图5.1.2-3。优点：大叶型品种，花和叶均较大，花外观品质高；缺点：抗性、产量和有效成分综合排名均不占优势。化学成分含量见表5.1.2-24。反映品种特征的标准照片见图5.1.2-21。

表5.1.2-24　越南金花茶化学成分含量表

成分	JHCYN1号			JHCYN2号		
	最小值（%）	最大值（%）	平均值	最小值（%）	最大值（%）	平均值
没食子酸	0.007	0.024	0.012	0.008	0.026	0.016
绿原酸	0.000	0.037	0.009	0.071	1.750	0.446

续表

成分	JHCYN1号			JHCYN2号		
	最小值（%）	最大值（%）	平均值	最小值（%）	最大值（%）	平均值
儿茶素	0.000	0.066	0.009	0.000	0.087	0.036
表儿茶素	0.000	0.075	0.028	0.636	6.736	3.726
牡荆素	0.000	0.046	0.012	0.000	0.201	0.083
芦丁	0.000	0.060	0.023	0.000	0.000	0.000
金丝桃苷	0.000	0.014	0.003	0.000	0.085	0.009
二氢槲皮素	0.000	0.096	0.017	0.015	0.066	0.043
异槲皮苷	0.000	0.027	0.012	0.000	0.243	0.025
染料木苷	0.002	0.009	0.005	0.000	0.008	0.001
水杨酸	0.000	0.008	0.001	0.012	0.392	0.059
槲皮苷	0.000	0.084	0.020	0.000	0.106	0.063
木犀草素	0.000	0.008	0.003	0.000	0.006	0.001
槲皮素	0.002	0.054	0.035	0.000	0.000	0.000
山柰酚	0.144	0.144	0.083	0.000	0.006	0.002
芹菜素	0.000	0.028	0.012	0.000	0.000	0.000

成分	JHCYN3号			JHCYN4号		
	最小值（%）	最大值（%）	平均值	最小值（%）	最大值（%）	平均值
没食子酸	0.006	0.018	0.010	0.012	0.019	0.015
绿原酸	0.454	2.370	0.927	0.484	3.319	2.059
儿茶素	0.000	0.187	0.060	0.051	0.259	0.178
表儿茶素	0.000	2.921	0.585	0.000	0.201	0.049
牡荆素	0.000	0.065	0.025	0.000	0.059	0.019
芦丁	0.000	0.000	0.000	0.000	0.000	0.000
金丝桃苷	0.000	0.050	0.004	0.000	0.005	0.001
二氢槲皮素	0.000	0.089	0.017	0.000	0.064	0.026
异槲皮苷	0.000	0.289	0.086	0.000	0.021	0.005
染料木苷	0.000	0.168	0.022	0.000	0.111	0.053
水杨酸	0.025	0.419	0.146	0.094	0.259	0.205
槲皮苷	0.000	2.864	0.664	0.000	0.304	0.046
木犀草素	0.000	0.000	0.000	0.000	0.000	0.000
槲皮素	0.000	0.002	0.000	0.000	0.006	0.001
山柰酚	0.000	0.001	0.000	0.000	0.002	0.001
芹菜素	0.000	0.007	0.001	0.000	0.000	0.000

续表

成分	JHCYN5 号					
	最小值（%）	最大值（%）	平均值			
没食子酸	0.010	0.028	0.014			
绿原酸	0.020	0.767	0.396			
儿茶素	0.000	1.687	0.428			
表儿茶素	0.000	0.055	0.023			
牡荆素	0.000	0.080	0.027			
芦丁	0.000	0.000	0.000			
金丝桃苷	0.000	0.073	0.023			
二氢槲皮素	0.000	0.062	0.025			
异槲皮苷	0.000	0.363	0.170			
染料木苷	0.000	0.195	0.030			
水杨酸	0.010	0.649	0.223			
槲皮苷	0.000	6.842	1.905			
木犀草素	0.000	0.003	0.000			
槲皮素	0.000	0.000	0.000			
山柰酚	0.000	0.010	0.001			
芹菜素	0.000	0.002	0.000			

长椭圆叶　　椭圆叶　　矩圆叶　　　　　　花部

图 5.1.2-21　JHCYN3 号品种特征

（6）JHCYN4 号

本品叶完整展平后呈矩圆形，表面深绿、绿或浅绿色，长 13.6～17.6cm，宽 6.3～8.1cm，先端渐尖、锐尖或尾尖，基部圆钝，边缘有锯齿，叶革质，无毛，叶柄长 0.8～1.2cm，无毛；花萼紫红色、青褐色或青棕色；花蕾紫红或暗褐色，花冠金黄色，花半开时约长 3.2cm× 宽 3.0cm× 高 3.3cm，全展时约长 3.8cm× 宽 3.6cm× 高 3.9cm，花期 11 月中旬至次年 2 月。株高 2.5～3.7m，树冠高 2.1～3.3m，冠宽 1.9mm；抗逆性较高；指纹图谱类型见图 5.1.2-3。优点：属株型和叶面积最大的品种，产量较高，花外观与其他品种不同，属高瘦形；缺点：与其他品种比均较优，缺点较少。化学成分含量见表 5.1.2-24。反映品种特征的标准照片见图 5.1.2-22。

|叶部|花部|

图 5.1.2-22　JHCYN4 号品种特征

（7）JHCYN5号

本品叶完整展平后呈矩圆或椭圆形，表面深绿、绿或浅绿色，长11.8～17.7cm，宽4.6～7.3cm，先端尾尖、渐尖或锐尖，基部圆钝或下延，边缘有锯齿，叶革质，无毛，叶柄长0.6～1.3cm，无毛；花萼青棕色；花蕾紫红或暗褐色，花冠黄色或金黄色，花半开时约长3.3cm×宽2.9cm×高3.3cm，全展时约长4.2cm×宽3.7cm×高3.7cm，花期11月中旬至次年2月。株高2.0～3.8m，树冠高1.6～3.1m，冠宽1.8～2.9m；抗逆性中等；指纹图谱类型见图5.1.2-3。优点：叶面积中等，较适合作为高端商品包装；花外观品质高，化学成分含量较高；缺点，平均产量较低。化学成分含量见表5.1.2-24。反映品种特征的标准照片见图5.1.2-23。

|矩圆叶|长椭圆叶|椭圆叶|

花部

图 5.1.2-23　JHCYN5 号品种特征

3.2.5　品种SSR分子标记鉴定方法

（1）JHCFP1号品种鉴定方法

经分析，所使用的32个SSR标记中，无JHCFP1号特征标记，无法采用本课题的SSR分子标记对其进行鉴定。

（2）JHCFP2号品种鉴定方法

采用方差分析法，分析不同防普金花茶品种所扩增的片段差异，发现仅UG-009875引物扩增的片段在防普金花茶品种间均存在显著差异（$P \leqslant 0.05$），其引物序列信息如下：

SSR：（TCT）8。

FPr1（5'-3'）：CCCTCCATATCCTCCCTCTC。

RPr1（5'-3'）：GCCCCAACAAACCATTCTTA。

所获得的防普金花茶优良种质的特征SSR分子标记鉴定方法具有下表5.1.2-25所示的特征。表中"扩增结果"栏显示为"特征片段"的片段为JHCFP2号的特征片段（即该品种有扩增，其他品种无扩增），能扩增出该片段即为该品种；"扩增结果"栏显示为"无"的片段非

JHCFP2号片段，即在JHCFP2号中不能扩增出该片段，只要有该片段，即非JHCFP2号品种；"扩增结果"栏显示为"可有"的片段非JHCFP2号特征片段，即在JHCFP2号及其他品种中均有可能扩增出该片段。

表5.1.2-25　JHCFP2号品种SSR扩增信息表

FPr1（5'-3'）扩增片段长度	扩增结果	RPr1（5'-3'）扩增片段长度	扩增结果
267	特征片段	270	特征片段
270	特征片段	273	特征片段
273	可有	276	特征片段
276	特征片段	279	可有
279	可有	282	特征片段
282	可有	285	可有
285	可有	288	可有
288	无	291	可有
—	—	294	可有
—	—	297	无

（3）JHCYN1号品种鉴定方法

采用方差分析法，分析不同越南金花茶品种所扩增的片段差异，发现UG-007891（正向引物）、UG-010720（正反向）、UG-016750（正向）引物扩增片段在JHCYN1号与其他所有品种间均具有显著差异（$p<0.05$），其引物序列信息如表5.1.2-26，鉴定方法见表5.1.2-27，解读方法同JHCFP2号。

表5.1.2-26　JHCYN1号引物信息表

Primer name	SSR	FPr1（5'-3'）	RPr1（5'-3'）
UG_010720	（AGA）9	CCAGAGGGGTGCAATTTTTA	ATGGTAGCTTGGCTTCCTCA
UG_007891	（CAA）8	ACGAATGGTACCGAGACGAC	CTTGGGCTTGGAGAGAACAG
UG_016750	（AGC）7	GCCAACAACAGTCCTCCAGT	CAAGAAGCTGCACCAAACAA

表5.1.2-27　JHCYN1号品种SSR扩增信息表

UG-007891		UG-010720				UG-016750	
FPr1（5'-3'）扩增片段长度	扩增结果	FPr1（5'-3'）扩增片段长度	扩增结果	RPr1（5'-3'）扩增片段长度	扩增结果	FPr1（5'-3'）扩增片段长度	扩增结果
133	无	249	无	249	无	256	无
136	特征片段	252	无	252	无	259	可有
139	可有	258	可有	255	无	262	特征片段
142	无	261	特征片段	258	可有	265	可有
145	无	264	特征片段	261	可有	268	特征片段
148	无	267	特征片段	264	特征片段	271	特征片段
151	无	269	无	267	可有	—	—
—	—	272	特征片段	269	可有	—	—
—	—	—	—	272	特征片段	—	—

（4）JHCYN2号品种鉴定方法

采用方差分析法，分析不同越南金花茶品种所扩增的片段差异，发现UG-002254（正向引物）、UG-049344（正反向）、UG-062487（正反向）引物扩增片段在JHCYN2号与其他所有品种间均具有显著差异（$P<0.05$），其引物序列信息如表5.1.2-28，鉴定方法见表5.1.2-29，解读方法同JHCFP2号。

表5.1.2-28　JHCYN2引物信息表

Primer name	SSR	FPr1（5'-3'）	RPr1（5'-3'）
UG_049344	（TGA）8	CCCCCAAAGTTCATTCTTCA	GAGAAAGCCCATTTGCTCTG
UG_002254	（GAA）8	GTATGGCGGAGAAGGATTGA	TCCATAAGGTTCGCCTTTGT
UG_062487	（CTT）8	GGGCTTCATCTTCTTCCTCC	TTGCCAGAAGGGAAATCATC

表5.1.2-29　JHCYN2号品种SSR扩增信息表

UG-002254		UG-049344				UG-062487			
FPr1（5'-3'）扩增片段长度	扩增结果	FPr1（5'-3'）扩增片段长度	扩增结果	RPr1（5'-3'）扩增片段长度	扩增结果	FPr1（5'-3'）扩增片段长度	扩增结果	RPr1（5'-3'）扩增片段长度	扩增结果
136	特征片段	136	可有	136	特征片段	173	无	173	无
139	无	139	可有	139	无	179	可有	179	可有
142	可有	145	可有	145	特征片段	182	无	185	可有
145	可有	148	可有	148	可有	185	可有	191	可有
148	可有	151	无	151	无	191	可有	194	无
151	无	—	—	154	无	194	无	197	无
154	无	—	—	—	—	197	无	200	无
157	无	—	—	—	—	—	—	203	无
—	—	—	—	—	—	—	—	206	无

（5）JHCYN3号品种鉴定方法

采用方差分析法，分析不同越南金花茶品种所扩增的片段差异，发现结合UG-000416（反向）、UG-007891（正向）、UG-010720（正向）引物扩增片段可鉴别JHCYN3号和JHCYN4号品种（方差分析$P<0.05$），其引物序列信息如表5.1.2-30，鉴定方法见表5.1.2-31，解读方法同JHCFP2号。

表5.1.2-30　JHCYN3引物信息表

Primer name	SSR	FPr1（5'-3'）	RPr1（5'-3'）
UG_007891	（CAA）8	ACGAATGGTACCGAGACGAC	CTTGGGCTTGGAGAGAACAG
UG_000416	（AAG）8	CTCTTCGTCGGTGAGAGACC	CGTGGACAAGGTATTTGGCT
UG_010720	（AAG）7	GTGGTAGCAGGAGGTTGGTC	AATGGCTTCTCTTATGCCGA

表 5.1.2-31　JHCYN3 号和 JHCYN4 号品种 SSR 扩增信息表

UG-000416			UG-007891			UG-010720		
RPr1(5'-3')扩增片段长度	3 号	4 号	FPr1(5'-3')扩增片段长度	3 号	4 号	FPr1(5'-3')扩增片段长度	3 号	4 号
123	无	特征片段	133	无	无	249	可有	可有
126	可有	无	136	无	无	252	可有	可有
129	可有	无	139	无	无	255	可有	无
132	特征片段	无	142	可有	可有	258	无	无
135	共有片段，其他品种无		145	无	可有	261	无	无
138	无	无	148	可有	无	264	无	无
141	可有	无	151	可有	可有	269	无	无
144	可有	可有	—	—	—	272	无	无
147	特征片段	无	—	—	—	—	—	—
150	无	特征片段	—	—	—	—	—	—

（6）JHCYN5 号品种鉴定方法

采用方差分析法，分析不同越南金花茶品种所扩增的片段差异，发现 UG-059691 引物扩增的片段在 JHCYN5 号与其他所有品种间均具有显著差异（$P\leqslant 0.05$），其引物序列信息如下：

SSR：（GAT）7。

FPr1（5'-3'）：CTTCAAATTGGTTGGGCAGT。

RPr1（5'-3'）：TAATCCATTGGGAGCGAAAG。

特征片段为正向引物 FPr1（5'-3'）CTTCAAATTGGTTGGGCAGT 扩增的片段长度为 219，即该品种的正向引物扩增片段长度必须为 219。

4. 化学成分关联表型性状研究

对 23 个化学成分与叶表型性状做相关分析，结果见表 5.1.2-32。各表型性状中，叶尾形状及叶脉与化学成分具有较大的相关性；叶基形状与所有化学成分均无显著相关，叶形中与化学成分有显著相关的主要为矩圆叶和倒卵形叶，椭圆叶与所有化学成分均无显著相关，长椭圆叶仅与金丝桃苷具有显著相关；叶长宽比仅与牡荆素呈极显著相关；叶面积及叶柄长短与极少数指标呈显著相关。综上，选育与化学成分含量相关的品种，可主要考虑叶尾形状及叶脉 2 个表型指标。

表儿茶素及 19-去甲睾酮与所有表型性状均无显著相关，牡荆素与叶长宽比呈显著相关，二氢槲皮素与叶柄长短呈显著相关，金丝桃苷与长椭圆叶及矩圆叶呈显著相关，杨梅素与矩圆叶呈显著相关。其余指标中，维生素 B_6 与叶形、叶尾形、叶脉具有显著相关，其中卵形叶、叶尾渐尖、叶脉浅及细脉数较少者含量较高；去氧肾上腺素、咖啡碱、丁香酸、木兰花碱、对香豆酸、鞣花酸、槲皮苷、槲皮素与叶尾形状和叶脉呈显著相关，其中叶尾渐尖、叶脉浅及细脉数较少者含量较高；对香豆酸与矩圆叶呈显著正相关，槲皮苷与矩圆叶呈极显著负相关、与倒卵叶呈极显著正相关；秦皮甲素与渐尖叶呈极显著正相关、与尾尖叶呈极显著负相关；原儿茶醛、马钱苷与矩圆叶呈极显著正相关、与卵圆叶呈极显著负相关，与锐尖叶、深叶脉、细脉中、叶面积等呈显著正相关，表明矩叶、叶脉深而较多、叶面积较大者原儿茶

表 5.1.2-32 已知化学成分与叶片表型性状的相关性

化学成分	叶长椭圆	叶短圆	叶倒卵形	叶形椭圆	叶基	叶尾渐尖	叶尾毛尖	叶尾锐尖	脉深浅	细脉数中	细脉数少	叶面积	叶柄长	叶长宽比
维生素 B_6	-0.116	-.215*	.254**	0.136	0.067	.312**	-0.174	-.295**	-.537**	-.565**	.537**	-0.162	-0.016	-0.061
去氧肾上腺素	-0.056	-0.059	0.152	0.051	0.013	.344**	-0.177	-.252**	-.256**	-.296**	.256**	-0.036	-0.093	0.03
咖啡碱	-0.103	-0.054	0.083	0.118	0.093	.266**	-.224**	-0.109	-.359**	-.465**	.359**	-0.088	-0.048	-0.131
茶皮甲素	0.082	0.077	-0.027	-0.087	0.069	.273**	-.227*	-0.061	-0.174	-0.11	0.174	0.044	0.04	-0.019
原儿茶醛	0.022	.265**	-.258**	-0.044	-0.037	-0.093	-0.022	.232*	.341**	.307**	-.341**	.188*	-.187*	-0.106
丁香酸	0.017	-0.005	0.096	-0.047	-0.136	.300**	-.213*	-0.085	-0.185	-.200**	0.185	-0.1	-0.076	-0.041
马钱苷	0.063	0.16	-.280**	-0.015	-0.026	-.248**	-0.023	.322**	.409**	.496**	-.409**	.358**	0.103	-0.031
表儿茶素	0.062	0.069	-0.095	-0.018	0.054	0.024	-0.062	0.089	0.06	-0.009	-0.06	-0.15	-0.159	-0.056
木兰花碱	-0.058	-0.007	0.078	0.026	-0.019	.198*	-0.133	-0.133	-.331**	-.365**	.331**	-0.144	0.181	-0.066
对香豆酸	-0.079	.208*	-0.101	-0.071	-0.112	0.139	-0.019	-0.074	.215*	.224**	-.215*	0.051	-0.095	0.107
阿魏酸	0.05	-0.175	0.123	0.064	0.06	0.1	0.061	-0.143	-.206**	-.248**	.206*	-0.035	0.109	-0.008
鞣花酸	0.053	-0.181	0.124	0.017	0.101	.268**	-.246**	-0.062	-.187*	-.272**	.187*	-0.132	.265**	0.054
表儿茶素没食子酸酯	-0.105	.246**	-0.093	-0.006	-0.133	0.08	-0.073	0.014	0.108	0.126	-0.108	.187*	-.206*	-0.078
牡荆素	-0.146	0.152	-0.074	0.167	-0.067	0.076	-0.056	-0.009	0.048	0.059	-0.048	0.037	0.033	-.244**
二氢槲皮素	0.027	-0.101	0.116	0.043	0.022	0.059	0.086	-0.104	-0.119	-0.156	0.119	0.05	.191*	-0.08
金丝桃苷	-.207*	.206*	0.068	0.039	-0.152	0.108	-0.12	-0.058	-0.112	-0.088	0.112	0.138	-0.161	-0.079
染料木苷	0.069	-0.096	-0.061	0.023	0.118	-.189*	.215*	0.019	0.031	0.133	-0.031	.319**	0.128	0.03
槲皮苷	-0.066	-.265**	.299**	0.087	0.062	.249**	-0.108	-.263**	-.534**	-.550**	.534**	-.196*	0.041	-0.012
杨梅素	-0.099	.288**	-0.137	-0.027	-0.12	-0.008	0.107	-0.057	0.176	0.133	-0.176	-0.055	-0.131	-0.064
槲皮素	-0.089	-0.034	0.151	0.134	-0.023	.211*	-.281**	-0.034	-.328**	-.276**	.328**	0.064	0.07	-0.137
19-去甲萘酮	-0.035	-0.013	0.099	-0.085	-0.081	0.147	-0.161	-0.002	0.126	0.005	-0.126	-0.049	-0.061	0.055
大黄素	0.037	-0.011	-0.163	0.071	0.068	-.205*	0.085	.204*	.356**	.345**	-.356**	.329**	-0.008	0.014
齐墩果酸	-0.097	-0.018	0.113	0.075	-0.067	0.165	-0.034	-.187*	-.345**	-.316**	.345**	-0.149	0.127	0.001

注：*相关性显著（$P<0.05$）；**相关性极显著（$P<0.01$）。

醛和马钱苷含量较高；阿魏酸仅与叶脉呈显著相关，脉浅且细脉少者含量较高；表儿茶素没食子酸酯与矩圆叶、叶面积呈极显著正相关，与叶柄长呈显著负相关，矩形叶、大叶且叶柄短者含量较高；染料木苷与渐尖叶呈显著负相关，与尾尖叶、叶面积呈显著正相关，尾尖叶、大叶者含量较高。

总体来看，叶尾渐尖、叶脉浅且少、叶面积较大者，多数化学成分含量较高，从优良品种选育角度分析，选择叶面积较大、叶尾渐尖、叶脉浅且细脉少者为佳。

5.化学成分关联土壤因子研究

药材有效成分的积累主要受基因控制，但同样受外界环境因子的影响。气候、水分、土壤营养因子等均可影响有效成分的合成和积累。项目综合SSR分群、色谱峰类型、有效成分含量、表型性状等条件，选择16株金花茶，采集其根际土壤，测定土壤PH值及14个常测的土壤因子，对44个有效成分与15个土壤因子做相关分析（见表5.1.2-33）。由相关分析结果可得出44个成分均与土壤全钾和交换性钙无显著相关。DL色氨酸、儿茶素、小檗胺与全N（氮）呈显著负相关，对香豆酸与全N呈显著正相关。烟酸与全P（磷）呈显著负相关，咖啡碱、秦皮甲素、对香豆酸、芦丁与全P呈显著正相关。秦皮甲素、对香豆酸与水解性N呈显著正相关。烟酸、鞣花酸与有效P呈显著负相关，咖啡碱、秦皮甲素、丁香酸、表儿茶素、对香豆酸、芦丁、杨梅素与有效P呈显著正相关。去氧肾上腺素、咖啡碱、秦皮甲素、对香豆酸、芦丁与速效甲显著正相关。咖啡碱、秦皮甲素、对香豆酸、芦丁与有机质呈显著正相关。马钱苷与PH值呈显著正相关，熊果酸与PH值呈显著负相关。新3原酸与交换性Mg（镁）呈显著负相关。烟酸、维生素B_6、柚皮苷、槲皮苷与有效Cu呈显著正相关，芦丁、大黄素、花生四烯酸与有效Cu呈显著负相关。异斛皮苷、熊果酸与有效Zn呈显著正相关，大黄素与有效Zn呈显著负相关。熊果酸与有效Fe呈显著正相关。十九去甲睾酮与有效Mn呈显著正相关，大黄素与有效Mn呈显著负相关。香草醛、牡荆素与有效B呈显著正相关，芦丁与有效B呈显著负相关。整体来看，P肥和速效钾与较多化学成分具有显著相关性，Ca离子对有效成分的影响不大。但由于所采样点土壤极其相近，其土壤因子差异较小，且采样量也没达到大样本程度，因此相关分析结果具有一定的局限。加大土壤营养成分含量差异和采集更多的样本，也许更能找到影响有效成分含量的关键土壤因子。

表5.1.2-33 化学成分关联土壤因子分析结果

	全N	全P	全K	水解性N	有效P	速效K	有机质	pH	交换性Ca	交换性Mg	有效Cu	有效Zn	有效Fe	有效Mn	有效B
烟酸	0.118	−.717**	0.071	−0.196	−.817**	−0.483	−0.377	0.336	−0.206	0.158	.535*	0.101	−0.215	0.017	−0.253
维生素B_6	0.126	0.031	0.160	0.369	−0.035	0.108	0.252	−0.139	−0.156	0.186	.503*	0.155	−0.088	0.143	0.014
去氧肾上腺素	−0.020	0.185	0.262	0.483	0.200	.574*	0.341	−0.125	−0.115	0.101	0.281	−0.038	−0.179	0.025	0.220
没食子酸	−0.106	−0.304	−0.126	−0.368	−0.354	−0.477	−0.315	−0.060	−0.246	0.078	0.290	0.330	−0.126	0.063	−0.448
咖啡碱	−0.043	.667**	−0.070	0.414	.770**	.661**	.554*	−0.374	0.131	−0.039	−0.163	−0.052	0.087	−0.078	0.350
新3原酸	−0.422	−0.178	−0.214	−0.332	0.074	0.052	−0.170	−0.454	−0.447	−.536*	−0.342	0.076	0.330	−0.280	−0.361
秦皮甲素	0.450	.523*	−0.026	.630**	.588*	.577*	.801**	0.045	0.280	0.200	−0.213	0.082	−0.014	0.181	0.246

续表

	全N	全P	全K	水解性N	有效P	速效K	有机质	pH	交换性Ca	交换性Mg	有效Cu	有效Zn	有效Fe	有效Mn	有效B
DL色氨酸	−.503*	0.099	0.420	0.250	0.269	0.447	0.043	−0.387	−0.297	−0.376	0.154	−0.081	−0.059	0.145	0.234
原儿茶醛	−0.448	0.193	−0.241	−0.299	0.364	0.264	−0.156	−0.199	−0.043	−0.331	−0.457	0.041	0.168	−0.128	0.014
儿茶素	−.528*	0.104	−0.142	−0.282	0.307	0.065	−0.125	−0.365	−0.249	−0.351	−0.169	0.440	0.204	0.168	−0.184
3原酸	−0.241	0.216	−0.242	−0.143	0.466	0.212	0.117	−0.282	−0.016	−0.285	−0.493	0.211	0.187	−0.008	−0.025
丁香酸	−0.327	0.394	−0.237	0.153	.507*	0.358	0.154	−0.163	0.046	−0.171	−0.084	−0.191	0.061	0.400	0.357
马钱苷	0.417	−0.107	−0.199	−0.160	−0.247	−0.298	−0.015	.627**	0.480	0.357	−0.187	−0.281	−0.410	−0.072	−0.002
表儿茶素	−0.073	0.407	−0.169	−0.024	.541*	0.179	0.247	−0.193	0.064	−0.233	−0.455	0.075	0.302	0.245	0.138
木兰花碱	0.359	0.143	0.357	.612*	0.058	0.163	0.488	−0.131	−0.103	0.096	0.089	−0.213	0.083	0.217	0.092
香草醛	0.040	−0.060	−0.142	0.087	0.012	−0.180	0.060	−0.206	−0.173	−0.176	−0.128	0.450	0.293	0.099	−.550*
对香豆酸	.508*	.607*	0.174	.696**	.608*	.542*	.860**	−0.041	0.242	0.144	−0.364	−0.193	0.158	0.232	0.385
阿魏酸	0.251	−0.106	0.334	0.394	−0.172	0.137	0.230	−0.277	−0.291	0.098	0.227	−0.143	0.243	−0.188	0.053
鞣花酸	0.092	−0.408	0.469	0.112	−.548*	−0.412	−0.192	−0.016	−0.275	−0.087	0.221	−0.020	0.103	0.068	−0.295
表没酯	−0.457	−0.190	−0.078	−0.192	−0.082	0.220	−0.309	−0.107	−0.268	−0.207	0.015	0.051	0.040	−0.141	−0.079
牡荆素	−0.138	−0.109	−0.358	−0.068	0.023	−0.176	−0.013	−0.406	−0.321	−0.279	−0.036	0.443	0.383	−0.034	−.511*
二氢槲皮素	0.084	−0.158	0.267	0.219	−0.140	0.088	0.107	−0.437	−0.402	−0.098	0.060	−0.169	0.304	−0.310	−0.072
芦丁	0.146	.743**	−0.115	0.383	.829**	.578*	.625**	−0.162	0.304	−0.055	−.499*	−0.240	0.250	0.141	.501*
金丝桃苷	−0.487	−0.191	−0.079	−0.175	−0.072	0.181	−0.319	−0.105	−0.256	−0.267	0.044	0.011	0.005	−0.073	−0.064
小檗胺	−.531*	0.070	−0.085	−0.114	0.256	0.437	−0.137	−0.297	−0.220	−0.298	−0.152	0.122	0.137	−0.199	0.005
异斛皮苷	−0.250	−0.049	−0.108	−0.286	0.119	−0.152	−0.080	−0.258	−0.204	−0.251	−0.148	.586*	0.159	0.060	−0.385
染料木苷	0.191	−0.384	0.214	−0.034	−0.431	−0.200	−0.091	−0.090	−0.241	0.007	0.131	−0.241	0.112	−0.347	−0.053
紫云英苷	−0.463	−0.165	−0.067	−0.180	−0.047	0.250	−0.293	−0.122	−0.259	−0.219	−0.015	0.042	0.037	−0.161	−0.076
水杨酸	−0.430	−0.175	−0.050	−0.180	−0.064	0.238	−0.283	−0.067	−0.208	−0.185	−0.040	0.012	0.007	−0.168	−0.051
柚皮苷	0.239	−0.242	−0.189	0.129	−0.312	−0.173	−0.051	−0.036	−0.153	0.068	.504*	0.118	0.195	−0.069	−0.022

续表

	全N	全P	全K	水解性N	有效P	速效K	有机质	pH	交换性Ca	交换性Mg	有效Cu	有效Zn	有效Fe	有效Mn	有效B
咖啡酸甲酯	–0.338	0.024	–0.106	–0.040	0.159	0.376	–0.069	–0.110	–0.174	–0.208	–0.160	–0.015	0.127	–0.014	0.052
斛皮苷	–0.072	–0.375	0.256	0.227	–0.470	–0.153	–0.143	–0.180	–0.426	0.056	.801**	0.130	0.028	0.123	–0.099
杨梅素	–0.066	0.495	–0.142	0.116	.680**	0.349	0.424	–0.315	0.068	–0.191	–0.425	0.285	0.263	0.094	0.064
根皮苷	0.017	0.259	–0.114	0.105	0.422	0.190	0.361	–0.207	–0.028	–0.126	–0.263	0.416	0.196	0.159	–0.122
巴马汀	0.172	–0.230	–0.116	0.219	–0.291	–0.195	–0.030	–0.068	–0.126	0.002	0.272	0.295	0.404	–0.060	–0.289
斛皮素	0.167	–0.343	–0.068	0.114	–0.426	–0.137	–0.093	0.111	–0.147	0.148	0.439	0.122	–0.219	–0.139	–0.356
染料木素	0.098	0.388	–0.173	0.111	0.361	0.012	0.210	–0.068	0.279	–0.091	–0.231	–0.104	0.209	0.087	0.299
十九去甲睾酮	0.144	0.251	0.360	0.364	0.106	0.120	0.261	0.289	0.190	0.350	0.285	0.121	–0.202	.694**	0.362
山柰素	–0.054	–0.171	0.187	0.176	–0.135	–0.173	–0.020	–0.361	–0.269	–0.314	0.170	–0.134	0.452	0.018	0.095
N甲基芸香苷	0.196	–0.022	–0.175	–0.163	–0.127	–0.246	–0.071	0.072	0.204	0.138	–0.165	–0.497	–0.037	–0.366	0.059
大黄素	0.408	0.235	0.007	–0.033	0.103	0.069	0.206	0.198	0.406	0.353	–.523*	–.616*	–0.149	–.517*	0.152
花生四烯酸	0.262	0.090	–0.345	–0.412	0.106	–0.289	0.010	0.321	0.397	0.135	–.576*	0.038	–0.165	–0.125	–0.204
齐墩果酸	–0.039	–0.342	0.264	0.265	–0.354	–0.097	–0.115	–0.393	–0.420	–0.211	0.465	0.226	0.425	–0.205	–0.146
熊果酸	–0.377	0.073	0.438	0.150	0.194	0.233	–0.037	–.554*	–0.311	–0.357	0.039	.526*	.539*	–0.101	0.035

注：*相关性显著（$P<0.05$）；**相关性极显著（$P<0.01$）。

小结

项目基于SSR分子标记及UPLC指纹图谱差异，结合金花茶产量和抗逆性，对基地防城金花茶和越南金花茶进行分类鉴定，筛选优良品种3个，并建立各品种SSR和UPLC指纹图说鉴定方法。

1. 筛选优良品种3个

结合SSR分子标记和UPLC指纹图谱技术，得出防城金花茶可分为2个品种JHCFP1号和JHCFP2号，其中JHCFP2号无论产量还是抗逆性均优于JHCFP1号，为优良品种。越南金花茶可分为5个品种JHCYN1号、JHCYN2号、JHCYN3号、JHCYN4号和JHCYN5号，其中JHCYN4号和JHCYN5号无论产量还是抗逆性均优于其他品种，为优良品种。

1.1 JHCFP2号标志性特征

1.1.1 鉴定要点：花萼青色、青褐色或灰褐色，萼片数5片；花蕾青绿或黄绿色，花蕾外三片花冠顶部有3个小黑点，花展开时小黑点撕裂。花初开（鱼嘴形）时约长2.9cm×宽

2.5cm×高3.2cm，全展开时约长4.6cm×宽4.2cm×高4.0cm，花初开时近圆柱形。

1.1.2　优点：适应性强，产量较高，有效成分种类丰富且含量较高。

1.2　JHCYN4号标志性特征

1.2.1　鉴定要点：花萼紫红色、青褐色或青棕色；花蕾紫红或暗褐色，花冠金黄色，花初开时约长3.2cm×宽3.0cm×高3.3cm，全展时约长3.8cm×宽3.6cm×高3.9cm，花初开时近球形。

1.2.2　优点：属株型和叶面积最大的品种，产量较高，花外观品质较高。

1.3　JHCYN5号标志性特征

1.3.1　鉴别要点：花蕾紫红或暗褐色，花冠黄色或金黄色，花初开时约长3.3cm×宽2.9cm×高3.3cm，全展时约长4.2cm×宽3.7cm×高3.7cm，花初开时近球形。

1.3.2　优点：叶面积中等，较适合作为高端商品包装；花外观品质高，化学成分种类分富，含量较高。

2. 建立了优良品种SSR分子标记鉴定方法

2.1　采用SSR：（TCT）8，FPr1（5'-3'）：CCCTCCATATCCTCCCTCTC，RPr1（5'-3'）：GCCCCAACAAACCATTCTTA对防城金花茶样品进行扩增，可根据扩增片段的长度，鉴定是否为JHCFP2号。

2.2　结合SSR：（CAA)8,RPr1(5'-3') CTTGGGCTTGGAGAGAACAG；（AAG)8,FPr1(5'-3') CTCTTCGTCGGTGAGAGACC；（AAG）7，FPr1（5'-3'）GTGGTAGCAGGAGGTTGGTC引物对越南金花茶样品进行扩增，可根据扩增片段的长度，鉴定是否为JHCYN4号。

2.3　采用SSR：（GAT）7，FPr1（5'-3'）：CTTCAAATTGGTTGGGCAGT对越南金花茶样品进行扩增，可根据扩增片段的长度，鉴定是否为JHCYN4号。

第二节
产地加工关键技术研究

一、研究方法

1. 加工工艺优化考察及六种茶加工制造方法

其他加工工艺不变，先进行杀青工艺的考察，设定杀青温度、时间的范围，根据杀青后的颜色、形状、气味筛选出每个杀青方式中最优的一种，以表5.2.1-1进行每个杀青方式中最优条件一种进行筛选；以表5.2.1-2进行微波杀青与蒸青结合最优条件的筛选；筛选出各杀青方式的最优条件后，再根据茶氨酸、蛋白质、总黄酮、总多酚、多糖的含量，如表5.2.1-3进行对杀青方式、揉捻方式、干燥方式进行最优的选择。六种茶制造步骤分别为：

绿茶：鲜叶—杀青—揉捻—块—锅温干燥。

红茶：鲜叶—萎凋—揉捻—发酵—干燥。

黄茶：鲜叶—萎凋—杀青—揉捻—闷黄—干燥。

白茶：鲜叶—萎凋—干燥。

青茶：鲜叶—萎凋—做青—杀青—揉捻—干燥。

黑茶：鲜叶—杀青—揉捻—干燥—晒青—潮水—固态发酵—翻堆—解块筛分—干燥。

表 5.2.1-1　蒸青、炒青、微波杀青的条件筛选表

杀青方式	温度（℃）	时间（s）	颜色	形状	气味
微波杀青	100	30			
		40			
		45			
		60			
		75			
		90			
炒青	100/130/160/180	30			
		45			
		60			
		75			
		90			
蒸青	180	120			
		180			
		240			
		300			

表 5.2.1-2　微波杀青与蒸青结合条件筛选表

微波 100℃；蒸青 180℃	蒸青 2min	蒸青 3min	蒸青 4min	蒸青 5min
微波 30s				
微波 40s				
微波 45s				
微波 60s				

表 5.2.1-3　加工工艺方式的优化选择表

优化工艺方式		氨基酸含量	蛋白质含量	总黄酮含量	总多酚含量	多糖含量
杀青方式的考察	微波杀青					
	炒青					
	蒸青					
	微波蒸青结合					
揉捻方式	先轻柔 5min 再重揉 10min					
	先轻柔 10min 再重揉 5min					
	先重揉 5min 再轻柔 10min					
	先重揉 10min 再轻柔 5min					
干燥方式	冷冻干燥					
	烘箱干燥					
	自然阴干					

2. 营养成分的测定方法

2.1 茶氨酸标准曲线及样品测定方法

标准曲线绘制方法及步骤：准确称取11.7mg茶氨酸溶于25mL蒸馏水中，作为母液；准确吸取0.0mL、0.8mL、0.85mL、0.9mL、0.95mL、1.0mL母液定容至5mL容量瓶作为工作液；准确吸取2mL工作液加磷酸盐缓冲液1mL和2%茚三酮溶液1mL，沸水浴加热15min，取出放置10min冷却；用1cm比色皿，在570nm波长处测定吸光值，绘制氨基酸标准曲线。

样品的测定方法及步骤：准确称量1.1g金花茶粉末样品，加蒸馏水于15mL容量瓶中，放入超声机中，40℃超声30min；超声后，倒入50mL离心管中，用10mL蒸馏水分两次润洗容量瓶后，倒入50mL离心管中，放入离心机中4℃，4000r/min，离心10min。从离心管中准确吸取3mL样品溶液放入5mL容量瓶中；加磷酸盐缓冲液1mL和2%茚三酮溶液1mL，沸水浴15min，取出放置10min冷却；用1cm比色皿，在570nm波长处测定吸光值做好记录。

2.2 蛋白质标准曲线及样品测定方法

标准曲线绘制方法及步骤：准确称取100mg牛血清蛋白标准品，溶于50mL蒸馏水中，得到2mg/mL牛血清蛋白标准品溶液作为母液；准确吸取母液4mL加1mL考马斯亮蓝试剂于5mL容量瓶，盖塞，倒转混匀，室温放置2min后，用1cm比色皿，在595nm波长处测定吸光值，绘制蛋白质标准曲线。

样品测定的方法及步骤：准确称量0.4g金花茶样品粉末样品于研钵中，加入0.1mol/mL NaOH溶液5mL研磨成匀浆，转入50mL离心管，取0.1mol/mL NaOH溶液40mL分四次对研钵进行润洗。于室内静置45min后，放入离心机中4℃，4000r/min，离心20min。准确吸取离心后的上清液3mL，加1.5mL考马斯亮蓝试剂于5mL容量瓶，盖塞，倒转混匀，室温放置2min后，用1cm比色皿，在595nm波长处测定吸光值，并做好记录。

2.3 总黄酮标准曲线及样品测定方法

标准曲线绘制方法及步骤：准确称量芦丁标准品加60%乙醇定容至100mL容量瓶中，得到0.2mg/mL芦丁标准品贮备液作为母液；精确吸取0.0mL、0.4mL、0.8mL、1.2mL、1.6mL、2.0mL母液定容至5mL容量瓶；向5mL容量瓶中分别加入60%乙醇进行定容为工作液。将定容后的工作液转移至10mL容量瓶，加入5%亚硝酸钠溶液0.3mL，摇匀，静置6min；加入10%硝酸铝溶液0.3mL，摇匀，静置6min；加入0.4%硝酸铝溶液4mL，摇匀，静置12min；用1cm比色皿，在510nm波长处测定吸光值，绘制总黄酮标准曲线。

样品测定的方法及步骤：准确称取0.4g金花茶粉末样品加入60%乙醇溶液于25mL容量瓶中，放入超声机中，40℃超声30min；超声后，倒入50mL离心管中，用20mL60%乙醇溶液分两次润洗容量瓶后，将润洗液再倒入50mL离心管中，放入离心机中4℃，4000r/min，离心15min。精确吸取离心后的上清液1mL转移至10mL容量瓶中，加入60%乙醇溶液9mL进行定容为工作液；精确吸取工作液1mL于10mL容量瓶，加入5%亚硝酸钠溶液0.3mL，摇匀，静置6min；加入10%硝酸铝溶液0.3mL，摇匀，静置6min；加入0.4%硝酸铝溶液4mL，摇匀，静置12min；用1cm比色皿，在510nm波长处测定吸光值，并做好记录。

2.4 总多酚标准曲线及样品测定方法

标准曲线绘制的方法及步骤：精确称取没食子酸标准品3.2mg，溶于25mL蒸馏水中，得到0.01mg/mL的标准贮备溶液；分别移取没食子酸标准贮备溶液0.0mL、0.2mL、0.4mL、0.6mL、0.8mL、1.0mL置于15mL容量瓶中；分别对应加入蒸馏水3.5mL、3.3mL、3.1mL、2.9mL、2.7mL、2.5mL于上步骤容量瓶中；加入10%福林酚试剂5mL，摇匀，静置5min;加入7.5%Na_2CO_3溶液4mL，摇匀；室温下避光反应1h后，用1cm比色皿，在765nm波长处测定吸光值，绘制总多酚标准曲线。

样品的测定的方法及步骤：准确称取0.4g金花茶粉末样品加入蒸馏水定容至20mL容量瓶中，放入超声机中，40℃超声30min；超声后，倒入50mL离心管中，用20mL蒸馏水分两次润洗容量瓶后，将润洗液再倒入50ml离心管中，放入离心机中4℃，4000r/min，离心15min。精确吸取离心后的上清液1mL，加入10%福林酚试剂5mL，摇匀，静置5min；加入7.5%Na_2CO_3溶液4mL，摇匀；室温下避光反应1h后，用1cm比色皿，在765nm波长处测定吸光值，并做好记录。

2.5 多糖标准曲线及样品测定方法

标准曲线绘制的方法及步骤：精确称量葡萄糖标准品16mg，用蒸馏水定容于50mL容量瓶中，得到0.32mg/mL葡萄糖标准贮备溶液；分别移取葡萄糖标准贮备液0.0μL、50μL、100μL、150μL、200μL、250μL置于1mL容量瓶中；再分别对应加入1000μL、950μL、900μL、850μL、800μL、750μL蒸馏水于上步骤1mL容量瓶中为工作液；以上工作液加3%苯酚溶液0.6mL，摇匀；再缓缓加入浓硫酸5mL，轻轻摇匀；置沸水浴中25min。取出后，室内放置10min冷却，用1cm比色皿，在490nm波长处测定吸光值，绘制总多糖标准曲线。

样品测定的方法及步骤：准确称取0.3g金花茶粉末样品加入蒸馏水定容至15mL容量瓶中，放入超声机中，40℃超声30min；超声后，倒入50mL离心管中，用15mL蒸馏水分三次润洗容量瓶后，将润洗液再倒入50mL离心管中，放入离心机中4℃，4000r/min，离心15min。精确吸取离心后的上清液1mL加4mL蒸馏水于5mL容量瓶中进行稀释，作为工作液；吸取工作液1mL加3%苯酚溶液0.6mL，摇匀；再缓缓加入浓硫酸5mL，轻轻摇匀；置沸水浴中25min。取出后，室内放置10min冷却，用1cm比色皿，在490nm波长处测定吸光值，并做好记录。

3. UPLC化学成分含量测定方法

超高效液相色谱仪（美国Waters公司，包括Waters FIN 样品管理器，QSM四元溶剂管理器，TUV Detector检测器，Empower 色谱工作站）；色谱柱ACQUITY UPLC HSS T3（2.1mm×100mm，1.8μm）。

色谱条件：色谱条件流动相为乙腈（A）-0.1%磷酸水溶液（B）；柱温35℃，样品温25℃；进样量0.1μL；流速0.2mL/min；双通道，A通道25min至32min时段波长为260nm，其余时段波长为320nm，B通道波长为210nm，以表5.2.1-4方法进行梯度洗脱。

表5.2.1-4 梯度洗脱程序

时间（min）	乙腈（%）	0.1%磷酸水（%）
0	9	91
6	13	87
12	17	83
13	17.1	82.9
22	18.5	81.5
24	20.5	79.5
30	23	77
40	35	65

4. 顶空–气质香气成分测定方法

（1）顶空条件：平衡温度90℃，平衡时间20min，样品瓶低速震动；定量环温度100℃；传输线温度110℃；瓶加压时间0.5min；样品压力103.4kPa（15psi）；填充定量环时间0.5min，定量环平衡时间0.1min；进样时间1min，GC循环时间35min。

（2）气相色谱条件：HP-PL0T Q石英毛细管色谱柱（30m×0.25mm，0.25μm）；柱温（起始温度）60℃，保持1min；升温速率：8℃/min升到250℃，保留2min；进样口温度250℃；柱流量1.7mL/min；分流比4∶1。

（3）质谱条件：离子源为电子轰击离子源，电子能量70eV，离子源温度230℃，四级杆温度150℃，传输线温度225℃；单离子检测模式扫描（single ion monitoring，SIM），选择碎片离子39、42、68、72；溶剂延迟3.0min；NIST98谱库检索。

（4）样品处理：做成的茶叶样品用粉样机粉碎后，过60目筛，成粉末。进样时倒入2g样品。

5.感官评审方法

以实验室任意20人参评，参评标准按表5.2.1-5茶叶感官评价标准对六种茶进行评分。

表5.2.1-5 茶叶感官评价标准

因子	级别	品质特征	给分	评分系数
外形	甲	茶叶匀整，无折断、无碎片，色泽鲜亮（呈嫩绿、翠绿、深绿、鲜绿、亮黄），油润，净度好	90～99	25%
	乙	茶叶较匀整，少折断、无碎片，色泽较鲜亮（呈墨绿、黄绿、青绿或青黄），较油润，净度较好	80～89	
	丙	茶叶不匀整，有折断、有碎片，色泽晦暗（呈暗褐、陈灰、灰绿、黄褐），净度尚好	70～79	
汤色	甲	嫩绿明亮或绿明亮	90～99	10%
	乙	尚绿明亮或黄绿明亮	80～89	
	丙	深黄或黄绿欠亮或混浊	70～79	
香气	甲	高爽嫩香或带花香	90～99	25%
	乙	清香，尚高爽	80～89	
	丙	尚纯，闷熟气	70～79	
滋味	甲	甘鲜或鲜醇，醇厚鲜美，浓醇鲜爽	90～99	30%
	乙	清爽，浓尚醇，尚醇厚	80～89	
	丙	尚醇，浓涩，青涩	70～79	
叶底	甲	嫩匀齐，嫩绿明亮	90～99	10%
	乙	嫩尚匀齐，绿明亮	80～89	
	丙	尚嫩，黄绿，欠匀齐	70～79	

二、研究结果

1.杀青方式的优选

由于炒青的方式是茶叶受热杀青不均匀，很容易糊，因此首先排除（见表5.2.2-1）。微波杀青时，随着时间的增长，叶片颜色由最初的嫩绿逐渐加深，最后变为暗绿色且无光泽，叶片也由平整变为卷曲，最后干枯易折断，气味上，随着加热时间越长，味道逐渐变得浓郁，杀出了叶片中的青气。当温度100℃，微波40s时，杀青效果最佳，绿色且形状变化不大已杀出青气（见表5.2.2-2）。但考虑后续要有揉捻的步骤，为了更有利于揉捻破坏茶叶中的细胞壁，因此考虑微波杀青与蒸青结合的方式。微波100℃，蒸青180℃是最适宜微波和杀青的温度，在微波30s和蒸青5min时，叶片颜色变黄，质地变软，有利于揉捻，而此时的叶片形状无明显变化，又有青气散发，已经达到杀除鲜叶青气的效果（见表5.2.2-3）。相比直接单独微波杀青或单独蒸汽杀青，经过两种方式结合杀青更有利于提高茶叶的外形和色泽（表5.2.2-4），促进香气及滋味的释放。因此最佳的杀青方式为：先微波100℃、30s，结合180℃蒸青5min。

根据单因素对不同杀青方式的考察，不同的杀青方式中择优分别选取一种，其他加工工序不变，测定不同杀青方式对茶叶营养成分的影响。通过对微波杀青与蒸青结合方式的考察，结果表明在微波温度100℃、30s，继而180℃蒸青5min下，鲜叶杀青外观最优。杀青方式4即微波100℃杀青30s后，180℃蒸青5min，茶叶中的蛋白质的含量为428.582mg/g、茶氨酸为2.209mg/g、总黄酮为38.660mg/g、总多酚为1.235mg/g、多糖为16.273mg/g，相比其他杀青方式，在杀青方式4下，以上营养成分含量是最高的（图5.2.2-1）。因此，最优杀青方式选择为：微波温度100℃、30s，继而180℃蒸青5min。

表5.2.2-1 炒青时的变化

温度	时间	颜色	形状	气味
100℃	30s	变化不明显	变化不明显	无明显气味
	45s	变化不明显	变化不明显	无明显气味
	60s	变化不明显	变化不明显	无明显气味
	75s	变化不明显	变化不明显	无明显气味
	90s	变化不明显	变化不明显	开始有青气出现
130℃	30s	变化不明显	变化不明显	无明显气味
	45s	绿	变化不明显	有青气出现
	60s	变化不明显	叶丝变软	青气明显
160℃	30s	绿	变化不明显	青气出现
	45s	个别叶丝出现焦糊斑点	叶丝变软	有糊味
180℃	30s	叶丝出现焦糊	叶丝变软	有青气和糊味

表5.2.2-2 微波杀青时的变化

温度	时间	颜色	形状	气味
100℃	30s	青绿（变化小）	变化小	稍有青气
	40s	绿	变化小	有青气
	45s	绿	稍干	青气浓
	60s	深绿	稍干有卷曲	青气浓
	75s	墨绿	干枯，卷曲严重	青气浓
	90s	暗绿（无光泽）	干枯，易折断	青气浓

表 5.2.2-3　蒸青时的变化

状态	时间	颜色	形状	气味
水沸腾后 180℃	2min	开始变色，暗绿	质地变软，形状无改变	开始有青气出现
	3min	整条叶丝完全变为暗绿色	软，形状无改变	青气明显
	4min	暗绿	软，形状无改变	青气明显
	5min	暗黄	软，形状无改变	青气加重

表 5.2.2-4　微波杀青与蒸青结合

微波100℃；蒸青180℃	蒸青 2min	蒸青 3min	蒸青 4min	蒸青 5min
微波 30s	颜色变化不明显；质地软，形状无明显变化；稍有青气出现	小部分颜色变暗；质地软，形状无明显变化；有青气出现	大部分颜色变暗；质地软，形状无明显变化；青气出现	颜色变黄；质地软，形状无明显变化；青气散发
微波 40s	颜色暗绿；质地软，形状无明显变化；有青气	小部分颜色暗黄；质地软，形状无明显变化；有青气	大部分颜色暗黄；质地软，形状无明显变化；有青气	大部分颜色暗黄；质地软，形状无明显变化；青气散发
微波 45s	颜色暗绿；质地易断，形状卷曲；青气散发	大部分颜色暗黄；质地易断，形状卷曲；青气散发	绝大部分颜色暗黄；质地易断，形状卷曲；青气散发	颜色暗黄；质地易断，形状卷曲；青气散发
微波 60s	颜色暗绿；质地软，形状卷曲；稍有青气出现	小部分颜色黄；质地软，形状卷曲；有青气出现	大部分颜色暗黄；质地软，形状卷曲；青气散发	颜色暗黄；质地软，形状卷曲；青气散发

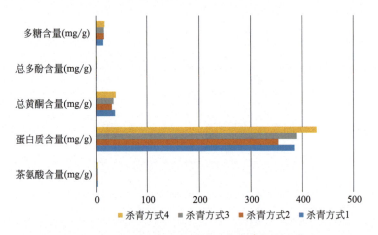

图 5.2.2-1　不同杀青方式对茶叶中营养成分的影响

注：杀青方式1：微波100℃杀青40s；杀青方式2：100℃炒青60s；杀青方式3：沸水后蒸青5min；杀青方式4：微波100℃杀青30s后，沸水蒸青5min

2.揉捻方式的优选

其他加工工序不变，测定不同揉捻方式对茶叶营养成分的影响。结果显示（见图5.2.2-2），四种不同的揉捻方式下，茶氨酸的含量分别为：2.288mg/g、2.148mg/g、2.206mg/g、2.295mg/g；蛋白质的含量分别为：421.819mg/g、262.876mg/g、419.564mg/g、447.746mg/g；总黄酮的含量分别为：37.934mg/g、31.410mg/g、35.759mg/g、38.478mg/g；总多酚的含量分别为：1.251mg/g、1.073mg/g、1.135mg/g、1.274mg/g；多糖含量分别为：16.445mg/g、14.123mg/g、16.273mg/g、16.445mg/g。

四种不同的揉捻方式下，茶氨酸按含量由高到低排序为：揉捻方式D＞揉捻方式A＞揉捻方式C＞揉捻方式B；蛋白质按含量由高到低排序为：揉捻方式D＞揉捻方式A＞揉捻方式C＞揉捻方式B；总黄酮按含量由高到低排序为：揉捻方式D＞揉捻方式C＞揉捻方式A＞揉捻方式B；总多酚按含量由高到低排序为：揉捻方式D＞揉捻方式A＞揉捻方式C＞揉捻方式B；多糖按含量由高到低排序为：揉捻方式A＞揉捻方式D＞揉捻方C＞揉捻方式B。因此，在揉捻方式D即先重揉捻10min再轻揉捻5min下，氨基酸、蛋白质、总黄酮、总多酚、多糖的含量相对最高，揉捻方式D为最佳揉捻方式。

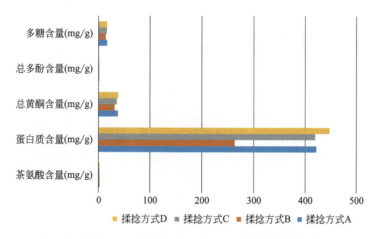

图 5.2.2-2　不同揉捻方式对茶叶中营养成分的影响

注：揉捻方式A：先轻揉捻5min再重揉捻10min；揉捻方式B：先轻揉捻10min再重揉捻5min；揉捻方式C：先重揉捻5min再轻揉捻10min；揉捻方式D：先重揉捻10min再轻揉捻5min。

3.干燥方式的优选

其他加工工序不变，测定不同干燥方式对茶叶营养成分的影响。结果显示（见图5.2.2-3），三种不同的干燥方式下，茶氨酸的含量分别为：2.481mg/g、2.478mg/g、2.474mg/g；蛋白质的含量分别为：443.237mg/g、446.618mg/g、440.982mg/g；总黄酮的含量分别为：78.533mg/g、

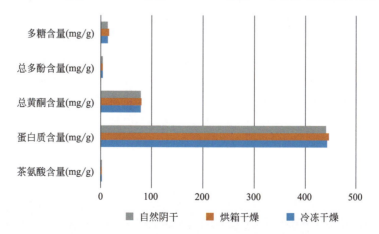

图 5.2.2-3　不同干燥方式对茶叶中营养成分的影响

80.164mg/g、78.714mg/g；总多酚的含量分别为：3.935mg/g、3.951mg/g、3.765mg/g；多糖含量分别为：13.779mg/g、16.360mg/g、13.349mg/g。

三种不同的干燥方式下，茶氨酸按含量由高到低排序为：–45℃冷冻干燥3h＞45℃烘箱干燥3h＞自然干燥；蛋白质按含量由高到低排序为：45℃烘箱干燥3h＞–45℃冷冻干燥3h＞自然干燥；总黄酮按含量由高到低排序为：45℃烘箱干燥3h＞自然干燥＞–45℃冷冻干燥3h；总多酚按含量由高到低排序为：45℃烘箱干燥3h＞–45℃冷冻干燥3h＞自然干燥；多糖按含量由高到低排序为：45℃烘箱干燥3h＞–45℃冷冻干燥3h＞自然干燥。结果显示，仅茶氨酸的含量在冷冻干燥下是最高的，但是与烘箱干燥相比，高出的含量差距极小。因此，在烘箱干燥的干燥方式下，蛋白质、总黄酮、总多酚、多糖的含量相对最高，采取45℃烘箱干燥3h为最佳干燥方式。

综上，最优杀青方式选择为微波温度100℃、30s，继而180℃蒸青5min；最优揉捻方式为先重揉捻10min再轻揉捻5min；最优干燥方式为45℃烘箱干燥3h。

4. 最优工艺下的茶品

经过优化加工工艺后加工的绿茶、红茶、白茶、黄茶、青茶、黑茶，见图5.2.2-4。

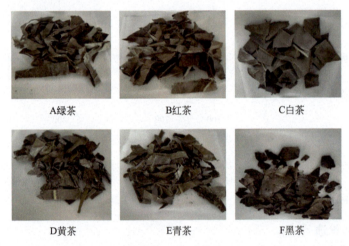

图 5.2.2-4 各种茶外观

5. 加工后的六种茶营养成分含量的测定

茶氨酸是构成生物体蛋白质并同生命活动息息相关的最基本物质，是生物体内不可缺少的营养成分之一。植物中茶氨酸的含量、种类及比例是评价其药用和营养价值优劣的主要指标之一。茶氨酸也是影响油茶花品质的重要化合物，对茶叶的滋味起着十分重要的影响。茶叶中以茶氨酸（甜鲜味、焦糖香）的含量最高。六种茶茶氨酸含量的排序为白茶＞黄茶＞绿茶＞青茶＞黑茶＞红茶，白茶中的茶氨酸含量最高（见图5.2.2-5）。黄酮类化合物是在植物中分布十分广泛的一类天然产物，其在植物体内大部分与糖结合成苷类，小部分以游离态（苷元）的形式存在。黄酮类化合物因其独特的化学结构而对哺乳动物和其他类型的细胞具有许多重要的生理、生化作用，包括抗肿瘤作用、解毒作用、预防和治疗心血管疾病、消除自由基等。茶叶中黄酮对氧自由基致红细胞膜的氧化损伤有保护作用，因此茶叶中高含量的黄酮具有较好的抗氧化作用。六种茶总黄酮含量的排序为白茶＞绿茶＞青茶＞黄茶＞黑茶＞红茶（见图5.2.2-6）。酚类物质是植物中最为丰富的次生代谢产物，其广泛存在于皮、根、叶、花和果实中，它由莽草酸途径和苯基丙酸类物质代谢而来，具有广泛的生理功能。酚类物质比较稳定，不会引发新的游离基，也不会由于链反应而迅速被氧化，具有很好的抗氧化性；并且能够减缓人体器官组织的衰老，对自由基诱发的生物大分子损伤起保护作用。多酚类含量较低，则茶叶中涩味和收敛性较低一些。六种茶总多酚含量的排序为白茶＞绿茶＞青茶＞黄茶＞黑茶＞红茶（见图5.2.2-7）。通过优化加工工艺制造出的青茶，其蛋白质保留量最高，理化性质最稳定。六种茶蛋白质含量的排序为青茶＞白茶＞绿茶＞黄茶＞黑茶＞红茶（见图5.2.2-8）。多糖具有提高免疫力、抗肿瘤、抗病毒、抗氧化、降血糖、降血脂、降血压、延缓衰老等生理活性研究表明，金花茶中可溶性糖高达39%。金花茶鲜叶加工出的茶叶饮后回味甘甜也与此有关。六种茶多糖含量的排序为青茶＞黑茶＞白茶＞黄茶＞绿茶＞红茶（见图5.2.2-9）。青茶中的多糖含量是最高的，因此品尝起来也更加甘甜。

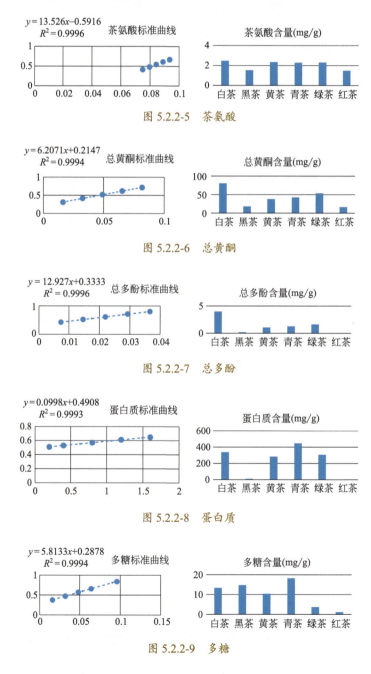

图 5.2.2-5　茶氨酸

图 5.2.2-6　总黄酮

图 5.2.2-7　总多酚

图 5.2.2-8　蛋白质

图 5.2.2-9　多糖

6.UPLC化学成分含量测定

采用UPLC法测定各茶种中有效成分的含量，210nm波长下的测定结果见图5.2.2-10，320nm波长下的测定结果见图5.2.2-11。由图5.2.2-10结果可知，白茶中的化学成分在六种茶中最多且含量最高。主要成分有木兰花碱、7-羟基香豆素、阿魏酸、牡荆素、染料木苷、杨梅素、巴马汀、木犀草素等。青茶、绿茶、黄茶在成分和含量上与白茶相差不大，黑茶和红茶中的化学成分相比于其他四种茶类较低。在相同条件下红茶中只检测到7-7-羟基香豆素和秦皮甲素，且1号峰（秦皮甲素）是其特有峰。单从化学成分来看，六种茶化学谱相差不大，但白茶相对来说化学成分种类更多，且含量较高，但黑茶中具有的特有峰是其他五种茶类没有的，也可能因为黑茶是全发酵茶。7-羟基香豆素、阿魏酸、牡荆素、杨梅素白茶的含量最高。木兰花碱有绿茶中的含量相对于其他5种茶最高。除红茶外，其他五种茶各有优势。

图5.2.2-11结果显示，320nm下能检测到的成分较210nm少，但各茶种间含量趋势与210nm相似。

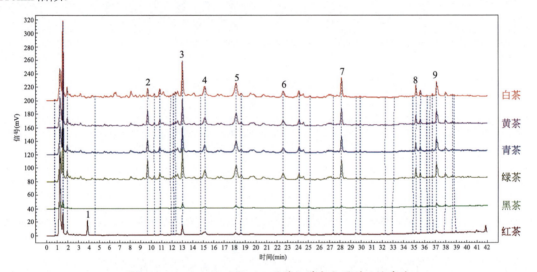

图 5.2.2-10　210nm 波长下六种茶化学成分图谱及共有峰

1—秦皮甲素，2—木兰花碱，3—7-羟基香豆素，4—阿魏酸，5—牡荆素，
6—染料木苷，7—杨梅素，8—巴马汀，9—木犀草素

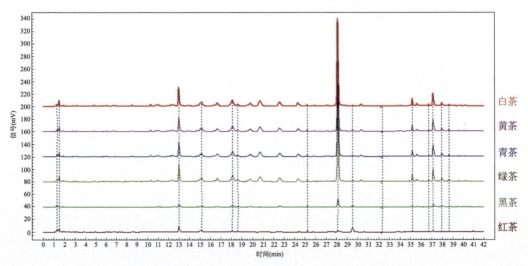

图 5.2.2-11　320nm 波长下六种茶化学成分图谱及共有峰

7. 顶空-气质香气成分的测定

利用标准品建立专门的茶叶香气质谱库对茶香气成分进行专一检索，是目前国外专业实验室所普遍使用的一种提高定性可靠性的方法结果显示，在谱库中筛选分数大于80的分子式，青茶中有12个，白茶中有9个，黑茶中有4个，红茶、黄茶、绿茶没有。在分数大于90的样品里，白茶茶样中检测到化合物正庚醛（是制成香精的主要原料）、壬醛（具有玫瑰、柑橘等香气）；青茶茶样中检测到（E，E）-2,4-庚二烯醛（食用香料）、N-苄氧羰基-L-精氨酸、壬醛（具有玫瑰、柑橘等香气）。所有结果见图 5.2.2-12～图 5.2.2-17。

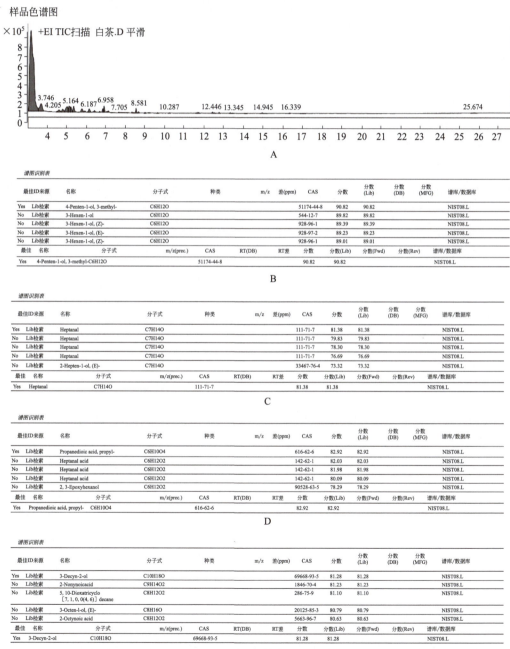

图 5.2.2-12

F

谱图识别表

最佳ID来源	名称	分子式	种类	m/z	差(ppm)	CAS	分数	分数(Lib)	分数(DB)	分数(MFG)	谱库/数据库
Yes Lib检索	2, 4-Heptadienal, (E, E)-	C7H10O				4313-03-5	85.93	85.93			NIST08.L
No Lib检索	1-Heptyne	C7H12				628-71-7	85.30	85.30			NIST08.L
No Lib检索	1, 4-Hexadiene, 3-ethyl-	C8H14				2080-89-9	85.15	85.15			NIST08.L
No Lib检索	2-Octynoic acid	C8H12O2				5663-96-7	84.88	84.88			NIST08.L
No Lib检索	2-Octynoic acid	C8H12O2				5663-96-7	84.52	84.52			NIST08.L

最佳	名称	分子式	m/z(prec.)	CAS	RT(DB)	RT差	分数	分数(Lib)	分数(Fwd)	分数(Rev)	谱库/数据库
Yes	2, 4-Heptadienal, (E, E)-	C7H10O		4313-03-5			85.93	85.93			NIST08.L

G

谱图识别表

最佳ID来源	名称	分子式	种类	m/z	差(ppm)	CAS	分数	分数(Lib)	分数(DB)	分数(MFG)	谱库/数据库
Yes Lib检索	L-Arginine, N2-［(phenlmethoxy)carbony］-	C22H26N4O6				1234-35-1	87.47	87.47			NIST08.L
No Lib检索	N-.alpha., N-.omega.-Di-cbz-L-arginine	C22H26N4O6				53934-75-1	87.06	87.06			NIST08.L
No Lib检索	Benzyl Alcohol	C7H8O				100-51-6	83.82	83.82			NIST08.L
No Lib检索	Benzyl Alcohol	C7H8O				100-51-6	83.54	83.54			NIST08.L
No Lib检索	Benzyl Alcohol	C7H8O				100-51-6	83.41	83.41			NIST08.L

最佳	名称	分子式	m/z(prec.)	CAS	RT(DB)	RT差	分数	分数(Lib)	分数(Fwd)	分数(Rev)	谱库/数据库
Yes	L-Arginine, N2-［(phenlmethoxy)carbony］-	C14H20N4O4		1234-35-1			87.47	87.47			NIST08.L

H

谱图识别表

最佳ID来源	名称	分子式	种类	m/z	差(ppm)	CAS	分数	分数(Lib)	分数(DB)	分数(MFG)	谱库/数据库
Yes Lib检索	1, 6-Octadien-3-ol, 3, 7-dimethyl-	C10H18O				78-70-6	88.63	88.63			NIST08.L
No Lib检索	1, 6-Octadien-3-ol, 3, 7-dimethyl-	C10H18O				78-70-6	88.41	88.41			NIST08.L
No Lib检索	1, 6-Octadien-3-ol, 3, 7-dimethyl-	C10H18O				78-70-6	86.01	86.01			NIST08.L
No Lib检索	1, 6-Octadien-3-ol, 3, 7-dimethyl-, 2-aminobenzoate	C17H23NO2				7149-26-0	85.46	85.46			NIST08.L
No Lib检索	Linalyl isobutyrate	C14H24O2				78-35-3	83.17	83.17			NIST08.L

最佳	名称	分子式	m/z(prec.)	CAS	RT(DB)	RT差	分数	分数(Lib)	分数(Fwd)	分数(Rev)	谱库/数据库
Yes	1, 6-Octadien-3-ol, 3, 7-dimethyl-	C14H20N4O4		78-70-6			88.63	88.63			NIST08.L

I

谱图识别表

最佳ID来源	名称	分子式	种类	m/z	差(ppm)	CAS	分数	分数(Lib)	分数(DB)	分数(MFG)	谱库/数据库
Yes Lib检索	Nonanal	C9H18O				124-19-6	94.08	94.08			NIST08.L
No Lib检索	Nonanal	C9H18O				124-19-6	93.54	93.54			NIST08.L
No Lib检索	Nonanal	C9H18O				124-19-6	91.53	91.53			NIST08.L
No Lib检索	2-Nonen-l-ol, (E)-	C9H18O				31502-14-4	89.52	89.52			NIST08.L
No Lib检索	2-Nonen-l-ol, (E)-	C9H18O				31502-14-4	89.33	89.33			NIST08.L

最佳	名称	分子式	m/z(prec.)	CAS	RT(DB)	RT差	分数	分数(Lib)	分数(Fwd)	分数(Rev)	谱库/数据库
Yes	Nonanal	C9H18O		124-19-6			94.08	94.08			NIST08.L

J

谱图识别表

最佳ID来源	名称	分子式	种类	m/z	差(ppm)	CAS	分数	分数(Lib)	分数(DB)	分数(MFG)	谱库/数据库
Yes Lib检索	Methyl salicylate	C8H8O3				119-36-8	87.78	87.78			NIST08.L
No Lib检索	Methyl salicylate	C8H8O3				119-36-8	87.60	87.60			NIST08.L
No Lib检索	Methyl salicylate	C8H8O3				119-36-8	86.81	86.81			NIST08.L
No Lib检索	Methyl salicylate	C8H8O3				119-36-8	86.74	86.74			NIST08.L
No Lib检索	Benzoic acid, 2-(acetyloxy)-, methyl ester	C10H10O4				580-02-9	82.00	82.00			NIST08.L

最佳	名称	分子式	m/z(prec.)	CAS	RT(DB)	RT差	分数	分数(Lib)	分数(Fwd)	分数(Rev)	谱库/数据库
Yes	Methyl salicylate	C8H8O3		119-36-8			87.78	87.78			NIST08.L

图 5.2.2-12　白茶香气成分

样品色谱图

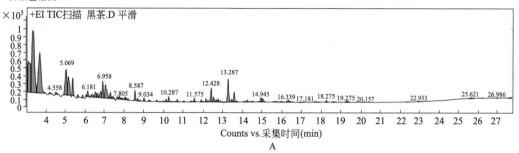

图 5.2.2-13　黑茶香气成分

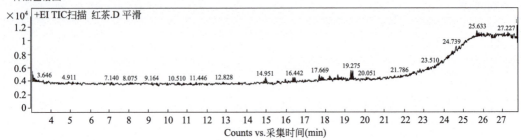

图 5.2.2-14　红茶香气成分

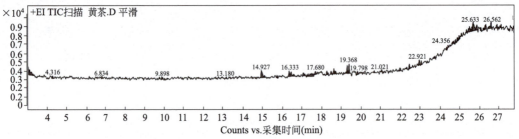

图 5.2.2-15　黄茶香气成分

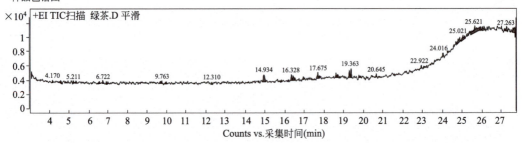

图 5.2.2-16　绿茶香气成分

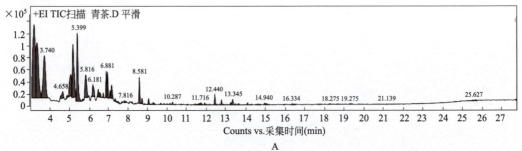

A

图 5.2.2-17

谱图识别表

最佳ID来源	名称	分子式	种类	m/z	差(ppm)	CAS	分数	分数(Lib)	分数(DB)	分数(MFG)	谱库/数据库
Yes	Lib检索	4-Penten-l-ol, 3-methyl-	C6H12O				51174-44-8	81.84	81.84			NIST08.L
No	Lib检索	4-Hexen-l-ol	C6H12O				544-12-7	80.17	80.17			NIST08.L
No	Lib检索	4-Hexen-l-ol, (E)-	C6H12O				928-97-2	80.07	80.07			NIST08.L
No	Lib检索	4-Hexen-l-ol, (E)-	C6H12O				928-97-2	79.38	79.38			NIST08.L
No	Lib检索	4-Hexenal, (Z)-	C6H10O				6789-80-6	79.28	79.28			NIST08.L
最佳	名称		分子式	m/z(prec.)	CAS	RT(DB)	RT差	分数	分数(Lib)	分数(Fwd)	分数(Rev)	谱库/数据库
Yes	4-Penten-l-ol, 3-methyl-		C6H12O		51174-44-8			84.84	84.84			NIST08.L

B

谱图识别表

最佳ID来源	名称	分子式	种类	m/z	差(ppm)	CAS	分数	分数(Lib)	分数(DB)	分数(MFG)	谱库/数据库
Yes	Lib检索	2, 4-Heptadienal, (E, E)-	C7H10O				4313-03-5	87.50	87.50			NIST08.L
No	Lib检索	2, 4-Heptadienal, (E, E)-	C7H10O				4313-03-5	86.61	86.61			NIST08.L
No	Lib检索	2, 4-Heptadienal, (E, E)-	C7H10O				4313-03-5	85.91	85.91			NIST08.L
No	Lib检索	Cyclohexene, 3-ethyl-	C8H14				2808-71-1	85.69	85.69			NIST08.L
No	Lib检索	2, 5-Octadiene	C8H14				63216-69-3	83.47	83.47			NIST08.L
最佳	名称		分子式	m/z(prec.)	CAS	RT(DB)	RT差	分数	分数(Lib)	分数(Fwd)	分数(Rev)	谱库/数据库
Yes	2, 4-Heptadienal, (E, E)-		C7H10O		4313-03-5			87.50	87.50			NIST08.L

C

谱图识别表

最佳ID来源	名称	分子式	种类	m/z	差(ppm)	CAS	分数	分数(Lib)	分数(DB)	分数(MFG)	谱库/数据库
Yes	Lib检索	2, 4-Heptadienal, (E, E)-	C7H10O				4313-03-5	91.85	91.85			NIST08.L
No	Lib检索	2, 4-Heptadienal, (E, E)-	C7H10O				4313-03-5	91.56	91.56			NIST08.L
No	Lib检索	2, 4-Heptadienal, (E, E)-	C7H10O				4313-03-5	91.42	91.42			NIST08.L
No	Lib检索	1, 4-Hexadiene, 3-ethyl-	C8H14				2080-89-9	90.78	90.78			NIST08.L
No	Lib检索	Cyclohexene, 3-ethyl-	C8H14				2808-71-1	89.73	89.73			NIST08.L
最佳	名称		分子式	m/z(prec.)	CAS	RT(DB)	RT差	分数	分数(Lib)	分数(Fwd)	分数(Rev)	谱库/数据库
Yes	2, 4-Heptadienal, (E, E)-		C7H10O		4313-03-5			91.85	91.85			NIST08.L

D

谱图识别表

最佳ID来源	名称	分子式	种类	m/z	差(ppm)	CAS	分数	分数(Lib)	分数(DB)	分数(MFG)	谱库/数据库
Yes	Lib检索	L-Arginine, N2-［(phenylmethoxy) carbonyl］-	C14H20N4O4				1234-35-1	91.58	91.58			NIST08.L
No	Lib检索	N-.alpha.,N-.omega.-Di-cbz-L-arginine	C22H26N4O6				53934-74-1	90.76	90.76			NIST08.L
No	Lib检索	Benzyl Alcohol	C7H8O				100-51-6	90.67	90.67			NIST08.L
No	Lib检索	Benzyl Alcohol	C7H8O				100-51-6	89.97	89.97			NIST08.L
No	Lib检索	Benzyl Alcohol	C7H8O				100-51-6	89.93	89.93			NIST08.L
最佳	名称		分子式	m/z(prec.)	CAS	RT(DB)	RT差	分数	分数(Lib)	分数(Fwd)	分数(Rev)	谱库/数据库
Yes	L-Arginine, N2-［(phenylmethoxy) carbonyl］-		C14H20N4O4		1234-35-1			91.58	91.58			NIST08.L

E

谱图识别表

最佳ID来源	名称	分子式	种类	m/z	差(ppm)	CAS	分数	分数(Lib)	分数(DB)	分数(MFG)	谱库/数据库
Yes	Lib检索	2-Octenal, (E)-	C8H14O				2548-87-0	82.68	82.68			NIST08.L
No	Lib检索	2-Nonenal, (E)-	C9H16O				18829-56-6	82.08	82.08			NIST08.L
No	Lib检索	2-Octenal, (E)-	C8H14O				2548-87-0	82.01	82.01			NIST08.L
No	Lib检索	2-Octenal, (E)-	C8H14O				2548-87-0	81.15	81.15			NIST08.L
No	Lib检索	2-Decenal, (E)-	C10H18O				3913-81-3	81.07	81.07			NIST08.L
最佳	名称		分子式	m/z(prec.)	CAS	RT(DB)	RT差	分数	分数(Lib)	分数(Fwd)	分数(Rev)	谱库/数据库
Yes	2-Octenal, (E)-		C8H14O		2548-87-0			82.68	82.68			NIST08.L

F

谱图识别表

最佳ID来源	名称	分子式	种类	m/z	差(ppm)	CAS	分数	分数(Lib)	分数(DB)	分数(MFG)	谱库/数据库
Yes	Lib检索	2-Furanmethanol, 5-ethenyltetrahydro-, alpha.,.alpha.,5-trimethyl-, trans-	C10H18O2				34995-77-2	80.11	80.11			NIST08.L
No	Lib检索	2-Furanmethanol, 5-ethenyltetrahydro-, alpha.,.alpha.,5-trimethyl-, cis-	C10H18O2				5989-33-3	79.66	79.66			NIST08.L
No	Lib检索	Cyclopropanemethanol, 2-isopropylidene-, alpha.-methyl-	C8H14O				17219-01-1	78.54	78.54			NIST08.L
No	Lib检索	2-Furanmethanol, 5-ethenyltetrahydro-, alpha.,.alpha.,5-trimethyl-, cis-	C10H18O2				5989-33-3	78.14	78.14			NIST08.L
No	Lib检索	3-Decyn-2-ol	C10H18O				69668-93-5	77.93	77.93			NIST08.L
最佳	名称		分子式	m/z(prec.)	CAS	RT(DB)	RT差	分数	分数(Lib)	分数(Fwd)	分数(Rev)	谱库/数据库
Yes	2-Furanmethanol, 5-ethenyltetrahydro-, alpha.,.alpha.,5-trimethyl-, trans-		C10H18O2		34995-77-2			80.11	80.11			NIST08.L

G

图 5.2.2-17

谱图识别表

最佳ID来源	名称	分子式	种类	m/z	差(ppm)	CAS	分数(Lib)	分数(DB)	分数(MFG)	谱库/数据库
Yes Lib检索	3-Decen-l-ol, (Z)-	C10H20O				10340-22-4	80.91	80.91		NIST08.L
No Lib检索	2-Decen-l-ol, (E)-	C10H20O				18409-18-2	80.89	80.89		NIST08.L
No Lib检索	2-Decen-l-ol, (Z)-	C10H20O				4194-71-2	80.55	80.55		NIST08.L
No Lib检索	3-Decen-2-ol	C10H18O				69668-93-5	80.53	80.53		NIST08.L
No Lib检索	2-Nonynoic acid	C9H14O2				1846-70-4	80.35	80.35		NIST08.L
最佳	名称	分子式		m/z(prec.)	CAS	RT(DB)	RT差	分数	分数(Lib)	分数(Fwd)	分数(Rev)	谱库/数据库
Yes	3-Decen-l-ol, (Z)-	C10H20O			10340-22-4			80.91	80.91			NIST08.L

H

谱图识别表

最佳ID来源	名称	分子式	种类	m/z	差(ppm)	CAS	分数(Lib)	分数(DB)	分数(MFG)	谱库/数据库
Yes Lib检索	2-Furanmethanol, 5-ethenyltetrahydro-, alpha.,.alpha., 5-trimethyl-, trans-	C10H18O2				34995-77-2	81.52	81.52		NIST08.L
No Lib检索	2-Furanmethanol, 5-ethenyltetrahydro-, alpha.,.alpha., 5-trimethyl-, cis-	C10H18O2				5989-33-3	81.06	81.06		NIST08.L
No Lib检索	2-Furanmethanol, 5-ethenyltetrahydro-, alpha.,.alpha., 5-trimethyl-, cis-	C10H18O2				5989-33-3	78.38	78.38		NIST08.L
No Lib检索	2-Furanmethanol, 5-ethenyltetrahydro-, alpha.,.alpha., 5-trimethyl-, cis-	C10H18O2				5989-33-3	77.56	77.56		NIST08.L
No Lib检索	1-Octyn-3-ol	C8H14O				818-72-4	77.31	77.31		NIST08.L
最佳	名称	分子式		m/z(prec.)	CAS	RT(DB)	RT差	分数	分数(Lib)	分数(Fwd)	分数(Rev)	谱库/数据库
Yes	2-Furanmethanol, 5-ethenyltetrahydro-, alpha.,.alpha., 5-trimethyl-, trans-	C10H18O2			34995-77-2			81.52	81.52			NIST08.L

I

谱图识别表

最佳ID来源	名称	分子式	种类	m/z	差(ppm)	CAS	分数(Lib)	分数(DB)	分数(MFG)	谱库/数据库
Yes Lib检索	1,6-Octadien-3-ol, 3,7-dimethyl-	C10H18O2				78-70-6	89.35	89.35		NIST08.L
No Lib检索	1,6-Octadien-3-ol, 3,7-dimethyl-	C10H18O2				78-70-6	88.91	88.91		NIST08.L
No Lib检索	1,6-Octadien-3-ol, 3,7-dimethyl-	C8H14O				78-70-6	86.63	86.63		NIST08.L
No Lib检索	1,6-Octadien-3-ol, 3,7-dimethyl-, 2-aminobenzoate	C10H18O2				7149-26-0	85.33	85.33		NIST08.L
No Lib检索	1,6,10-Dodecatrien-3-ol, 3,7,11-trimethyl-,〔S-(Z)〕-	C10H18O				142-50-7	82.24	82.24		NIST08.L
最佳	名称	分子式		m/z(prec.)	CAS	RT(DB)	RT差	分数	分数(Lib)	分数(Fwd)	分数(Rev)	谱库/数据库
Yes	1,6-Octadien-3-ol, 3,7-dimethyl-	C10H18O			78-70-6			89.35	89.35			NIST08.L

J

谱图识别表

最佳ID来源	名称	分子式	种类	m/z	差(ppm)	CAS	分数(Lib)	分数(DB)	分数(MFG)	谱库/数据库
Yes Lib检索	Nonanal	C9H18O				124-19-6	91.70	91.70		NIST08.L
No Lib检索	Nonanal	C9H18O				124-19-6	90.97	90.97		NIST08.L
No Lib检索	Nonanal	C9H18O				124-19-6	89.25	89.25		NIST08.L
No Lib检索	Decanal	C10H20O				112-31-2	89.03	89.03		NIST08.L
No Lib检索	2-Nonanal-l-ol, (E)-	C9H18O				31502-14-4	88.70	88.70		NIST08.L
最佳	名称	分子式		m/z(prec.)	CAS	RT(DB)	RT差	分数	分数(Lib)	分数(Fwd)	分数(Rev)	谱库/数据库
Yes	Nonanal	C9H18O			124-19-6			91.70	91.70			NIST08.L

K

谱图识别表

最佳ID来源	名称	分子式	种类	m/z	差(ppm)	CAS	分数(Lib)	分数(DB)	分数(MFG)	谱库/数据库
Yes Lib检索	Isooctane, (ethenyloxy)-	C10H20O				37769-62-3	84.72	84.72		NIST08.L
No Lib检索	Isooctane, (ethenyloxy)-	C10H20O				37769-62-3	81.86	81.86		NIST08.L
No Lib检索	Oxirane, hexyl-	C8H16O				2984-50-1	81.62	81.62		NIST08.L
No Lib检索	Decanal	C10H20O				112-31-2	81.59	81.59		NIST08.L
No Lib检索	Oxirane, octyl-	C10H20O				2404-44-6	81.31	81.31		NIST08.L
最佳	名称	分子式		m/z(prec.)	CAS	RT(DB)	RT差	分数	分数(Lib)	分数(Fwd)	分数(Rev)	谱库/数据库
Yes	Isooctane, (ethenyloxy)-	C10H20O			37769-62-3			84.72	84.72			NIST08.L

L

谱图识别表

最佳ID来源	名称	分子式	种类	m/z	差(ppm)	CAS	分数(Lib)	分数(DB)	分数(MFG)	谱库/数据库
Yes Lib检索	Methyl salicylate	C8H8O3				119-36-8	84.70	84.70		NIST08.L
No Lib检索	Methyl salicylate	C8H8O3				119-36-8	84.67	84.67		NIST08.L
No Lib检索	Methyl salicylate	C8H8O3				119-36-8	83.62	83.62		NIST08.L
No Lib检索	Methyl salicylate	C8H8O3				119-36-8	82.98	82.98		NIST08.L
No Lib检索	Benzoic acid, 2-(acetyloxy)-, methyl ester	C10H10O4				580-02-9	78.91	78.91		NIST08.L
最佳	名称	分子式		m/z(prec.)	CAS	RT(DB)	RT差	分数	分数(Lib)	分数(Fwd)	分数(Rev)	谱库/数据库
Yes	Methyl salicylate	C8H8O3			119-36-8			84.70	84.70			NIST08.L

M

图 5.2.2-17 青茶香气成分

8. 感官评审

感官评审结果显示（表5.2.2-5和图5.2.2-18）：得分排序为白茶＞青茶＞黄茶＞黑茶＞绿茶＞红茶。综合各指标，把防普金花茶鲜叶加工为白茶、青茶、黄茶、黑茶、绿茶、红茶六种茶后，筛选出的优质茶种为白茶，其次为青茶（见图5.2.2-19）。

表 5.2.2-5　茶叶感官评价标准

因子	级别	品质特征	给分	评分系数
外形	甲	茶叶匀整，无折断、无碎片，色泽鲜亮（呈嫩绿、或翠绿、或深绿、或鲜绿、或亮黄），油润，净度好	90～99	25%
	乙	茶叶较匀整，少折断、无碎片，色泽较鲜亮（呈墨绿、或黄绿、或青绿或青黄），较油润，净度较好	80～89	
	丙	茶叶不匀整，有折断、有碎片，色泽晦暗（呈暗褐、或陈灰、或灰绿、或黄褐），净度尚好	70～79	
汤色	甲	嫩绿明亮或绿明亮	90～99	10%
	乙	尚绿明亮或黄绿明亮	80～89	
	丙	深黄或黄绿欠亮或混浊	70～79	
香气	甲	高爽嫩香或带花香	90～99	25%
	乙	清香，尚高爽	80～89	
	丙	尚纯，闷熟气	70～79	
滋味	甲	甘鲜或鲜醇，醇厚鲜美，浓醇鲜爽	90～99	30%
	乙	清爽，浓尚醇，尚醇厚	80～89	
	丙	尚醇，浓涩，青涩	70～79	
叶底	甲	嫩匀齐，嫩绿明亮，	90～99	10%
	乙	嫩尚匀齐，绿明亮	80～89	
	丙	尚嫩，黄绿，欠匀齐	70～79	

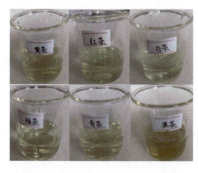

图 5.2.2-18　六种茶茶汤色的比较

图 5.2.2-19　六种茶综合得分

第六章　金花茶系列健康产品开发研究

第一节
甘金解毒愈疡含漱液开发研究

一、研究背景和意义

化疗诱发的口腔黏膜炎（chemotherapy-induced oral mucositis，CTOM）是使用化疗手段治疗恶性肿瘤出现的一种副反应，以口腔黏膜充血水肿、溃疡和糜烂为主要体征。目前，尽管治疗恶性肿瘤的手段很多，但化疗依然是常用于治疗恶性肿瘤的方法。40%的患者在接受标准剂量化疗以及50%的患者在接受高剂量化疗时会产生口腔黏膜炎，而小孩因化疗而导致口腔黏膜炎的发生率则达到90%。口腔黏膜损伤轻则引起患者口腔疼痛难忍，重则导致患者无法进食，体质量严重下降，影响患者生活甚至化疗效果，还有可能导致病原微生物经过损坏的口腔黏膜屏障引起系统感染，从而诱发更严重的并发症。目前，这些并发症的发生已成为影响肿瘤化疗效果的因素之一。然而，目前尚无令人满意的治疗措施。因此，缓解化疗性口咽黏膜反应已成为肿瘤化疗中亟待解决的问题。

目前，西药主要通过使用化学漱口液、表面麻醉剂、黏膜涂层剂、止痛药以及抗微生物感染等药物对化疗性口腔黏膜炎进行治疗，然而这些药物对CTOM的预防和治疗效果并不显著。中医学根据CTOM患者的临床特征，将其归属于"火毒"范畴。中医认为，化疗药物属"药毒之邪"，药物的毒性作用耗伤机体气阴，致热毒内伏、津液不能上输口咽，黏膜溃烂则引发化疗性口腔黏膜炎反应。中医药针对CTOM的病机，运用辨病与辨证相结合，以清热解毒、养阴生津、凉血活血、补气健脾为治疗方法，制定了一些行之有效的方剂。因中药的药效温和，毒副作用少，作用持久，有效延缓口腔黏膜炎的发生时间，降低口腔黏膜炎的发生率、减轻口腔黏膜病损程度、改善口腔疼痛等方面效果显著。

甘金解毒愈疡含漱液由金花茶叶、甘蔗叶等中药组成，是全国名老中医药专家学术经验继承工作指导老师邓家刚教授组方，具有清热解毒，祛腐愈疡的功效，可用于治疗肿瘤化疗后口腔火毒蚀肉，糜烂疼痛，津伤咽干。方中金花茶叶既清热解毒，又愈疡消疮；甘蔗叶清热解毒，生津止渴，故将其二者重用为主药；蒲公英长于清热解毒，兼能消肿散结，《本草正义》言其"治一切疔疮痈疡红肿热痛诸证"；西青果苦酸性平，善清热兼能生津解毒，与甘寒养阴生津之铁皮石斛相伍，可助金甘二药清除热毒，使热毒去而津液不伤。各药相配，共成清热解毒、祛腐愈疡之效。

含漱剂在中医上属于外治法，《理瀹骈文》曰："外治之理，即内治之理，外治之药，即内治之药，所异者法耳。医理药性无二。而法则神奇变幻。"和内治法相比，中医外治法可直接将药物作用于病变部位，起效快、全身不良反应较小、具优良的依从性等特点，在治疗化疗性口腔黏膜炎中有其独特的优势。因此本产品应用中医理论进行组方，研究其制备工艺，建立质量标准，并对其药效作用及其安全性进行评价，为将其开发研制成医疗机构制剂奠定基础，为临床合理应用本制剂提供科学依据，为研发中医药特色的含漱剂提供参考。

二、甘金解毒愈疡含漱液的研制

甘金解毒愈疡含漱液由金花茶叶、甘蔗叶等中药组成，是全国名老中医药专家学术经验继承工作指导老师邓家刚教授组的方，具有清热解毒，祛腐愈疡的功效，可用于治疗肿瘤化疗后口腔火毒蚀肉，糜烂疼痛，津伤咽干。本课题按照医疗机构制剂的申报要求，将中医药理论与现代科学技术结合，优选该产品的制备工艺，制定一套稳定、可控、合理的质量标准，并对其药效作用及安全性进行研究，为该产品申报医疗机构制剂提供实验数据，为研发中医药特色的含漱剂提供参考。

1. 实验方法

1.1 制备工艺研究

采用紫外-可见分光光度法测定甘金解毒愈疡含漱液总多糖的含量；建立一测多评（QAMS）法测定甘金解毒愈疡含漱液原儿茶酸、咖啡酸、异嗪皮啶、菊苣酸、冲山茶苷、迷迭香酸的含量；采用单因素试验，对提取时间、提取次数、料液比3个因素分别进行考察，再结合正交设计实验$L_9(3)^4$，以总归一值（OD值）为评价指标，优选最佳制备工艺。

1.2 质量标准研究

参照《中华人民共和国药典》2020年版技术质量规范，考察含漱液性能指标；采用薄层鉴别技术（TLC）鉴别甘金解毒愈疡含漱液中金花茶叶、甘蔗叶等五味药，从薄层板、展开剂、显色剂、温度、湿度等影响因素中筛选最优的薄层色谱条件；采用高效液相色谱法建立甘金解毒愈疡含漱液的指纹图谱；采用QAMS法测定了甘金解毒愈疡含漱液中原儿茶酸、咖啡酸、异嗪皮啶、菊苣酸、冲山茶苷、迷迭香酸六种成分的含量，并制定各成分的含量限度。

1.3 药效研究

通过建立金黄地鼠化疗性口腔黏膜炎模型，观察甘金解毒愈疡含漱液对化疗性口腔黏膜炎模型金黄地鼠一般状态的影响，并对金黄地鼠的颊囊炎症情况进行评分；ELISA法检测金黄地鼠血清肿瘤坏死因子α（TNF-α）、白细胞介素1（IL-1）、白细胞介素6（IL-6）、干扰素γ（IFN-γ）水平；HE染色观察金黄地鼠颊囊组织病理改变；免疫组化法检测金黄地鼠颊囊组织中基质金属蛋白酶9（MMP-9）、环氧化酶2（COX-2）、多聚二磷酸腺苷核糖聚合酶（PARP）蛋白表达水平。

1.4 安全性评价

甘金解毒愈疡含漱液的急性毒性试验采用小鼠和大鼠两种动物，分别研究灌胃给药毒性和口腔给药毒性。按最大给药量法，小鼠用甘金解毒愈疡含漱液（浓度为1.09g/mL）灌胃给药，灌胃容积为0.3mL/10g；大鼠用甘金解毒愈疡含漱液（浓度为1.09mg/mL）口腔给药

0.5mL/次，4次/d，观察给药前后情况。甘金解毒愈疡含漱液的局部毒性试验，选用新西兰大白兔和豚鼠，分别进行甘金解毒愈疡含漱液的皮肤刺激试验和过敏试验。

2.实验结果

2.1 甘金解毒愈疡含漱液配方

配方：金花茶叶30g等10味组方而成。

功效主治：清热解毒，祛腐愈疡。可用于口腔溃疡，肿瘤放疗后口腔火毒蚀肉，糜烂疼痛，津伤咽干等。

用法用量：每天1剂，煎水含漱。

配制工艺：取2倍处方量，加纯水3500mL，浸泡1.5h，煎煮1h，过滤，再加纯水3500mL，过滤，收集滤液，浓缩，加2400mL食用乙醇，过夜，用旋转蒸发仪回收乙醇至无酒精味，加蜂蜜20g，混匀，再加薄荷醇10g，加入药液中，加纯水至2400mL，相当于10倍量，无菌分装。

2.2 含漱液对乙酸致大鼠口腔溃疡的保护作用

含漱液2.04、4.08、8.16、32.64、65.28mg生药/只组给药1d后均能显著减少黏膜损伤面积（与模型对照组比较$P<0.05$或$P<0.01$），复方氯己定组给药1d后能显著减少黏膜损伤面积（与模型对照组比较$P<0.05$或$P<0.01$）。见表6.1.2-1。

表6.1.2-1 含漱液对乙酸致大鼠口腔溃疡的保护作用

组别	剂量（mg生药/只）	动物数	不同给药时间黏膜损伤面积					
			0d	1d	3d	5d	7d	9d
模型对照组	—	10	23.5±6.5	31.3±15.0	27.7±10.1	29.9±15.6	24.2±6.2	12.5±7.9
含漱液	65.28	10	23.1±3.6	21.2±50**	20.3±5.1*	20.0±11.3*	12.7±8.7**	8.1±6.9
含漱液	32.64	10	23.8±5.8	20.4±4.5**	21.4±3.9	22.1±5.0*	15.7±11.4*	8.5±6.0
含漱液	8.16	10	22.3±5.2	23.4±7.6*	17.5±6.4**	18.6±6.6*	11.5±6.8**	5.0±7.4*
含漱液	4.08	10	20.2±7.2	20.5±5.2**	21.2±11.5*	14.7±4.8**	13.7±7.9*	7.6±8.3
含漱液	2.04	10	23.3±7.9	19.3±5.3**	17.0±7.1*	15.0±3.1**	11.2±9.8*	4.5±7.7*
复方氯己定组	0.6mL/只	10	23.3±4.8	17.1±4.8**	13.5±4.6**	16.1±6.8**	9.2±6.2**	2.7±3.4**

注：与模型对照组相比，*$P<0.05$，**$P<0.01$。

含漱液8.16mg生药/只于给药第9d后黏膜损伤愈合动物数明显增多（与模型对照组比$P<0.05$），甘金解毒愈疡含漱液8.16mg生药/只及2.04mg生药/只组明显缩短愈合时间（与模型对照组比较$P<0.05$，$P<0.01$），复方氯己定组也与给药9d黏膜损伤愈合动物明显增多，且能明显缩短愈合时间（与模型对照组比较$P<0.05$），见表6.1.2-2。

表6.1.2-2 给药后黏膜损伤愈合动物数统计

组别	剂量（mg生药/只）	动物数	7d	9d	11d	12d	13d	14d	15d	平均愈合时间
模型对照组	—	10	0	0	4	4	5	6	8	13.5±2.5
含漱液	65.28	10	2	3	6	7	7	7	9	11.6±3.4
含漱液	32.64	10	2	1	6	8	8	9	9	12.2±2.7
含漱液	8.16	10	2	5*	8	9*	10*	10*	10	10.0±2.1**

续表

组别	剂量（mg生药/只）	动物数	7d	9d	11d	12d	13d	14d	15d	平均愈合时间
含漱液	4.08	10	2	3	5	7	7	8	9	11.5±3.1
含漱液	2.04	10	3	3	8	8	8	9	9	10.9±3.0*
复方氯己定组	0.6mL/只	10	2	6*	8	9*	9	9	10	10.5±2.2*

注：与模型对照组相比，*$P<0.05$，**$P<0.01$。

2.3 含漱液对NaOH致口腔黏膜损伤的保护作用

含漱液2.04、4.08、8.16、16.32mg生药/只从给药第2d开始能明显减少黏膜损伤面积（与模型对照组比$P<0.05$，$P<0.01$）。复方氯己定组于给药第2d、第6d及第8天能明显减少黏膜损伤面积（与模型对照组比$P<0.05$，$P<0.01$），见表6.1.2-3。

表6.1.2-3 对NaOH致黏膜损伤大鼠黏膜损伤面积的影响

组别	剂量（mg生药/只）	动物数	给药后黏膜损伤面积				
			0d	2d	4d	6d	8d
模型对照组	—	10	37.2±9.8	38.1±4.7	26.4±3.7	13.6±6.9	11.9±6.1
含漱液	2.04	10	37.4±9.0	30.8±9.8*	21.6±8.8	15.6±11.7	6.3±4.8**
含漱液	4.08	11	36.0±8.6	29.3±4.9**	14.5±6.5**	8.6±5.9	2.7±3.3**
含漱液	8.16	11	38.9±10.0	24.1±5.8**	14.5±5.9**	7.2±5.7*	1.8±3.5**
含漱液	16.32	10	41.4±12.9	28.8±4.7**	23.8±3.1	11.4±5.9	2.9±3.4**
复方氯己定组	0.6mL/只	10	37.7±9.6	31.1±5.5*	22.6±8.3	12.7±6.4**	3.8±4.6**

注：与模型对照组相比，*$P<0.05$，**$P<0.01$。

含漱液8.16、16.32mg生药/只组给药第8d黏膜损伤愈合动物数明显增多（与模型对照组比$P<0.05$）。复方氯己定组给药第8d黏膜损伤愈合动物数明显增多（与模型对照组比$P<0.05$），见表6.1.2-4。

表6.1.2-4 对NaOH致黏膜损伤大鼠黏膜损伤愈合动物数的影响

组别	剂量（mg生药/只）	动物数	黏膜损伤愈合动物数（只）			
			2d	4d	6d	8d
模型对照组	—	10	0	0	0	1
含漱液	2.04	10	0	1	1	2
含漱液	4.08	11	0	0	2	4
含漱液	8.16	11	0	1	2	6*
含漱液	16.32	10	0	0	0	5*
复方氯己定组	0.6mL/只	10	0	1	1	5*

注：与模型组相比，*$P<0.05$。

2.4 含漱液对NaOH致黏膜损伤的大鼠血清中TNF-a、EGF及IL-6含量影响

实验结果表明含漱液4.08mg生药/只及8.16mg生药/只能明显降低IL-6（与模型对照组比较$P<0.05$），见表6.1.2-5。

表6.1.2-5 对血清中TNF-a、EGF及IL-6含量影响

组别	剂量（mg生药/只）	动物数	TNF-a Pg/L	EGF Pg/L	IL-6 Pg/L
正常对照组	—	10	6.61±1.66	116.21±10.91	39.97±4.04
模型对照组	—	10	7.46±2.43	126.78±21.94	33.82±10.57
含漱液	2.04	10	6.32±0.44	119.86±9.85	27.12±7.47
含漱液	4.08	10	6.74±0.95	126.83±18.63	24.64±4.40*
含漱液	8.16	11	6.82±0.62	131.17±13.46	23.81±3.40*
含漱液	16.32	11	7.32±1.11	139.66±27.79	26.88±5.51
复方氯己定组	0.6mL/只	10	8.23±1.32	159.34±24.96	61.05±25.55

注：*与模型对照组相比$P<0.05$。

2.5 对NaOH致黏膜损伤的大鼠病理组织学的影响

正常对照组大鼠口腔黏膜无溃疡，上皮连续且固有层具有一定厚度，无组织坏死、细胞水肿和炎性细胞浸润等。模型组溃疡区可见部分上皮溶解、连续性消失，结缔组织层水肿，大量中性粒细胞、单核细胞、巨噬细胞浸润。含漱液4个剂量组肉芽组织生长良好，细胞水肿和炎性细胞浸润明显减轻，见图6.1.2-1。

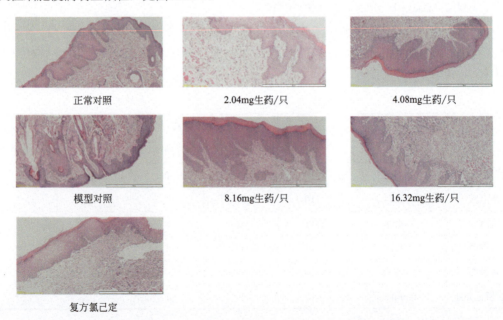

图6.1.2-1 对NaOH致黏膜损伤的大鼠病理组织学的影响

2.6 对NaOH致黏膜损伤的大鼠口腔黏膜组织TNF-a表达

TNF-a阳性反应呈黄褐色，黏膜固有层成纤维细胞浆有阳性表达。含漱液各组及复方氯己定组均能明显降低TNF-a的表达，见图6.1.2-2、表6.1.2-6。

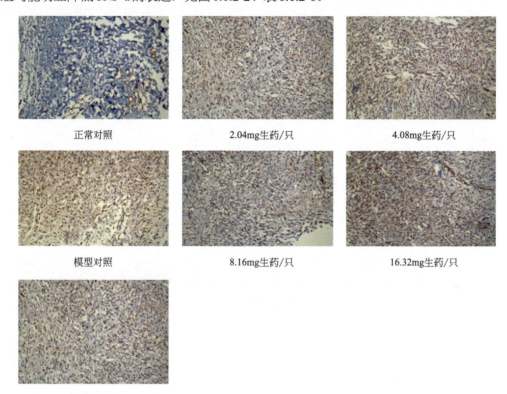

图 6.1.2-2　组织免疫染色检测组织 TNF-a 表达

表 6.1.2-6　组织染色统计结果

组别	剂量（mg生药/只）	动物数	平均光密度
正常对照组	—	10	3.81±2.20**
模型对照组	—	10	14.67±7.24
含漱液	2.04	10	8.16±3.44**
含漱液	4.08	10	10.24±5.79*
含漱液	8.16	11	7.03±3.79**
含漱液	16.32	11	10.11±5.82*
复方氯己定组	0.6mL/只	10	8.13±3.68**

注：与模型对照组相比，$*P<0.05$，$**P<0.01$。

2.7 甘金解毒瘾疡含漱液测定总多糖的方法学考察

分别移取0.4mL D-无水葡萄糖对照品溶液和0.1mL供试品溶液，分别置于25mL具塞刻度试管中，各加水至2mL，加5%苯酚溶液1.0mL，浓硫酸5.0mL，摇匀，静置5min，置70℃水浴中显色15min，取出，迅速置冷水中冷却至室温，以相应的试剂为空白，采用紫外-分光光度计在400～600nm之间进行全波长扫描。结果显示，D-无水葡萄糖对照品溶液和供试品溶液在485nm处有最大吸收，故选择测定波长为485nm，见图6.1.2-3、图6.1.2-4。

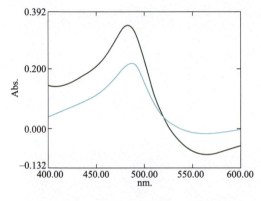 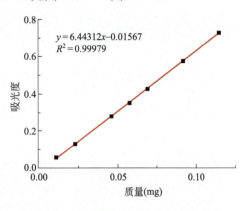

图6.1.2-3　D-无水葡萄糖对照品溶液和供试品溶液最大吸收图谱

图6.1.2-4　葡萄糖对照品标准曲线

接下来我们进行了仪器精密度试验、重复性试验以及稳定性试验，结果表明：精密度检测RSD为0.45%，仪器精密度良好；方法重复性良好RSD为0.64%；吸取0.2mL供试品溶液，显色反应后分别0、10、20、30、40、60min于485nm测定吸光度值，RSD为0.45%，表明该供试品溶液反应后于室温下1h内稳定。

加样回收率试验：精密量取已知浓度为171.8μg/mL的供试品溶液6份，各0.1mL，分别加入浓度为172μg/mL对照品溶液0.1mL，操作反应，于485nm下测定吸光度值。结果显示该方法的平均加样回收率为99.77%，RSD为0.93%，见表6.1.2-7。

表6.1.2-7　加样回收率试验结果

所含量/μg	加入量/μg	测得量/μg	加样回收率/%	平均加样回收率/%	RSD/%
17.18	17.2	34.87	101.43	99.77	0.93
17.18	17.2	34.25	1.00		
17.18	17.2	34.09	0.99		
17.18	17.2	34.25	1.00		
17.18	17.2	33.94	0.99		
17.18	17.2	34.4	1.00		

2.8　建立一测多评法测定甘金解毒愈疡含漱液的成分

以原儿茶酸、咖啡酸、异嗪皮啶、菊苣酸、冲山茶苷、迷迭香酸为标准品进行方法学考察。

2.8.1　系统适用性试验

取混合对照品溶液、供试品溶液，按设定色谱条件测定，计算各成分色谱峰分离度和理论塔板数。结果显示，各成分与邻峰的分离度均大于1.5，理论板数均在30000以上，见图6.1.2-5。

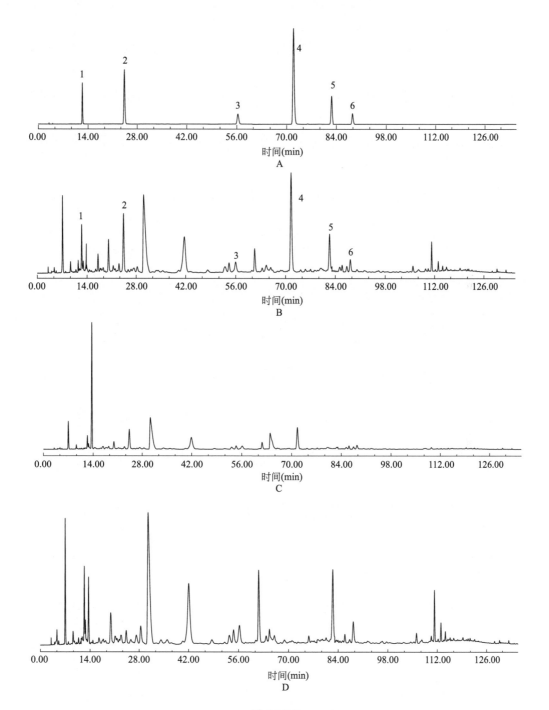

图 6.1.2-5

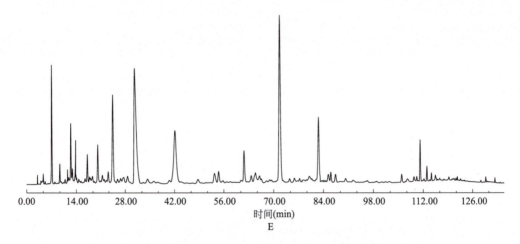

图 6.1.2-5 混合对照品（A）及甘金解毒瘀疡含漱液供试品（B）、
缺金花茶叶阴性对照溶液（C）、缺蒲公英阴性对照溶液（D）、
缺肿节风阴性对照溶液（E）的 HPLC 色谱图

1—原儿茶酸；2—咖啡酸；3—异嗪皮啶；4—菊苣酸；5—冲山茶苷；6—迷迭香酸

2.8.2 线性关系考察

将上述不同质量浓度的混合对照品溶液依次进样。以对照品质量浓度（X，μg·mL^{-1}）为横坐标，以对照品峰面积（Y）为纵坐标，绘制标准曲线（图6.1.2-6），得到原儿茶酸、咖啡酸、异嗪皮啶、菊苣酸、冲山茶苷、迷迭香酸的回归方程及线性范围，见表6.1.2-8。

表 6.1.2-8 6 种成分的线性回归方程

成分	回归方程	线性范围（μg/mL）	r^2
原儿茶酸	$y=55932x-71030$	12.018～120.180	0.99995
咖啡酸	$y=65197x-210454$	25.920～259.200	0.99998
异嗪皮啶	$y=27008x-69960$	18.400～184.00	0.99995
菊苣酸	$y=37100x-494301$	109.980～1099.800	0.99996
冲山茶苷	$y=22623x-146293$	46.648～466.480	0.99966
迷迭香酸	$y=28966x-63206$	14.000～140.000	0.99997

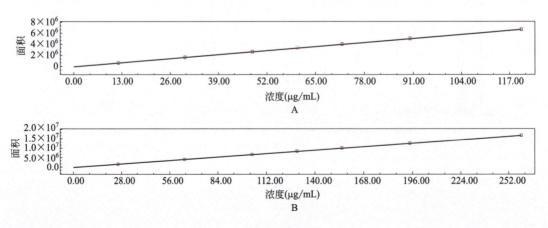

图 6.1.2-6

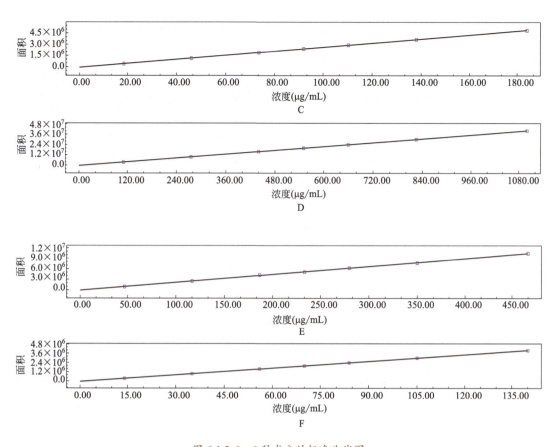

图 6.1.2-6 6种成分的标准曲线图

A—原儿茶酸；B—咖啡酸；C—异嗪皮啶；D—菊苣酸；E—冲山茶苷；F—迷迭香酸

2.8.3 精密度

原儿茶酸、咖啡酸、异嗪皮啶、菊苣酸、冲山茶苷、迷迭香酸峰面积的RSD分别为0.14%、0.14%、0.18%、0.24%、0.21%、0.44%，表明该条件下仪器精密度良好，见表6.1.2-9。

表 6.1.2-9 精密度考察

成分	峰面积						RSD/%
原儿茶酸	3389506	3398718	3401113	3403224	3399226	3400767	0.14
咖啡酸	8477726	8485954	8476821	8505029	8498876	8500611	0.14
异嗪皮啶	2488633	2498051	2499388	2489585	2493353	2490445	0.18
菊苣酸	20476559	20418731	20547000	20535118	20535581	20527879	0.24
冲山茶苷	5315509	5330459	5350085	5339477	5334452	5331009	0.21
迷迭香酸	2016037	2003500	2026203	2027593	2021218	2023245	0.44

2.8.4 稳定性

取甘金解毒愈疡含漱液（批号：20200807），分别于0、3、6、9、12、15、24 h进行测定，计算峰面积。结果原儿茶酸、咖啡酸、异嗪皮啶、菊苣酸、冲山茶苷、迷迭香酸峰面积的RSD分别为0.52%、0.93%、1.29%、1.29%、1.52%、1.04%，表明供试品溶液在24 h内稳定性良好，见表6.1.2-10。

表 6.1.2-10 稳定性考察

成分	峰面积						RSD/%
原儿茶酸	1815931	1826314	1814866	1835203	1830064	1837404	0.52
咖啡酸	4557380	4548555	4623458	4600173	4650882	4552390	0.93
异嗪皮啶	1257242	1265124	1253405	1228854	1232428	1266198	1.29
菊苣酸	11435838	11559176	11496550	11558654	11671989	11856854	1.29
冲山茶苷	3276109	3252221	3315581	3336993	3350421	3391057	1.52
迷迭香酸	1139774	1122368	1127873	1124543	1134518	1154018	1.04

2.8.5 重复性

取甘金解毒瘀疮含漱液（批号：20200807）进行测定，计算峰面积。结果原儿茶酸、咖啡酸、异嗪皮啶、菊苣酸、冲山茶苷、迷迭香酸峰面积的RSD分别为0.91%、0.56%、0.94%、0.92%、1.06%、1.08%，表明该方法具有良好的重复性，见表6.1.2-11。

表 6.1.2-11 重复性考察

成分	峰面积						RSD/%
原儿茶酸	2458514	2441035	2432930	2490858	2441820	2473615	0.91
咖啡酸	6499180	6406876	6465863	6469126	6408756	6454832	0.56
异嗪皮啶	1542967	1581995	1553869	1550900	1565653	1545293	0.94
菊苣酸	12137521	12105179	12163693	12296703	12149862	12391436	0.92
冲山茶苷	3109152	3148761	3181901	3133678	3103033	3177522	1.06
迷迭香酸	1367343	1351297	1334435	1367239	1338220	1341055	1.08

2.8.6 加样回收率

取甘金解毒瘀疮含漱液供试品0.5mL，共6份，置1mL容量瓶中，再分别精密加入对照品适量，加水稀释至刻度，进行测定，结果如表6.1.2-12所示。

表 6.1.2-12 加样回收率结果

待测成分	取样量/mL	所含量/μg	加入量/μg	测得量/μg	加样回收率/%	平均加样回收率/%	RSD/%
原儿茶酸	0.5	17.51	17.52	35.10	100.40	101.48	1.49
	0.5	17.51	17.52	35.12	100.54		
	0.5	17.51	17.52	35.63	103.43		
	0.5	17.51	17.52	35.63	103.41		
	0.5	17.51	17.52	35.16	100.72		
	0.5	17.51	17.52	35.09	100.35		
咖啡酸	0.5	36.7	36.68	73.53	100.42	100.41	0.63
	0.5	36.7	36.68	73.56	100.49		
	0.5	36.7	36.68	73.78	101.08		
	0.5	36.7	36.68	73.63	100.69		
	0.5	36.7	36.68	73.58	100.55		
	0.5	36.7	36.68	73.09	99.22		

续表

待测成分	取样量/mL	所含量/μg	加入量/μg	测得量/μg	加样回收率/%	平均加样回收率/%	RSD/%
异嗪皮啶	0.5	27.6	27.6	55.32	100.42	101.53	1.61
	0.5	27.6	27.6	55.63	101.54		
	0.5	27.6	27.6	55.98	102.81		
	0.5	27.6	27.6	55.89	102.50		
	0.5	27.6	27.6	54.88	98.85		
	0.5	27.6	27.6	56.05	103.08		
菊苣酸	0.5	183.07	183.12	363.64	98.61	100.46	1.72
	0.5	183.07	183.12	365.73	99.75		
	0.5	183.07	183.12	370.43	102.32		
	0.5	183.07	183.12	370.27	102.23		
	0.5	183.07	183.12	368.58	101.31		
	0.5	183.07	183.12	363.49	98.52		
冲山茶苷	0.5	94.12	94.11	189.19	101.02	101.57	0.66
	0.5	94.12	94.11	189.43	101.28		
	0.5	94.12	94.11	190.66	102.59		
	0.5	94.12	94.11	190.26	102.16		
	0.5	94.12	94.11	189.61	101.46		
	0.5	94.12	94.11	189.07	100.90		
迷迭香酸	0.5	18.99	18.97	37.57	97.92	99.34	1.76
	0.5	18.99	18.97	37.70	98.61		
	0.5	18.99	18.97	38.45	102.56		
	0.5	18.99	18.97	37.94	99.90		
	0.5	18.99	18.97	37.80	99.16		
	0.5	18.99	18.97	37.56	97.89		

2.8.7 相对校正因子（f）的确定

在一定的线性范围，成分的量（质量或浓度）与检测器响应成正比。在多指标质量评价时，以药材（或成药）中某一典型有效成分作内参物（s），建立内参物与其他待测成分间的相对校正因子，按下式计算：

$$\frac{f_s}{i} = \frac{f_s}{f_i} = \frac{A_s C_i}{A_i C_s} \tag{1}$$

式中 A_s 为内参物对照品 s 峰面积，C_s 为内参物对照品 s 浓度，A_i 为某待测成分对照品 i 峰面积，C_i 为某待测成分对照品 i 浓度。根据式（1）可以推导出公式（2）。

$$C_i = f_{si} \times C_s \times \frac{A_i}{A_s} \tag{2}$$

根据公式（2），计算出待测样品中目标成分的进样质量浓度。式中 A_i 为供试品中待测成分 i 的峰面积，C_i 为供试品中待测成分 i 的质量浓度，A_s 为供试品中内参物 s 的峰面积，C_s 为供试品中内参物 s 的质量浓度。

本实验以菊苣酸为内参物，分别计算其他 5 种成分的 $f_{s/i}$ 值，其中 $f_{S/A}$ 为待测组分原儿茶酸、$f_{S/B}$ 为待测组分咖啡酸、$f_{S/C}$ 为待测组分异嗪皮啶、$f_{S/D}$ 为待测组分冲山茶苷、$f_{S/E}$ 为待测组分迷迭香酸，结果见表 6.1.2-13。

表 6.1.2-13　各成分的 $f_{s/i}$ 值

进样体积 /μL	$f_{S/A}$	$f_{S/B}$	$f_{S/C}$	$f_{S/D}$	$f_{S/E}$
2	0.6540	0.5688	1.3712	1.6241	1.3253
5	0.6591	0.5694	1.3999	1.6570	1.2969
8	0.6602	0.5691	1.3875	1.6359	1.2920
10	0.6609	0.5698	1.3772	1.6600	1.2930
12	0.6618	0.5703	1.3761	1.6361	1.2913
15	0.6615	0.5697	1.3747	1.6673	1.2857
20	0.6625	0.5687	1.3775	1.6314	1.2844
平均值	0.6600	0.5694	1.3806	1.6446	1.2955
RSD/%	0.44	0.10	0.66	0.93	0.99

2.8.8　柱温对检测方法的影响

分别考察柱温为 25℃、30℃、35℃ 时内参物对其他成分的相对校正因子影响。结果原儿茶酸、咖啡酸、异嗪皮啶、菊苣酸、冲山茶苷、迷迭香酸的 RSD 依次为 0.29%、0.28%、0.45%、1.03% 和 0.74%，表明柱温的波动对各成分 $f_{s/i}$ 无显著影响，见表 6.1.2-14。

表 6.1.2-14　不同柱温对 $f_{s/i}$ 的影响

柱温 /℃	$f_{S/A}$	$f_{S/B}$	$f_{S/C}$	$f_{S/D}$	$f_{S/E}$
25	0.6586	0.5674	1.3858	1.6327	1.2918
30	0.6618	0.5698	1.3772	1.6600	1.2930
35	0.6584	0.5667	1.3893	1.6290	1.3090
平均值	0.6596	0.5680	1.3841	1.6406	1.2980
RSD/%	0.29	0.28	0.45	1.03	0.74

2.8.9　流速对检测的影响

分别考察流速为 1.05、1.00、0.95 mL/min 时内参物对其他成分的相对校正因子影响，见表 6.1.2-15。

表 6.1.2-15　不同流速对 $f_{s/i}$ 的影响

流速 mL/min	$f_{S/A}$	$f_{S/B}$	$f_{S/C}$	$f_{S/D}$	$f_{S/E}$
1.05	0.6606	0.5667	1.3690	1.6249	1.2812
1	0.6600	0.5694	1.3772	1.6446	1.2930

续表

流速 mL/min	$f_{S/A}$	$f_{S/B}$	$f_{S/C}$	$f_{S/D}$	$f_{S/E}$
0.95	0.6543	0.5636	1.3651	1.6467	1.2777
平均值	0.6583	0.5666	1.3704	1.6387	1.2840
RSD/%	0.53	0.52	0.45	0.73	0.63

2.8.10 不同提取时间的考察

按照固定料液比1∶10、提取1次的条件下，研究不同提取时间（30min、60min、90mim、120min、150min）对甘金解毒愈疡含漱液的干膏得率、总黄酮得率、总多糖得率、冲山茶苷、咖啡酸、异嗪皮啶、迷迭香酸含量影响。结果表明，当提取时间为90min时，归一值（OD）最高，之后呈现下降趋势，故选择90min为最佳提取时间，见表6.1.2-16、图6.1.2-7。

表6.1.2-16　不同提取时间对提取工艺的影响

时间（min）	30	60	90	120	150
得膏率 %	11.59	14.23	18.54	16.31	15.96
多糖含量（mg/100g）	996.90	1442.48	2153.93	1378.16	1652.58
指标成分总含量（mg/mL）	213.66	398.06	573.24	408.17	385.78
归一值（OD）	0.10	0.15	0.21	0.15	0.16

2.8.11 不同提取次数的考察

按照固定料液比1∶10、提取90min的条件下，研究不同提取次数（1次、2次、3次、4次、5次）对甘金解毒愈疡含漱液的干膏得率、总多糖得率、指标成分（原儿茶酸、咖啡酸、异嗪皮啶、菊苣酸、冲山茶苷、迷迭香酸）总含量影响，见表6.1.2-17、图6.1.2-8。

表6.1.2-17　不同提取次数对提取工艺的影响

次数	1	2	3	4	5
得膏率 %	18.54	22.40	24.38	27.33	28.40
多糖含量（mg/100g）	1939.69	2153.93	2500.95	3434.91	3940.67
指标成分总含量（mg/mL）	573.24	654.74	718.50	874.88	736.03
归一值（OD）	0.20	0.23	0.26	0.32	0.32

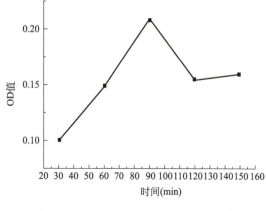

图6.1.2-7　不同提取时间对提取工艺的影响

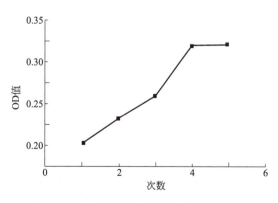

图6.1.2-8　不同提取次数对提取工艺的影响

第二节

增强免疫力保健食品——人参虫草口服液的研制

一、研究背景和意义

中医"免疫"一词始见于19世纪的《免疫类方》,盖有"免除瘟疫"之意,即机体对传染因子的抵抗能力。《素问·上古天真论》即有"真气从之,精神内守,病安从来"的记载,主张"正气内存,邪不可干""邪之所凑,其气必虚"。

扶正祛邪是中医治疗免疫性疾病的基本理论和方法,中医认为任何疾病的发生发展是由于正邪相争的结果。强调邪气致病,必在正气不足的情况下,才能侵扰人体发生疾病,可以说致病的原因虽在于邪,发病的关键却在于正,而且人体在既病之后的发展变化和转归预后,正气的盛衰也起着决定性的作用,邪胜正则病进,正胜邪则病愈,因此对疾病的治疗不外乎改变正邪双方力量的对比,扶助正气,祛除邪气,促使疾病向痊愈方向转化,达到治病的目的。正常的免疫反应是在机体正气旺盛,体内阴阳平衡的情况下才能完成。因此,一旦出现免疫功能低下或异常的免疫反应就可用扶正祛邪的方法来调整免疫失调,使机体维持在相对平衡的状态。与免疫方面联系最多的是中医肺、脾、肾三脏所主的卫气、肺气、脾气、肾气。

卫气与免疫:卫气是由饮食水谷的精微物质中活动最强的部分所化生,具有温养脏腑、润泽肌肤、开阖汗孔、调节体温、护卫肌表、抗御外邪的作用,是一种循行于皮肤腠理之间的正气。现代医学认为健康完好的皮肤能阻挡病原体入侵,而皮肤汗腺能排泄乳酸,不利于细菌生长,同时皮脂腺分泌的饱和及未饱和脂肪酸,亦有一定杀菌作用,这即是非特异免疫防卫系统的皮肤屏障作用,构成了人体抗御病原微生物的第一道防线,此作用属于中医卫气的功能之一。

肺气与免疫:肺气是由肺吸入的清气和脾胃运化而生的食物精气结合而成,主管人体的呼吸,进行气体交换和推动血液循环,维持全身脏腑功能活动的作用,而卫气又必须依赖肺气的宣发肃降作用,使卫气得以开阖,将代谢产物排出体外。若肺气失宣则卫气不固,开阖失常,外邪将乘虚而入,导致疾病的发生。肺脏总是处在具有各种刺激颗粒和感染物的外环境中,它就需要一个有效的系统来消除细菌和其他颗粒,这个功能主要是由大量的肺巨噬细胞来完成的,而呼吸道黏膜上皮细胞的纤毛运动也可使入侵的异物排出体外,同时溶菌酶的分泌可使细菌崩解。这些功能中医认为是通过"肺"的宣发肃降,即肺气向上升宣向下通降,使呼吸道保持洁净的作用来完成的。

脾气与免疫:脾气主升,为后天之本,主运化水谷精微,为人体生理活动提供营养,为气血生化之源。脾气健运,水谷精微(指食物中的营养物质)充足则卫气强盛,机体抗病力强,临床观察脾虚时免疫指标下降,而使用健脾开胃药物治疗后脾气健运,水谷精微增加,体内的免疫机能得以提高,因为水谷精微中就包括了免疫球蛋白等与免疫有关的物质。"脾"运化水谷精微功能正常,表示人体的消化吸收功能正常,人体中的补体是由蛋白质构成,而蛋白质主要来源于脾运化的水谷精微。因为补体与凝血和纤溶系统有关,所以脾气的正常与否影响人体的纤溶系统,这也与中医"脾"统血的观点吻合。此外,脾脏属于网状内皮系统,可算得上是一个特大号的滤过器,其中的窦细胞属于巨噬细胞,能吞噬病原体,而使感染中止,这是非特异性免疫防卫系统中的一个重要组成部分。

肾气与免疫:肾气由肾精所化生,肾精肾气可互生互化互为体用,是人体生长、发育、生殖功能活动的物质基础，是人体生命活动的根本，所以称"肾"为"先天之本"。"肾"有主骨生髓功能，因此免疫细胞的生成与中医的"肾"有密切关系，临床常见的某些抵抗力差、免疫功能低下和慢性疾病，中医认为都与肾虚有关。肾气虚必然导致整个机体的正气衰减，目前已证实"肾"包括了"下丘脑-垂体-肾上腺皮质轴"和"下丘脑-垂体-甲状腺轴"的功能，而垂体肾上腺皮质系统有调节免疫的作用，脑垂体是免疫反应的主要环节，它通过分泌ACTH的作用，促使肾上腺皮质分泌的皮质类固醇起到抑制免疫反应的作用，同时脑垂体通过生长激素的作用，增加免疫反应，所以"肾"在调整和维持免疫平衡及其稳定方面有着重要作用。

"人参虫草口服液"是天津药物研究院有限公司以药食两用物质为基础，在传统中医药理论指导下，由"茶族皇后"金花茶叶、人参、蛹虫草、黄精、大枣、陈皮、蒲公英、香薷等药材组方，通过调理肺脾肾，提高机体免疫力。以木糖醇、山梨酸钾、甜菊糖苷、柠檬酸、纯化水为辅料，经水提、浓缩、冷藏、离心、配液、滤过等主要工艺加工制成的保健食品。

二、人参虫草口服液的研制

1.组方及工艺研究

1.1 组方研究

1.1.1 产品配方

本产品配方原料包括黄精、大枣、人参（人工种植）、蛹虫草、金花茶等。

1.1.2 配方科学依据

1.1.2.1 传统配伍理论依据

本产品配方具有培补正气、解毒化湿之功效，用于免疫力低下人群。

中医药学对正气的防病作用早在2000多年前的《黄帝内经》中已有论述。《素问·刺法论》云："黄帝曰：余闻五疫之至，皆相染易，无问大小，病状相似，不施救疗，如何可得不相移者？岐伯曰：不相染者，正气存内，邪不可干。"疾病的发生概括起来，不外乎邪气作用于机体的损害与正气抗损害之间的矛盾斗争过程。邪气是外在的致病因素，对机体具有感染侵袭、损伤形质、障碍机能等各种致病作用；正气是人体内具有抗病、祛邪、调节、修复等作用的一类精微物质，与现代医学中的抗病能力、康复能力、免疫等概念相对应。任何一种邪气作用于人体，正气必然与之抗争，以祛除病邪，维护机体健康。正气不足是疾病发生的内在因素。正气不足，卫气虚弱，不能固表，导致腠理疏松，易为包括病毒、细菌在内的外邪所侵袭；正气充沛，则能够抵御邪气侵袭，或及时清除病邪，保持"阴平阳秘"的生理状态，从而不发病。因此，《素问·四气调神大论》曰："圣人不治已病治未病，不治已乱治未乱，此之谓也。夫病已成而后药之，乱已成而后治之，譬犹渴而穿井，斗而铸锥，不亦晚乎？"充分体现了中医药培补正气"治未病"的重要学术思想。

中医学认为肾为先天之本，具有封藏、贮存精气的作用，肾的功能是决定人体先天禀赋强弱、生长发育迟缓、脏腑功能盛衰的根本。脾为后天之本，脾主运化，运化水谷精微。水谷精微经过脾的转输，上输于肺，贯注于心脉，输布全身，营养五脏六腑，四肢百骸，筋骨皮毛。肺为娇脏，外合皮毛，开窍于鼻，与天气直接相通，故外邪入侵，无论自口鼻而入，或从皮毛而入，均易犯肺而致病。因此，本品以黄精为君，健脾、润肺、益肾，既补先天之本，又补后天之本，改善脾胃气虚、肺虚燥咳、肾精不足等正气不足的表现。人参大补元气、补脾益肺，大枣补中益气、养血安神，蛹虫草补肾益肺，三药从不同角度补脾、肺、肾，辅助君药培补正气，为臣。外邪中湿性重浊，湿邪困脾，脾阳不振，运化无权，水湿内停，而出现腹胀、便溏、食欲不振、水肿等症状。湿困卫表，肺气不宣，表现为微恶风寒、身热不甚、迁延缠绵、汗少而黏、头痛如裹、肢体酸重疼痛，或兼见胸膈闷胀、脘痞泛恶等。湿邪阻滞经络关节，阳气不得布达，则肌肤不仁、关节疼痛。邪气长期蕴结不解可以化而为毒，如湿热之邪长期不解可成湿热毒。湿、毒是引起机体外感疾病的主要直接病因。因此，本品以陈皮健脾燥湿，香薷解表化湿；以蒲公英、金花茶清热解毒。四药共为佐药，佐助君药祛邪扶正。全方注重补脾肺肾、顾护正气，兼化湿解毒、祛除外邪，发挥扶正祛邪的功效，适合免疫力低下、病毒细菌易感人群。

1.1.2.2 单味药研究进展

① 黄精

黄精：甘，平；归脾、肺、肾经。具有补气养阴、健脾、润肺、益肾之功效。用于脾胃气虚，体倦乏力，胃阴不足，口干食少，肺虚燥咳，劳嗽咳血，精血不足，腰膝酸软，须发早白，内热消渴。

黄精提高免疫力的作用：黄精多糖能够增强免疫器官如脾脏、胸腺指数，提高淋巴细胞巨噬细胞免疫活性，除黄精多糖外，黄精中的黄酮类化合物等能够抑制炎症因子表达，发挥抗炎作用，这些作用均与免疫力相关。

黄精对肾脏损伤的保护作用：传统中医认为黄精归脾、肺、肾经，具有补肾的作用，现代医学研究佐证了黄精的益肾作用。近年来，科研工作者在黄精多糖对急性肾损伤、运动型肾损伤、糖尿病导致的肾损伤及延缓肾细胞衰老等方面做了很多工作，进一步明确了黄精的益肾作用。黄精通过抑制炎症因子产生、抑制肾小管间质细胞纤维化、降低肾脏细胞凋亡速度来达到保护肾脏的目的，其功能的实现可能与其抗氧化能力有关。

黄精调节血糖的作用：现有研究表明，黄精能够调节血糖水平，黄精多糖调节血糖的作用是通过抑制葡萄糖苷酶活性、降低葡萄糖转运蛋白的表达、提高胰岛素表达等途径完成的，同时由于其抗氧化性能够减轻糖尿病患者的并发症，降低机体损伤。黄精对糖尿病及其并发症有明显的改善作用的活性成分为多糖、皂苷和总黄酮，其中，黄精多糖研究最广泛。

黄精调节血脂的作用：黄精可以调节与脂质代谢相关的相应基因和蛋白质的表达水平，对高脂血症、肥胖和脂肪肝的预防起到至关重要的作用。滇黄精多糖通过增加短链脂肪酸（SCFAs）的产生调控肠道微生物群落的相对丰度和多样性，促进肠道通透性屏障恢复，抑制LPS（脂多糖）进入循环系统，减轻炎症反应，最终预防脂质代谢紊乱。

黄精对心脑血管系统的影响：黄精对心脑血管具有调节作用，主要表现为清理血脂、降低血压和调节心脏的正常功能，并能够增强记忆力，保护缺血性脑损伤，且对阿尔茨海默病有潜在的疗效，在中医上，黄精四草汤血压一直用来治疗高血压等疾病，黄精对心脑血管的调节作用可能与其抗氧化性和分子结构有关。

黄精其他方面的药理作用：黄精对骨骼的作用表现在黄精多糖能够促进骨髓干细胞向成骨细胞分化，从而能够促进骨折的愈合。对肝脏系统的作用表现在对脂肪肝的保护作用、减轻大鼠肝脏病理学和组织学病变。黄精对睾丸损伤具有保护作用，在临床上可用于治疗弱精及少精。在治疗抑郁症及促进睡眠方面有积极作用。

② 大枣

大枣：甘，温；归脾、胃、心经。具有补中益气、养血安神的功效。用于脾虚食少，乏力便溏，妇人脏躁。

增强免疫的作用：大枣多糖是大枣中最重要的活性成分，其能显著提高补体活性，促进淋巴细胞快速增殖，从而实现有效提高机体免疫力，同时对正常细胞无毒副反应，对免疫器官的萎缩也具有很好的拮抗作用。

抗氧化、抗衰老作用：大枣多糖能有效清除机体内的ROS，其活性大小与大枣多糖的剂量呈线性关系，在全血发光体系中（相当于生物体的生理环境），对活性氧的清除能力最强，此研究提示大枣多糖可作为人体血液系统中抗氧化反应之选择药物

保肝作用：大枣中的果糖、葡萄糖、低聚糖和酸性多糖等有助于保肝护肝。大枣多糖可使其血清总蛋白与白蛋白显著增加。同时大枣多糖能增强机体单核细胞的吞噬功能，起到保护肝脏、增强体力的作用。

改善肠道功能作用：大枣多糖可以使肠道蠕动时间明显缩短，令盲肠中的短链脂肪酸含量提高，使 B-D-葡萄糖苷酶、B-D-葡萄糖醛酸酶、黏蛋白酶活性下降，同时还抑制了粪便中的脲酶活性。大枣水溶性多糖，在适当剂量下，可以减少肠道黏膜接触有害物质的机会，使肠道环境得到有效的改善。

抗疲劳作用：大枣多糖可通过提升糖储备而改善运动能力，保证了机体在长时间运动时的能量来源，从而使运动疲劳的发生延缓。

降血脂作用：高剂量的大枣多糖可有效抑制高脂膳食所致小鼠血清总胆固醇、甘油三酯和动脉硬化指数升高，同时抑制高密度脂蛋白胆固醇的降低，表明大枣多糖能抑制高脂膳食所致小鼠血脂的升高，因此具有降血脂作用。

调节血糖：红枣多糖可能对葡萄糖生成的整个过程的各个不同阶段产生影响，可有效延缓单糖的释放和吸收，从而抑制餐后高血糖。红枣多糖对糖尿病小鼠血糖的升高有一定的抑制作用，而对正常小鼠的血糖和糖耐量均无影响。

③ 陈皮

陈皮：苦、辛、温；归肺、脾经。理气健脾，燥湿化痰。用于脘腹胀满，食少吐泻，咳嗽痰多。

抗呼吸系统疾病：陈皮具有燥湿化痰、温化寒痰的功效；同时陈皮还具有辛散苦泄的功效，有利于发挥润肺止咳的功效。陈皮挥发油具有平喘、镇咳的作用。陈皮挥发油主要可抑制迟发性哮喘的发生，陈皮的有效成分川陈皮素能松弛气管平滑肌，使气管轻度扩张。这主要是因为其可激活囊性纤维化跨膜传导调节因子（CFTR）并且能有效刺激小鼠气管黏膜下腺，提高液体分泌速度。

对消化系统的作用：陈皮的提取液能温和刺激胃平滑肌肠，促进消化液分泌，排除肠道积气，增加食欲。陈皮对胃肠平滑肌有双向作用，既有促进作用，也有抑制作用，这主要是因为胃肠道活动受外来神经、内在神经和多种体液因素共同调节，在不同的条件下所受调节因素会有所不同。

保肝作用：陈皮对肝脏疾病具有积极的预防、保护作用，可缓解肝损伤、肝纤维化、脂肪肝、肝衰竭等疾病的症状，主要药效成分为陈皮苷。

抗肿瘤：陈皮具有显著的抗肿瘤作用，药效物质基础为黄酮类成分，如陈皮多甲氧基黄酮、川陈皮素等。陈皮多甲氧基黄酮体外及体内可直接抑制肿瘤生长，抗肿瘤作用可能是通过调节体内细胞因子水平，从而影响肿瘤组织中血管生成相关因子的表达而抑制肿瘤血管生长，产生抗肿瘤的作用。

抗菌作用：陈皮具有良好的抗菌作用，在对陈皮提取液进行抗菌实验制霉菌素的抗菌效果进行比较，结果证明，陈皮提取液有较好的抗菌能力，在室温条件下储存1年后仍有一定的抗菌活力。

④ 蒲公英

蒲公英：苦、甘、寒；归肝、胃经。清热解毒，消肿散结，利尿通淋。用于疔疮肿毒，乳痈，瘰疬，目赤，咽痛，肺痈，肠痈，湿热黄疸，热淋涩痛。

抑菌作用：蒲公英具有广谱抑菌作用，全草、根、茎、叶和花均有抑菌效果，不同部位

抑菌能力有所不同，蒲公英根、茎、叶、花和全草醇提物能抑制2种主要致龋菌——变形链球菌和黏性放线菌。蒲公英的茎对变形链球菌的抑制能力最强，而蒲公英的花和全草对黏性放线菌的抑制效果最好。蒲公英中绿原酸和咖啡酸具有较好的抑菌效果，主要通过破坏菌体细胞膜，使细胞内容物外溢而有效抑制菌株生长。此外，蒲公英总黄酮也有一定的抑菌活性，其对金黄色葡萄球菌和白色念珠菌的抑制活性最好。

抗炎作用：蒲公英在抗炎方面具有不良反应小、双向调节的作用。大量研究证实，蒲公英具有显著的抗炎活性，所含的三萜类、黄酮类、甾醇类以及多糖类等成分起主要作用。蒲公英的挥发油成分通过抑制、阻断炎症因子释放而发挥其抗炎作用。

抗肿瘤、抗癌活性：蒲公英中植物甾醇和以酚酸、黄酮类化合物为特征的酚类化合物发挥了抗癌作用。蒲公英提取物不仅可以调控细胞周期、破坏肿瘤细胞形态、诱导细胞凋亡，从而抑制肿瘤细胞的增殖和迁移，还可以减轻抗肿瘤药物的副作用和作用于肿瘤微环境。

利胆保肝：现代研究证实蒲公英可有效降低丙氨酸氨基转移酶和总胆红素的水平，促进白蛋白和凝血酶原时间的好转，进而对肝功能的恢复大有益处。蒲公英可拮抗内毒素所致的肝细胞溶酶体和线粒体的损伤，解除抗生素作用后所释放的内毒素导致的毒性作用，故可保肝。蒲公英液灌胃能使胆囊收缩，奥狄括约肌松弛，有利于胆汁排入肠中，临床上对慢性胆囊痉挛及结石症有效。

利尿作用：现代研究证实蒲公英具有较好的利尿作用，蒲公英对治疗顽固性泌尿系统感染和水肿具有较好的疗效。其利尿作用与蒲公英含有大量的钾有关。

抗氧化作用：蒲公英具有良好的体外和体内抗氧化活性，蒲公英提取物可通过清除自由基、抑制酪氨酸酶活性而减少自身机体损伤。蒲公英叶、花提取物富含丰富的多酚、类黄酮等酚类化合物（类黄酮和香豆酸衍生物），其还原活性相当于抗坏血酸的40%，可作为天然的抗氧化剂。叶提取物抗氧化活性强于花提取物，主要因为叶中包含着更丰富的木樨草素等黄酮类化合物和某些多酚中的酚酸物质。

降血糖、抗糖尿病活性：蒲公英提取物具有潜在的抗糖尿病活性，这要归功于倍半萜类、甾醇类和酚酸类物质。作为降血糖效果最为显著的酚酸类物质，咖啡酸更容易在胃里被吸收，并且能更有效地刺激胰腺β细胞分泌胰岛素，从而降低血糖水平。

⑤ 人参

人参：甘、微苦、微温；归脾、肺、心、肾经。大补元气，复脉固脱，补脾益肺，生津养血，安神益智。用于体虚固脱，肢冷脉微，脾虚食少，肺虚喘咳，津伤口渴，内热消渴，气血亏虚，久病虚羸，惊悸失眠，阳痿宫冷。

抗衰老作用：人参皂苷能抑制自由基的产生，或直接清除自由基，也能直接对抗自由基对组织及细胞的损伤作用，增强机体本身抗氧化系统的功能，从多个环节阻断自由基的损伤作用。

抗肿瘤：人参中含有丰富的活性物质，它作为一种抗辅助治疗的药剂，在癌症治疗中能起到补血补气，增强机体免疫力，提高机体机能，加速身体恢复和抗击癌细胞的作用。

对神经系统的作用：人参皂苷具有保护神经系统的作用。谷氨酸的分泌有助于大脑的学习和记忆，而人参皂苷Rg1能刺激机体，促进体内谷氨酸的分泌。人参皂苷类物质对实验动物记忆获得、巩固和再现障碍模型有改善作用。人参皂苷Rg1对神经干细胞增殖有促进作用，并且在异体移植神经干细胞通过调节炎性相关因子水平发挥抗脑缺血作用的过程中发挥了协同增效的效果，进而推测人参中有效成分通过对神经干细胞的作用达到防治老年痴呆的效果。

增强免疫力：人参多糖和皂苷可增强非特异性免疫功能和特异性免疫功能，还能对抗免疫抑制剂引起的免疫功能低下。

抗抑郁作用：人参皂苷Rg1、Rb1、Rb3以及原人参二醇在人参治疗抑郁模型中发挥主要作用。人参不仅在动物与细胞实验中有明显效用，在临床观察中也发现了能够有效改善绝经后抑郁妇女的症状。

心血管系统：人参皂苷Rb1可显著抑制模型心肌肥大情况，其机制可能与提高一氧化氮合酶（NOS）活性促进心肌细胞内一氧化氮（NO）的合成、分泌有关。人参总皂苷可双向调节血压，其中二醇类皂苷能降低血压[29]，而三醇类皂苷能刺激人体内皮细胞，从而释放NO而促进血管舒张，可引起血压升高。人参对心血管系统的疾病高血压病、冠状动脉粥样硬化等都具有良好的治疗效果。

其他作用：人参皂苷Rg1能够抑制肾小管细胞和肾小球细胞的凋亡，增强膜细胞生成；人参皂苷Rg3能有效抑制糖尿病的发生；人参多糖能显著发挥抗骨关节炎作用。人参皂苷Rb1可显著提高成骨细胞的成活率和碱性磷酸酶（ALP）活性，加强骨生成，防治骨质疏松。人参还具有抗疲劳的作用。

⑥ 蛹虫草

蛹虫草：别名北冬虫夏草，为麦角菌科虫草属，是虫菌结合的食药用真菌，成分与冬虫夏草相似。甘，平；归肺、肾经；补肾益肺，止血化痰。用于肾虚精亏，阳痿遗精，腰膝酸痛，久咳虚喘，劳嗽咯血。蛹虫草具有抗氧化、抗衰老、抗肿瘤、调节血糖及增强机体免疫功能的作用。

抗肿瘤作用：蛹虫草因抗肿瘤作用显著，被用于抗癌药物的开发。蛹虫草的抗肿瘤作用主要基于蛹虫草体内的虫草素与虫草多糖，这两者发挥了重要作用。

免疫调节作用：虫草多糖具有促进免疫调节的功效。虫草多糖可提高机体免疫调节能力，间接抑制肿瘤细胞的增殖与生长。此外，有研究报道鲜蛹虫草对免疫系统的调节能力比干蛹虫草强。

抗氧化、抗疲劳、抗衰老作用：蛹虫草的抗氧化能力可能来源于蛹虫草中的虫草多糖、多酚、类黄酮等物质对机体内自由基的清除。蛹虫草含有大量的营养物质，能保证机体的物质代谢和能量代谢的需要，能提供ATP和磷酸肌酸，改善肌肉的营养，提高抗疲劳能力。蛹虫草有抗衰老的功效。有研究证实，蛹虫草能够降低老龄大鼠体内自由基，延缓器官和整个机体衰老，能调控新陈代谢参与机体的衰老过程；蛹虫草能参与核酸代谢，提高肝脏SOD活力。

镇静、催眠作用：蛹虫草中所含有的维生素对神经系统具有调节作用，而其子实体中所含有的腺苷类物质对睡眠具有较好的促进作用，同时蛹虫草可降低副交感神经的兴奋性，起到镇静作用。

抗炎、抑菌作用：蛹虫草的抗炎、抗菌作用主要通过其内所含有的虫草素及虫草多糖实现。现代研究表明虫草素对球菌、杆菌、曲霉菌以及癣菌均具有抑制作用。

治疗糖尿病作用：北虫草多糖可有效提高2型糖尿病小鼠机体的抗氧化水平，同时可通过修复受损的胰岛B细胞而使四氧嘧啶诱导糖尿病小鼠的血糖水平下降，从而达到治疗糖尿病的效果。除虫草多糖外，虫草素、腺苷也对糖尿病小鼠肾脏具有一定的保护作用。

⑦ 香薷

香薷：辛、微温；归肺胃经。发汗解表，化湿和中。用于暑湿感冒，恶寒发热，头痛无汗，腹痛吐泻，水肿，小便不利。

抗病原微生物：香薷挥发油有较广谱的抗菌作用，其主要抗菌有效成分为百里香酚、香荆芥酚和对聚伞花素等。有研究表明香薷挥发油对金黄色葡萄球菌、表皮葡萄球菌、伤寒杆菌、变形杆菌等10种菌株均有一定的抑制作用。香薷挥发油具有良好的抗菌抗病毒抗炎作用，对于研制新型感冒药有良好的前景。

镇静、镇痛：香薷挥发油具有镇痛的作用，对中枢神经系统具有抑制作用。

增强免疫：香薷的挥发油能作用于不同的环节，增强机体的特异性和非特异性免疫功能。在非特异性免疫应答方面香薷油能使血清溶菌酶的含量增加，提示有提高吞噬细胞的吞噬功能和加强溶菌作用。

利尿：研究表明香薷能够对肾血管产生刺激作用而引起肾小管充血、滤过压增高，从而发挥利尿作用

调血脂：香薷油具有降血脂功能

抗氧化：香薷中的黄酮物质主要是木犀草素（luteolin）和芹菜素（apigenin）、它们都含有C6-C3-C6的碳骨架，在两个苯环上具有两个以上的羟基。这类黄酮类化合物具有亲电子能力，能够清除自由基，阻止链式反应，从而抑制脂质被过氧化。

⑧ 金花茶

金花茶：微苦、涩，平。清热解毒，利尿消肿。用于咽喉炎，痢疾，肾炎，水肿，尿路感染，黄疸型肝炎，肝硬化腹水，高血压，疮疡，预防肿瘤。

抗炎：对金花茶多糖的抗炎作用进行了研究，小鼠脑出血后即刻灌胃金花茶多糖并连续给药3d。实验结果显示，金花茶多糖可提高小鼠神经功能评分，改善运动功能而对感觉功能无影响；减轻脑水肿与保护血脑屏障；抑制小胶质细胞的激活、抑制炎症因子表达，同时促进小胶质细胞从M1型转化为M2型。

抗氧化：金花茶叶片（CNC）的提取物对H_2O_2诱导的细胞损伤的保护作用实验证实，乙酸乙酯部分（CLE，50～200μg/mL）处理后，可显著提高H_2O_2处理的SH-SY5Y细胞存活率，并以相反的"U"形方式减少LDH的渗漏。通过Hoechst 33,342染色证实，CLE减弱了H_2O_2诱导的SH-SY5Y细胞的凋亡。CLE（100和150μg/mL）处理降低了细胞内的ROS水平，并提高超氧化物歧化酶（SOD）和过氧化氢酶（CAT）的活性，从而显著缓解H_2O_2诱导的氧化应激。

降血脂：金花茶粉末、金花茶水提物可以显著降低NAFLD脂肪肝小鼠血清中甘油三酯（TG）、谷丙转氨酶（ALT）和谷草转氨酶（AST）水平（$P<0.05$），金花茶水提物显著降低NAFLD小鼠肝组织中VLDLR表达水平（$P<0.05$），显著提高p-AMPK与PPAR-α蛋白表达水平（$P<0.05$），说明金花茶水提物能减轻NAFLD引起的脂代谢异常，缓解NAFLD小鼠肝脏脂质病变。

降血糖：金花茶乙酸乙酯/二氯甲烷提取物在糖尿病小鼠给药后的第一周显著降低了血糖水平。在较长时间的给药后，金花茶粗提物也显示出显著的效果。

抗衰老：金花茶抗衰老作用研究发现，与衰老模型组对比，金花茶组肝脏和睾丸组织SOD含量和bcl-2mRNA表达显著升高（$P<0.05$），且MDA含量和baxmRNA表达明显下降（$P<0.05$）。说明金花茶减慢肝脏和睾丸细胞的凋亡，对延缓机体衰老有重要作用。

抗肿瘤：研究金花茶提取物（CNCE）对A549人肺癌细胞凋亡和增殖的影响，结果发现，CNCE对A549肺癌细胞的增殖有明显的抑制作用，CNCE能诱导A549细胞凋亡。研究金花茶水提取物（CNFE）对Eca109人类食管鳞状细胞癌（ESCC）细胞系的化学预防作用，结果发现，CNFE通过诱导细胞凋亡和中断细胞周期对人类ESCC Eca109细胞起到抗增殖作用。CNFE以剂量和时间依赖的方式抑制了Eca109细胞的生长，并引起这些细胞的剂量和时间依赖性的凋亡；用CNFE处理细胞会导致细胞周期的G0/G1期停滞。从金花茶的乙醇提取物中，发现了一种新的酰化黄酮苷，即槲皮素7-O-（600-O-E-咖啡酰）-b-D-吡喃葡萄糖苷，检查其在U937细胞中的细胞毒性活性，结果表明，这种新的酰化黄酮苷能抑制人类淋巴瘤U937细胞的增殖并诱导其凋亡。处理后，早期凋亡细胞的百分比（Annexin V-FITC染色）明显与对

照组相比增加。

1.2 制备工艺研究

1.2.1 原辅料的检验与前处理

1.2.1.1 原料的检验

原料的检验：黄精、大枣、陈皮、蒲公英、人参（人工种植）、香薷应符合2020年《中华人民共和国药典》一部及四部相关项下的标准；金花茶应符合《广西壮族自治区中药材标准》，蛹虫草应符合GB7096食品安全国家标准食用菌及其制品的规定。

1.2.1.2 辅料的检验

纯化水应符合2020年版《中华人民共和国药典》的规定。木糖醇、山梨酸钾、甜菊糖苷、柠檬酸应符合GB 2760食品添加剂使用标准的要求。

1.2.1.3 药材的前处理

依据2020年版《中华人民共和国药典（一部）》炮制通则对人参和大枣进行处理。原料人参干切成短段（5～10mm），原料大枣干切。

1.2.2 提取工艺研究

本方为自拟方，考虑到本品的功效成分主要为皂苷和多糖类成分，故采用水提取。采用正交设计法对水提取工艺进行优化研究，从而确定了最佳提取方案。

选择加水量、提取时间和提取次数三个因素，进行$L_9(3^4)$正交设计试验，以提取液作为测定样品，用分光光度法和高效液相色谱法测定处方的总多糖含量、人参总皂苷含量及出膏率，以综合加权评分法对结果进行评价，对试验结果进行直观分析和方差分析，确定最佳提取条件。结果见表6.2.2-1～表6.2.2-4。

表6.2.2-1 水提取工艺正交试验因素水平表

因素	加水量/倍	提取时间/小时	提取次数/次
1	8	1.0	1
2	10	1.5	2
3	12	2.0	3

注：每号实验第1煎多加2倍量水

表6.2.2-2 正交试验结果

NO	加水量/倍 A	提取时间/小时 B	提取次数/次 C	空白 D	总多糖/mg	人参皂苷/mg	出膏率/%	综合评分
1	1	1	1	1	1.546	2.240	35.57	0.5725
2	1	2	2	2	2.565	3.925	47.02	0.9210
3	1	3	3	3	2.058	2.643	51.28	0.7483
4	2	1	2	3	2.488	4.504	47.19	0.9595
5	2	2	3	1	2.025	3.325	50.92	0.8004
6	2	3	1	2	1.745	3.350	37.08	0.7049
7	3	1	3	2	2.020	4.650	51.01	0.9140
8	3	2	1	3	2.023	2.608	40.36	0.6972
9	3	3	2	1	2.527	3.493	50.31	0.8908

注：总多糖含量、人参总皂苷含量和出膏率权重系数分别为0.4、0.4、0.2

表 6.2.2-3　正交试验直观分析

项目	加水量/倍 A	提取时间/小时 B	提取次数/次 C	空白 D
$\bar{K}_1$	0.747	0.815	0.658	0.755
$\bar{K}_2$	0.822	0.806	0.924	0.847
$\bar{K}_3$	0.834	0.781	0.821	0.802
R	0.087	0.034	0.266	0.092

表 6.2.2-4　正交试验方差分析

项目	偏差平方和	自由度	F比	F临界值	显著性
加水量	0.013	2	1.000	19	无
提取时间	0.002	2	0.154	19	无
提取次数	0.108	2	8.308	19	无
误差	0.01	2	/	/	/

注：$F_{0.05(2, 2)}=19$

结果表明：三因素均不具有显著性差异（$P>0.05$），从F比值可以看出，各因素影响的程度依次为 $R_C>R_A>R_B$，提取次数选择是影响水提取工艺的重要因素，结合直观分析表和能源的节约，选择提取2次。通过直观分析表分析，A因素和B因素中，A_3 和 B_1 的数值最高。

根据正交试验结果，确定的提取条件是 $A_3B_1C_2$，即提取2次，第一次加水12倍，提取1.0小时；第二次加水10倍，提取1.0小时。

对上述工艺进行了三批验证，测定总多糖含量、人参总皂苷含量和出膏率，三批验证结果表明：提取工艺条件稳定，重复性好。

1.2.3　浓缩工艺的考察

对浓缩工艺的浓缩温度和浓缩时间进行考察。

分别在65℃、75℃、85℃条件下进行减压浓缩，分别在4、8、12h测量各自体积并取样，测定各样品中的总多糖含量和人参总皂苷含量，并与原液含量进行比较，结果见表6.2.2-5。在65℃条件减压浓缩，总多糖、人参总皂苷的含量损失较小，故将浓缩温度控制在65℃以下。

表 6.2.2-5　浓缩工艺考察结果

	65℃		75℃		85℃	
	总多糖转移率（%）	人参总皂苷转移率（%）	总多糖转移率（%）	人参总皂苷转移率（%）	总多糖转移率（%）	人参总皂苷转移率（%）
原液	100	100	100	100	100	100
4h	89.13	95.81	73.48	96.48	71.79	92.81
8h	89.14	85.43	71.66	52.35	73.20	52.88
12h	85.93	87.07	60.15	54.62	49.47	50.02

1.2.4　冷藏工艺

为了口服液的放置稳定性，实验室对水提浓缩液考察了室温静置和冷藏静置的方法，考察浓缩液的澄明度，结果冷藏静置效果较好，这与大生产口服液常规采用冷藏静置方法一致，故本品水提浓缩液在阴凉库中冷藏静置24h。

1.2.5 过滤介质考察

实验室小试考察了水提取液过滤介质纱布、药典七号筛（120目），前者为实验室过滤介质之一，后者为大生产常用的水提液过滤介质，结果发现，纱布过滤网眼较大，造成有微细药渣漏过，而120目筛过滤效果较好。故放大生产时，采用120目不锈钢滤网作为水提取液过滤介质。

实验室对冷藏浓缩液过滤介质进行考察，采用药典七号筛（120目）过滤和高速离心的方式，考察浓缩液的澄明度，结果发现药典筛过滤，基本无效果，而高速离心效果较好，故放大生产时，采用高速离心作为浓缩液过滤介质。

1.2.6 制剂调味工艺的考察

考虑配液的原液口味苦、涩，口服液剂型的稳定性，故添加剂选择了常见的甜味剂、防腐剂、稳定剂、酸度调节剂，考察调味剂木糖醇、甜菊糖苷、柠檬酸，由于防腐剂也会影响口感，故选用常用的山梨酸钾加入试验，通过感官评分，考察口服液的口感。结果见表6.2.2-6。

表6.2.2-6 口服液调味考察结果

试验号\调味剂	甜菊糖苷/g	木糖醇/g	柠檬酸/g	口感	感官评分
1	0	2.00	0	较苦	70
2	0.050	0	0	味甜、涩、甜味重	75
3	0.005	0.25	0.005	味甜、较苦	88
4	0.010	0.50	0.010	味甜、微苦	95
5	0.015	0.75	0.010	味甜、微苦	90
6	0.020	1.00	0.015	味甜、稍甜	83
7	0.040	1.00	0.020	味甜、涩、甜味重	80

注：每号试验加入山梨酸钾0.03g。

结果显示：300mL口服液（10瓶），内含甜菊糖苷0.1g、木糖醇5g、柠檬酸0.1g、山梨酸钾0.3g，口味较好。

1.2.7 灭菌方法

口服液常规采用湿热灭菌法灭菌，结合大生产常用灭菌温度和灭菌时间，前期实验室小试采用灌装后煮沸30分钟的方法，结果发现口服液色泽、澄明度、气味、口感基本无变化，故放大生产时，采用湿热灭菌110℃，30分钟进行灭菌，稳定性试验也表明，本方法稳定可行。

1.3 生产放大

经过实验室制备工艺条件参数优化研究确定，表明本品制备工艺合理可行。为进一步考察稳定性，委托天津中威和治药业有限公司进行三批中试放大试验，产品检验由天津中威和治药业有限公司和通标标准技术服务（天津）有限公司共同完成。

本产品增强免疫力配方中原料及辅料均为常见品种，故按照保健食品口服液常规要求拟定适宜人群，本产品配方中有蛹虫草，故在保健食品口服液常规不适宜人群项中加入食用真菌过敏者。适宜人群为免疫力低下者。不适宜人群为少年儿童、孕期及哺乳期妇女及食用真菌过敏者。

通过生产放大产品3批次，每批次6000瓶，结果表明制备工艺稳定可行。

2. 质量标准研究

2.1 感观检查

依据国标，GB 16740检查外观：本品为液体，无正常视力可见外来异物，具有本品特有的气味和滋味，无异味，符合规定。

2.2 功效成分指标及其检测方法的研究

2.2.1 功效成分指标的确定

本产品配方原料为黄精、大枣、陈皮、蒲公英、人参（人工种植）、蛹虫草、香薷、金花茶，增强免疫力功效成分考虑多糖类、人参总皂苷、（总）腺苷（腺嘌呤核苷），进行了HPLC或UV检测方法摸索研究。

2.2.1.1 总多糖含量测定

依据2011年《保健食品功效成分检测方法》多糖的检测方法，方法如下，结果显示本方法稳定可行，列入检测方法。粗多糖的测定如下。

① 原理：多糖经乙醇沉淀分离后，去除其他可溶性糖及杂质的干扰，再与苯酚-硫酸作用成橙红色化合物，其呈色强度与溶液中糖的浓度呈正比，在485nm波长下比色定量。

② 试剂

实验用水为双蒸水，所用试剂为分析纯级。

无水乙醇。

80%（V/V）乙醇溶液。

葡萄糖标准液：准确称取干燥恒重的分析纯葡萄糖0.5000g加水溶解，并定容至50mL，此溶液1mL含10mg葡萄糖，用前稀释100倍为使用液（0.1mg/mL）。

5%苯酚溶液（W/V）：称取精制苯酚5.0g，加水溶解并稀释至100mL，混匀。溶液置冰箱中保存。

浓硫酸（比重1.84）。

标准品来源纯度：无水葡萄糖标准品的分子式、相对分子量、CAS登录号见表1，纯度≥98%，或经国家认证并授予标准物质证书的标准物质。

③ 仪器

离心机：4000r/min。

离心管：具塞15mL。

分光光度计。

水浴锅。

旋涡混合器。

分析天平：感量分别为0.1mg和0.001g。

④ 葡萄糖标准液的配制：准确称取葡萄糖0.5000g加水溶解，并定容至50mL，此溶液1mL含10mg葡萄糖，用前稀释100倍为使用液（0.1mg/mL）。

⑤ 标准曲线的制备：准确吸取葡萄糖标准使用液0mL、0.20mL、0.40mL、0.60mL、0.80mL、1.00mL置于25mL比色管中，补加水至2.0mL，加入5%苯酚溶液1.0mL，在旋涡混合器上混匀，小心加入浓硫酸10mL，在旋涡混合器上小心混匀，置沸水浴中2min，冷却至室温，用分光光度计在485nm波长处以试剂空白为参比，1cm比色皿测定吸收度值。以葡萄糖质量为横坐标，吸光度值为纵坐标，绘制标准曲线。

⑥ 样品处理：称取本品约2g，精密称定，置15mL具塞离心管中，加入无水乙醇8mL，

混匀，于4℃冰箱静置过夜，以4000r/min离心5min，弃去上清液，残渣用80%（V/V）乙醇溶液洗涤3次，每次10mL，离心后弃去上清液。残渣用水溶解并定容至25mL。

⑦ 试样溶液：准确吸取上清液0.60mL置于25mL比色管中，补加水至2.0mL，然后按1.5法测定吸光度值。从标曲上查出葡萄糖含量，计算样品中粗多糖含量。

⑧ 结果计算

$$X = \frac{M_1}{M_2 \times V_2 / V_1} \times 0.9 \times 100$$

式中　X——样品中粗多糖含量，mg/mL；

M_1——样品测定液中葡萄糖的质量，mg；

M_2——样品质量，mg；

V_2——测定用样品液体积，mL；

V_1——样品提取液总体积，mL；

0.9——葡萄糖换算为粗多糖的系数，mL；

⑨ 检测结果

结果显示，三批口服液总多糖依据2011年《保健食品功效成分检测方法》多糖的检测方法，含测结果均符合规定。见表6.2.2-7。

表6.2.2-7　总多糖含量测定结果

检测项目	210601批	210602批	210603批	定量限	技术要求	结果
总多糖（mg/100g）	3.5×10^2	5.3×10^2	6.1×10^2	0.50	$\geq 1.8 \times 10^2$	符合规定

2.2.1.2　人参总皂苷含量测定

本产品处方中含有人参，成品口服液拟测定人参总皂苷，依据"保健食品理化及卫生指标检验与评价技术指导原则（2020年版）第二部分功效成分/标志性成分检验方法六、保健食品中人参皂苷的测定"进行了人参皂苷Re、Rb_1、Rb_2、Rc、Rd的方法摸索，但因为人参皂苷类成分在组方中量较少，在成品中未达到定量限要求，难以测定，故未列入功效成分或标志性成分指标。

2.2.1.3　腺苷含量测定

为了体现蛹虫草和大枣的增强免疫功能，成品口服液拟测定（总）腺苷（腺嘌呤核苷），依据"保健食品理化及卫生指标检验与评价技术指导原则（2020年版）第二部分 功效成分/标志性成分检验方法　十三、保健食品中腺苷的测定"进行了腺苷的方法摸索，结果在成品中未达到定量限要求，难以测定，故未列入功效成分或标志性成分指标。

2.3　各项理化指标选择及其检测方法的研究

2.3.1　理化指标及检测方法的选择依据

依据《保健食品理化及卫生指标检验与评价技术指导原则(2020年版)》《中华人民共和国药典》"制剂通则"-口服液的有关规定，确定了理化指标及检测方法。

本品为液体剂型，不考虑常规固体剂型理化检测指标(如水分、灰分、崩解时限等)，列入口服液常用理化检测指标pH值和可溶性固形物检测。

考虑选择常规污染物指标(如铅、总砷、总汞等)，由于本产品原料与2020年《中华人民共和国药典》对应原料项下均无真菌毒素指标测定，本产品辅料为常规辅料，本产品提取过程不易引入真菌毒素污染，故该测定指标未列入。

本品未含有法律法规、强制性国家标准有限量要求的合成色素、防腐剂、甜味剂、抗氧化剂、加工助剂残留,故未列入特殊指标。

考虑防腐剂/稳定剂用量的安全性,本产品列入山梨酸钾(以山梨酸计)检测。

2.3.2 理化指标及检测方法

采用国标方法,详细理化指标及检测方法如下:

理化指标1 总汞(以Hg计)检查,依据"GB 5009.17 食品安全国家标准食品中总汞及有机汞的测定"的方法。

理化指标2 总砷(以As计)检查,依据"GB 5009.11 食品安全国家标准食品中总砷及无机砷的测定"的方法。

理化指标3 铅(以Pb计)检查,依据"GB 5009.12食品安全国家标准食品中铅的测定"的方法。

理化指标4 pH值检测,依据"GB 5009.237食品安全国家标准食品pH值的测定"的方法。

理化指标5 山梨酸钾(以山梨酸计)检测,依据"GB5009.28食品安全国家标准食品中苯甲酸、山梨酸和糖精钠的测定"的方法。

理化指标6 可溶性固形物检测,依据"GB/T 12143饮料通用分析方法"的方法。

2.3.3 检测结果

结果显示,三批口服液理想指标均符合规定。结果见表6.2.2-8。

表6.2.2-8 理化指标检测结果

检测项目	210601批	210602批	210603批	定量限	技术要求	结果
总汞(Hg, mg/kg)	未检出	未检出	未检出	0.010	≤0.02	符合规定
总砷(As, mg/kg)	0.027	0.022	0.018	0.10	≤0.3	符合规定
铅(Pb, mg/kg)	未检出	未检出	未检出	0.02	≤0.02	符合规定
pH值	4.83	4.70	4.75	—	4.5～5.5	符合规定
可溶性固形物(%)	10.5	11.5	11.5	—	8.0～11.0	符合规定
山梨酸钾(g/kg)	1.13	1.07	1.08	0.010	≤2.0	符合规定

2.4 装量差异(净含量及允许负偏差)检查

本产品为液体剂型,装量差异(净含量及允许负偏差)指标为常规检测项目,依据2020年《中华人民共和国药典》四部通则0123检测。结果均符合规定。

2.5 微生物检查

依据 GB 4789.2、GB 4789.3、GB 4789.15、GB 4789.10 进行微生物检查,结果均符合规定(表6.2.2-9)。

表6.2.2-9 微生物检查结果

检测项目	210601批	210602批	210603批	定量限	技术要求	结果
菌落总数(CFU/mL)	<1	<1	<1	—	≤1000	符合规定
大肠菌群(MPN/mL)	<0.030	<0.030	<0.030	—	≤0.43	符合规定
霉菌和酵母菌(CFU/mL)	<1	<1	<1	—	≤50	符合规定
金黄色葡萄球菌(/25mL)	未检出	未检出	未检出	—	≤0	符合规定
沙门氏菌(/25mL)	未检出	未检出	未检出	—	≤0	符合规定

2.6　全部原辅料质量要求制定的依据

本产品原料选用增强免疫力相关的食药两用及新资源食品，故质量要求依据国家或地方标准，黄精、大枣、陈皮、蒲公英、人参、香薷符合《中华人民共和国药典》标准，金花茶符合《广西壮族自治区中药材标准》，蛹虫草符合GB7096食用菌卫生标准。

本产品纯化水符合2020年版《中华人民共和国药典》要求，其他辅料选择市售常见辅料，属于市场监管总局《保健食品备案产品可用辅料及其使用规定（2021年版）》（2021年第7号）辅料表中可用辅料，应符合GB 2760食品添加剂使用标准的要求。

2.7　产品技术要求文本

保健食品产品技术要求

国食健注

人参虫草口服液

【原料】黄精、大枣、陈皮、蒲公英、人参、蛹虫草、香薷、金花茶。

【辅料】纯化水，木糖醇，山梨酸钾，甜菊糖苷，柠檬酸。

【生产工艺】本品经水提、浓缩、冷藏、离心、配液、滤过等主要工艺加工制成。

【直接接触产品包装材料的种类、名称及标准】钠钙玻璃模制药瓶，规格30ZKH，执行标准YB/QESC（02）042-2015；酚醛树脂瓶盖应符合《食品安全国家标准 食品接触用塑料材料及制品》（GB 4806.7）。

【感官要求】应符合表1的规定。

表1　感官要求

项目	指标
色泽	棕红色
滋味、气味	具有本品特有的气味和滋味，无异味
状态	液体，无正常视力可见外来异物，久置后允许有少量沉淀

【理化指标】应符合表2的规定。

表2　理化指标

项目	指标	检测方法
总汞（以Hg计，mg/kg）	≤0.02	GB 5009.17
总砷（以As计，mg/kg）	≤0.3	GB 5009.11
铅（以Pb计，mg/kg）	≤0.02	GB 5009.12
pH值	4.5～5.5	GB 5009.237
山梨酸钾（以山梨酸计）	≤2.0g/kg	GB5009.28
可溶性固形物（%）	8.0～12.0	GB/T 12143

【微生物指标】应符合表3的规定。

表3 微生物指标

项目	指标	检测方法
菌落总数（CFU/mL）	≤1000	GB4789.2
大肠菌群（MPN/mL）	≤0.3	GB4789.3 MPN 计数法
霉菌和酵母（CFU/mL）	≤50	GB4789.15
金黄色葡萄球菌	≤0/25mL	GB4789.10
沙门氏菌	≤0/25mL	GB4789.4

【标志性成分指标】应符合表4的规定。

表4 标志性成分指标

项目	指标	检测方法
粗多糖（mg/100g）	$\geq 1.8 \times 10^2$	《保健食品功效成分检测方法》2011 版

1. 粗多糖的测定

1.1 原理：多糖经乙醇沉淀分离后，去除其他可溶性糖及杂质的干扰，再与苯酚-硫酸作用成橙红色化合物，其呈色强度与溶液中糖的浓度成正比，在485nm波长下比色定量。

1.2 试剂

实验用水为双蒸水，所用试剂为分析纯级。

1.2.1 无水乙醇。

1.2.2 80%（V/V）乙醇溶液。

1.2.3 葡萄糖标准液：准确称取干燥恒重的分析纯葡萄糖0.5000g加水溶解，并定容至50mL，此溶液1mL含10mg葡萄糖，用前稀释100倍为使用液（0.1mg/mL）。

1.2.4 5%苯酚溶液（W/V）：称取精制苯酚5.0g，加水溶解并稀释至100mL，混匀。溶液置冰箱中保存。

1.2.5 浓硫酸（比重1.84）。

1.2.6 标准品来源纯度：无水葡萄糖标准品的分子式、相对分子量、CAS登录号见表1，纯度≥98%，或经国家认证并授予标准物质证书的标准物质。

1.3 仪器

1.3.1 离心机：4000r/min。

1.3.2 离心管：具塞15mL。

1.3.3 分光光度计。

1.3.4 水浴锅。

1.3.5 旋涡混合器。

1.3.6 分析天平：感量分别为0.1mg和0.001g。

1.4 葡萄糖标准液的配制：准确称取葡萄糖0.5000g加水溶解，并定容至50mL，此溶液1mL含10mg葡萄糖，用前稀释100倍为使用液（0.1mg/mL）。

1.5 标准曲线的制备：准确吸取葡萄糖标准使用液0mL、0.20mL、0.40mL、0.60mL、

0.80mL、1.00mL置于25mL比色管中,补加水至2.0mL,加入5%苯酚溶液1.0mL,在旋涡混合器上混匀,小心加入浓硫酸10mL,在旋涡混合器上小心混匀,置沸水浴中2min,冷却至室温,用分光光度计在485nm波长处以试剂空白为参比,1cm比色皿测定吸收度值。以葡萄糖质量为横坐标,吸光度值为纵坐标,绘制标准曲线。

1.6 样品处理:称取本品约2g,精密称定,置15mL具塞离心管中,加入无水乙醇8mL,混匀,于4℃冰箱静置过夜,以4000r/min离心5min,弃去上清液,残渣用80%(V/V)乙醇溶液洗涤3次,每次10mL,离心后弃去上清液。残渣用水溶解并定容至25mL。

1.7 试样溶液:准确吸取上清液0.60mL置于25mL比色管中,补加水至2.0mL,然后按1.5法测定吸光度值。从标曲上查出葡萄糖含量,计算样品中粗多糖含量。

1.8 结果计算

$$X = \frac{M_1}{M_2 \times V_2 / V_1} \times 0.9 \times 100$$

式中　X——样品中粗多糖含量,mg/mL;

　　　M_1——样品测定液中葡萄糖的质量,mg;

　　　M_2——样品质量,mg;

　　　V_2——测定用样品液体积,mL;

　　　V_1——样品提取液总体积,mL;

　　　0.9——葡萄糖换算为粗多糖的系数,mL;

【装量差异指标】

应符合《中华人民共和国药典》中"制剂通则"项下"口服溶液剂　口服混悬剂　口服乳剂"的规定。

【原辅料质量要求】

1.原料要求:黄精、大枣、陈皮、蒲公英、人参、香薷符合《中华人民共和国药典》标准,金花茶符合《广西壮族自治区中药材标准》,蛹虫草符合GB 7096食用菌卫生标准。

2.辅料要求:木糖醇、山梨酸钾、甜菊糖苷、柠檬酸应符合GB 2760—2014食品添加剂使用标准的要求。

3.纯化水:应符合《中华人民共和国药典》的要求。

3.功能分析与评价

本产品保健功能采用增强免疫力功能的动物试验进行评价,研究如下。

3.1 实验目的

对人参虫草口服液增强免疫力功能进行评价。

3.2 实验材料

3.2.1　样品:人参虫草口服液,服用方法为成人每日2次,每次1瓶,每瓶30mL。因每日服用量较大,无法在动物实验中使用,因此厂家在保证原料和主要生产工艺不变的情况下,采用减压浓缩方法进行浓缩,提供10倍浓缩液5L。浓缩后的人参虫草口服液,为棕红色液体,人拟用剂量为6mL/(60kg·BW·日),由天津药物研究院有限公司提供。测比重为1.440g/mL。

3.2.2　实验动物:18～22g雌性SPF级昆明种小鼠160只,由北京维通利华实验动物技术有限公司提供,合格证号:SCXK(京)2016-0011 110011211108851027。

3.2.3　实验动物饲养环境:屏障环境动物实验室,实验动物使用许可证号:SYXK(津)

2019-0005。动物房温度20～25℃，相对湿度40%～70%。饲料由斯贝福（北京）生物技术有限公司提供，实验动物饲料生产许可证号：SCXK（京）2019-0010。

3.2.4 实验剂量与分组：人参虫草口服液（10倍浓缩液），人拟用剂量为6mL/（60kg·BW·日）。试验设低、中、高三个剂量组，分别为1.44、2.88、4.32g/（kg·BW），即相当于人拟用剂量的10倍、20倍、30倍。低、中、高剂量组分别称取样品15mL、30mL、45mL加蒸馏水至300mL，充分混匀，各组动物按0.2mL/（10g·BW）灌胃，每次灌胃前摇匀。对照组给予等量蒸馏水，每日一次，连续30天，末次给予受试物后24h测定各项指标。将实验动物分成4个免疫大组，每组40只，每大组动物又分成4个小组，分别为对照和低、中、高三个剂量组，每组10只。其中免疫1组进行半数溶血值（HC_{50}）测定、抗体生成细胞检测、迟发型变态反应（足跖增厚法）；免疫2组进行小鼠腹腔巨噬细胞吞噬鸡红细胞实验、脏/体比值测定；免疫3组进行碳廓清实验；免疫4组进行小鼠脾淋巴细胞转化实验、NK细胞活性测定实验。

3.2.5 主要仪器与试剂

（1）主要仪器与材料：离心机、恒温水浴箱、二氧化碳培养箱、无菌解剖器材、显微镜、酶标仪、生物安全柜、玻片架、纱布、游标卡尺、微量注射器、计时器、血色素吸管、24孔培养板、96孔培养板等。

（2）主要试剂：绵羊红细胞（SRBC）、补体（豚鼠血清）、SA缓冲液、都氏试剂、Hank's液、RPMI1640细胞培养液、鸡红细胞、丙酮、甲醇、生理盐水、Giemsa染液、印度墨汁、Na_2CO_3（分析纯）、小牛血清、刀豆蛋白A、异丙醇、MTT（噻唑蓝）、PBS缓冲液、LDH基质液、HCL等。

（3）实验细胞：YAC-1细胞，购于上海中科院细胞库，细胞悬浮培养。

3.3 实验方法

3.3.1 半数溶血值（HC_{50}）的测定

给予受试物第29天后，每只鼠腹腔注射0.2mL 2% SRBC，再继续给受试物至第33天时，眼内眦取血，2000r/min离心10min收集血清，用SA缓冲液将其稀释250倍。试管内加入1mL稀释的血清、0.5mL 10% SRBC和1mL补体。另设不加血清的对照管（以SA缓冲液代替），37℃水浴20min后冰浴终止反应。2000r/min离心10min，取1mL上清，加3mL都氏试剂为样品管，同时另取0.25mL 10% SRBC加都氏试剂至4mL用以测定SRBC半数溶血时的光密度值，充分混匀，放置10min后，540nm处测定各管光密度值。

$$半数溶血值(HC_{50}) = \frac{样品管OD值}{SRBC半数溶血时的OD值} \times 稀释倍数$$

3.3.2 抗体生成细胞检测

给予受试物第29天后，每只鼠腹腔注射0.2mL 2% SRBC，再继续给受试物至第33天后脱臼处死动物，取出脾脏，放在盛有4层纱布及Hank's液的平皿内，用镊子轻轻磨碎脾脏，制成细胞悬液。用Hank's液洗2次，每次1000r/min离心10min，最后将细胞悬浮于8mL RPMI1640培养液中。将表层培养基加热溶解，45℃水浴保温，与等量2倍浓度Hank's液混合，分装小试管，每管0.5mL，加入50μL 10% SRBC，20μL脾细胞悬液，迅速混匀，倒片，二氧化碳培养箱中培养1～1.5h，加入用SA缓冲液稀释的补体（1∶8），继续培养1h，计数溶血空斑数。

$$抗体细胞生成数\frac{10^3}{全脾} = \frac{观察空斑数 \times 稀释倍数（320）}{1000}$$

3.3.3 迟发型变态反应（足跖增厚法）

给予受试物第29天后,每只鼠腹腔注射0.2mL 2% SRBC,再继续给受试物至第32天时测量左后足跖部厚度,同时在测量部位注射20μL 20% SRBC,注射24h后测量左后足跖部厚度,同一部位测量三次,取平均值。

$$攻击前后足跖厚度差值（mm）= 攻击后足跖厚度 - 攻击前足跖厚度$$

3.3.4 小鼠腹腔巨噬细胞吞噬鸡红细胞实验（半体内法）

给予受试物34天后,每只鼠腹腔注射1mL 20%鸡红细胞悬液,间隔30min,颈椎脱臼处死动物,正中剪开腹壁皮肤,经腹腔注入2mL生理盐水,手指轻轻按揉腹腔1min,吸出1mL腹腔洗液,平均分滴于2片载玻片上,放入垫有湿纱布的搪瓷盘内,于37℃孵箱温育30min后,生理盐水漂洗,

晾干,以1:1丙酮甲醇溶液固定,4%的Giemsa染色10min。油镜下计数巨噬细胞,每张片计数100个,按下式计算吞噬百分率和吞噬指数。

$$吞噬百分率(\%) = \frac{吞噬鸡红细胞的巨噬细胞数}{计数的巨噬细胞数} \times 100$$

$$吞噬指数 = \frac{被吞噬的鸡红细胞总数}{计数的巨噬细胞数}$$

3.3.5 脏器/体重比值测定

给受试物34天后,取出脾脏、胸腺,分别称出脾脏、胸腺重量,计算脏/体比。

3.3.6 小鼠碳廓清实验

给予受试物35天后,尾静脉注射3.5倍稀释的印度墨汁[0.1mL/(10g·BW)],分别于第2、10min眼内眦取血20μL,加入到2.98mL 0.1%碳酸钠溶液中,600nm处测定各管光密度值。另取肝、脾称重,按下式计算吞噬指数。

$$吞噬指数(a) = \frac{体重}{肝重+脾重} \times \sqrt[3]{k}$$

$$K = \frac{\lg OD_1 - \lg OD_2}{t_2 - t_1}$$

3.3.7 ConA诱导的小鼠脾淋巴细胞转化实验（MTT法）

给予受试物36天,无菌取脾,置于盛有4层纱布及适量无菌Hank's液平皿内,用镊子轻轻磨碎脾脏,制成单细胞悬液。用Hank's液洗2次,每次1000r/min离心10min,调整细胞浓度为3×10^6个/mL并将细胞悬液分两孔加入24孔培养板中,每孔1mL,一孔加75μL ConA液（100μg/mL）,另一孔为对照,置5% CO_2,37℃孵箱中培养72h。培养结束前4h,每孔吸去上清液0.7mL,加入0.7mL不含小牛血清的RPMI1640培养液,同时加入MTT（5mg/mL）50μL/孔,继续培养4h。培养结束后,每孔加入1mL酸性异丙醇,吹打混匀,使紫色结晶完全溶解。用酶标仪以570nm波长测定光密度值。按下式计算光密度差值。

$$光密度（ABS）差值 = 加ConA孔光密度 - 未加ConA孔光密度$$

3.3.8 NK细胞活性测定（乳酸脱氢酶测定法）

试验前24h将YAC-1细胞（靶细胞）进行传代培养,用RPMI1640完全培养液调整细胞浓度为4×10^5个/mL。无菌取脾,置于盛有4层纱布及适量无菌Hank's液平皿内,用镊子轻轻磨碎脾脏,制成单细胞悬液。1000r/min离心10min,Hank's液洗3遍,弃上清,调整细胞浓度为

2×10^7 个/mL。取靶细胞和效应细胞各 100μL（效靶比 50:1），加入 96 孔培养板，靶细胞自然释放孔加靶细胞和培养液各 100μL，靶细胞最大释放孔加靶细胞和 1% NP40 各 100μL，均设三个平行孔，于 37℃、5% CO_2 培养箱中培养 4h，每孔吸取上清液 100μL 置 96 孔培养板中，同时加入 100μL LDH 基质液，反应 3min，每孔加入 30μL（1mol/L）的 HCl，在酶标仪 490nm 测定光密度值。

按下式计算 NK 细胞活性：

$$NK细胞活性(\%) = \frac{反应孔OD - 自然释放孔OD}{最大释放孔OD - 自然释放孔OD} \times 100\%$$

3.3.9 实验数据统计

实验数据用 SPSS21.0 for Windows 进行统计检验，对照组与实验组采用方差分析，如方差不齐者采用数据转换，转换后仍不齐则采用非参数统计。

3.4 实验结果

3.4.1 受试物对小鼠体重的影响

由表 6.2.2-10 ～表 6.2.2-13 可见，经口给予不同剂量的受试物 30 天后，各组动物生长活动良好，低、中、高剂量组动物增重与对照组比较，差异均无统计学意义（$P > 0.05$）。

表 6.2.2-10 受试物对免疫 1 组小鼠体重的影响（g, $\bar{x} \pm s$）

组别	剂量 [g/(kg·BW)]	动物数（只）	初期	中期	末期	增重
对照组	0	10	20.5±1.0	29.8±1.6	37.9±2.2	17.4±2.1
低剂量组	1.44	10	20.6±1.0	30.3±2.7	37.8±1.7	17.2±1.6
中剂量组	2.88	10	20.0±1.1	29.9±2.1	37.7±2.9	17.7±3.3
高剂量组	4.32	10	19.8±1.0	29.5±2.4	37.5±2.1	17.7±2.1

表 6.2.2-11 受试物对免疫 2 组小鼠体重的影响（g, $\bar{x} \pm s$）

组别	剂量 [g/(kg·BW)]	动物数（只）	初期	中期	末期	增重
对照组	0	10	20.1±1.3	30.5±2.3	37.6±1.1	17.5±1.0
低剂量组	1.44	10	19.8±0.8	29.5±2.3	37.8±1.3	18.0±1.8
中剂量组	2.88	10	20.3±1.2	29.8±2.4	37.5±1.8	17.2±1.9
高剂量组	4.32	10	19.9±1.4	29.9±1.8	37.7±1.6	17.8±1.2

表 6.2.2-12 受试物对免疫 3 组小鼠体重的影响（g, $\bar{x} \pm s$）

组别	剂量 [g/(kg·BW)]	动物数（只）	初期	中期	末期	增重
对照组	0	10	20.2±1.0	29.3±1.6	37.8±2.3	17.6±2.6
低剂量组	1.44	10	20.1±1.0	29.1±2.0	38.3±3.1	18.2±3.0
中剂量组	2.88	10	19.8±1.1	30.0±2.2	37.3±3.1	17.6±3.2
高剂量组	4.32	10	20.1±0.7	29.5±1.8	37.6±2.0	17.6±1.7

表6.2.2-13　受试物对免疫4组小鼠体重的影响（g, $\bar{x} \pm s$）

组别	剂量 [g/ (kg·BW)]	动物数 （只）	初期	中期	末期	增重
对照组	0	10	20.0±0.7	30.1±1.7	37.7±2.0	17.8±1.7
低剂量组	1.44	10	20.3±1.2	30.0±2.0	37.2±2.9	17.0±2.4
中剂量组	2.88	10	20.4±1.0	30.8±2.1	38.2±2.9	17.8±2.4
高剂量组	4.32	10	20.0±1.1	29.9±2.3	37.5±2.7	17.4±2.2

3.4.2　受试物对小鼠脏器/体重比值的影响

由表6.2.2-14可见，低、中、高剂量组小鼠脾脏/体重、胸腺/体重比值与对照组比较，差异均无统计学意义（$P > 0.05$）。

表6.2.2-14　受试物对小鼠脏器/体重比值的影响（$\bar{x} \pm s$）

组别	剂量 [g/ (kg·BW)]	动物数 （只）	胸腺/体重比值 （%）	脾脏/体重比值 （%）
对照组	0	10	0.458±0.067	0.396±0.172
低剂量组	1.44	10	0.483±0.118	0.402±0.156
中剂量组	2.88	10	0.482±0.106	0.381±0.099
高剂量组	4.32	10	0.400±0.097	0.375±0.147

3.4.3　受试物对体液免疫的影响

（1）受试物对小鼠半数溶血值（HC_{50}）的影响

由表6.2.2-15可见，中剂量组的小鼠半数溶血值（HC_{50}）高于对照组，且差异有统计学意义（$P < 0.05$），高、低剂量组小鼠半数溶血值（HC_{50}）与对照组比较，差异无统计学意义（$P > 0.05$）。

表6.2.2-15　受试物对小鼠半数溶血值（HC_{50}）的影响（$\bar{x} \pm s$）

组别	剂量 [g/ (kg·BW)]	动物数（只）	HC_{50}
对照组	0	10	116.1±9.4
低剂量组	1.44	10	121.0±3.7
中剂量组	2.88	10	130.4±11.6*
高剂量组	4.32	10	114.8±8.1

注：与对照组比较*$P < 0.05$。

（2）受试物对小鼠抗体生成细胞实验的影响

由表6.2.2-16可见，低、中、高剂量组小鼠抗体生成细胞数与对照组比较，差异均无统计学意义（$P > 0.05$）。

表 6.2.2-16　受试物对小鼠抗体生成细胞的影响（$\bar{x} \pm s$）

组别	剂量 [g/（kg·BW）]	动物数（只）	溶血空斑数（×10^3/全脾）
对照组	0	10	13.4±5.3
低剂量组	1.44	10	14.0±5.2
中剂量组	2.88	10	15.0±5.9
高剂量组	4.32	10	14.2±4.7

3.4.4　受试物对小鼠细胞免疫功能的影响

（1）受试物对小鼠迟发型变态反应的影响（足跖增厚法）

由表6.2.2-17可见，高剂量组小鼠攻击前后足跖厚度差值大于对照组，且差异有统计学意义（$P<0.05$）；中、低剂量组小鼠攻击前后足跖厚度差值与对照组比较，差异无统计学意义（$P>0.05$）。

表 6.2.2-17　受试物对小鼠迟发型变态反应（足跖增厚法）的影响（$\bar{x} \pm s$）

组别	剂量 [g/（kg·BW）]	动物数（只）	攻击前后足跖厚度差值（mm）
对照组	0	10	0.49±0.25
低剂量组	1.44	10	0.45±0.26
中剂量组	2.88	10	0.66±0.43
高剂量组	4.32	10	0.84±0.34*

注：与对照组比较*$P<0.05$。

（2）受试物对ConA诱导小鼠脾淋巴细胞转化实验（MTT法）的影响

由表6.2.2-18可见，高剂量组小鼠脾淋巴细胞转化高于对照组，且差异有统计学意义（$P<0.05$）；低、中剂量组小鼠脾淋巴细胞转化与对照组比较，差异均无统计学意义（$P>0.05$）。

表 6.2.2-18　受试物对ConA诱导小鼠脾淋巴细胞转化实验（MTT法）的影响（$\bar{x} \pm s$）

组别	剂量 [g/（kg·BW）]	动物数（只）	光密度差值
对照组	0	10	0.208±0.069
低剂量组	1.44	10	0.236±0.087
中剂量组	2.88	10	0.279±0.082
高剂量组	4.32	10	0.307±0.089*

注：与对照组比较*$P<0.05$。

3.4.5　受试物对单核-巨噬细胞功能的影响

（1）受试物对小鼠腹腔巨噬细胞吞噬鸡红细胞实验的影响

由表6.2.2-19可见，低、中、高剂量组小鼠的吞噬百分率及吞噬指数与对照组比较，差异均无统计学意义（$P>0.05$）。

表 6.2.2-19　受试物对小鼠腹腔巨噬细胞吞噬鸡红细胞实验的影响（$\bar{x} \pm s$）

组别	剂量 [g/（kg·BW）]	动物数（只）	吞噬百分率（%）	吞噬指数
对照组	0	10	20.0±4.1	0.241±0.049
低剂量组	1.44	10	20.8±5.0	0.248±0.056
中剂量组	2.88	10	23.5±5.0	0.272±0.060
高剂量组	4.32	10	21.7±6.0	0.259±0.062

（2）受试物对小鼠碳廓清实验的影响

由表6.2.2-20可见，低、中、高剂量组小鼠吞噬指数与对照组比较，差异无统计学意义（$P>0.05$）。

表 6.2.2-20　受试物对小鼠碳廓清实验的影响（$\bar{x} \pm s$）

组别	剂量 [g/（kg·BW）]	动物数（只）	吞噬指数（a）
对照组	0	10	5.61±3.26
低剂量组	1.44	10	5.82±2.65
中剂量组	2.88	10	6.58±2.12
高剂量组	4.32	10	5.19±0.94

3.4.6　受试物对NK细胞活性的影响

由表6.2.2-21可见，中剂量组小鼠NK细胞活性高于对照组，差异有统计学意义（$P<0.05$），低、高剂量组小鼠NK细胞活性与对照组比较，差异均无统计学意义（$P>0.05$）。

表 6.2.2-21　受试物对小鼠NK细胞活性的影响（乳酸脱氢酶测定法）（$\bar{x} \pm s$）

组别	剂量 [g/（kg·BW）]	动物数（只）	NK细胞活性（%）
对照组	0	10	61.0±14.2
低剂量组	1.44	10	71.0±12.5
中剂量组	2.88	10	76.9±11.1*
高剂量组	4.32	10	69.7±9.1

注：与对照组比较*$P<0.05$。

小结

经口给予不同剂量的人参虫草口服液（10倍浓缩液）30天后，各组动物生长活动正常。小鼠半数溶血值（HC_{50}）实验显示，中剂量组的半数溶血值（HC_{50}）高于对照组，且差异有统计学意义（$P<0.05$）；小鼠迟发型变态反应显示，高剂量组小鼠攻击前后足跖厚度差值大于对照组，且差异有统计学意义（$P<0.05$）；小鼠脾淋巴细胞转化实验显示，高剂量组小鼠脾淋巴细胞转化高于对照组，且差异有统计学意义（$P<0.05$）。NK细胞活性测定显示，中剂量组小鼠NK细胞活性高于对照组，且差异有统计学意义（$P<0.05$）。其他各项试验未见免疫抑制现象。根据《保健食品检验与评价技术规范》（2003年版），提示本样品具有增强动物免疫力功能作用。

4. 安全性分析与评价

本产品进行了体外哺乳类细胞染色体畸变试验、细菌回复突变试验、哺乳动物红细胞微核试验、急性经口毒性试验、28天经口毒性试验，研究如下：

4.1 人参虫草口服液体外哺乳类细胞染色体畸变试验

4.1.1 材料

4.1.1.1 样品：人参虫草口服液，服用方法为每日2次，每次1瓶，每瓶30mL。因每日服用量较大，无法在动物实验中使用，厂家在保证原料和主要生产工艺不变的情况下，采用减压浓缩方法进行浓缩，提供10倍浓缩液5L，浓缩后的"人参虫草口服液"保健食品每日人拟用量为6mL/天，由天津药物研究院有限公司提供，为棕红色液体。测比重为1.440g/mL。

4.1.1.2 细胞株：中国仓鼠肺细胞（CHL），由上海拜力生物科技有限公司提供。染色体数目为25条、核型稳定。

4.1.1.3 体外活化系统：以S9（由天津市医药科学研究所提供）作为体外代谢活化系统，S9为苯巴比妥和β-萘黄酮诱导大鼠后制备的肝匀浆，经活性鉴定符合要求。

4.1.1.4 实验剂量与分组：人参虫草口服液（10倍浓缩液）对细胞的毒性试验结果为未见细胞毒性，在此基础上设三个剂量组，分别为5.00mg/mL、2.50mg/mL、1.25mg/mL，受试物用RPMI1640培养基配制，同时设溶剂对照组和阳性对照组，每个剂量组及对照组各做三个平行样。

4.1.1.5 主要仪器：生物安全柜、CO_2孵箱、台式离心机、荧光倒置显微镜、全自动高压灭菌器、酶标仪、Costar®培养板（24w和96w）、普通显微镜、水浴箱、分析天平。

4.1.1.6 主要试剂

（1）主要试剂

RPMI1640培养基	以色列Biological Industries公司
胎牛血清	以色列Biological Industries公司
胰蛋白酶	HyClone
噻唑蓝（MTT）	北京索莱宝科技有限公司
秋水仙素	美国Sigma公司

（2）主要试剂配制方法

秋水仙素：用生理盐水配制成0.01mg/mL，过滤除菌，使用前新鲜配制。

MTT：用无菌生理盐水配制成5mg/mL，分装，于–20℃保存。

低渗液：0.075mol/L的KCl。

固定液：甲醇与冰醋酸比例为3∶1。

S9mix：磷酸盐缓冲液6.0mL、镁钾溶液0.4mL、葡萄糖-6-磷酸钠盐溶液1.0mL、辅酶Ⅱ溶液1.6mL、肝S9组分1.0mL，混匀，置冰浴中待用。

（3）阳性对照

① 丝裂霉素C（MMC），浙江海正药业股份有限公司生产，为哺乳动物CHL体外培养细胞染色体畸变试验非活化系统阳性对照。2mg/瓶，加注射用生理盐水4mL配制成0.5mg/mL，取1mL，加注射用生理盐水稀释至25mL，配制成浓度为20μg/mL（母液）。

② 环磷酰胺（CP），美国Sigma公司生产，为哺乳动物CHL体外培养细胞染色体畸变试验活化系统阳性对照。称取150mg加注射用生理盐水10mL配制成15mg/mL，取1mL，加注射用生理盐水至10mL，配制成浓度为1.5mg/mL（母液）。

4.1.2 试验方法

4.1.2.1 细胞半数生长抑制剂量（IC_{50}）的测定（MTT法）

用含10%胎牛血清的RPMI 1640培养液将处于对数生长期的CHL细胞配成浓度为4×10^5

个/mL的细胞悬液,加入24孔培养板中,每孔990μL,二氧化碳培养箱(37℃,5%CO_2)培养。在预实验基础上,24h后分别加入不同浓度的受试物10μL/孔,根据预实验设定终浓度分别为5.00mg/mL、2.50mg/mL、1.25mg/mL、0.63mg/mL、0.31mg/mL、0.16mg/mL,培养24h,同时以RPMI 1640培养液为溶剂对照,每个受试物及对照组做3个平行样。用MTT法显色,酶标仪于490nm波长测试OD值,利用SPSS11.5统计软件计算IC_{50}。

4.1.2.2 细胞染毒和染色体制备

每瓶接种1×10^6个CHL细胞,二氧化碳培养箱(37℃,5%CO_2)培养24h后更换新鲜无血清培养液(非活化系统4.95mL/瓶,活化系统4.45mL/瓶),然后分别加入不同浓度的受试物50μL/瓶,活化系统同时加入0.5mL S9mix,使受试物的终浓度分别为5.00mg/mL、2.50mg/mL、1.25mg/mL。阳性对照加入50μL/瓶,使其终浓度MMC为0.2μg/mL,CP为15.0μg/mL。

非活化系统加入受试物作用6h后,换入新鲜1640完全培养液继续培养至24h。收获细胞前4h加入秋水仙素,使其终浓度为0.8μg/mL。收获细胞后37℃水浴低渗30分钟;固定液固定45min,再固定30min;离心弃上清;冰冻滴片,自然风干;giemsa染色。

活化系统每瓶除加入50μL不同浓度受试物之外,另加入S9mix 0.5mL,加受试物作用6h后,换入新鲜1640完全培养液继续培养至24h,收获细胞前4h加入秋水仙素,使其终浓度为0.2μg/mL。收获细胞,染色体的制备方法同非活化,Giemsa染色。

如果上述活化或非活化系统条件下均获得阴性结果,需加做长时间处理的试验,即在非活化条件下,使受试物与试验系统接触时间延长至24h。

以上各实验均设有溶剂对照和MMC阳性对照(−S9)或CP阳性对照(+S9)。

4.1.2.3 染色体分析

在显微镜油镜下进行阅片。每个受试物浓度观察200个染色体形态良好的中期分裂相,并记录染色体的畸变类型[包括染色体断裂(b)、染色体环(r)、染色体交换(e)、染色体多倍体(p)、染色单体缺失(1)、双着丝点(d)和粉碎化(f)等]。

4.1.2.4 统计方法

实验数据采用SPSS 11.5中卡方检验进行染色体畸变率统计;利用SPSS11.5统计软件进行拟合度检验,计算IC_{50}。

4.1.3 实验结果

4.1.3.1 细胞毒性测定结果(MTT法)

终浓度分别为5.00mg/mL、2.50mg/mL、1.25mg/mL、0.63mg/mL、0.31mg/mL、0.16mg/mL的受试物对CHL细胞毒性如表6.2.2-22所示。

结果显示未见受试物对CHL细胞毒性,在此基础上设三个剂量组,分别为5.00mg/mL、2.50mg/mL、1.25mg/mL,进行细胞染色体畸变试验。

表6.2.2-22 人参虫草口服液(10倍浓缩液)对CHL细胞毒性试验结果

剂量(mg/mL)	孔数(n)	抑制率(%)
5.00	3	−6.0
2.50	3	0.2
1.25	3	1.1
0.63	3	−1.1
0.31	3	−0.5
0.16	3	5.2
0	3	0

4.1.3.2 细胞染色体畸变结果

在不加活化系统的6h和24h，5.00mg/mL、2.50mg/mL、1.25mg/mL剂量组染毒实验中，人参虫草口服液（10倍浓缩液）诱导染色体畸变数目未见可重复性增加，且与溶剂对照组比较，差异无统计学意义（$P>0.05$）；在加活化系统的6h接触实验中，人参虫草口服液（10倍浓缩液）各剂量组诱导染色体畸变数目未见可重复性增加，且与溶剂对照组比较，差异无统计学意义（$P>0.05$）；而各阳性对照组诱导染色体畸变数目明显高于溶剂对照组，且差异有统计学意义（$P<0.05$）（见表6.2.2-23）。

表6.2.2-23 人参虫草口服液（10倍浓缩液）对CHL细胞染色体畸变率的影响

组别	剂量（mg/mL）	S9	处理时间（h）	观察细胞数	染色体畸变细胞数	染色体畸变类型	%
受试物	5.00	−S9	24h	100	2	b	2.0
		−S9	6h	100	1	b	1.0
		+S9	6h	100	1	b	1.0
	2.50	−S9	24h	100	1	b	1.0
		−S9	6h	100	2	b	2.0
		+S9	6h	100	2	b	2.0
	1.25	−S9	24h	100	1	b	1.0
		−S9	6h	100	2	b	2.0
		+S9	6h	100	1	b	1.0
溶剂对照	RPMI1640	−S9	24h	100	1	b	1.0
		−S9	6h	100	2	b	2.0
		+S9	6h	100	1	b	1.0
阳性对照（μg/mL）	MMC 0.2	−S9	24h	100	22	b/l	22.0
	MMC 0.2	−S9	6h	100	21	b/e/l	21.0
	CP 20.0	+S9	6h	100	22	b/l	22.0

注：b—染色体断裂；r—染色体环；e—染色体交换；p—染色体多倍体；l—染色单体缺失；d—双着丝点；f—粉碎。

小结

在有和无体外代谢活化系统S9时，以5.00mg/mL、2.50mg/mL、1.25mg/mL剂量的人参虫草口服液（10倍浓缩液）诱导培养的中国仓鼠肺细胞（CHL）染色体畸变，在试验浓度范围内未观察到染色体畸变数有可重复的增加及剂量相关性增加，且在试验浓度范围内未观察到多倍体和内复制的细胞。各剂量组染色体畸变率与溶剂对照组比较，差异无统计学意义（$P>0.05$）。根据《食品安全国家标准 体外哺乳类细胞染色体畸变试验》（GB 15193.23—2014）中"体外哺乳类细胞染色体畸变试验"结果评价和解释，表明在本试验条件下，人参虫草口服液（10倍浓缩液）对培养的中国仓鼠肺细胞（CHL）未见诱导染色体畸变。

4.2 人参虫草口服液（10倍浓缩液）哺乳动物红细胞微核试验报告

4.2.1 材料与方法

4.2.1.1 样品：人参虫草口服液，服用方法为每日2次，每次1瓶，每瓶30mL。因每日服用量较大，无法在动物实验中使用，厂家在保证原料和主要生产工艺不变的情况下，采用减压浓缩方法进行浓缩，提供10倍浓缩液5L，浓缩后的"人参虫草口服液"保健食品每日人拟用量为6mL/天，由天津药物研究院有限公司提供，为棕红色液体。测比重为1.440g/mL。

4.2.1.2 实验动物：SPF级昆明种小鼠50只、体重25～30g、雌雄各半。由北京维通利华实验动物技术有限公司提供，合格证号为SCXK（京）2016-0011 110011211108381482（♂）、110011211108381313（♀）。屏障环境动物实验室温度：20～25℃，湿度：40～70% RH。实验动物使用许可证号：SYXK（津）2019-0005。饲料由斯贝福（北京）生物技术有限公司提供，实验动物饲料生产许可证号：SCXK（京）2019-0010。

4.2.1.3 试验方法：采用30h给受试物法，即两次经口灌胃法给予受试物间隔24h进行试验。将实验动物按体重随机分为5组，每组10只，雌雄各半。以40.0mg/（kg·BW）剂量的环磷酰胺为阳性对照［称取环磷酰胺40.0mg，加无菌生理盐水至10mL，间隔24h两次经腹腔注射给药，给药量为0.1mL/（10g·BW）］。样品剂量设计分别为2.5g/（kg·BW）、5.0g/（kg·BW）、10.0g/（kg·BW），分别称取受试物5.0g、10.0g、20.0g，各加蒸馏水至40mL，充分混匀，浓度分别为0.125g/mL、0.250g/mL、0.500g/mL，灌胃量为0.2mL/（10g·BW），对照组给等量蒸馏水。末次给受试物后6h，颈椎脱臼处死动物，取胸骨骨髓用小牛血清稀释涂片，甲醇固定，Giemsa染色。在光学显微镜下，每只动物计数2000个嗜多染红细胞（PCE），微核发生率以含微核的PCE千分率计，并进行统计处理，统计方法用泊松分布。另外计算PCE/RBC比例。

4.2.2 结果

由表6.2.2-24可见，受试物各剂量组微核率与阴性对照组比较，差异均无统计学意义（$P > 0.05$），而环磷酰胺组与阴性对照组比较，差异有统计学意义（$P < 0.05$）。受试物各剂量组嗜多染红细胞占红细胞总数的比例不少于阴性对照组的20%，未见明显的细胞毒性。未见受试物对小鼠骨髓细胞微核产生影响。

表6.2.2-24　受试物对小鼠骨髓细胞微核发生率的影响

性别	剂量 [g/(kg·BW)]	动物数（只）	观察PCE数（个）	含微核的PCE数（个）	含微核的PCE率（‰）	受检RBC（个）	PCE数（个）	PCE/RBC（$\bar{x} \pm s$）
雄	0	5	10000	8	0.80	1000	444	0.44±0.03
雄	2.5	5	10000	7	0.70	1000	426	0.43±0.03
雄	5.0	5	10000	5	0.50	1000	418	0.42±0.04
雄	10.0	5	10000	6	0.60	1000	419	0.42±0.03
雄	环磷酰胺	5	10000	159	15.90*	1000	428	0.43±0.04
雌	0	5	10000	9	0.90	1000	465	0.47±0.02
雌	2.5	5	10000	5	0.50	1000	411	0.41±0.04
雌	5.0	5	10000	8	0.80	1000	425	0.43±0.04
雌	10.0	5	10000	5	0.50	1000	425	0.43±0.03
雌	环磷酰胺	5	10000	165	16.50*	1000	438	0.44±0.03

注：与阴性对照组比较，*$P < 0.05$

小结

根据《食品安全国家标准哺乳动物红细胞微核试验》(GB 15193.5—2014)，人参虫草口服液（10倍浓缩液）哺乳动物红细胞微核试验结果为阴性。

4.3 人参虫草口服液细菌回复突变试验报告

4.3.1 材料与方法

4.3.1.1 样品人参虫草口服液，服用方法为每日2次，每次1瓶，每瓶30mL。因每日服用量较大，无法在动物实验中使用，厂家在保证原料和主要生产工艺不变的情况下，采用减压浓缩方法进行浓缩，提供10倍浓缩液5L，浓缩后的"人参虫草口服液"保健食品每日人拟用量为6mL/天，由天津药物研究院有限公司提供，为棕红色液体。比重为1.440g/mL。

4.3.1.2 试验菌株及阳性物

Ames试验用TA97a、TA98、TA100、TA102、TA1535五株试验菌来源均为上海北诺科技生物技术有限公司。阳性物敌克松（Dexon）的来源为美国Sigma公司，批号为102K0733；叠氮钠来源于美国INC公司，博大泰克公司分装；2-氨基芴（2-AF）为美国Sigma公司，批号为16F-3451；1,8-二羟基蒽醌来源为美国Sigma公司，批号447068/1。

4.3.1.3 试验方法

（1）正式试验（第一次实验）：称取样品0.5g加无菌蒸馏水至10mL，混匀后121℃、20min高压灭菌为①液。取①液2mL，加无菌蒸馏水4.32mL，混匀后为②液，取②液2mL，加无菌蒸馏水4.32mL，混匀后为③液，取③液2mL，加无菌蒸馏水4.32mL，混匀后为④液，取④液2mL，加无菌蒸馏水4.32mL，混匀后为⑤液（受试物浓度分别为50.0mg/mL、15.8mg/mL、5.0mg/mL、1.58mg/mL、0.5mg/mL）。试验设50μg/皿、158μg/皿、500μg/皿、1580μg/皿、5000μg/皿5个剂量（《食品安全国家标准细菌回复突变试验》GB15193.4-2014按等比组距的原则设定剂量间隔，推荐使用$\sqrt{10}$倍组距）。同时设空白对照、DSMO对照及阳性对照。在顶层琼脂中加入0.1mL试验菌株增菌液、0.1mL受试物和0.5mL S9混合液（当需要代谢活化时），混匀后倒入底层培养基平板上，每个剂量及对照均做3个平行样。在37℃培养48h，计数每皿回变菌落数。如果受试物的回变菌落数是空白对照菌落数2倍以上，并具有剂量－反应关系者则定为阳性。

（2）重复试验：称取样品0.5g加无菌蒸馏水至10mL，混匀后121℃、20min高压灭菌为①液。取①液2mL，加无菌蒸馏水至10mL，混匀后为②液，取②液2mL，加无菌蒸馏水至10mL，混匀后为③液，取③液2mL，加无菌蒸馏水至10mL，混匀后为④液，取④液2mL，加无菌蒸馏水至10mL，混匀后为⑤液（受试物浓度分别为50.0mg/mL、10.0mg/mL、2.0mg/mL、0.4mg/mL、0.08mg/mL）。试验设8μg/皿、40μg/皿、200μg/皿、1000μg/皿、5000μg/皿5个剂量（《食品安全国家标准细菌回复突变试验》GB 15193.4—2014重复试验使用5倍组距）。同时设空白对照、DSMO对照及阳性对照。在顶层琼脂中加入0.1mL试验菌株增菌液、0.1mL受试物和0.5mL S9混合液（当需要代谢活化时），混匀后倒入底层培养基平板上，每个剂量及对照均做3个平行样。在37℃培养48h，计数每皿回变菌落数。如果受试物的回变菌落数是空白对照菌落数2倍以上，并具有剂量－反应关系者则定为阳性。

4.3.2 实验结果

以50μg/皿、158μg/皿、500μg/皿、1580μg/皿、5000μg/皿5个剂量对受试物进行细菌回复突变试验。在加与不加S9时，受试物对鼠伤寒沙门氏菌TA97a、TA98、TA100、TA102、

TA1535五株试验菌株，回变菌落数均在正常范围内，均未超过空白对照菌落数2倍，且无剂量－反应关系。由表6.2.2-4可见，重复试验以8μg/皿、40μg/皿、200μg/皿、1000μg/皿、5000μg/皿5个剂量对受试物进行细菌回复突变试验。在加与不加S9时，受试物对鼠伤寒沙门氏菌TA97a、TA98、TA100、TA102、TA1535五株试验菌株，回变菌落数均在正常范围内，均未超过空白对照菌落数2倍，且无剂量－反应关系。在该试验条件下，受试物对测试菌株不诱发基因突变，试验结果为阴性。

小结

根据《食品安全国家标准细菌回复突变试验》（GB15193.4-2014），人参虫草口服液（10倍浓缩液）细菌回复突变试验结果为阴性。

4.4 人参虫草口服液急性经口毒性试验报告

4.4.1 材料和方法

4.4.1.1 样品：人参虫草口服液，服用方法为每日2次，每次1瓶，每瓶30mL。因每日服用量较大，无法在动物实验中使用，厂家在保证原料和主要生产工艺不变的情况下，采用减压浓缩方法进行浓缩，提供10倍浓缩液5L，浓缩后的"人参虫草口服液"保健食品每日人拟用量为6mL/天，由天津药物研究院有限公司提供，为棕红色液体。测比重为1.440g/mL。

4.4.1.2 实验动物：选用SPF级健康SD大鼠和昆明种小鼠各20只，雌雄各半，由北京维通利华实验动物技术有限公司提供，小鼠体重18～22g，合格证号为SCXK（京）2016-0011 1100121 11106715326（雄）、1100121 11106715272（雌）；大鼠体重180～220g，合格证号为SCXK（京）2016-0011 1100121 11106715067（雄）、1100121 11106714916（雌）。屏障环境动物实验室，室温20～25℃，相对湿度40%～70%。实验动物使用许可证号：SYXK（津）2019-0005。饲料由斯贝福（北京）生物技术有限公司提供。饲料生产许可证号：SCXK（京）2019-0010。

4.4.1.3 试验方法：

（1）小鼠急性经口毒性试验：采用限量法进行测试，选用18～22g SPF级昆明种小鼠20只，雌雄各半，以21.6g/（kg·BW）的剂量（取样品150mL，加蒸馏水至200mL），经口1次染毒，灌胃总量为0.2mL/（10g·BW）。灌胃前禁食4h，染毒2h后喂食，给药后连续观察14天，记录中毒表现及死亡情况。

（2）大鼠急性经口毒性试验：采用限量法进行测试，选用180～220g SPF级SD大鼠20只，雌雄各半，以21.6g/（kg·BW）的剂量（取样品150mL，加蒸馏水至200mL）经口1次染毒，灌胃总量为2mL/（100g·BW）。灌胃前禁食16h，染毒3h后喂食，给药后连续观察14天，记录中毒表现及死亡情况。

4.4.2 结果

由表6.2.2-25、表6.2.2-26可见，以21.6g/（kg·BW）的剂量灌胃两种性别的大、小鼠，观察14天。实验期间未见明显的中毒表现，观察期内无死亡，尸检中各主要脏器未见异常，观察期内动物体重增长正常。受试物对两种性别的大、小鼠的急性经口毒性LD_{50}均大于21.6g/（kg·BW）。

表 6.2.2-25　受试物对小鼠的急性经口毒性

性别	剂量 [g/(kg·BW)]	动物数（只）	体重（g, $\bar{x} \pm s$）			死亡数（只）	LD_{50} [g/(kg·BW)]
			首次	第一周	第二周		
雄	21.6	10	21.0±0.7	32.8±1.6	42.2±1.7	0	>21.6
雌	21.6	10	20.3±0.9	29.2±2.7	36.4±2.6	0	>21.6

表 6.2.2-26　受试物对大鼠的急性经口毒性

性别	剂量 [g/(kg·BW)]	动物数（只）	体重（g, $\bar{x} \pm s$）			死亡数（只）	LD_{50} [g/(kg·BW)]
			首次	第一周	第二周		
雄	21.6	10	186±3	236±8	307±12	0	>21.6
雌	21.6	10	184±3	218±7	257±6	0	>21.6

小结

受试物对两种性别的大、小鼠急性经口毒性LD_{50}均大于21.6g/（kg·BW），根据《食品安全国家标准急性经口毒性试验》（GB15193.3-2014）急性毒性分级标准，本样品属实际无毒。

4.5　人参虫草口服液大鼠28天经口毒性试验报告

4.5.1　材料和方法

4.5.1.1　样品人参虫草口服液，服用方法为每日2次，每次1瓶，每瓶30mL。因每日服用量较大，无法在动物实验中使用，厂家在保证原料和主要生产工艺不变的情况下，采用减压浓缩方法进行浓缩，提供10倍浓缩液5L，浓缩后的"人参虫草口服液"保健食品每日人拟用量为6mL/天，由天津药物研究院有限公司提供，为棕红色液体。测比重为1.440g/mL。

4.5.1.2　实验动物选用SPF级健康Wistar种大鼠，体重70～90g，雌雄各半，由北京维通利华实验动物技术有限公司提供，合格证号为SCXK（京）2016-0006 110011211107455946,110011211107456017。动物适应性饲养4天。

4.5.1.3　实验动物饲养环境屏障环境动物实验室，室温20～25℃，相对湿度40%～70%。采用人工照明，保持12 h光照，12 h黑暗。实验动物使用许可证号为SYXK（津）2019-0005。饲料由斯贝福（北京）生物技术有限公司提供，实验动物饲料生产合格证号：SCXK（京）2019-0010。

4.5.1.4　试验方法

（1）剂量及方法人参虫草口服液（10倍浓缩液）折合人拟用剂量为6.0 mL/（60 kg·BW·日），参照《食品安全国家标准 28天经口毒性试验》（GB 15193.22-2014）方法，具体剂量设计为：3.6g/（kg·BW）、7.2g/（kg·BW）、14.4g/（kg·BW）（分别相当于人拟用剂量的25倍、50倍、100倍）。将大鼠按体重随机分为三个样品组及对照组，每组20只，雌雄各半。低剂量组：量取样品50mL，加蒸馏水至200mL，充分混匀。中剂量组：量取样品100mL，加蒸馏水至200mL，充分混匀。高剂量组：使用样品原液。每日灌胃1次，每周称重2次，根据体重调整灌胃体积，灌胃量为1mL/（100g·BW），连续灌胃28天，对照组灌胃等量蒸馏水。动物单笼喂养，自由饮食，每周记录大鼠进食量、体重，连续观察28天。

(2) 观察指标

① 一般临床观察 试验期间每天观察一次动物的一般表现，并记录动物出现中毒的体征、程度和持续时间及死亡情况。观察实验动物的被毛、皮肤、眼、黏膜、分泌物、排泄物、呼吸系统、神经系统、自主活动及行为表现。

② 体重和摄食量 每周记录体重、进食量，计算食物利用率。试验结束时，计算动物体重增长量、总摄食量、总食物利用率。

③ 眼部检查 试验前和试验结束时，对高剂量组和对照组实验动物进行眼部（角膜、球结膜、虹膜）检查。

④ 血液学检查 受试物灌胃给予大鼠28天后，禁食16h，腹腔注射戊巴比妥钠［50mg/(kg·BW)，购自Sigma公司］麻醉后，腹主动脉取血，15%EDTA二钾抗凝，Sysmex XT-2000i全自动血液分析仪测定大鼠全血白细胞计数、红细胞计数、血红蛋白含量、红细胞压积、血小板计数、白细胞分类。同时，3.8%柠檬酸钠抗凝，Sysmex CS-2100i型全自动血液凝固分析仪测定凝血酶原时间（PT）及活化部分凝血活酶时间（APTT），所用试剂购自德国西门子公司。

⑤ 血生化检查 采血方法同"血液学检查"。动物全血3000r/min离心10min后，采用TOSHIBA TBA-40FR型全自动生化分析仪测定大鼠血清丙氨酸氨基转换酶（ALT）、天门冬氨酸氨基转换酶（AST）、总蛋白（TP）、白蛋白（ALB）、尿素氮（BUN）、血糖（GLU）、总胆固醇（CHO）、甘油三酯（TG）、肌酐（CRE）、碱性磷酸酶（ALP）、谷氨酰转肽酶（GGT），所用试剂购自北京九强生物技术有限公司。MEDICA-Easylyte Plus离子分析仪测定钠（Na^+）、钾（K^+）、氯（Cl^-），所用试剂购自美国MEDICA公司。

⑥ 尿液检查 受试物灌胃大鼠28天后，代谢笼采集尿液，采用迪瑞H-500型尿液分析仪测定大鼠尿中潜血、白细胞、亚硝酸盐、pH、尿胆原、胆红素、蛋白质、葡萄糖、酮体、尿比重及维生素C。

⑦ 大体解剖 试验末期动物禁食16h后称量空腹重，麻醉处死动物进行大体解剖。肉眼观察体表、颅、胸、腹腔及其脏器，剖取并称量心脏、胸腺、肾、肾上腺、肝、脾、睾丸的湿重，计算相对重量（脏/体比值）。

⑧ 病理组织学检查 取出对照组和高剂量组动物的脑、甲状腺、胸腺、心脏、肝、脾、肾、肾上腺、胃、十二指肠、结肠、胰、肠系膜淋巴结、卵巢、睾丸、膀胱，用4%甲醛固定，石蜡包埋、切片、HE染色，在光镜下进行组织学检查。如果发现高剂量组动物的器官或组织有病理改变时，对其他剂量组的相应器官或组织进行病理组织学检查。

4.5.1.5 统计方法 采用SPSS11.5 FOR WINDOWS进行统计，将所有的数据和结果以表格形式进行总结，对计量资料给出均数、标准差。计量资料采用方差分析，进行多个试验组与对照组之间均数比较，分类资料采用Fisher精确分布检验、卡方检验、秩和检验，等级资料采用Ridit分析、秩和检验等。

4.5.2 实验结果

4.5.2.1 一般观察

由表6.2.2-27～表6.2.2-30可见，以3.6g/(kg·BW)、7.2g/(kg·BW)、14.4g/(kg·BW)的受试物灌胃大鼠28天，各组动物体重总体呈增长相。各剂量组动物体重、进食量、食物利用率、总增重、总进食量及总食物利用率与对照组比较，差异均无统计学意义（$P>0.05$）。

表 6.2.2-27　受试物对大鼠体重的影响（g, $\bar{x} \pm s$）

性别	剂量 [g/(kg·BW)]	动物数（只）	始重	第1周	第2周	第3周	第4周
雄	0	10	80.6±3.3	141.2±5.7	198.4±9.8	255.9±11.9	306.5±15.5
	3.6	10	81.1±4.4	138.4±7.0	198.3±8.2	253.4±7.1	301.0±14.9
	7.2	10	80.4±4.5	137.5±8.3	199.0±11.0	255.2±12.1	304.7±16.8
	14.4	10	80.7±4.3	137.2±12.3	197.6±17.5	252.9±22.2	296.2±25.2
雌	0	10	80.2±5.8	125.8±6.2	162.6±7.3	185.9±11.4	211.4±9.0
	3.6	10	79.2±5.5	124.5±6.5	160.4±5.8	186.5±7.3	208.6±7.5
	7.2	10	79.9±5.1	125.3±6.2	158.5±8.7	185.1±9.1	210.4±8.0
	14.4	10	76.9±4.7	120.9±8.5	156.0±9.1	181.6±10.2	205.9±13.8

表 6.2.2-28　受试物对大鼠每周进食量的影响（g, $\bar{x} \pm s$）

性别	剂量 [g/(kg·BW)]	动物数（只）	第1周	第2周	第3周	第4周
雄	0	10	117.1±7.7	150.4±13.5	164.6±12.6	182.3±11.7
	3.6	10	113.1±7.5	148.8±7.7	160.4±7.8	177.6±14.7
	7.2	10	111.0±9.9	152.5±12.9	164.2±15.2	185.2±20.3
	14.4	10	111.5±7.2	151.5±14.6	159.1±8.7	177.8±16.9
雌	0	10	105.2±8.3	120.3±7.8	121.5±4.7	129.7±7.8
	3.6	10	101.5±8.1	120.4±8.1	125.7±6.8	127.6±6.0
	7.2	10	100.2±7.0	118.9±6.8	124.7±8.8	126.6±7.6
	14.4	10	102.3±8.9	117.0±10.0	119.6±8.5	125.8±17.6

表 6.2.2-29　受试物对大鼠每周食物利用率的影响（%, $\bar{x} \pm s$）

性别	剂量 [g/(kg·BW)]	动物数（只）	第1周	第2周	第3周	第4周
雄	0	10	51.7±1.5	38.1±2.0	34.9±3.7	27.7±3.3
	3.6	10	50.7±3.7	40.2±2.2	34.3±3.1	26.7±4.0
	7.2	10	51.4±3.3	40.4±3.5	34.4±3.7	26.6±3.2
	14.4	10	50.5±7.6	39.8±2.6	34.9±4.6	24.5±3.8
雌	0	10	43.7±6.1	30.6±5.9	19.1±5.8	19.8±4.0
	3.6	10	44.6±2.4	29.9±3.7	20.7±4.3	17.4±2.3
	7.2	10	45.3±2.5	27.9±3.5	21.2±4.7	20.0±2.5
	14.4	10	43.0±5.7	30.0±4.9	21.6±5.2	19.3±4.8

表 6.2.2-30　受试物对大鼠总食物利用率的影响（$\bar{x} \pm s$）

性别	剂量 [g/(kg·BW)]	动物数（只）	总增重（g）	总进食量（g）	总食物利用率（%）
雄	0	10	225.9±15.8	614.4±32.3	36.8±1.3
雄	3.6	10	219.9±13.8	599.9±20.1	36.7±1.9
雄	7.2	10	224.3±16.2	612.9±41.8	36.6±1.7
雄	14.4	10	215.5±23.3	599.9±38.0	35.9±3.2
雌	0	10	131.2±7.5	476.7±9.5	27.5±1.4
雌	3.6	10	129.4±7.2	475.2±18.7	27.2±1.3
雌	7.2	10	130.5±7.1	470.4±25.1	27.8±1.2
雌	14.4	10	129.0±12.6	464.7±34.6	27.8±2.2

4.5.2.2　眼部检查

试验期间实验动物未见明显眼部变化。

4.5.2.3　对血液学指标的影响

由表6.2.2-31、表6.2.2-32可见，雌性动物中剂量组实验末期白细胞计数、凝血酶原时间（s）均低于对照组，且差异有统计学意义（$P<0.05$）。其余动物血液学的各项指标均在本检测单位正常值范围内，各项指标与对照组比较差异均无统计学意义（$P>0.05$）。

表 6.2.2-31　受试物对血液学指标的影响（n=10，$\bar{x} \pm s$）

性别	剂量 [g/(kg·BW)]	白细胞计数（×10⁹/L）	红细胞计数（×10¹²/L）	血红蛋白（g/L）	红细胞压积（%）	血小板（×10⁹/L）	活化部分凝血活酶时间（s）	凝血酶原时间（s）
雄	0	6.62±0.96	6.76±0.30	133.9±3.8	38.9±0.8	1310.0±180.1	23.0±1.6	8.8±0.5
雄	3.6	7.00±2.19	6.84±0.17	134.1±4.1	39.3±1.3	1327.4±132.4	22.4±1.4	8.5±0.3
雄	7.2	5.47±1.24	6.74±0.11	134.3±2.1	39.4±0.7	1218.9±114.0	23.6±2.3	8.7±0.4
雄	14.4	5.89±1.61	6.61±0.25	133.4±6.1	39.1±1.7	1282.7±136.5	22.2±3.1	8.5±0.4
雌	0	3.76±0.97	6.43±0.24	127.8±3.4	37.5±0.9	1142.9±96.8	24.1±2.5	8.4±0.4
雌	3.6	3.04±0.85	6.59±0.24	131.4±4.9	38.1±1.3	1128.9±115.5	23.7±1.6	8.2±0.3
雌	7.2	1.96±0.81*	6.24±0.37	125.1±4.9	36.3±1.4	1179.7±143.2	23.2±1.7	7.9±0.2*
雌	14.4	3.36±0.60	6.22±0.15	124.4±4.1	36.4±0.9	1164.4±67.2	23.3±2.3	8.1±0.5

注：与对照组比较，*$P<0.05$。

续表 6.2.2-32　受试物对血液白细胞指标的影响（n=10，%，$\bar{x} \pm s$）

性别	剂量 [g/(kg·BW)]	白细胞分类				
		中性	淋巴	单核	嗜酸	嗜碱
雄	0	11.8±3.0	83.9±3.4	3.1±0.7	1.12±0.32	0.000±0.000
雄	3.6	11.4±3.5	84.9±3.4	2.8±1.0	0.94±0.26	0.000±0.000
雄	7.2	12.3±3.2	83.5±3.8	3.0±0.7	1.21±0.45	0.000±0.000
雄	14.4	12.4±1.9	82.4±2.4	3.8±0.9	1.38±0.35	0.000±0.000

续表

性别	剂量 [g/(kg·BW)]	白细胞分类				
		中性	淋巴	单核	嗜酸	嗜碱
雌	0	15.1±8.5	79.7±8.5	3.2±0.9	2.03±0.91	0.000±0.000
	3.6	17.7±7.6	76.5±7.6	3.6±0.9	2.22±0.62	0.000±0.000
	7.2	14.8±5.5	80.4±6.2	2.8±0.9	2.11±0.73	0.000±0.000
	14.4	15.5±6.9	78.5±7.6	3.7±1.2	2.35±1.20	0.000±0.000

4.5.2.4 对血生化指标的影响

由表6.2.2-33可见，实验末期实验动物各项生化指标均在本检测单位正常值范围内，各剂量组各项指标与对照组比较，差异均无统计学意义（$P>0.05$）。

表 6.2.2-33　受试物对血液生化指标的影响（n=10，$\bar{x}\pm s$）

性别	剂量 [g/(kg·BW)]	ALT (U/L)	AST (U/L)	TP (g/L)	ALB (g/L)	GLU (mmol/L)	ALP (U/L)	GGT (U/L)
雄	0	50.4±5.9	67.1±10.6	57.1±1.3	34.0±0.7	6.19±0.62	201.6±31.0	0.71±0.46
	3.6	51.3±8.3	61.8±5.5	56.8±1.2	33.7±0.4	6.36±0.68	211.4±50.3	0.71±0.50
	7.2	48.1±8.3	64.4±11.3	57.2±1.3	33.9±0.5	5.63±0.69	191.4±70.9	0.62±0.33
	14.4	45.7±8.5	64.6±7.7	57.2±1.0	33.9±0.7	6.16±0.63	190.0±23.4	0.85±0.66
雌	0	48.7±7.4	80.0±17.8	56.1±2.9	33.9±1.5	5.87±0.77	117.8±39.5	0.60±0.38
	3.6	49.0±10.4	68.3±14.3	56.3±2.2	34.1±1.1	5.72±0.53	126.9±36.7	0.53±0.32
	7.2	49.6±7.6	76.0±10.8	57.2±2.4	34.5±1.4	5.56±0.75	141.3±38.9	0.56±0.43
	14.4	46.7±6.7	69.1±16.0	55.0±2.8	32.8±2.1	5.52±0.49	119.6±30.4	0.65±0.47

性别	剂量 [g/(kg·BW)]	BUN (mmol/L)	CRE (μmol/L)	CHO (mmol/L)	TG (mmol/L)	Na^+ (mmol/L)	K^+ (mmol/L)	Cl^- (mmol/L)
雄	0	4.31±0.59	23.3±0.8	2.03±0.20	0.51±0.13	137.1±1.5	3.7±0.2	106.2±1.6
	3.6	4.16±0.57	22.1±1.7	2.09±0.19	0.53±0.13	137.3±0.8	3.8±0.2	107.6±1.0
	7.2	4.49±0.40	21.9±1.7	2.06±0.30	0.51±0.11	136.9±1.4	3.9±0.3	105.9±1.6
	14.4	4.45±1.01	22.5±2.0	2.21±0.22	0.56±0.17	136.7±1.1	4.0±0.3	106.7±0.6
雌	0	5.25±0.76	23.9±2.3	1.91±0.65	0.38±0.23	138.6±2.0	4.0±0.3	108.6±1.3
	3.6	4.79±0.39	23.3±1.3	2.11±0.31	0.31±0.08	138.0±1.4	4.0±0.2	107.9±1.3
	7.2	5.08±0.79	24.3±1.9	1.96±0.31	0.29±0.13	137.9±1.7	4.2±0.3	108.6±1.3
	14.4	5.08±0.66	22.4±1.2	1.79±0.27	0.37±0.12	139.9±1.2	4.0±0.3	109.3±1.5

4.5.2.5 对尿液指标的影响

由表6.2.2-34可见，实验末期实验动物各项尿液指标均在本检测单位正常值范围内，各组各项指标与对照组比较，差异无统计学意义（$P > 0.05$）。

表6.2.2-34 受试物对尿液指标的影响（n=10，阳性数/总数）

性别	剂量 [g/（kg·BW）]	尿胆原	胆红素	酮体	潜血	蛋白质	亚硝酸盐	白细胞	葡萄糖	尿比重 ($\bar{x} \pm s$)	pH ($\bar{x} \pm s$)	维生素C (mmol/L)
雄	0	0/10	0/10	0/10	0/10	1/10	0/10	2/10	0/10	1.016±0.003	7.30±0.48	0.00±0.00
	3.6	2/10	0/10	0/10	0/10	2/10	0/10	3/10	0/10	1.022±0.002	7.15±0.47	0.00±0.00
	7.2	0/10	0/10	0/10	0/10	0/10	0/10	0/10	0/10	1.020±0.004	7.15±0.41	0.00±0.00
	14.4	0/10	0/10	0/10	0/10	0/10	0/10	0/10	0/10	1.025±0.002	7.40±0.21	0.00±0.00
雌	0	1/10	0/10	0/10	0/10	1/10	0/10	0/10	0/10	1.019±0.006	7.30±0.86	0.06±0.19
	3.6	0/10	0/10	0/10	0/10	0/10	0/10	0/10	0/10	1.016±0.002	7.60±0.39	0.06±0.19
	7.2	0/10	0/10	0/10	0/10	0/10	0/10	0/10	0/10	1.017±0.003	7.50±0.62	0.00±0.00
	14.4	0/10	0/10	0/10	0/10	0/10	0/10	2/10	0/10	1.019±0.004	7.35±0.67	0.00±0.00

4.5.2.6 病理组织学检查结果

（1）肉眼大体观察结果

实验结束后对全部实验动物进行系统剖检。各组动物外观、体表、皮肤均未见异常，无被毛脱落、皮肤破损等，肛周无分泌物，胸腹腔膜光滑，未见出血点及积气、积液，主要脏器位置正常，各组各主要脏器未见明显病变。开颅后脑膜及脑无异常发现。

（2）脏器湿重及系数

由表6.2.2-35可见，各组动物空腹重，动物脏器重量与对照组比较，差异均无统计学意义（$P > 0.05$）。由表6.2.2-36可见，雄性动物低、中剂量组实验末期肾脏体重比均高于对照组，且差异均有统计学意义（$P < 0.05$）；雄性动物低剂量组实验末期肾上腺体重比高于对照组，且差异均有统计学意义（$P < 0.05$）。其余动物脏体比与对照组比较，差异均无统计学意义（$P > 0.05$）。

表6.2.2-35 受试物对脏器重的影响（n=10，g，$\bar{x} \pm s$）

性别	剂量 [g/（kg·BW）]	空腹重	心	胸腺	肝
雄	0	293.1±19.4	1.092±0.129	0.646±0.137	8.829±0.774
	3.6	282.2±19.2	1.005±0.124	0.646±0.133	8.965±0.844
	7.2	287.0±18.3	0.984±0.145	0.650±0.119	8.994±0.864
	14.4	280.9±30.8	0.985±0.134	0.603±0.149	8.802±1.641
雌	0	199.2±6.4	0.779±0.087	0.506±0.066	6.659±0.620
	3.6	195.2±5.3	0.777±0.065	0.471±0.113	6.583±0.305
	7.2	194.0±6.7	0.738±0.072	0.524±0.118	6.213±0.497
	14.4	195.1±13.3	0.740±0.061	0.483±0.122	6.490±0.638

续表

性别	剂量 [g/(kg·BW)]	脾	肾	肾上腺	睾丸
雄	0	0.853±0.168	2.291±0.235	0.071±0.013	2.968±0.235
雄	3.6	0.925±0.168	2.431±0.142	0.081±0.013	3.045±0.245
雄	7.2	0.926±0.185	2.462±0.187	0.071±0.015	3.067±0.263
雄	14.4	0.849±0.170	2.299±0.336	0.074±0.014	3.003±0.175
雌	0	0.693±0.055	1.595±0.090	0.095±0.020	—
雌	3.6	0.663±0.072	1.595±0.095	0.087±0.015	—
雌	7.2	0.662±0.079	1.547±0.101	0.082±0.012	—
雌	14.4	0.673±0.064	1.562±0.115	0.084±0.016	—

表 6.2.2-36 受试物对脏器系数的影响（n=10，%，$\bar{x} \pm s$）

性别	剂量 [g/(kg·BW)]	心/体	胸腺/体	肝/体	脾/体	肾/体	肾上腺/体	睾丸/体
雄	0	0.373±0.037	0.220±0.042	3.013±0.183	0.294±0.039	0.784±0.081	0.024±0.004	1.014±0.070
雄	3.6	0.355±0.028	0.229±0.047	3.176±0.183	0.327±0.051	0.863±0.046*	0.029±0.005*	1.082±0.098
雄	7.2	0.342±0.040	0.226±0.040	3.130±0.149	0.323±0.063	0.862±0.100*	0.025±0.005	1.071±0.099
雄	14.4	0.351±0.028	0.213±0.033	3.111±0.268	0.301±0.040	0.818±0.083	0.026±0.004	1.081±0.139
雌	0	0.387±0.045	0.254±0.030	3.344±0.300	0.348±0.030	0.801±0.044	0.047±0.010	—
雌	3.6	0.398±0.034	0.241±0.058	3.365±0.196	0.340±0.038	0.817±0.049	0.044±0.007	—
雌	7.2	0.381±0.039	0.270±0.059	3.202±0.212	0.341±0.039	0.797±0.047	0.042±0.006	—
雌	14.4	0.379±0.023	0.246±0.050	3.327±0.241	0.346±0.032	0.801±0.028	0.043±0.006	—

注：与对照组比较，*$P<0.05$。

（3）各主要脏器病理组织学检查结果

28天实验结束时，各取高剂量组、对照组20只大鼠（雌雄各半）主要脏器，进行病理组织学镜下观察。

① 心脏：心脏内外膜完整，未见渗出物。心肌纤维未见变性、坏死、萎缩或肥大，心肌纤维粉染，横纹清晰，纤维组织增生及冠脉血管系统未见明显改变。

② 肝脏：两组动物肝脏被膜完整，无明显纤维组织增生。肝小叶存在，间质未见结缔组织增生。肝中央静脉、肝小动、静脉未见异常。部分动物汇管区可见少量炎细胞浸润，对照组4/20，高剂量组4/20，两组比较无明显差别。

③ 脾脏：两组动物脾脏包膜完整，红、白髓结构清晰，红髓脾窦红细胞充盈，白髓生发

中心活跃及脾小结中央动脉管壁未见增厚或变性。两组比较无明显差别。

④ 肾脏：动物肾脏包膜完整，皮髓质结构清楚，肾小球体积未见缩小或扩大，数目未见减少。各肾小管上皮细胞未见变性、坏死或脱落，管腔中未见管型及结石，肾间质未见纤维组织增生。个别动物可见间质炎细胞浸润，对照组2/20，高剂量组3/20，两组比较无明显差别。

⑤ 胃：前胃角化良好，胃黏膜完整，未见出血、糜烂、溃疡及脱落，腺体未见增生、化生或萎缩，固有层、肌层及浆膜层未见异常。前后胃交界处无明显异常。

⑥ 十二指肠、结肠：黏膜完整，未见出血、糜烂、溃疡及脱落，固有膜肠腺丰富，未见增生、化生或萎缩，固有层、肌层及浆膜未见异常。两组比较无明显差别。

⑦ 肾上腺：包膜完整，皮髓质结构清楚，皮质球、束、网状带细胞比例正常，髓质可见较大体积的嗜铬细胞。

⑧ 甲状腺：部分滤泡腔中充盈粉染均质物，各细胞未见明显异常。

⑨ 胸腺：包膜完整，皮髓质各细胞未见异常。两组比较无明显差别。

⑩ 胰腺：各小叶外的腺泡结构及内分泌的胰岛各细胞均未见异常。两组比较无明显差别。

⑪ 肠系膜淋巴结：包膜完整，皮髓质各细胞未见异常。两组比较无明显差别。

⑫ 脑：脑膜光滑，大、小脑组织结构、各神经细胞与胶质细胞均未见显著改变。两组比较无明显差别。

⑬ 睾丸：睾丸被膜完整，曲细精管可见各级生精细胞存在且分布正常，腔中可见发育良好的精子细胞。

⑭ 卵巢：子宫内膜呈分泌期—静止期变化，黏膜下腺体丰富，间质可见嗜酸性粒细胞浸润，肌层未见异常。卵巢可见不同生长发育阶段的卵泡细胞及黄体、白体，均未见异常。两组比较无明显差别。

⑮ 膀胱：两组动物移行上皮组织完整，未见细胞增生。个别动物可见黏膜上皮增生，黏膜下层炎细胞浸润，对照组0/20，高剂量组1/20，两组比较无明显差别。

小结

以3.6g/（kg·BW）、7.2g/（kg·BW）、14.4g/（kg·BW）（分别相当于人拟用剂量的25倍、50倍、100倍）的人参虫草口服液（10倍浓缩液）灌胃大鼠28天，在试验期间，各组动物活动自如，被毛有光泽，鼻、眼、口腔无异常分泌物，无中毒死亡情况发生。试验期间，各组动物体重总体呈增长相，各剂量组动物体重、进食量、食物利用率、总增重、总进食量及总食物利用率与对照组比较，差异均无统计学意义（$P>0.05$）。各组动物脏器重量与对照组比较差异均无统计学意义（$P>0.05$）。部分动物脏器体重比与对照组比较差异具有统计学意义（$P<0.05$），其余动物脏体比与对照组比较，差异均无统计学意义（$P>0.05$）。部分动物血液学指标与对照组比较差异具有统计学意义（$P<0.05$），其余动物血液学的各项指标均在本检测单位正常值范围内，各项指标与对照组比较差异均无统计学意义（$P>0.05$）。血生化指标、尿液指标与对照组比较差异均无统计学意义（$P>0.05$）。大体解剖未见异常，未发现与受试样品相关的典型病理组织学改变和特异性损伤改变。

5. 稳定性研究

依据《保健食品稳定性试验指导原则》，普通样品保持期一般为2年，为缩短考察时间，可在加速条件下进行稳定性试验，在温度37±2℃、相对湿度（RH）75%±5%、避免光线直射的条件下，对0、1、2、3个月的样品进行检验。结果见下附检验报告（图6.2.2-1）。

图 6.2.2-1 检验报告

第三节

抗氧化功能食品 - 匮秘靓妍植物饮料、靓妍蜜膏的研制

一、研究背景和意义

高品质的生活是人民日益增长的美好生活需要，尤其是女性群体对美好生活及生活质量的追求尤为明显。不同时期的女性系列产品开发具有极大的市场需求。

中年女性衰老主要是激素的平衡被打破，卵巢功能也经历了从成熟、丰盛开始向衰退、凋零转变，加上生儿育女、家庭和工作等负担导致身体"超限损耗"，一方面，衰老成为中年女性的自然规律，另一方面，家庭和社会的压力又迫使女性"不敢老"、"不能老"，因此中年女性自身普遍具有迫切保持年轻态、延缓衰老的自我意识，进而形成中年女性补血抗衰养颜等强劲的市场需求。

衰老是生物在生命过程中，整个机体的形态、结构和功能逐渐衰退的现象。生命是有限的，如何使有限的生命延长，一直是人们关心的问题。关于衰老的学说大致可归纳为两类，即遗传因素学说和环境因素学说。自由基学说是衰老理论中获得公认的学说，其特点在于它与衰老的其他许多学说都有着直接和间接的关系，成为目前广泛接受和研究的较多的一种学说。自由基，是指具有不配对电子即奇数电子的原子、分子、离子或化学基团，因其具有未成对电子而具有顺磁性和很高的反应活性。生物体内常见的自由基有超氧阴离子、氢自由基和各种脂质过氧化物自由基。自由基在生物体内不断产生，也不断地被清除。机体内的自由基主要来源于细胞内生化反应，此外紫外线照射、电离辐射和环境污染等因素也可诱发机体产生自由基。自由基对正常生命活动的许多重要反应必不可少，它参与生物活性物质的合成，如前列腺素的合成、凝血酶原的合成、胶原蛋白的合成，参与解毒作用、吞噬细胞的杀菌作用等。但是，过量的自由基也可引起广泛的损伤效应，与炎症、肿瘤、免疫性疾病及衰老等有密切的关系。国内外研究证明，自由基对生物体有强大的破坏作用，因而被认为是许多疾病发生与发展的基础。自由基的医学研究表明，炎症、肿瘤、组织缺血再灌注损伤均与活性氧引发的脂质过氧化密切相关。心肌缺血再灌注、炎症反应等过程产生的自由基可损失生物大分子，导致脂质过氧化、蛋白质交联等变化，是许多心脑血管疾病发生发展的重要机制，抑制自由基反应是缓解此类损伤的重要途径。日光、紫外线、电离辐射、化学反应以及机体代谢过程所产生的活性氧具有广泛的病理学效应，例如损伤、致癌作用以及与衰老有关的一系列问题。

中医药学对衰老的研究历史悠久，中医理论认为，随着年龄增长，阳气衰弱，阴精亏损，气血不足，出现脏腑功能减退，气血阴阳失调，组织细胞缓慢性、进行性、退化性功能降低，以及发生紊乱的全身性、多系统、循序渐进的功能衰退的综合表现。"匮秘植物饮料"与"匮秘蜜膏"是天津药物研究院有限公司以药食两用物质为基础，在传统中医药理论指导下，由"广西特色植物"金花茶叶、人参、玫瑰茄、玫瑰花、茉莉花、白菊花等药材组方，通过调理气血阴阳，延缓机体衰老。现代研究表明，金花茶具有抗炎抗氧化和抗衰老的作用。现代研究表明人参皂苷能抑制自由基的产生，或直接清除自由基，具有抗衰老作用；此外人参多糖和皂苷具有增强免疫作用。玫瑰茄味酸性凉，归肾经，具有敛肺止咳、降血压、解酒的功效，

玫瑰茄中含有大量的维生素C、维生素A及苹果酸果胶等物质，可以改善皮肤的胶原蛋白的含量，改善皮肤的松紧度，具有养颜美容的功效。现在研究表明玫瑰花水提物能够清除自由基、抗氧化、改善其皮肤润泽度、具有美容养颜、抗衰老的作用。现代研究表明茉莉花中所含的挥发油能够促进人体胃肠蠕动的作用，改善人体的消化功能，还可以减少大鼠的不自主运动，起到镇静、安神、催眠的作用。白菊花具有疏散风热、平抑肝阳、清肝明目、清热解毒的功效。白菊花酸乙酯和正丁醇萃取物，具有清除氧自由基的能力，故有抗氧化功能，白菊花所含的黄酮类物质有扩张血管、降低血压的作用。另外，产品配方多以花类中药为主，口味清新，味香色艳，口味独特，更受欢迎。

二、匿秘靓妍植物饮料的研制

1. 小试研究

1.1 产品配方

金花茶、玫瑰茄、人参、玫瑰花、茉莉花、白菊花等。

1.2 工艺研究

本产品经水提、配液、灌装等主要工艺加工制成。

1.2.1 提取工艺研究

考虑到配方物料的主要成分为皂苷、黄酮和多糖等成分，故采用水提取。为提升产品的色泽与口感，考察合并提取和分开提取对提取液外观与感官的影响，确定提取方式。

方案一：全方水提，回流1h。

方案二：将玫瑰茄单独提取，其余合并提取，各回流1h，合并滤液。

方案三：将玫瑰茄单独提取，回流1h，金花茶与玫瑰花温浸2h，其余合并提取，回流1h，合并滤液。

结果表明：方案三将玫瑰茄单独提取，回流1h，金花茶与玫瑰花温浸2h，其余合并提取，回流1h，合并滤液。所得提取液色泽朱红鲜艳，苦涩味减轻，故选用方案三作为提取方式（表6.3.2-1）。

表6.3.2-1 提取方式对提取液感官的影响

方案	色泽	滋气味
方案一	棕色	味酸、苦、涩
方案二	朱红色	味酸、苦、涩
方案三	朱红色	味酸、微苦、微涩

1.3 调配研究和感官分析

对匿秘靓妍饮料进行调配研究和感官分析。主要考察成品的滋气味和黏稠度。采用蜂蜜进行调味，设置高中低三组甜度。采用黄原胶调节成品黏度，设置高中低三个黏度。

将合并后的滤液浓缩，按配方量调整体积为每份30mL，设置蜂蜜用量为5g（少甜组）、6g（中甜组）、7g（高甜组）每份，设置黄原胶用量为0.1%（低黏组）、0.25%（中黏组）、0.4%（高黏组），分别考察成品甜度和黏稠度。

受试者测评结果显示高甜中黏组（蜂蜜用量7g，黄原胶0.25%），气芳香，滋味甜、微酸、微涩，黏度适中，口感易被接受，故选择该调配组合（表6.3.2-2）。

表 6.3.2-2　调配结果

组别	滋气味	组别	流动性
少甜组	味酸、涩、微甜	低黏组	高
中甜组	味酸、微甜、微涩	中黏组	中
高甜组	味甜、微酸、微涩	高黏组	低

小结

小试研究确定了匿秘靓妍饮料的提取工艺，确定规格为30mL/袋，对产品的口味和黏度进行了调配，所得成品为朱红色具花香味液体，有一定黏度，味酸甜，微苦，微涩。

2. 中试放大

2.1　产品配方

金花茶、玫瑰茄、人参、玫瑰花、茉莉花、白菊花、蜂蜜等。

2.2　工艺流程

工艺流程如图6.3.2-1所示。

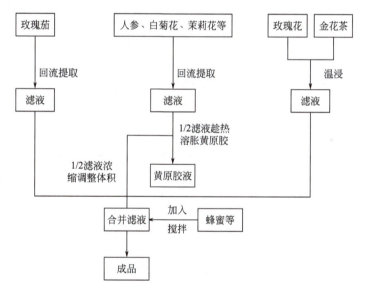

图 6.3.2-1　工艺流程图

成品采用自立袋灌装，每袋30mL，共计10000袋。湿热灭菌法灭菌121℃、20min。

2.3　营养标签的检测

对成品的营养标签内容进行检测，包括能量、蛋白质、脂肪、碳水化合物、钠。

2.4　产品检验结果

2.4.1　外观性状滋气味

中试产品成品为棕红色有一定黏度液体，有花香气，味酸甜、微苦、微涩。

2.4.2　营养成分

营养成分表测定结果（通标标准技术服务有限公司）见表6.3.2-3。

表 6.3.2-3　营养成分表测定结果

检测项目	单位	检测方法	检测结果	定量限
水分	g/100mL	GB5009.3-2016 第一法	87.6	–
灰分	g/100mL	GB5009.4-2016 第一法	0.37	–
蛋白质	g/100mL	GB5009.5-2016 第一法	2.33	–
脂肪	g/100mL	GB5009.6-2016 第二法	<0.1	–
钠（Na）	mg/mL	GB5009.91-2017 第三法	122	10
密度（20℃）	g/mL	GB5009.2-2016 第一法	1.0833	–
总碳水化合物	g/100mL	GB28050-2011 问答（修订版）	18.1	–
能量	kJ/100mL	GB28050-2011 问答（修订版）	347	–

结论

中试所得产品由于湿热灭菌，颜色与小试产品略有差异，气味与小试产品基本一致。

三、匮秘靓妍蜜膏的研制

1. 小试研究

1.1　产品配方

金花茶，玫瑰茄，人参，白菊花，玫瑰花，茉莉花，蜂蜜。

1.2　工艺研究

本产品经水提、浓缩、酉乙液、灌装等主要工艺加工制成。

由于该品种与靓妍饮料配方类似，因此提取工艺参考植物饮料工艺。

1.3　调配研究和感官分析

对靓妍蜜膏进行调配研究和感官分析。主要考察炼蜜程度和成品的滋气味。设置原蜜（未炼蜜）、嫩蜜（105～115℃）、中蜜（116～118℃）、老蜜（119～122℃）四个炼蜜程度。将合并后的滤液浓缩至1.2g生药/mL稠膏，按照每毫升稠膏添加5g蜂蜜，分别考察成品色泽、甜度和黏稠度。

采用原蜜所制的蜜膏颜色朱红明亮、甜、酸、气芳香，具有一定流动性，受试者测评显示，原蜜调配感官最佳（表6.3.3-1）。

表 6.3.3-1　炼蜜程度对感官和粘度的影响

炼蜜程度	色泽	滋气味	粘度
原蜜	朱红色	甜、酸、气芳香	具有一定流动性
嫩蜜	暗红色	甜、酸、气微香	流动性差
中蜜	棕红色	甜、酸、焦香气	不流动
老蜜	棕色	甜、酸、焦香气	不流动

1.4　微生物限度与稳定性研究

由于蜜膏是糖酸过饱和混合物，因此未经灭菌常温放置应符合微生物限度要求。考察不同炼蜜程度的蜜膏及放置0，1，4个月的微生物限度，对其长期稳定性进行研究。

微生物限度研究结果（委托通标标准技术服务天津有限公司）如下：

① 未炼蜜0个月微生物限度检查

检测结果见表6.3.3-2。

表 6.3.3-2　检测结果

检测项目	单位	检测方法	检测结果 007
菌落总数	CFU/g	GB 4789.2—2016	40
大肠菌群	MPN/g	GB 4789.3—2016 第一法	< 0.30
沙门氏菌	/25g	GB 4789.4—2016	ND
志贺氏菌	/25g	GB 4789.5—2012	ND
金黄色葡萄球菌	/25g	GB 4789.10—2016 第一法	ND
霉菌	CFU/g	GB 4789.15—2016 第一法	< 10
酵母	CFU/g	GB 4789.15—2016 第一法	< 10
嗜渗酵母	CFU/g	GB 14963—2011	< 100

② 炼蜜0个月微生物限度检查

检测结果见表6.3.3-3。

表 6.3.3-3　检测结果

检测项目	单位	检测方法	检测结果 005
菌落总数	CFU/g	GB 4789.2—2016	40
大肠菌群	MPN/g	GB 4789.3—2016 第一法	< 0.30
沙门氏菌	/25g	GB 4789.4—2016	ND
志贺氏菌	/25g	GB 4789.5—2012	ND
金黄色葡萄球菌	/25g	GB 4789.10—2016 第一法	ND
霉菌	CFU/g	GB 4789.15—2016 第一法	< 10
酵母	CFU/g	GB 4789.15—2016 第一法	< 10
嗜渗酵母	CFU/g	GB 14963—2011	< 100

③ 未炼蜜1个月微生物限度检查

检测结果见表6.3.3-4。

表 6.3.3-4　检测结果

检测项目	单位	检测方法	检测结果 006
菌落总数	CFU/g	GB 4789.2—2016	20
大肠菌群	MPN/g	GB 4789.3—2016 第一法	< 0.30
沙门氏菌	/25g	GB 4789.4—2016	ND
志贺氏菌	/25g	GB 4789.5—2012	ND
金黄色葡萄球菌	/25g	GB 4789.10—2016 第一法	ND
霉菌	CFU/g	GB 4789.15—2016 第一法	< 10
酵母	CFU/g	GB 4789.15—2016 第一法	< 10
嗜渗酵母	CFU/g	GB 14963—2011	< 100

④ 未炼蜜4个月微生物限度检查
检测结果见表6.3.3-5。

表 6.3.3-5　检测结果

检测项目	单位	检测方法	检测结果 004
菌落总数	CFU/g	GB 4789.2—2016	30
大肠菌群	MPN/g	GB 4789.3—2016 第一法	< 0.30
沙门氏菌	/25g	GB 4789.4—2016	ND
志贺氏菌	/25g	GB 4789.5—2012	ND
金黄色葡萄球菌	/25g	GB 4789.10—2016 第一法	ND
霉菌	CFU/g	GB 4789.15—2016 第一法	< 10
酵母	CFU/g	GB 4789.15—2016 第一法	< 10
嗜渗酵母	CFU/g	GB 14963—2011	< 100

结论

小试研究确定了靓妍蜜膏的规格为260g/瓶，确定提取浓缩调配工艺，并且对产品的口味进行了调配，所得成品为朱红色具花香味蜜膏，味甜，微酸。个样品微生物限度均符合相关标准。

2. 中试放大

2.1　产品配方
金花茶、玫瑰茄、人参、玫瑰花、茉莉花、白菊花、蜂蜜等。
2.2　工艺流程
工艺流程如图6.3.3-1所示。

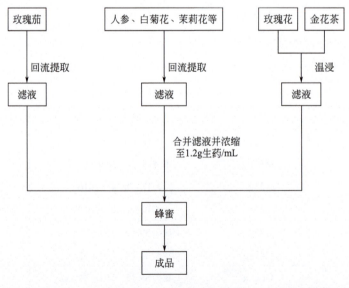

图 6.3.3-1　工艺流程图

成品采用瓶装，每瓶260g，共计1000瓶。

2.3 产品成品检测

对成品的色泽、滋气味、状态、杂质、净含量、微生物限度进行检测。

2.4 产品成品检验结果

2.4.1 外观性状滋气味

产品成品为朱红色蜜膏，有花香气，味酸甜，微苦，微涩，无肉眼所见杂质、净含量符合规定。

2.4.2 微生物限度检测

检测结果见表6.3.3-6。

表6.3.3-6 靓妍蜜膏中试产品微生物限度检查

检验项目	标准规定	检验结果
菌落总数（cfu/mL）	n=5,c=2,m=10^2	<10,<10,<10
	M=10^4	<10,<10
大肠菌群（cfu/mL）	n=5,c=2,m=1	<1,<1,<1
	M=10	<1,<1
霉菌（cfu/mL）	≤20	<10
酵母菌（cfu/mL）	≤20	<10

第四节

清咽功能食品-清玉金花茶片的研制

一、研究背景及意义

咽喉是人体的重要地带，是我们呼吸与饮食、讲话的必用器官，对我们的身体起着非常重要的作用。为引起人们对咽喉的重视，美国耳鼻咽喉科—头颈外科学会于2003年正式将每年的4月16日定为世界嗓音日。据中国耳鼻喉专家统计，在中国庞大的人口中，有87.3%的人群患有咽喉疾病，分布范围不分南北。常见的咽喉症状主要有咽干咽痒、咽部憋气难受、咽部刺痛、咽部有异物感、咳嗽、痰多、嗓子发紧、声音嘶哑、发生劈音、声带充血、发不出声等。

咽喉不适的主要人群包括：

① 职业用声人群：常见职业包括教师、播音员、销售人员、客服、个体经营者、歌唱人员等。教师是嗓音疾病的高发人群，由于特殊的职业性质，教师群体嗓音行为具负荷重、强度大、持续时间长等特点，当声音已经出现说话费力、音量、音调都出现变化的时候，原本是身体发出的信号，但还是要继续说话，这时候声带上就容易长出小结节和息肉。

② 吸烟，酗酒人群：长期的吸烟、酗酒是喉癌和下咽癌的重要危险因素。有吸烟酗酒习惯，年龄超过40岁的男性，有声嘶、咽喉不适等症状超过1个月，就需要及时看医生。

③ 咽喉反流：咽喉反流是指胃内容物反流至食管括约肌以上部位，刺激损伤咽喉部黏膜并引起相应的症状。常表现为声嘶及发音障碍、持续清嗓、痰过多、慢性咳嗽、咽部异物感、烧心、胸痛、胃痛、反酸等症状。

④ 儿童：性格活泼好动、易兴奋、不停地说话、喜欢大声喊叫的儿童，会因声带过度碰

撞而使声带上面长小结节。

咽喉不适，最早见于《素问·阴阳别论》中"一阴一阳结，谓之喉痹"。痹者，闭也，即咽喉闭塞不通之意。祖国医学有"咽喉诸痛，皆属于火"之说。火有虚火、实火之不同。由脏腑亏损、虚火上炎而致的喉痹称虚火喉痹。本病多因患者嗜食辛辣之物、油煎香燥之品，烟酒过度，环境污染，粉尘等刺激而致，亦可因风热喉痹反复发作，久病失治而成。肺肾亏虚，虚火灼津，炼液为痰，循经上蒸咽喉，加之久病必瘀，瘀血阻络，气机不畅致咽喉诸症。

因此，采用玉竹、铁皮石斛等养阴生津；金银花、金花茶等清热散结；桔梗化痰止咳；陈皮等行气化痰。诸药合用共奏养阴清肺生津、化痰行气利咽之功效。

二、清玉金花茶片的研制

1. 小试研究

1.1 产品配方

玉竹、青果、陈皮、桔梗、金银花、铁皮石斛、罗汉果、金花茶等。

1.2 工艺研究

1.2.1 提取浓缩干燥工艺研究

提取浓缩：全方加10倍量水冷浸1h，回流提取2次，10倍水1h，8倍水1h，过滤，合并滤液，减压浓缩至密度1.05～1.10（60℃）。

醇沉：浓缩液中加95%乙醇使含醇量达到60%，静置过夜，离心，上清液备用。

干燥：醇沉上清液减压浓缩至稠膏，真空干燥。

1.2.2 制粒

（1）称取干膏130g，糊精170g，蔗糖粉600g，乳酸薄荷脂1.5g，95%乙醇180mL制软材，16目筛制粒，制得的颗粒55℃鼓风干燥2h，16目筛整粒，加入硬质酸镁0.9g，混匀。

（2）称取干膏130g，糊精170g，蔗糖粉600g，95%乙醇180mL，制软材，16目筛制粒，制得的颗粒55℃鼓风干燥2h，16目筛整粒，称取乳酸薄荷脂1.5g，溶于少量95%乙醇，均匀喷于颗粒表面，加入硬质酸镁0.9g，混匀。

比较成品中乳酸薄荷酯加入顺序对感官评价的影响。

（3）压片：调整单冲压片机压力为8，片重为1g，进行压片，随测片重和硬度，所得异形片（椭圆形）硬度为$12kg/cm^2$。

1.3 实验结果

1.3.1 提取工艺确定

确定最终工艺为，全方加10倍量水冷浸1h，回流提取2次，10倍水1h，8倍水1h，过滤，合并滤液，减压浓缩至密度1.05～1.10（60℃）。浓缩液中加95%乙醇使含醇量达到60%，静置过夜，离心。上清液减压浓缩至稠膏，真空干燥。所得干膏出膏率为26%。

1.3.2 制粒工艺确定

乳酸薄荷脂的加入顺序影响感观风味，干燥前加入清凉感弱于干燥后整粒时加入，因此确定制粒最终工艺为：干膏与辅料按比例混合，95%乙醇用量为干粉的20%制软材，16目筛制粒，制得的颗粒55℃鼓风干燥2h，16目筛整粒，称取乳酸薄荷脂处方量，溶于少量95%乙醇，均匀喷于颗粒表面，加入硬质酸镁1%，混匀。

1.3.3 压片

所得异形片（椭圆）片重为1g，硬度为$12kg/cm^2$，可作为含片或咀嚼片。

1.4 结论

小试研究确定了清喉利咽润喉糖的规格为1g/片，确定制备工艺，并且对产品的口味进行了调配，所得成品为黄白色硬质糖果，味甜，有清凉感。

2. 中试放大

2.1 产品配方

玉竹、青果、陈皮、桔梗、金银花、金花茶等。

2.2 工艺流程

工艺流程见图6.4.2-1。

成品为硬质糖果，1g/片，共计5000片。

2.3 产品成品检测

① 外观性状滋气味、中试产品成品为黄白色硬质糖果，味甜，有清凉感，与小试样品一致。

② 片重差异：取20片称重，将每片片重与平均片重比较，片重为（1g±0.02g）超出差异限度的口含片为0片。

③ 硬度：$10.125 \pm 0.223 kg/cm^2$。

④ 脆碎度：称取10片口含片，脆碎度测定仪测定减失重量为0.02%且无断裂、龟裂及粉碎的片，结果合格。

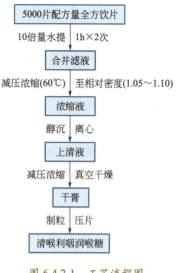

图 6.4.2-1　工艺流程图

第五节

调节糖脂代谢功能食品-芷青复合固体饮料研制及质量标志物研究

一、背景研究及意义

高脂血症（Hyperlipidemia，HLP）是血浆中的脂蛋白代谢异常，总胆固醇（TC）升高，甘油三酯（TG）升高，低密度脂蛋白（LDL-C）升高或高密度脂蛋白（HDL-C）过低的异常状态。其是动脉粥样硬所导致的卒中、心肌梗死、主动脉夹层等疾病发病的高危因素之一。降脂产品的开发是近年来关注的热点，中药对高脂血症的预防与改善有较好的作用，其开发与基础研究均需进一步的研究。

1. 调脂中药健康产品研发的必要性

据调查，成人中血总胆固醇或甘油三酯升高者约占10%～20%，甚至儿童中也有近10%者血脂升高，总患病人数9000万到1.8亿人，而且高脂血症的发生率还有逐渐上升的趋势。此外，还有大量儿童肥胖症、脂肪肝的病人血脂水平偏高，需要得到良好的控制。全世界每天因高脂血症引发的心脑血管疾病死亡人数近3600人之多，我国 1/3 的成年人血脂普遍偏高，每年导致中风的病人近350万人。因此控制血脂也成为现代人重要的保健内容之一。

中医将血脂异常称为膏脂，其病因有先天不足、老年代谢减慢、饮食不节制等，病机为脾失健运、肝失疏泄、肾阳不足所导致的水谷精微或津液输布失常，进一步生化为痰浊、湿邪或瘀血。常用降脂西药包括主要降胆固醇（TC）为主的他汀类、降甘油三酯（TG）为主的贝特类等。他汀类疗效确切，是临床上一线药物，但其又有肝损伤及横纹肌溶解等不可忽视的不良反应。在中医理论指导下治疗血脂异常方面，中医中药具有副作用小的优势。中医干预血脂异常通常有单味中药代茶饮、中药复方、中成药、针灸推拿等。

中医治未病理念最早见于《黄帝内经》，是中医学理论体系中最重要的核心理论之一，具体内容包括未病先防、欲病救萌、既病防变、愈后防复。运用"治未病"理论中的未病先防，使用中医药治疗方法在血脂异常边缘阶段进行干预，使其控制于萌芽状态，不仅对于防治血脂异常有重要意义，更可以减少因血脂升高而引起的动脉粥样硬化所导致的卒中、心肌梗死、主动脉夹层等心脑血管疾病。对病人而言控制了家庭医疗成本，对社会而言节约了医疗资源，具有良好的社会效应。而一些功能性保健品的使用甚至于中成药的介入，对高脂血症的一级预防具有重要意义。

2. 中药质量标志物研究意义

中药质量是中药临床疗效的保障，是中药产业发展的生命线。中药质量研究历来是行业关注的焦点，中药质量标准和质量控制研究和应用是关系到中医药科学和产业发展的国家战略问题。近年来，我国中药科技工作者为中药质量控制做了大量的工作，中药质量研究水平也有了长足的进步，但仍未能满足日益提高的质量控制的要求。特别是中药药效物质基础研究薄弱，致使质量控制指标与中药的有效性关联性不强；质量控制指标专属性差，以同一指标成分评价不同药材的质量，难以反映不同药材的质量特质；单一指标成分难以表征中药复杂体系质量属性的完整性，万分之几的含量限度更是差强人意。虽然业内科技工作者做了大量的研究工作，但由于缺少系统的思路统领，大多数研究都是针对某个局部或点的问题，致使研究工作呈现碎片化，重复性研究现象严重，不能有效地解决行业发展的共性问题。

为提升我国中药产品质量和质量控制水平，刘昌孝院士针对中药生物属性、制造过程及配伍理论等自身医药体系的特点，于2016年提出中药质量标志物的新概念。中药质量标志物概念的提出，针对中药生物属性、制造过程及配伍理论等自身医药体系的特点，整合多学科知识，提出核心质量概念，以此统领中药质量研究，进一步密切中药有效性－物质基础－质量控制标志性成分的关联度；所建立的思维模式和研究方法着眼于全过程物质基础的特有、差异、动态变化和质量的传递性、溯源性，有利于建立中药全程质量控制及质量溯源体系。

中药质量标志物是存在于中药材和中药产品（如中药饮片、中药煎剂、中药提取物、中成药制剂）中固有的或加工制备过程中形成的与中药的功能属性密切相关的化学物质，作为反映中药安全性和有效性的标志性物质进行质量控制。而不是它们经过生物体内过程被吸收的化学物质和所产生的化学物质（如人体内代谢物、消化道酶或微生物转化的化学物质），需要经过结构分析确定其化学结构，并可进行定性定量的特有的化学成分。

按照质量标志物的概念和中药运用形式，开展复方中药降脂质量标志物的有效、特有、传递与溯源、可测和处方配伍的所有要素研究，更具有临床价值和建立全程质量控制体系的可行性。

二、调节糖脂代谢功能食品－芷青复合固体饮料研制

1. 产品组方设计依据

1.1 选择特殊特色天然原料-金花茶

金花茶是山茶科、山茶属、金花茶组、金花茶系植物，于20世纪60年代初在我国广西壮族自治区首次被发现，是一种古老的植物，极为罕见；90%以上生长在广西十万大山的兰山支脉一带，分布极其狭窄，是国家一级保护植物，被誉为植物界的"大熊猫"、茶族"皇后"。广西建立世界唯一金花茶国家级自然保护区，世界唯一金花茶基因库。现有人工种植的金花茶1667公顷。2010年被批准为国家新资源食品。

金花茶生长的广西防城港北部湾地区土壤综合环境良好，完成的2.88万平方千米土壤化

学调查中，82.8%的土壤达清洁水平。富硒和富锗土地资源十分丰富，富硒和富锗土地面积分别占评价总面积的72.2%和31.3%。防城港在十万大山南坡，冬季特别温暖，寒害少，降水量丰富，适合植物生长。独特的环境使得金花茶的花金黄色，耀眼夺目，仿佛涂着一层蜡，晶莹而油润，有半透明之感，富含天然锗（Ge）、硒（Se）、钼（Mo）、锌（Zn）、钒（V）等微量元素。

金花茶为广西壮族传统用药，《广西药材标准》记载，金花茶具有清热解毒、利尿消肿作用，用于降血脂、降血糖、预防肿瘤、抗衰老等作用。

中国疾病预防控制中心营养与食品安全所、北京疾病预防控制中心营养与食品安全所、广西壮族自治区分析测试研究中心等机构检验显示：金花茶的花叶属无毒级；含有400多种有益于人体健康的物质，包括黄酮类、多糖类、皂苷类、茶多酚、挥发油等生物活性物质，以及糖类、蛋白质、脂肪、纤维素、维生素、氨基酸、矿质元素等营养成分。

1.2　针对病因病机，选择不同靶点的天然产物

本品针对高血脂的病因病机，选择针对降脂不同靶点的天然产物，多途径协同降脂，针对高脂血症及降脂的保健途径，从抑制胆固醇的合成、抑制胆固醇吸收、促进胆固醇降解、促进胆酸排出、抑制甘油三酯生成以及抗氧化等多个途径起到降脂排油作用。组方中金花茶、广橘皮加速脂肪动员、促进脂肪酸代谢，加快脂肪燃烧分解；决明子、红曲抑制胆固醇的吸收和体内合成，山楂促进胆固醇分解成胆汁酸排出，协同发挥作用，减少胆固醇在体内蓄积，有效防范心脑血管病变发生的风险。人参抗疲劳、抗衰老，γ-氨基丁酸抗焦虑、改善睡眠，牛磺酸能增加脂质和胆固醇的溶解性，影响脂类吸收，增强免疫力，从外在形象和内在活力两方面改善生活质量。见图6.5.2-1。

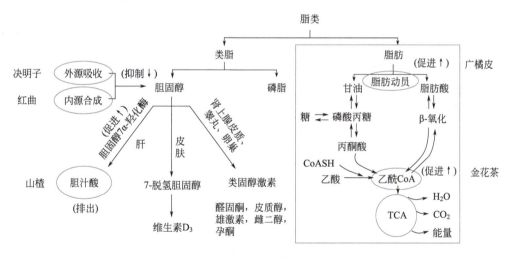

图 6.5.2-1　不同天然产物降脂原理示意图

1.3　发挥综合效果

根据目标人群的体质特点，将降脂与提神、抗疲劳、增活力、改善睡眠和保护心脏功效的其他原料配合，起到多重效果，并兼顾短期效果和长期功效作用。

1.4　功能和色香味特点相结合

在选择功效成分基础上，考虑产品的色香味特点，使用调味技术使产品的口味更符合饮料口感。香味和抗疲劳成分，能够使体验者迅速消除疲劳，精神倍增，近期效果明显。陈皮、红曲、决明子等控制体重，有较好的远期效果。

2.产品制备工艺

2.1 配方

金花茶叶、人参（人工种植）、陈皮、罗汉果、山楂、决明子、红曲等。

2.2 制备工艺

2.2.1 工艺路线设计

依据处方中各药味所含的主要降脂功效成分及其理化性质，设计工艺路线。金花茶叶主要功效成分为茶多酚复合物、黄酮类化合物和多糖类成分；人参主要功效成分为皂苷类、多糖类等成分；陈皮主要功效成分为生物碱类成分；山楂主要功效成分为黄酮类、有机酸类、三萜类、甾体类和有机胺类等成分；罗汉果主要功效成分为三萜皂苷，多种人体必需氨基酸、维生素C、微量元素等成分；决明子主要功效成分为蒽醌类成分；红曲主要功效成分为他汀类似物莫纳克林。可以看出红曲为醇溶性成分，且对热敏感，其他为水溶性成分；因此工艺路线设计为红曲为醇渗漉工艺路线；其他为水提工艺路线。

2.2.2 制备工艺

取金茶花叶、人参（粉碎）、陈皮、罗汉果、山楂加水12倍，提取1小时，收集提取液；取决明子加入上述药渣中加水10倍提取1小时，提取液合并，减压浓缩至相对密度为1.08～1.10g/mL，离心，取上清液喷雾干燥得提取物Ⅰ。取红曲粉碎成粗粉，加2倍量50%乙醇浸渍24小时后，加50%乙醇渗漉，渗漉流速3.8L/h，收集渗漉液，减压回收乙醇至无醇味，喷雾干燥得提取物Ⅱ。取提取物Ⅰ、Ⅱ与辅料混匀，干法制粒，整粒，即得。

制备工艺路线见图6.5.2-2。

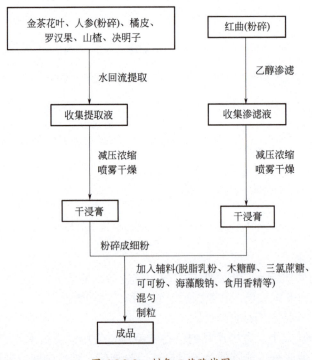

图 6.5.2-2 制备工艺路线图

3.产品试生产

本品委托有生产资质的企业加工试生产。

（1）委托加工厂家车间见图6.5.2-3。

图6.5.2-3 生产车间

（2）试生产产品：通过试生产产品2批次，每批次64000袋，结果表明制备工艺稳定可行（图6.5.2-4）。

（3）营养成分检测：依照食品营养成分检测要求完成检测（图6.5.2-5）。

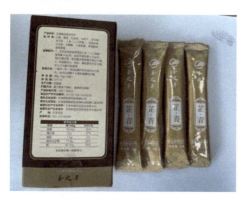

图6.5.2-4 试生产产品　　　　　图6.5.2-5 检测报告

（4）商标、专利的申请和注册

① 商标品牌申请注册：品牌名-玉之草获得注册证（图6.5.2-6）。

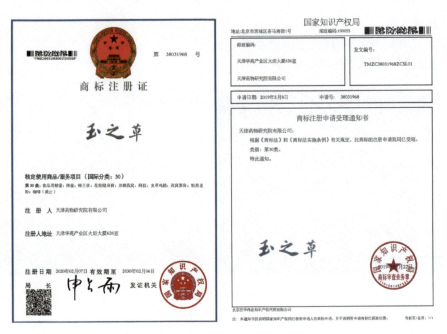

图 6.5.2-6 玉之草商标注册证

② 专利申请授权：申请外观专利1项授权（图6.5.2-7）。

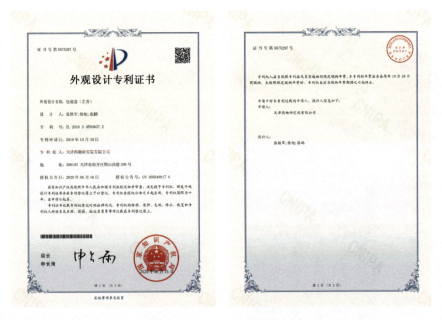

图 6.5.2-7 外观设计专利证书

总结

以药食两用物质为基础，在传统中医药理论指导下，开发出具有调血脂的功能食品，由"茶族皇后"金花茶叶、陈皮、山楂、决明子、人参等药材组成，具有降脂排油、改善睡眠、抗疲劳的功效。

本品通过委托加工试生产产品2批次，每次64000袋，结果表明制备工艺稳定可行。同时进行了商标品牌"玉之草"的申请注册，并获得1项外观专利授权（ZL201930593637.X）。

三、芷青复合固体饮料质量标志物研究

1.研究思路

"芷青"是天津药物研究院在传统中医药理论指导下，按照现代工艺所制备的保健品，由金花茶叶、陈皮、山楂、决明子、人参等药材组成，具有降脂排油、改善睡眠、抗疲劳的功效。本研究旨在通过研究芷青的化学物质基础，降脂作用机制，建立包含主要药味的薄层鉴别、主要成分含量测定方法及指纹图谱等，从而建立芷青的质量标准，为后续的研究以及提高产品质量，实现产品质量的稳定、可控提供实验及理论依据。

首先采用HPLC-Q/TOF-MS技术对芷青的物质基础进行研究，为其物质基础提供依据。然后通过网络药理学及分子对接初步阐述芷青降脂作用的机制。通过薄层色谱对山楂、决明子、人参进行定性鉴别，对关键质量属性成分橙皮苷含量测定，建立指纹图谱并确定其十个色谱峰归属，确定了芷青的质量标准。研究思路及技术路线如图6.5.3-1所示。

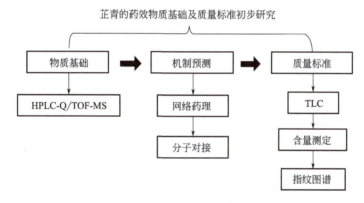

图 6.5.3-1　研究思路及技术路线图

2.化学物质组系统辨识研究

2.1　材料与方法

2.1.1　仪器与试剂

ExionLC AC 高效液相色谱仪	（美国Sciex公司）。
Sciex X500R QTOF MSC102	（美国Sciex公司）。
HS3120型超声仪	（奥塞特塞恩思仪器有限公司）。
AB204-N 电子天平	（万分之一，Mettler-Toledo）。
Diamonsil C18（4.6mm×250mm，5μm）色谱柱	（迪马公司）。
甲醇（色谱纯）	（天津市康科德科技有限公司）。
乙腈（色谱纯）	（天津市康科德科技有限公司）。
甲酸（色谱纯）	（天津市凤船化学试剂科技有限公司）。
矿泉水	（杭州娃哈哈集团有限公司）。

2.1.2　实验材料

实验用饮片山楂、陈皮、决明子、人参均由安国市同羲中药饮片有限公司提供，经天津药物研究院张铁军研究员鉴定，详情见表6.5.3-1。

表 6.5.3-1　处方中各药材鉴定

品名	药材来源	执行标准	生产批号
山楂	蔷薇科植物山里红 Crataegus pinnatifida Bge.var.majorN.E.Br. 的干燥成熟果实	《中华人民共和国药典》2015 版	19020106
陈皮	芸香科植物橘 Citrus reticulata Blanco. 的干燥成熟果皮	《中华人民共和国药典》2015 版	19080145
决明子	豆科植物小决明 Cassia tora L. 的干燥成熟种子	《中华人民共和国药典》2015 版	19070033
人参	五加科植物 RSPanax ginseng C.A.Mey. 的干燥根和根茎	《中华人民共和国药典》2015 版	19030113
金花茶叶	山茶科 Camellia chrysantha (Hu) Tuyama. 的干燥叶	《广西中药材标准》	20200921

2.1.3　色谱条件

色谱柱：Diamonsil C18（4.6mm×250mm，5μm）。

流动相：A- 乙腈，B-0.1% 甲酸。梯度洗脱条件见表 6.5.3-2。

检测波长：283nm。

柱温：30±2℃。

流速：1.0mL/min。

进样量：10μL。

表 6.5.3-2　梯度洗脱程序

时间（min）	A 乙腈（%）	B 0.1% 甲酸（%）	时间（min）	A 乙腈（%）	B 0.1% 甲酸（%）
0	2	98	45	26	74
6	2	98	50	90	10
10	5	95	55	90	10
16	12	88	60	2	98
30	26	74			

2.1.4　质谱条件

使用 Sciex X500R QTOF MSC102 质谱仪。离子化模式为电喷雾正/负离子模式，正负离子源电压为 5500V/-4500V，离子源温度为 600℃，裂解电压（DP）为 50V/-80V，碰撞能量（CE）为 10V/-10V。雾化气体为氮气，辅助气 1 为 60PSI，辅助气 2 为 60PSI，气帘气为 35PSI。一级质谱母离子扫描范围为 100～1000Da，IDA 设置响应值超过 100cps 的 4 个最高峰进行二级质谱扫描，子离子扫描范围为 100～1000Da，开启动态背景扣除（DBS）。数据采集所用软件为 SCIEX OS。

2.1.5　供试品溶液的制备

依处方量，制成稠膏，加入 80% 乙醇超声 30min 使溶解，滤膜滤过，即得。

2.2　结果

通过分析质谱数据以及对比文献，共鉴定出 49 个化学成分，其中黄酮类成分 19 个，有机酸类 6 个，蒽醌类 12 个，苯并吡喃酮 2 个，三萜皂苷 2 个，其他红曲中色素类成分 8 个。9 个化合物来源于金花茶，18 个化合物来源于山楂，14 个化合物来源于决明子，8 个化合物来源于红曲，4 个化合物来源于陈皮，2 个化合物来源于人参，1 个化合物来源于罗汉果。具体化学成分信息见表 6.5.3-3，化学结构见图 6.5.3-2。

表 6.5.3-3　芷菁化学成分信息

No.	t_R(min)	Identification	中文名	Molecular formula	[M-H]⁻ Meas.	ppm	MS/MS	[M+H]⁺ Meas.	ppm	MS/MS	Other adduct ions	Source
1	3.088	Gallic acid	没食子酸	$C_7H_8O_6$				189.0383	-5.82	175.0588, 166.0850, 138.0564	211.0204 [M+Na]⁺, 399.0484 [2M+Na]⁺	金花茶
2	3.384	Quinic acid	奎宁酸	$C_7H_{12}O_6$	191.0570	10.42		193.0718	5.70		383.1212 [2M-H]⁻, 215.0525 [M+Na]⁺, 210.0988 [M+NH$_4$]⁺, 385.1342 [2M+H]⁺, 402.1622 [2M+HN4]⁺, 407.1154 [2M+Na]⁺	山楂
3	4.403	Malic acid	马来酸	$C_4H_6O_5$	133.0152	15.41					115.0050 [M-H$_2$O-H]⁻, 154.9979 [M+Na-2H]⁻	山楂
4	7.248	Citric acid	柠檬酸	$C_6H_8O_7$	191.0205	9.79	111.0099				173.0109 [M-H$_2$O-H]⁻, 213.0038 [M+Na-2H]⁻	山楂
5	24.369	Catechin	儿茶素	$C_{15}H_{14}O_6$	289.0733	9.13	265.9525, 254.9279, 248.9694, 146.9674	291.0875	4.12	227.1264, 185.1158, 164.9314	313.0707 [M+Na]⁺, 323.1127 [M+CH$_3$OH+H]⁺	金花茶, 山楂
6	24.510	Neochlorogenic acid	绿原酸	$C_{16}H_{18}O_9$	355.1024	0.00		355.1024	0.00	327.0091, 301.1417, 227.1265, 185.1159	377.0846 [M+Na]⁺	金花茶, 山楂
7	24.521	Chlorogenic acid	新绿原酸	$C_{16}H_{18}O_9$	353.0899	9.03	316.9500, 265.9523, 254.9282, 248.9690	355.1027	0.84	327.0090, 301.1417, 227.1265, 185.1158	337.0845 [M+Na]⁺	山楂, 金花茶
8	25.048	Rhein	大黄酸	$C_{15}H_8O_6$				285.0354	-14.03	263.0535, 227.1264, 185.1159		决明子
9	25.725	Glucosylvitexin	牡荆素葡萄糖苷	$C_{27}H_{30}O_{15}$				595.1641	-2.86	536.1649, 362.2414, 301.1415, 227.1264	617.1456 [M+Na]⁺	金花茶

续表

No.	t_R (min)	Identification	中文名	Molecular formula	[M-H]⁻ Meas.	[M-H]⁻ ppm	[M-H]⁻ MS/MS	[M+H]⁺ Meas.	[M+H]⁺ ppm	[M+H]⁺ MS/MS	Other adduct ions	Source
10	25.751	Kaempferol 3-neohesperidoside		$C_{27}H_{30}O_{15}$	593.1528	4.55	520.9114, 452.9246, 353.9564, 316.9497, 248.9693, 212.9892, 178.0527	595.1640	-3.02	536.1647, 362.2413, 301.1418, 227.1263, 185.1158	617.1456 [M+Na]⁺	山楂
11	26.791	Epicatechin	表儿茶素	$C_{15}H_{14}O_6$	289.0738	10.86	265.9528, 254.9281, 248.9685, 146.9675	291.0874	3.78	227.1265, 185.1158, 164.9314	313.0693 [M+Na]⁺	金花茶, 山楂
12	27.701	Schaftoside	夏佛塔苷	$C_{26}H_{28}O_{14}$	563.1432	6.52	537.9033, 520.9122, 452.9243, 384.9375, 316.9499, 248.9678	565.1542	-1.77	525.2870, 520.3319, 301.1416, 227.1265, 185.1159	587.1363 [M+Na]⁺	山楂
13	29.485	Monapurpyridine A		$C_{18}H_{23}NO_4$				318.1649	-16.03	301.1414, 227.1264, 185.1158		红曲
14	29.677	Chrysophanol-1-O-[β-D-glucopyranosyl (1→3)-O-β-D-glucopyranosyl-(1→6)-O-β-D-glucopyranoside	大黄酚-1-O-三葡萄糖苷	$C_{33}H_{40}O_{19}$				741.2189	-6.48	610.1819, 475.3244, 318.2067, 185.1159	763.2021 [M+Na]⁺	决明子
15	31.327	Rutin	芦丁	$C_{27}H_{30}O_{16}$	609.1462	1.95	576.8046, 456.8457, 434.8639, 336.8873, 216.9287					金花茶, 山楂
16	31.622	Vitexin rhamnoside	牡荆素鼠李糖苷	$C_{27}H_{30}O_{14}$	577.1578	4.54	537.9018, 452.9242, 353.9571, 316.9499, 248.9663, 212.9894					山楂
17	32.107	Hyperoside	金丝桃苷	$C_{21}H_{20}O_{12}$	463.0899	6.05	442.8954, 384.9396, 353.9566, 316.9500, 248.9665, 212.9895					山楂
18	32.594	Procyanidin C1		$C_{45}H_{38}O_{18}$	867.2120	-1.27				837.2022, 815.2208, 588.4075, 475.3252, 296.0208, 227.1266		山楂

续表

No.	t_R (min)	Identification	中文名	Molecular formula	[M-H]⁻ Meas.	ppm	MS/MS	[M+H]⁺ Meas.	ppm	MS/MS	Other adduct ions	Source
19	32.741	Toralactone	决明种内酯	$C_{15}H_{12}O_5$				273.0763	1.83	227.1264, 185.1158		决明子
20	33.284	Naringin	柚皮苷	$C_{27}H_{32}O_{14}$	579.1717	1.50	554.8235, 456.8464, 336.8877, 314.9060, 216.9291	581.1846	−3.27	475.3250, 419.1334, 273.0764	615.1480 [M+Cl]⁻, 625.1769 [M+FA-H]⁻, 603.1652 [M+Na]⁺, 619.1392 [M+K]⁺	陈皮
21	34.773	Neohesperidin or Hesperidin	新橙皮苷或橙皮苷	$C_{28}H_{34}O_{15}$	609.1821	1.15	576.8048, 554.8228, 456.8467, 336.8880, 216.9289	611.1945	−4.25	588.4081, 449.1436, 303.0865	645.1599 [M+Cl]⁻, 655.1873 [M+FA-H]⁻, 628.2194 [M+NH₄]⁺, 633.1752 [M+Na]⁺, 649.1494 [M+K]⁺	陈皮
22	35.232	Grosvenorine	罗汉果黄素	$C_{33}H_{40}O_{19}$	739.2105	3.37	717.2391, 649.2516, 316.9496, 248.9655, 212.9893					罗汉果
23	35.761	Cassiaside C	决明子苷 C	$C_{27}H_{32}O_{15}$				597.1792	−3.68	588.4076, 475.3252, 331.2097, 227.1265	619.1605 [M+Na]⁺	决明子
24	36.517	Norrubrofusarin	去甲基红镰玫素	$C_{14}H_{10}O_5$				259.0609	3.09	227.1265, 185.1158		决明子
25	38.256	1-Desmethylobtusin	1-去甲基决明素	$C_{17}H_{14}O_7$				331.0814	0.60	301.1418, 227.1263, 185.1159		决明子
26	38.439	Quercetin	槲皮苷	$C_{21}H_{20}O_{11}$	447.0944	4.94	421.9441, 384.9368, 333.9396, 254.9281, 248.9658, 212.9893					山楂
27	49.211	Vitexin	牡荆素	$C_{21}H_{20}O_{10}$	431.0993	4.71	370.9467, 325.1859, 248.9725, 128.0114	433.1180	11.78	338.3415	453.0823 [M+Na−2H]⁻, 491.1210 [M+AcO-H]⁻, 455.1306 [M+Na]⁺, 887.2690 [2M+Na]⁺	金花茶, 山楂

续表

No.	t_R (min)	Identification	中文名	Molecular formula	[M-H]⁻ Meas.	ppm	MS/MS	[M+H]⁺ Meas.	ppm	MS/MS	Other adduct ions	Source
28	49.566	Herbacetin	草质素	$C_{15}H_{10}O_7$	301.0367	8.04	279.0112, 248.9743, 228.1621, 212.9896					山楂
29	49.595	Gluco-obtusifolin	葡萄糖基美JM素	$C_{22}H_{22}O_{10}$	445.114	2.47	434.8641, 336.8874, 216.9290, 198.9185	447.1286	0.07	362.2413, 312.2900, 294.2795, 285.0765, 236.1632	481.0910 [M+Cl]⁻, 491.1201 [M+FA-H]⁻, 505.13512 [M+AcO-H]⁻, 469.1100 [M+Na]⁺, 910.2794 [2M+NH₄]⁺	决明子
30	49.607	Questin	大黄素-8-甲醚	$C_{16}H_{12}O_5$	283.0618	6.01	248.9742, 216.9290, 198.9183	285.0765	2.63	236.1632, 214.1812, 185.1160	343.0828 [M+AcO-H]⁻	决明子
31	49.730	Ginsenoside Rg3	RS-皂苷Rg3	$C_{42}H_{72}O_{13}$				785.5016	-3.82	747.2065, 725.2251, 588.4080, 475.3249, 330.2639		人参
32	50.091	Ginsenoside Ro	RS-皂苷Ro	$C_{48}H_{76}O_{19}$	955.4909	1.25	683.4395, 627.4105, 514.3259, 325.1860, 183.0063, 128.0114					人参
33	50.624	Obtusifolin-2-O-β-D-glucopyranoside	美JM素-2-O-葡萄糖甙	$C_{22}H_{22}O_{10}$				447.1285	-0.22	429.1175, 388.3934, 343.2954, 338.3418, 226.1809	469.1099 [M+Na]⁺, 464.1556 [M+NH₄]⁺	决明子
34	51.079	Monascorubrine	红曲红素	$C_{23}H_{26}O_5$				383.1829	-6.26	368.4249, 338.3412, 282.2794		红曲
35	51.561	Aurantio-obtusin	橙黄决明素	$C_{17}H_{14}O_7$	329.0664	2.49	270.2080, 248.9738, 216.9291, 198.9187	331.0818	1.72	294.2044, 254.2123, 250.1784, 228.1963	661.1533 [2M+H]⁺	决明子
36	51.667	Kaempferol	山柰酚	$C_{15}H_{10}O_6$	285.0419	8.91	248.9752, 212.9896					山楂
37	52.138	Physcion	大黄素甲醚	$C_{16}H_{12}O_5$	283.0618	6.01	248.9738, 216.9291					决明子

续表

No.	t_R(min)	Identification	中文名	Molecular formula	[M-H]⁻ Meas.	ppm	MS/MS	[M+H]⁺ Meas.	ppm	MS/MS	Other adduct ions	Source
38	52.140	Nobiletin	川陈皮素	$C_{21}H_{22}O_8$				403.1372	-3.72	338.3412	425.1201 [M+Na]⁺, 827.2485 [2M+Na]⁺	陈皮
39	52.375	Rubropunctatamine	红斑红曲胺	$C_{21}H_{23}NO_4$	352.1571	7.87	339.2021, 325.1859, 279.0112, 248.9750					红曲
40	52.403	Chryso-obtusin	黄决明素	$C_{19}H_{18}O_7$				359.1124	-0.28	338.3410	381.0926 [M+Na]⁺	决明子
41	52.732	Tangeretin	橘皮素	$C_{20}H_{20}O_7$				373.1277	-1.34	338.3409	395.1098 [M+Na]⁺, 767.2291 [2M+Na]⁺	陈皮
42	52.846	Obtusin	决明素	$C_{18}H_{16}O_7$	343.0829	4.87	283.0622, 248.9739					决明子
43	53.362	Apigenin	芹菜素	$C_{15}H_{10}O_5$	269.0472	10.22	255.2347, 248.9747					山楂
44	53.396	Aloe-emodin	芦荟大黄素	$C_{15}H_{10}O_5$	269.0461	6.13	248.9739					决明子
45	53.478	Monaphilol B		$C_{21}H_{24}O_5$				357.1700	0.84	338.3420, 329.2299, 324.2745, 307.2486	379.1519 [M+Na]⁺	红曲
46	53.832	Monascin	红曲素	$C_{21}H_{26}O_5$	357.1725	7.98	339.2023, 279.0110, 248.9747, 255.2343	359.1859	1.67	141.1147, 117.1035	381.1675 [M+Na]⁺, 391.2091 [M+CH₃OH+H]⁺	红曲
47	54.886	Monaphilol A		$C_{23}H_{28}O_5$				385.2007	-0.78	362.2416, 301.1415, 205.0869	407.1828 [M+Na]⁺, 423.1588 [M+K]⁺	红曲
48	55.229	Ankaflavin	安卡黄素	$C_{23}H_{30}O_5$	385.2034	6.36	279.0108, 248.9746	387.2165	-0.26	362.2418, 301.1416, 205.0870	409.1984 [M+Na]⁺	红曲
49	56.382	Monascorubramine	红曲菌素色素	$C_{23}H_{27}NO_4$	380.1880	6.23	279.0107, 248.9745					红曲

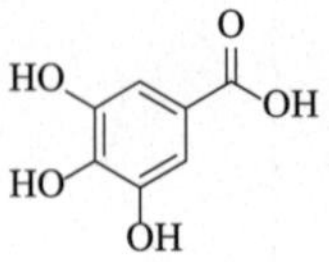

1. Gallic acid
2. Quinic acid 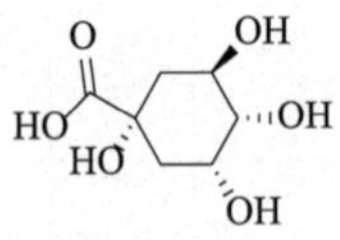
3. Malic acid 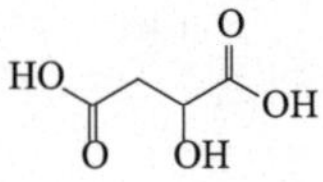
4. Citric acid 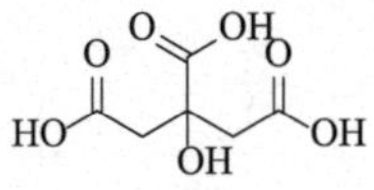
5. Catechin 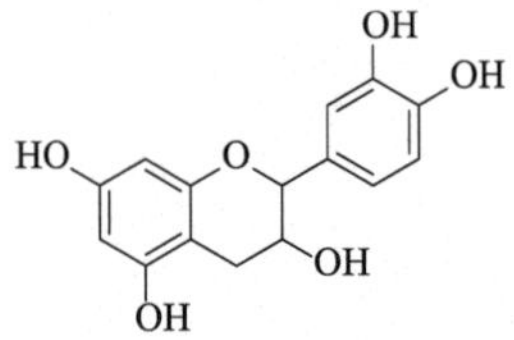
6. Chlorogenic acid 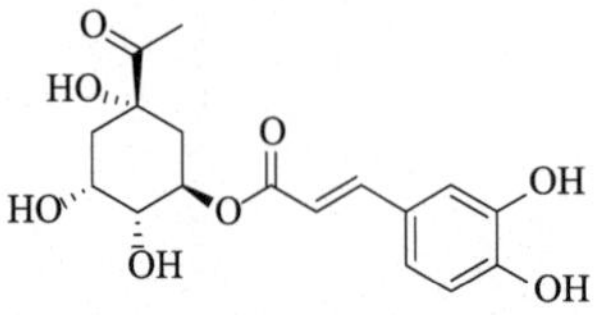
7. Neochlorogenic acid 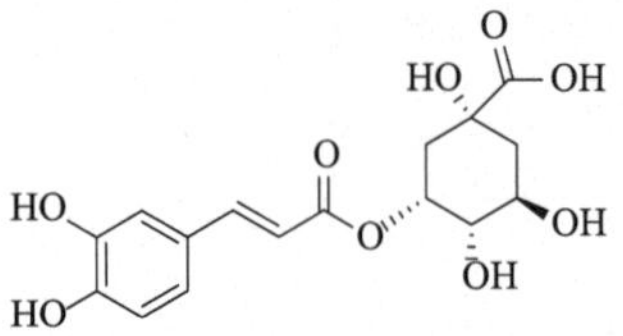
8. Rhein 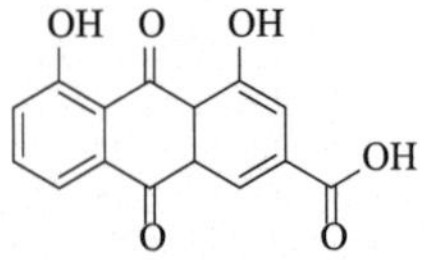
9. Glucosylvitexin 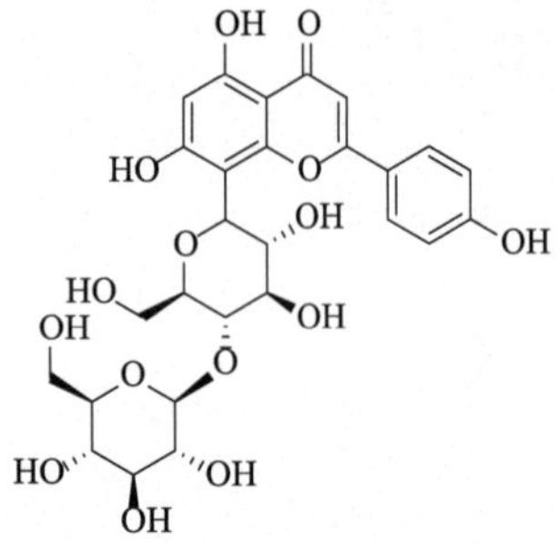
10. Kaempferol 3-neohesperidoside 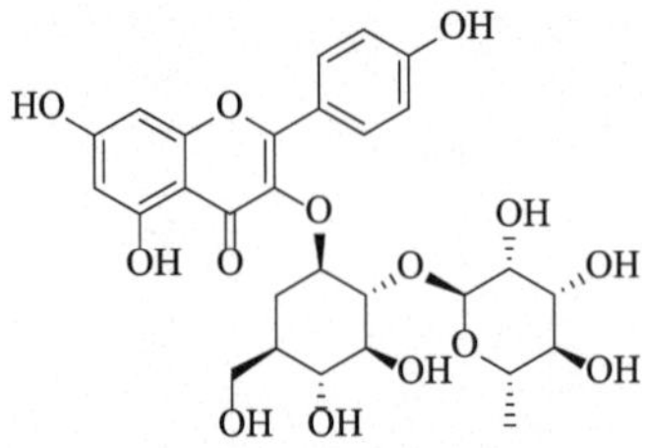
11. (-)-Epicatechin 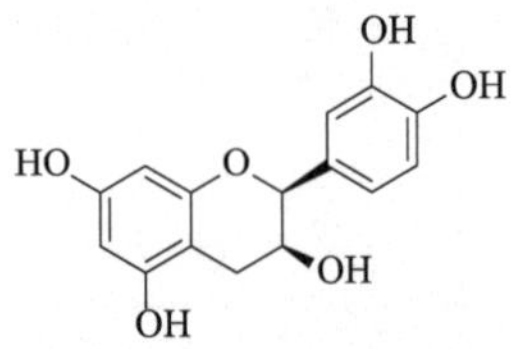
12. Schaftoside 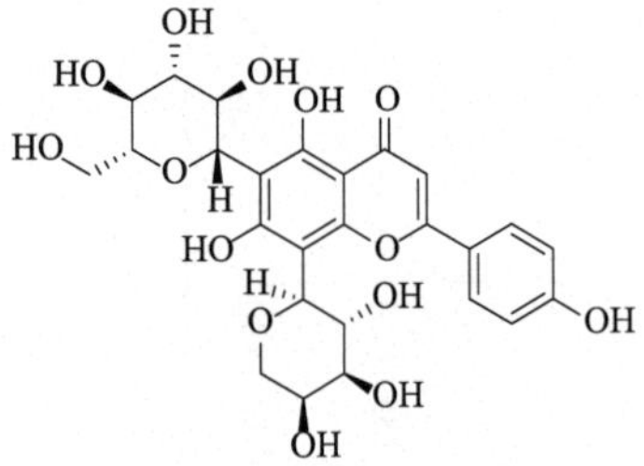
13. Monapurpyridine A 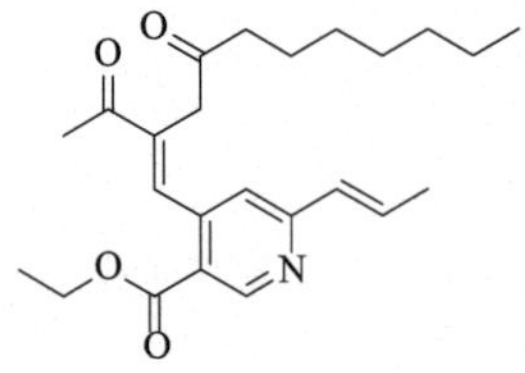
14. Chrysophanol triglucoside 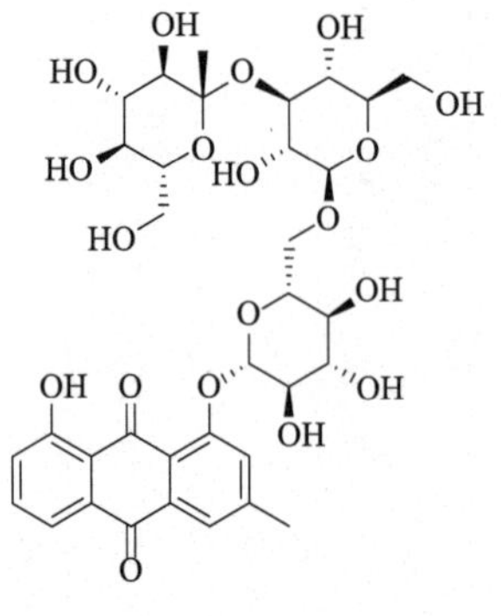
15. Rutin 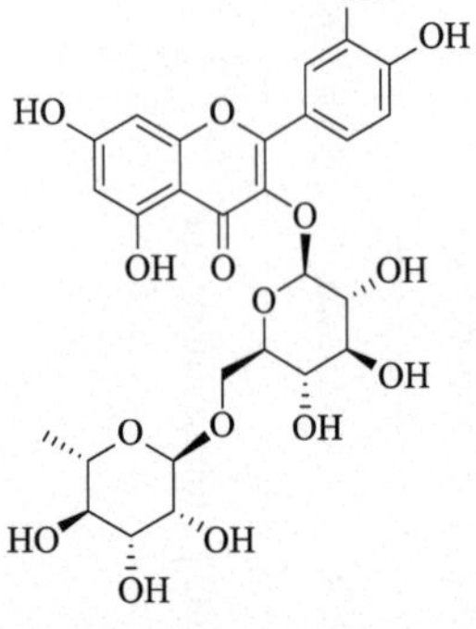
16. Vitexin rhamnoside 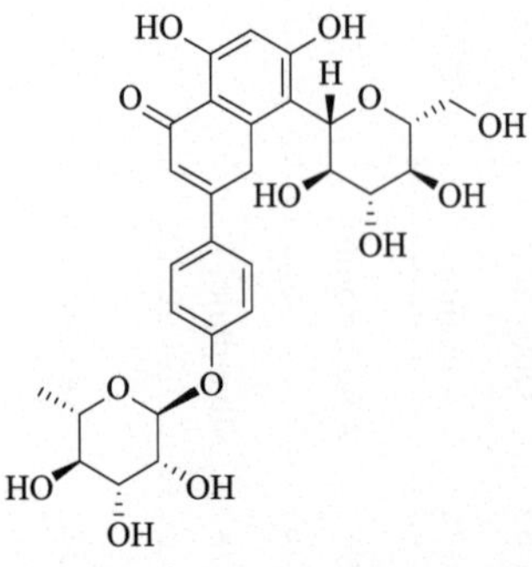
17. Hyperoside

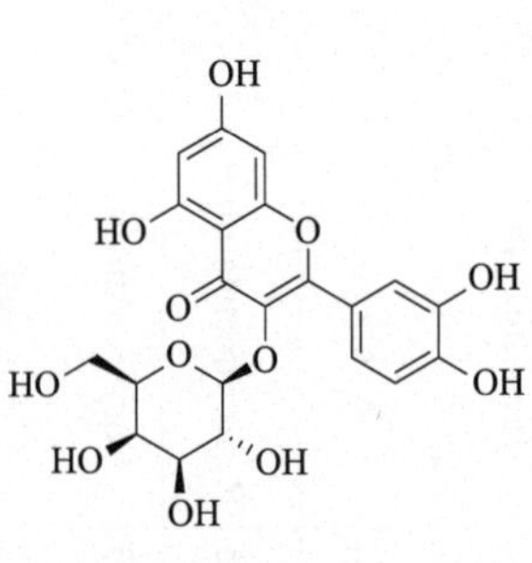

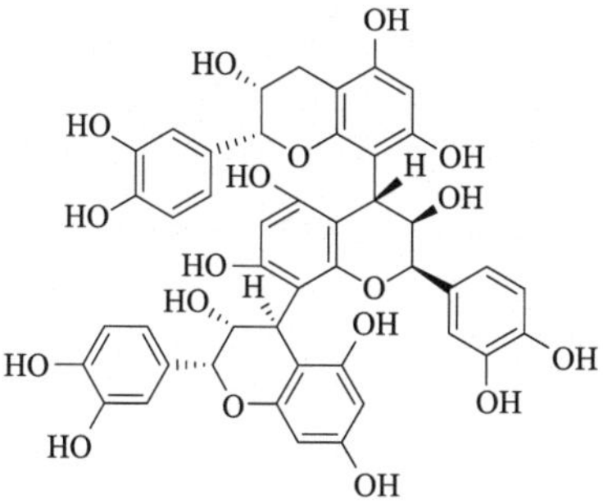

18. Procyanidin C1
19. Toralactone 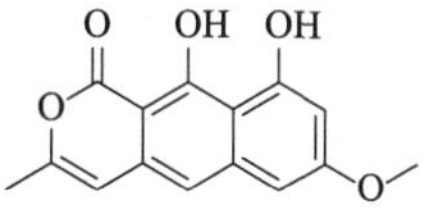
20. Naringin 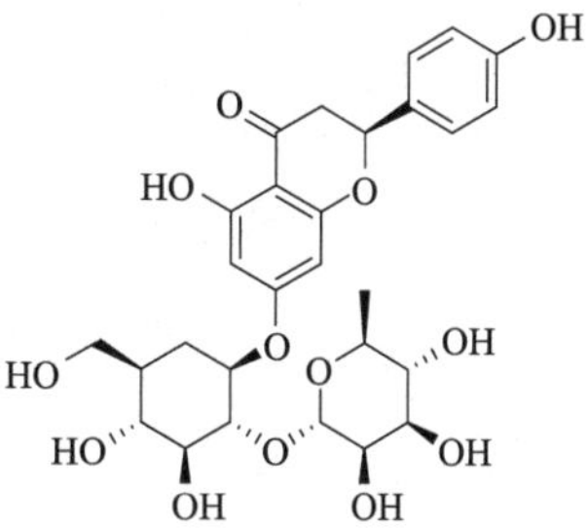
21. Neohesperidin or Hesperidin 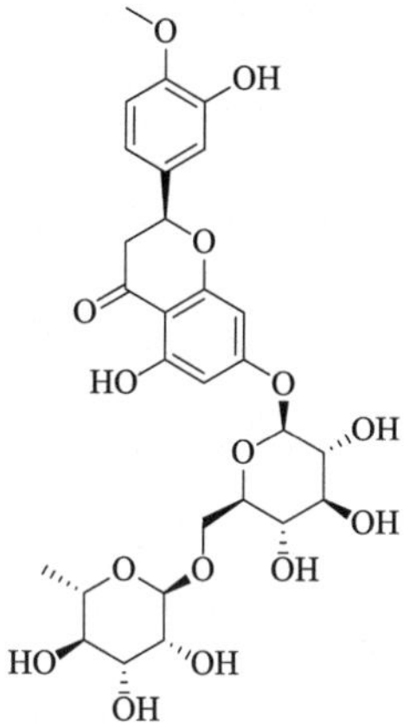
22. Grosvenorine 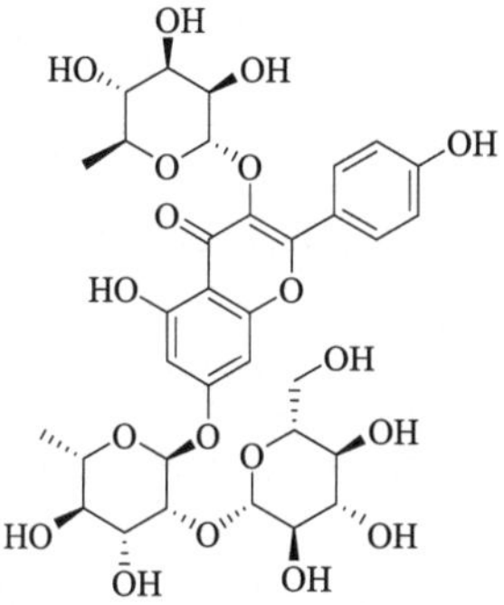
23. Cassiaside C 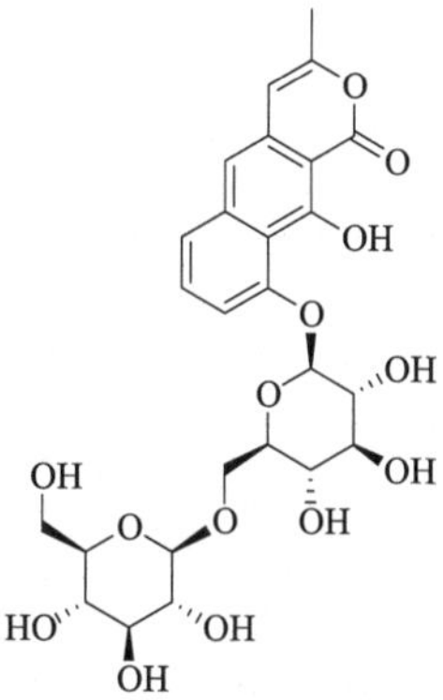
24. Norrubrofusarin 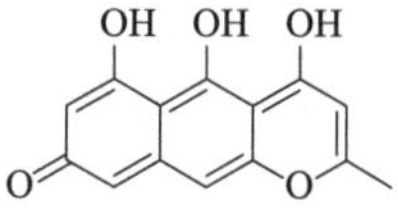
25. 1-Desmethylobtusin 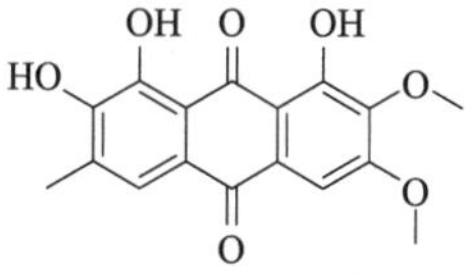
26. Quercetin 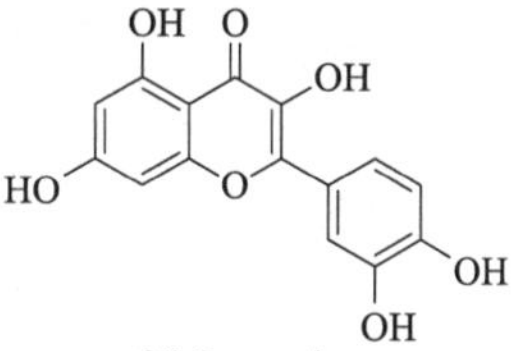
27. Vitexin 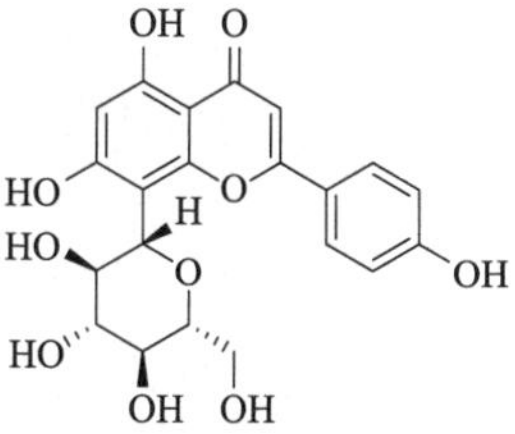
28. Herbacetin 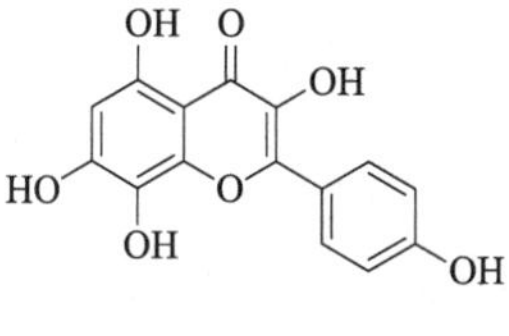
29. Gluco-obtusifolin 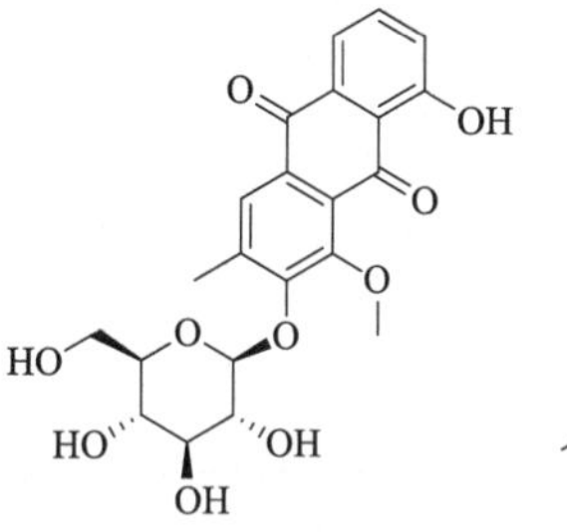
30. Questin 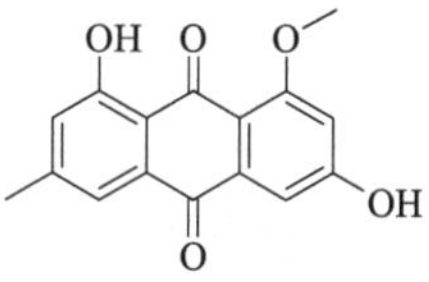
31. Ginsenoside Rg3 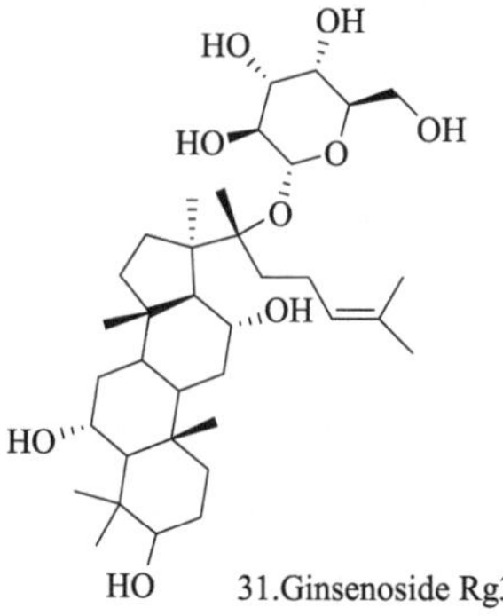
32. Ginsenoside Ro 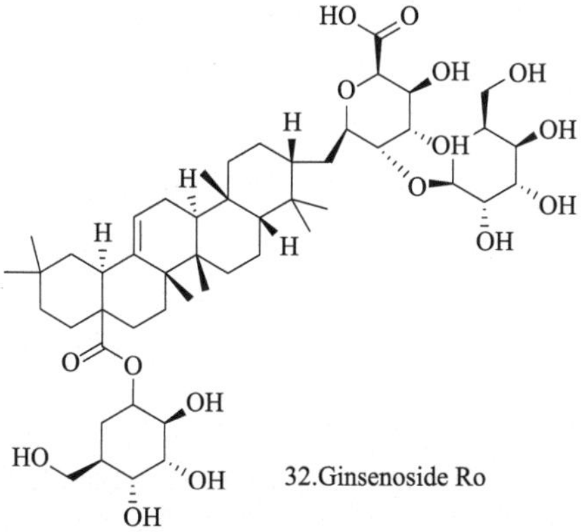
33. Obtusifolin-2-O-β-D-glucopyranoside 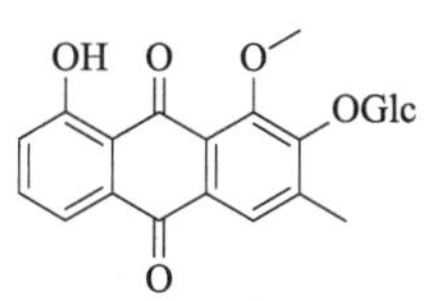
34. Monascorubrine
35. Aurantio-obtusin
36. Kaempferol

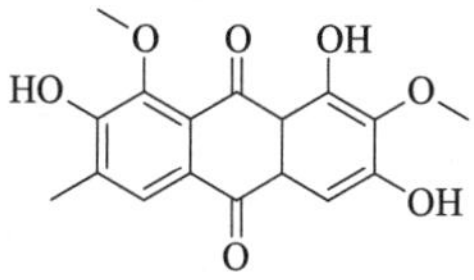

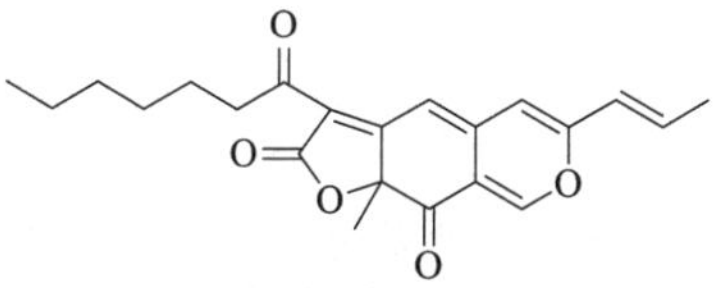

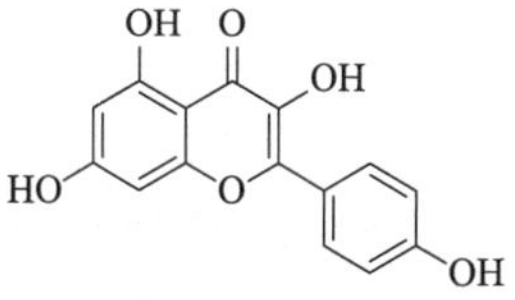

图 6.5.3-2

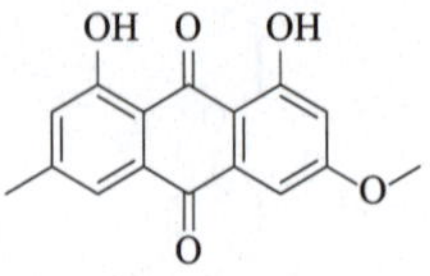

37.Physcion 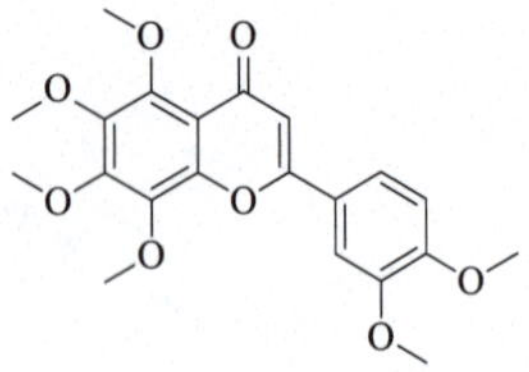 38.Nobiletin 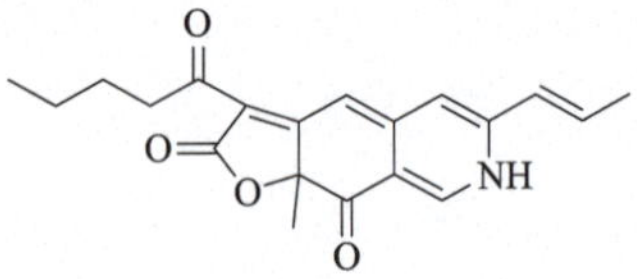 39.Rubropunctatamine 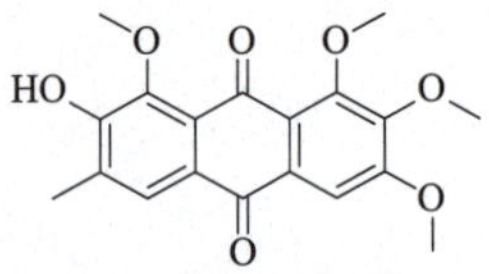 40.Chryso-obtusin

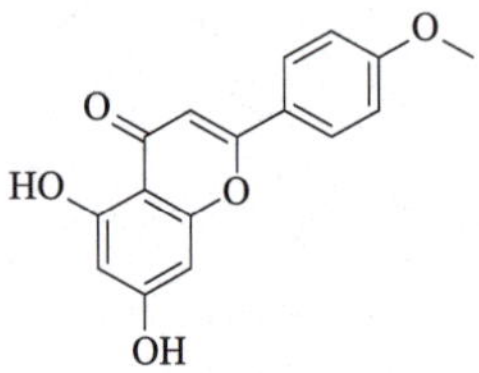

41.Tangeretin 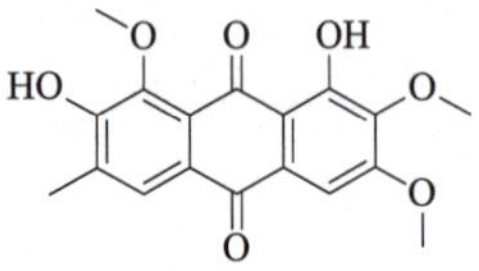 42.Obtusin 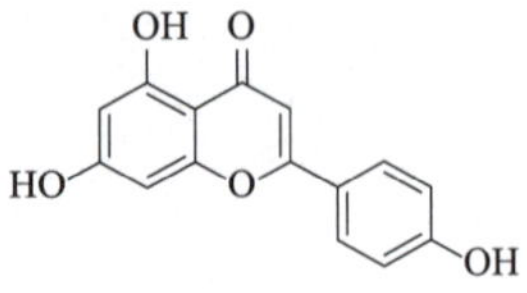 43.Apigenin 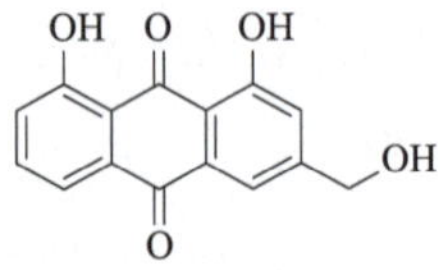 44.Aloe-emodin

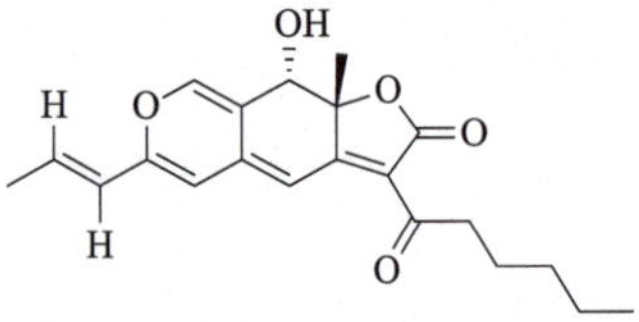

45.Monaphilol B 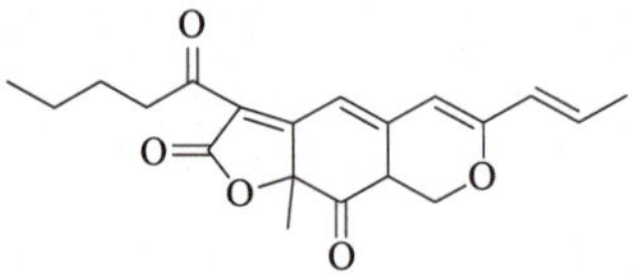 46.Monascin 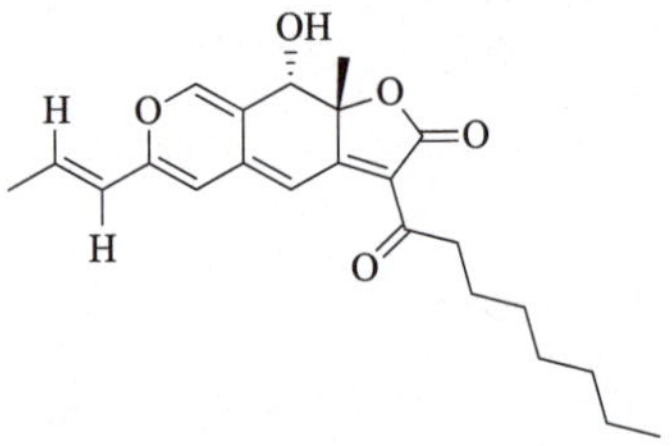 47.Monaphilol A

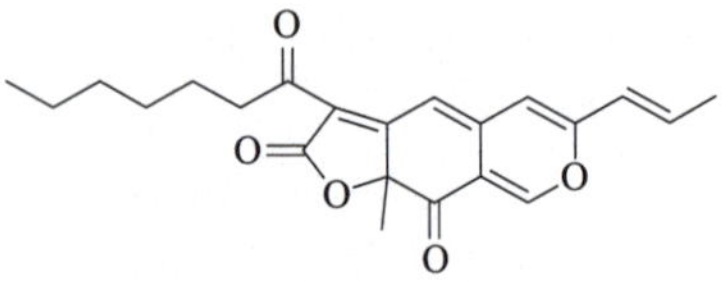

48.Ankaflavin 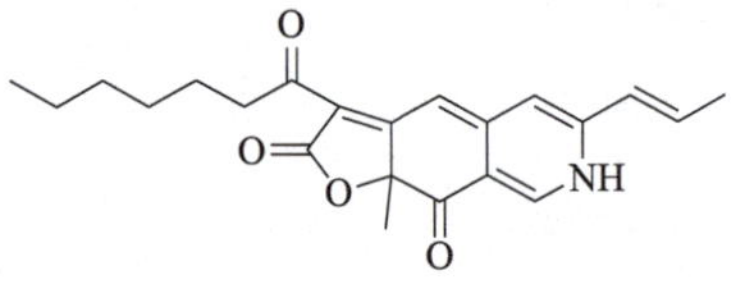 49.Monascorubramine

图 6.5.3-2 芷青中化合物结构式

2.3 讨论

采用HPLC-Q/TOF-MS技术，从芷青提取物中共鉴定出49个化合物，其中黄酮类19个，酚酸类6个，蒽醌类11个，Arphilone类8个，苯并呋喃酮3个，三萜皂苷2个。9个化合物来源于金花茶，18个化合物来源于山楂，14个化合物来源于决明子，8个化合物来源于红曲，4个化合物来源于陈皮，2个化合物来源于人参，1个化合物来源于罗汉果。通过鉴定芷青中的化学成分，为后期的机制推测奠定了基础，也为下一步进行质量标准研究提供了思路。

3.基于网络药理学的芷青药效物质基础及作用机制预测

3.1 实验材料

ChemBio Office 2010；中药系统药理学数据库与分析平台（TCMSP，http://lsp.nwu.edu.cn/tcmspsearch.php）；Uniprot数据库（http://www.uniprot.org/）；Genecards数据库（https://www.genecards.org/）；京都基因与基因组百科全书（Kyoto Encyclopedia of Genes and Genomes，KEGG）；通路数据库（http://www.genome.jp/kegg/）；STRING 11.0数据库（http://string-db.org/）；DAVID数据库（https://david.ncifcrf.gov/home.jsp）；Omicsbean在线分析软件（http://www.omicsbean.cn/）；Omicshare Tools在线制图软件（https://www.omicshare.com）；Cytoscape 3.3.0软件；Venny 2.1.0（https://bioinfogp.cnb.csic.es/tools/venny/index.htmL）。

3.2 实验方法

3.2.1 靶点预测

借助TCMSP平台检索芷青中各药材化学成分，并筛选口服利用度（OB生物利用度，OB）≥30%，且类药性（Drug-likeness，DL）≥0.18的化学成分及其对应的靶点蛋白。UniProt（UniversalProtein）是目前资源最丰富、使用频率最高的蛋白序列数据库，由于检索到的药物靶标蛋白可能存在命名不规范等问题，利用Uniprot（https://www.uniprot.org/）数据库中UniProtKB搜索功能，输入靶标蛋白名称，选择"reviewed"并限定物种为"human"，规范各成分的相关蛋白质靶点。通过查阅已发表的相关文献，收集其活性成分，输入Pubchem数据库（https://pubchem.ncbi.nlm.nih.gov/）中找到对应的结构式，并将结构式导入SwissTargetPrediction数据库中（http://www.swisstargetprediction.ch/），勾选Homo sapiens，得到对应的靶标蛋白。

3.2.2 高脂血症相关靶点的检索

在Genecards数据库（https://www.genecards.org/）中以"hyperlipidemia"为关键词，搜索与高脂血症相关的疾病靶标蛋白信息，并与芷青的候选靶标蛋白在Venny 2.1.0中映射生成韦恩图，筛选出共同靶点。

3.2.3 PPI（protein-protein interaction network）网络的构建

为明确芷青与高脂血症疾病靶点的相互作用关系，将筛选出的共同靶点导入STRING网络平台（https://string-db.org/），选择蛋白种类为"homo sapiens"，置信度设定为0.9，构建芷青-高脂血症的PPI网络。通过Cytoscape 3.7.0软件对PPI网络进行可视化，并计算"degree"和"betweenness centrality"的平均值，确定芷青降低血脂、调节脂代谢作用的核心靶点。

3.2.4 GO功能富集和KEGG通路分析

为对筛选出的核心靶标蛋白进行进一步探究，借用Omicsbean平台（http://www.omicsbean.cn/）进行GO分析及KEGG分析。GO富集分析主要为基因靶点的生物信息分析，KEGG通路分析主要为靶点蛋白的信号通路富集分析。

3.2.5 芷青"药材-独有成分-共有成分-核心靶点-通路"网络构建

根据芷青化学成分、靶点及通路预测结果，在Excel表格中建立药材-独有成分、药材-共有成分、成分-靶点、靶点-通路的相互对应关系，并对各药材的共有成分进行编号，如表6.5.3-4、表6.5.3-5所示。将结果导入Cytoscape 3.7.0软件中构建芷青"药材-独有成分-共有成分-核心靶点-通路"之间的相互关系网络拓扑图。

表6.5.3-4 芷青共有成分列表

编号	共有成分	药材	编号	共有成分	药材
1	disobutyl phthalate	陈皮，罗汉果	9	vitexin	金花茶，山楂
2	lauric acid	陈皮，罗汉果	10	luteic acid	决明子，罗汉果
3	p-coumaric acid	陈皮，山楂	11	stigmasterol	决明子，人参，山楂
4	stearic acid	陈皮，罗汉果，山楂	12	kaempferol	罗汉果，人参，山楂
5	vanillin	陈皮，金花茶，罗汉果	13	m-xylene	罗汉果，人参
6	gallic acid	金花茶，山楂	14	pentadecylic acid	罗汉果，人参
7	quercetin	金花茶，山楂	15	vanillic acid	罗汉果，山楂
8	rutin	金花茶，山楂	16	protocatechuic acid	人参，山楂

表 6.5.3-5 各药材独有成分列表

药材名称	成分	药材名称	成分
罗汉果	nicotine magnolol mogroester 1-acetyl-β-carboline myristic acid 2-acetylpyrrole myristicin aldehyde damasione mogrol kaempferol 7-O-alpha-l-rhamnopyranoside mandenol zoomaric acid luteic acid methyl linolelaidate grosvenorine perlolyrine	山楂	ursolic acid isorhamnetin cyanidol hyperin ent-epicatechin sorbitol nicotinic acid thiamine 2-methoxyphenethylamine vitamin c caffeic acid vitamin-G caffeate
陈皮	2-carene cuparene （L）-alpha-terpineol （R）-linalool citromitin delta-amorphene hepta-3 hesperidin 5-hydroxymethylfurfural isovanillic acid naringin neryl acetate nobiletin tangeretin	红曲	monascin monascorubrin monascorubramine rubropunctamine citrinin rubropunctatin monacolin K ankaflavin
人参	frutinone A inermin dianthramine suchilactone fumarine panaxadiol girinimbin arachidonate	决明子	toralactone rhein aloe-emodin quinizarin obtusin aurantio-obtusin gluco-obtusifolin
		金花茶	catechin

3.3 研究结果

3.3.1 靶点预测结果

通过 TCMSP 平台及相关文献的查阅，筛选出芷青中有作用靶标的化学成分共计 133 个，其中陈皮含有的化学成分有37个、红曲含有的化学成分有8个、金花茶含有的化学成分有7个、决明子含有的化学成分有12个、罗汉果含有的化学成分有44个、人参含有的化学成分有19个、山楂含有的化学成分有28个。通过 Uniprot 数据库，最后筛选出不重复的相关靶点共计 583 个。

3.3.2 高脂血症相关疾病靶点的筛选

经Genecards数据库搜索得到"hyperlipidemia"相关靶点1373个，与芷青的583个候选靶基因在Venny 2.1.0中映射，筛选出共同靶点204个。

3.3.3 芷青的PPI网络分析

将芷青与高脂血症的204个共同靶标蛋白输入至STRING数据库，构建靶蛋白相互作用PPI网络，并把PPI网络数据结果导入Cytoscape3.7.0中进行可视化分析，如图6.5.3-3所示。该PPI网络图共182个节点，851条边，计算节点的平均度值及平均介值中心度，分别为9.3516和0.011239749。共同靶标蛋白中大于度值平均值的节点有73个，大于介质中心度平均值的节点有47个，从中筛选出度值和介值中心度均高于平均值的核心靶点共42个，如表6.5.3-6所示。

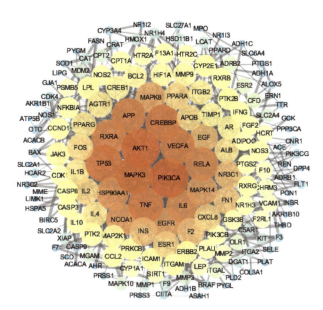

图 6.5.3-3 芷青降脂靶点的PPI网络（圆圈的大小及颜色的深浅代表靶点之间相互作用的紧密程度）

表 6.5.3-6 芷青核心作用靶点

靶点	通用名称	度值	介值中心度	Uniport编号
PI3-kinase p110-alpha subunit	PIK3CA	38	0.07749	P42336（6gvf）
RAC-alpha serine/threonine-protein kinase	AKT1	35	0.080931	P31749（3O96）
CREB-binding protein/p53	CREBBP	33	0.060283	Q92793（4nr5）
MAP kinase ERK1	MAPK3	33	0.056833	P27361（4qtb）
amyloid beta A4 protein	APP	32	0.07187	P05067（5nx1）
cellular tumor antigen p53	TP53	32	0.054131	P04637（4bv2）
vascular endothelial growth factor A	VEGFA	31	0.065292	P15692（6d3o）
retinoic acid receptor RXR-alpha	RXRA	31	0.060338	P19793（4cn3）
tumor necrosis factor	TNF	31	0.059539	P01375（2zpx）
leukotriene A-4 hydrolase	NCOA1	28	0.048579	Q15788
transcription factor p65	RELA	28	0.038257	Q04206
interleukin-6	IL6	27	0.033813	P05231
heat shock protein HSP 90	HSP90AA1	26	0.062963	P07900
amyloid beta A4 protein	EGFR	24	0.036583	P00533
cellular tumor antigen p53	MAPK14	24	0.016176	Q16539
vascular endothelial growth factor A	MAPK8	23	0.016076	P45983
retinoic acid receptor RXR-alpha	INS	22	0.065412	P01308
tumor necrosis factor	F2	22	0.062334	P00734
leukotriene A-4 hydrolase	EGF	21	0.016159	P01133

续表

靶点	通用名称	度值	介值中心度	Uniport 编号
transcription factor p65	FN1	20	0.019566	P02751
interleukin-6	NR3C1	20	0.012219	P04150
heat shock protein HSP 90	PPARA	19	0.044288	Q07869
estrogen receptor	ESR1	19	0.017718	P03372
interleukin-8	CXCL8	18	0.028179	P10145
type-1 angiotensin II receptor	AGTR1	18	0.019238	P30556
apolipoprotein B-100	APOB	17	0.043176	P04114
interleukin-4	IL4	16	0.016858	P05112
peroxisome proliferator-activated receptor gamma	PPARG	16	0.011734	P37231
integrin beta-2	ITGB2	15	0.023347	P05107
glucagon	GCG	15	0.012815	P01275
matrix metalloproteinase-9	MMP9	14	0.042021	P14780
cytochrome P450 2E1	CYP2E1	13	0.060525	P05181
lipoprotein lipase	LPL	12	0.022314	P06858
caspase-8	CASP8	12	0.015528	Q14790
intercellular adhesion molecule 1	ICAM1	12	0.013382	P05362
integrin alpha-M	ITGAM	12	0.012308	P11215
prostaglandin G/H synthase 2	PTGS2	11	0.064816	P35354
carnitine O-palmitoyltransferase 1，liver isoform	CPT1A	10	0.046344	P50416
cytochrome P450 1A1	CYP1A1	10	0.027467	P04798
urokinase-type plasminogen activator	PLAU	10	0.025099	P00749
nitric oxide synthase，inducible	NOS2	10	0.020608	P35228
nitric-oxide synthase，endothelial	NOS3	10	0.012066	P29474

3.3.4 芷青GO功能富集和KEGG通路分析

GO功能富集分析图的横轴包括生物过程（biological process，BP）、分子功能（molecular function，MF）及细胞组分（cellular component，CC）三个基本信息。其中生物过程是关键，涉及对有机物质的细胞反应、对含氧化合物的反应、对化学刺激的细胞反应等过程；细胞组分涉及微膜结构域、膜筏、水疱等过程；分子功能涉及蛋白结合、受体结合、酶结合等过程。竖轴代表的则是基因/蛋白质的百分比和数量的信息，如图6.5.3-4所示。

在STRING数据库中输入核心靶点得到162条通路（FDR＜0.01），其中前10条通路的KEGG气泡图如图6.5.3-5所示，分别为癌症通路、白细胞介素-17信号通路、前列腺癌、糖尿病晚期糖基化终末产物（AGEs）-糖基化终末产物受体（RAGE）信号通路、肿瘤坏死因子信号通路、乙型肝炎、查加斯病（美国锥虫病）、卡波西肉瘤相关疱疹病毒感染、百日咳、低氧诱导因子-1信号通路。rich factor表示的是导入基因中位于该通路的基因数目与所有相关基因中位于该通路的基因总数的比值，比值越大表示富集的程度越高。

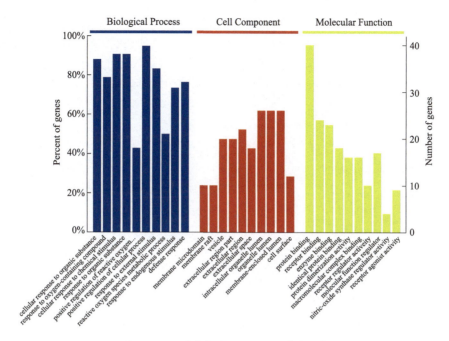

图 6.5.3-4　芷青相关靶点的 GO 富集分析

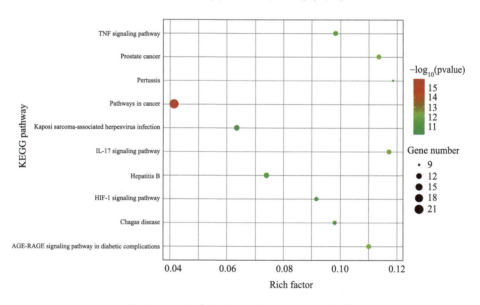

图 6.5.3-5　芷青相关靶点的 KEGG 通路分析

3.3.5　芷青"药材-独有成分-共有成分-核心靶点-通路"网络构建

芷青 PPI 网络关系见图 6.5.3-6（其中暗黄色圆形表示药材，围绕其周边的各色圆形表示独有成分，其余零散的各色圆形为共有成分，橙色菱形表示核心靶点，灰色圆形表示通路），该网络图共有 296 个节点（药材节点 7 个，共同成分节点 17 个，独有成分节点 68 个，靶蛋白节点 42 个，通路节点 162 个），1341 条相互作用关系。数据分析显示，Degree 值前十的核心靶点分别为 MAPK3（丝裂原活化蛋白激酶 3）、AKT1（苏氨酸激酶 1）、PTGS2（前列腺素内过氧化物合酶 2）、PIK3CA（磷酸肌醇-3-激酶）、RELA（转录因子 p65）、MAPK8（丝裂原活化蛋白激酶 8）、TNF（肿瘤坏死因子）、MAPK14（丝裂原活化蛋白激酶 14）、TP53（肿瘤抑制蛋白p53）、EGFR（表皮生长因子受体），表明这十个靶标蛋白在这个网络拓扑图中不但与各药材活性成分之间相互作用强，也与疾病信号通路联系紧密。此PPI网络中既存在某个药材的独有成分与多个靶点蛋白的相互作用，也存在不同药材的共有成分作用于同一个靶点蛋白的现象，初步阐释了芷青降低血脂、调节脂代谢的物质基础和作用机制。

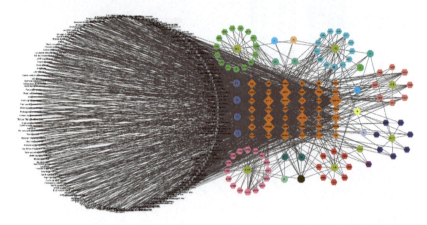

图 6.5.3-6　芷青"药材-独有成分-共有成分-核心靶点-通路"网络

小结

研究确定了芷青42个核心作用靶点，162条通路，83种成分。其中前十的通路分别为癌症通路、白细胞介素-17信号通路、前列腺癌、糖尿病晚期糖基化终末产物（AGEs）-糖基化终末产物受体（RAGE）信号通路、肿瘤坏死因子信号通路、乙型肝炎、查加斯病（美国锥虫病）、卡波西肉瘤相关疱疹病毒感染、百日咳、低氧诱导因子-1信号通路。通过芷青的PPI网络分析Degree值前十的核心靶点分别为MAPK3（丝裂原活化蛋白激酶3）、AKT1（苏氨酸激酶1）、PTGS2（前列腺素内过氧化物合酶2）、PIK3CA（磷酸肌醇-3-激酶）、RELA（转录因子p65）、MAPK8（丝裂原活化蛋白激酶8）、TNF（肿瘤坏死因子）、MAPK14（丝裂原活化蛋白激酶14）、TP53（肿瘤抑制蛋白p53）、EGFR（表皮生长因子受体）。降血脂通常与促进脂肪酸代谢、促进胆固醇分解、减少胆固醇吸收、促进甘油三酯代谢、促进胆汁酸排泄有关，芷青中的十个核心靶点与降脂作用关系见表6.5.3-7。表明这十个靶标蛋白在这个网络拓扑图中不但与各药材活性成分之间相互作用强，也与高脂血症信号通路联系紧密，最终表现为降脂作用。

表 6.5.3-7　芷青核心靶点与降脂作用关系

抑制血小板聚集	减少胆固醇吸收	促进胆固醇分解	促进胆汁酸排泄	减少甘油三酯合成	促进脂肪酸代谢
AKT1	AKT1	—	AKT1	AKT1	AKT1
PTGS2	PTGS2	PTGS2	—	PTGS2	PTGS2
PIK3CA	PIK3CA	PIK3CA	PIK3CA	—	PIK3CA
—	—	MAPK8	—	—	MAPK8
—	—	—	—	—	MAPK3
MAPK14	—	MAPK14	MAPK14	—	—
TNF	TNF	TNF	TNF	TNF	TNF
TP53	TP53	—	TP53	TP53	TP53
EGFR	EGFR	EGFR	EGFR	—	—

4. 基于分子对接技术的芷青活性成分预测

4.1 实验材料

分子对接实验研究的主要材料是分析软件和数据库，主要包括Uniprot数据库（http://www.uniprot.org/）、DAVID生物信息数据库（https://david.ncifcrf.gov/summary.jsp）、RCSB Protein Data Bank数据库（http://www.rcsb.org/pdb/home/home.do）、ChemOffice2014等。

4.2 实验方法

4.2.1 分子和靶蛋白数据集的建立与处理

通过文献阅读查找，从鉴定出的49个化学物质组中筛选出23个代表性成分，用Chemdrow画出结构式，利用MMFF94力场进行构象优化，优化的时候实验参数能量阈值设定为1×10^{-3} J/mol。通过了解芷青降脂作用情况，利用Therapeutic Target Database（TTD）、DrugBank数据库结合文献综述分析筛选降脂相关的靶点，将人源的并且含有原配体的晶体结构从RCSB数据库筛选出来，且与第三章网络药理中核心靶点相关性高的，最终综合确定2ZQX、3O96、4BV2、4CN3、4NR5、4QTB、5NX1、6D3O、6GVF蛋白作为化合物对接受体。将该蛋白导入schordinger软件，通过Clean Protein和Forcefiled中CHARMm力场最后完成靶蛋白的加氢、去水还有蛋白修饰，同时自动分配原子类型而且确定活性位点的中心坐标。

4.2.2 分子对接

通过以上实验确定的分子UNPD和靶蛋白的Uniprot，从TCMN数据库中拿出分子和靶蛋白进行数据比较。在TCMN数据库中，通过Schordinger平台，它们两个之间的相互作用来完成它们之间对接计算。把靶蛋白中原配体的坐标当作活性位点的中心，盒子的体积为15Å×15Å×15Å，格点之间的距离为0.0375nm，运用拉马克遗传算法来收集分子构象，种群的初始状态为150，旋转步长为50°，平移步长为0.2nm，交叉率为0.8，突变率为0.02，局部搜索频率为0.06，其余均为默认设置。

4.2.3 实验结果

（1）相关作用靶点与目标化合物的对接验证结果：利用Schrodinger软件，将目标化合物与疾病相对应的蛋白进行分子对接实验。结果表明，rutin、kaempferol、catechin、hesperidin等化合物可以较好的对接到各个相应潜在蛋白靶点的活性空腔，对接得分较高。选取打分结果高的成分，如表6.5.3-8所示。

表 6.5.3-8 潜在蛋白靶点与化合物对接得分

	Compounds	Docking score		Compounds	Docking score
4QTB	hesperidin	−8.004	5NX1	rutin	−5.585
	catechin	−7.612		re	−5.581
	E-picatechin	−7.399		naringin	−5.477
	chrysophanic acid	−7.338		vitexin	−5.065
	kaempferol	−7.271		vitexin rhamnoside	−4.476
2ZPX	rutin	−6.1	3O96	kaempferol	−9.526
	naringin	−6.005		grosvenorine	−9.134
	grosvenorine	−5.735		E-picatechin	−8.698
	catechin	−5.422		neohesperidin	−8.617
	chrysophanic acid	−5.022		catechin	−8.59
	hesperidin	−4.897		hesperidin	−8.482

续表

	Compounds	Docking score		Compounds	Docking score
4CN3	catechin	−6.377	4NR5	kaempferol	−7.964
	kaempferol	−6.146		catechin	−7.143
	E-picatechin	−5.898		naringin	−6.479
	rutin	−5.582		E-picatechin	−6.158
	neohesperidin	−5.575		gallic acid	−5.87
	grosvenorine	−5.355		vitexin	−5.646
6GVF	rutin	−10.266	6D3O	rutin	−5.571
	hesperidin	−9.326		rg1	−5.356
	vitexin	−9.009		re	−5.29
	kaempferol	−9.002		kaempferol	−5.239
	naringin	−8.934		catechin	−4.983
	catechin	−8.853		E-picatechin	−4.977

（2）相关蛋白与目标化合物的作用方式示意图：选取各蛋白与各自对应打分最高的前2位化合物，其作用方式示意图如图6.5.3-7～图6.5.3-14所示。

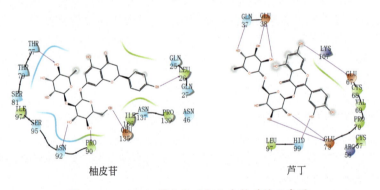

图 6.5.3-7　2ZPX 蛋白与目标化合物对接示意图

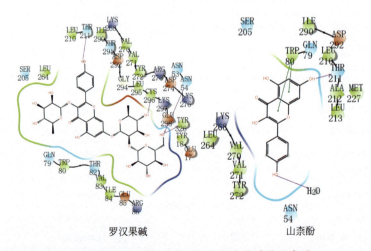

图 6.5.3-8　3O96 蛋白与目标化合物对接示意图

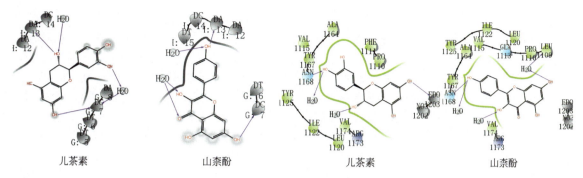

图 6.5.3-9　4CN3 蛋白与目标化合物对接示意图　　　图 6.5.3-10　4NR5 蛋白与目标化合物对接示意图

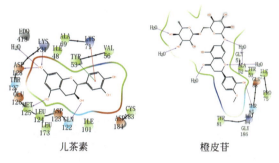 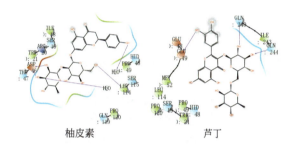

图 6.5.3-11　4QTB 蛋白与目标化合物对接示意图　　图 6.5.3-12　5NX1 蛋白与目标化合物对接示意图

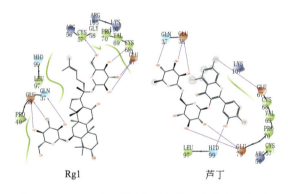 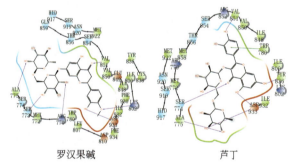

图 6.5.3-13　6D3O 蛋白与目标化合物对接示意图　　图 6.5.3-14　6GVF 蛋白与目标化合物对接示意图

4.3　讨论

如上图所示，化合物柚皮苷（naringin）与蛋白2ZPX上LEU26、THR77、PRO90、ASN92、GLU135等氨基酸残基形成氢键；与蛋白5NX1上ASP46，LEU114形成氢键。化合物芦丁（rutin）与蛋白2ZPX上GLN37、GLU38、GLU67、GLU73、HID99等氨基酸残基形成氢键；与蛋白5NX1上GLU49、GLN240、GLN244等氨基酸残基形成氢键；与蛋白6D3O上GLN37、GLU38、GLU67、GLU73、HID99等氨基酸残基形成氢键；与蛋白6GVF上SER774、ALA775、VAL851、TYR836、ASP933等氨基酸残基形成氢键，与TRP780等氨基酸残基形成疏水键。化合物罗汉果碱（grosvenorine）与蛋白3O96上ASN54、THR211、CYS296、GLU298、TYR326等氨基酸残基形成氢键。化合物山柰酚（kaempferol）与蛋白3O96上TRP80等氨基酸残基形成疏水键，THR211形成氢键；与蛋白4NR5上ASN1168、LEU1109等氨基酸残基形成氢键。化合物儿茶素（Catechin）与蛋白4NR5上ASN1167、EDO1203等氨基酸残基形成氢键；与蛋白4QTB上LYS71、GLN122、MET125、ASP128、LYS131等氨基酸残基形成氢键，与TYR53等氨基酸残基形成疏水键。化合物橙皮苷（hesperidin）与蛋白4QTB上GLY51、ALA52、THR85等氨基酸残基形成氢键；与蛋白6GVF上ARG770、SER773、ALA775、LYS802、VAL851、ASP933等氨基酸残基形成氢键。化合物Rg1与蛋白6D3O上GLN37、GLU38、CYS57、GLU67、CYS68等氨基酸残基形成氢键。

以上芦丁、山柰酚、儿茶素、橙皮苷等为代表的芷青中的成分，均与降脂相关蛋白的关键位点结合，结合方式较为牢固，多为氢键和疏水键。以上研究表明，芷青对于降脂的治疗作用是通过多成分、多靶点、多途径共同作用的结果，本章实验为后续的研究提供实验及理论依据。

5. 质量标志物的确定

本研究首先采用HPLC-Q/TOF-MS技术，对芷青中的物质基础进行辨识，共鉴定出49个化学成分。其中黄酮类成分19个，有机酸类6个，蒽醌类12个，苯并吡喃酮2个，三萜皂苷2个，其他红曲中色素类成分8个。其中9个化合物来源于金花茶，18个化合物来源于山楂，14个化合物来源于决明子，8个化合物来源于红曲，4个化合物来源于陈皮，2个化合物来源于人参，1个化合物来源于罗汉果。

接下来，采用网络药理学技术，对芷青中具有降脂作用的成分及其作用机制进行预测分析。共确定了芷青42个核心作用靶点，162条通路，化学成分共计133个，其中陈皮含有的化学成分有37个、红曲含有的化学成分有8个、金花茶含有的化学成分有7个、决明子含有的化学成分有12个、罗汉果含有的化学成分有44个、人参含有的化学成分有19个、山楂含有的化学成分有28个。

结合物质基础辨识与网络药理学筛选结果，选取其中的23个代表性成分进行分子对接实验。结果表明，以芦丁、山柰酚、橙皮苷等为代表的黄酮类化合物，以及金花茶中的儿茶素等化合物均可以较好地对接到各个相应潜在蛋白靶点的活性位点，且对接得分较高。

综上所述，初步确定以芦丁、山柰酚、儿茶素、橙皮苷作为芷青降脂作用的质量标志物。

四、基于质量标志物的质量标准研究

本章采用薄层色谱法，对山楂、决明子、人参三个成分进行了定性鉴别；选择橙皮苷作为含量测定指标，因其降脂作用明确、含量高、分离度好，且来源于陈皮单一药材；对全方进行了指纹图谱研究。

1. 仪器与试剂

Waters e2695高效液相色谱仪，Waters 2489 Detector	美国Waters公司
BT-25S型电子分析天平	十万分之一，美国Sartorius公司
AB204-N电子天平	万分之一，Mettler-Toledo
HS3120型超声仪	奥塞特塞恩思仪器有限公司
Diamonsil C18色谱柱	迪马公司
甲醇（色谱纯）	天津市康科德科技有限公司
乙腈（色谱纯）	天津市康科德科技有限公司
甲酸（分析纯）	天津市风船化学试剂科技有限公司
磷酸（分析纯）	天津市光复科技发展有限公司
乙醇（分析纯）	天津市风船化学试剂科技有限公司

乙醚（分析纯）	天津市康科德科技有限公司
石油醚（30～60℃）（分析纯）	天津市康科德科技有限公司
丙酮（分析纯）	天津市康科德科技有限公司
乙酸乙酯（分析纯）	天津市康科德科技有限公司
甲苯（分析纯）	天津市康科德科技有限公司
三氯甲烷（分析纯）	天津市康科德科技有限公司
纯净水	杭州娃哈哈集团有限公司

2. 实验方法和结果

2.1 薄层鉴别

2.1.1 决明子薄层色谱鉴别

供试品溶液制备：称取本品粉末2g，加70%甲醇30mL，超声处理30min，滤过，滤液蒸干，残渣加水20mL使其溶解，用乙醚提取两次，每次20mL，合并乙醚液，蒸干，残渣加三氯甲烷1ml溶解，作为供试品溶液。

决明子对照药材溶液制备：取决明子对照药材2g，同法制成对照药材溶液。

薄层方法：参照《中华人民共和国药典》2020年版一部薄层色谱法（通则0502）试验，吸取供试品溶液40μL、对照药材溶液10μL，分别点于同一硅胶G薄层板上，以石油醚-丙酮（2∶1）为展开剂，展开，取出，晾干后置氨蒸气中熏，置日光下检视。

结果显示，供试品色谱中与对照品色谱相应的位置上，显相同颜色的斑点。薄层色谱图见图6.5.4-1。

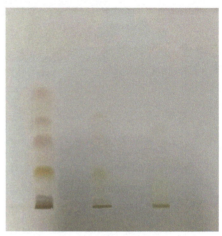

图 6.5.4-1 决明子薄层鉴别图芷青决明子药材决明子阴性

2.1.2 山楂薄层鉴别

供试品溶液制备：取本品粉末2g，加70%甲醇30mL，超声处理30min，滤过，滤液蒸干，残渣加水20mL使其溶解，用乙酸乙酯提取三次，每次20mL，合并乙酸乙酯液，蒸干，残渣加甲醇1mL使其溶解，作为供试品溶液。

山楂对照药材溶液制备：取山楂对照药材1g，同法制成对照药材溶液。

薄层方法：参照《中华人民共和国药典》2020年版一部薄层色谱法（通则0502）试验，吸取供试品溶液30μL、对照药材溶液10μL，分别点于同一硅胶G薄层板上，以甲苯-乙酸乙酯-甲酸（20∶4∶0.5）为展开剂，展开，取出，晾干，喷以硫酸乙醇溶液（3→10），在80℃烘箱中加热至斑点显色清晰。置日光及紫外光（365nm）下检视。

结果显示，供试品色谱中，在与对照药材色谱相应的位置上，显相同颜色的斑点。薄层色谱图见图6.5.4-2。

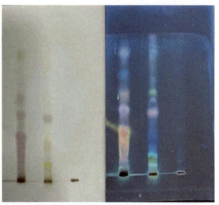

芷青山楂药材山楂阴性　芷青山楂药材山楂阴性

图 6.5.4-2 山楂薄层鉴别图
（左图为日光下，右图为254nm条件下）

2.1.3 人参薄层鉴别

供试品溶液制备：取本品粉末4g，加95%乙醇50mL，超声处理30min，滤过，滤液蒸干，残渣加水15mL，微热使溶解，加在D101型大孔吸附树脂柱（柱内径为1.5cm，柱高为15cm）上，用水、20%乙醇、50%乙醇各100mL依次洗脱，弃去洗脱液，用80%乙醇100mL洗脱，收集洗脱液，蒸干，残渣加甲醇1mL使其溶解，作为供试品溶液。

人参对照药材溶液制备：取人参对照药材4g，同法制成对照药材溶液。

薄层方法：参照《中华人民共和国药典》2020年版一部薄层色谱法（通则0502）试验，吸取供试品溶液30μL、对照药材溶液10μL，分别点于同一硅胶G薄层板上，以三氯甲烷-乙酸乙酯-甲醇-水（15∶40∶22∶10）10℃以下放置的下层溶液为展开剂，展开，取出，晾干，喷10%硫酸乙醇溶液，在105℃烘箱中加热至斑点显色清晰。置日光及紫外光（365nm）下检视。

结果显示，供试品色谱中，在与对照药材色谱相应的位置上，显相同颜色的斑点。薄层色谱图见图6.5.4-3。

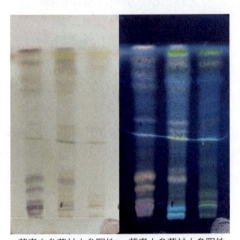

图 6.5.4-3　人参薄层鉴别图
（左图为日光下，右图为254nm条件下）

2.2　芷青含量测定方法的建立

按照高效液相色谱法（《中华人民共和国药典》2015年版四部附录通则0512）测定。

色谱条件与系统适用性试验：以十八烷基硅烷键合硅胶为填充剂；色谱柱Dikma Diamonsil-C_{18}（4.6mm×250mm，5μm）；以甲醇-水（38∶62）为流动相；检测波长为283nm；体积流量1.0mL/min；柱温为30℃；进样量10μL。

对照品溶液的制备：精密称取橙皮苷对照品10.16mg，置25mL量瓶中，加甲醇溶解，并稀释至刻度，摇匀，即得浓度为0.4064mg/mL的橙皮苷对照品储备溶液。精密量取1mL，置10mL量瓶中，加甲醇至刻度，摇匀，即得（每1mL含橙皮苷40.64μg）。

供试品溶液的制备：取本品粉末约0.7g，精密称定，置锥形瓶中，精密加入70%甲醇25mL，称定重量，摇匀，加热回流30min，放冷，再称定重量，用70%甲醇补足减失的重量，摇匀，滤过，取续滤液，即得。

测定法：分别精密吸取对照品溶液与供试品溶液各10μL，注入液相色谱仪，测定，即得。

2.2.1　色谱条件考察

流动相的选择：比较甲醇-水（35∶65）、甲醇-水（40∶60）和甲醇-水（38∶62）流动相。

结果表明，这几种流动相洗脱条件下供试品中橙皮苷的色谱峰均尖锐、对称性好，且与其相邻的色谱峰有较好的分离度。最终选取甲醇-水（38∶62）作为流动相。

检测波长的考察　DAD全波长扫描结果见图6.5.4-4。

结果显示，橙皮苷的紫外最大吸收波长为283nm，与《中国药典》2020年版陈皮含量测定项下规定一致，故测定波长选择283nm。

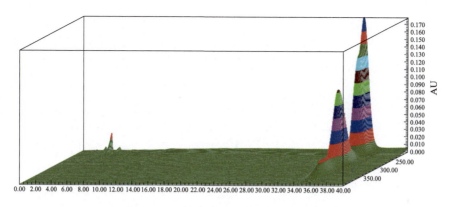

图 6.5.4-4　橙皮苷的 DAD 全波长扫描图

2.2.2　供试品溶液的制备考察

① 提取溶剂的考察

取本品粉末约 0.5g，精密称定，置 25mL 量瓶中，加入适量不同溶剂，超声处理 30min，放冷，用不同溶剂补足至刻度，摇匀，滤过，取续滤液，即得。结果见表 6.5.4-1。结果表明，不同溶剂提取的橙皮苷含量差异较明显，其中采用 70% 甲醇提取橙皮苷的含量较高。因此，采用 70% 甲醇作为提取溶剂。

表 6.5.4-1　提取溶剂考察结果

试验号	提取溶剂	橙皮苷（mg/g）
1	50% 甲醇	0.47
2	70% 甲醇	1.17
3	50% 乙醇	0.86
4	70% 乙醇	0.56

② 提取方式考察

取本品粉末约 0.7g，精密称定，置 25mL 量瓶中，加入适量 70% 甲醇，超声处理 30min，放冷，用 70% 甲醇补足至刻度，摇匀，滤过，取续滤液，即得。

另取本品粉末约 0.5g，精密称定，置锥形瓶中，精密加入 70% 甲醇 25mL，称定重量，摇匀，加热回流 30min，放冷，再称定重量，用 70% 甲醇补足减失的重量，摇匀，滤过，取续滤液，即得。

结果见表 6.5.4-2。结果表明，回流提取较超声提取橙皮苷含量大，因此，采用回流提取的方法。

表 6.5.4-2　提取方式考察结果

试验号	提取方式	橙皮苷（mg/g）
1	超声提取	1.32
2	回流提取	1.90

③ 提取时间考察

取本品粉末约 0.7g，精密称定，置锥形瓶中，精密加入 70% 甲醇 25mL，称定重量，摇匀，加热回流15～60min，放冷，再称定重量，用70%甲醇补足减失的重量，摇匀，滤过，取续滤液，即得。结果见表6.5.4-3。结果表明，不同回流时间下橙皮苷含量相差不大，用70%甲醇回流提取30分钟可基本将橙皮苷提取完全。因此，采用回流30min。

表6.5.4-3　提取时间考察结果

试验号	超声时间	橙皮苷（mg/g）
1	15min	1.90
2	30min	1.88
3	45min	1.88
4	60min	1.89

2.2.3　专属性考察

阴性供试品溶液的制备：按本品处方制法，制得缺陈皮阴性样品，按供试品的制备方法制备，即得阴性供试品溶液。

测定法：分别精密吸取橙皮苷对照品溶液、供试品溶液、阴性供试品溶液各10μL，注入液相色谱仪，测定。结果见图6.5.4-5。

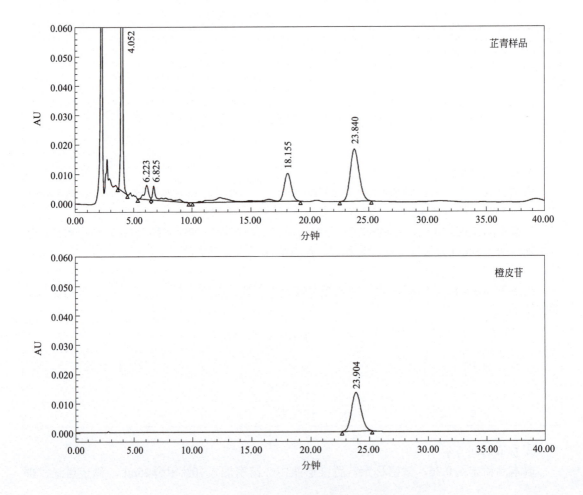

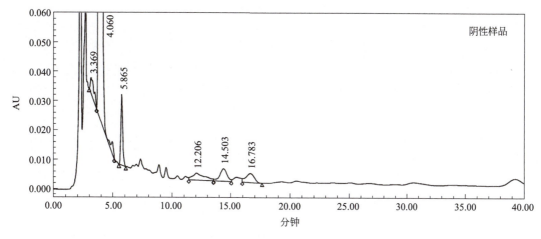

图 6.5.4-5　专属性试验

结果表明，该色谱条件下，对照品溶液中橙皮苷的色谱峰峰形良好，供试品溶液中橙皮苷相应保留时间处的色谱峰峰形良好，橙皮苷色谱峰与杂质峰的分离度大于1.5，阴性供试品溶液中在橙皮苷色谱峰相应保留时间处无色谱峰出现。表明该色谱条件专属性良好。

2.2.4　标准曲线的绘制

分别精密吸取上述橙皮苷对照品储备溶液（0.4064mg/mL）0.2mL、0.5mL、1.0mL、2.0mL、5.0mL置10mL量瓶中，加甲醇至刻度，摇匀，按上述色谱条件测定，分别进样10μL，记录色谱图，读取峰面积。结果见图6.5.4-6。

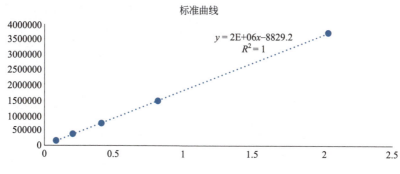

图 6.5.4-6　橙皮苷标准曲线

结果表明，以进样量为横坐标，峰面积为纵坐标作图，得标准曲线，进样量为0.08128～2.0320μg，橙皮苷的峰面积与进样量呈良好的线性关系。回归方程为$y=2\times10^6x-8829.2$，相关系数为$r=1.0000$。

2.2.5　精密度实验

取本品，按法制备供试品溶液，连续进样6次，依法测定，记录橙皮苷色谱峰面积。结果见表6.5.4-4。结果表明，RSD为0.55%，精密度良好。

表 6.5.4-4　精密度试验数据

编号	1	2	3	4	5	6
橙皮苷峰面积	953040	947347	951185	947711	949767	961624

2.2.6 稳定性试验

取本品,按法制备供试品溶液,取供试品溶液和橙皮苷对照品溶液,密闭,置于室温,分别于室温放置 0h、2h、4h、8h、12h、24h 后分别进样,依法测定,记录橙皮苷色谱峰面积。

结果见表 6.5.4-5。结果表明,供试品溶液在室温放置 24h 内,峰面积 RSD 为 1.46%;对照品溶液在室温放置 24h,峰面积 RSD 为 1.71%;稳定性良好。

表 6.5.4-5　稳定性试验数据

时间（h）	0	2	4	8	12	24	平均值
供试品峰面积	953040	947711	963828	945892	966607	983003	960013.5
对照品峰面积	724978	728914	727501	732374	741228	758622	735602.8

2.2.7 重复性试验

取本品,按法制备供试品溶液,制备 6 份,依法测定,记录橙皮苷色谱峰面积,按外标法计算本品中橙皮苷的含量。结果见表 6.5.4-6。结果表明,橙皮苷含量平均值为 1.88mg/g,RSD 为 0.60%,重复性良好。

表 6.5.4-6　重复性试验结果

样品号	1	2	3	4	5	6
橙皮苷含量（mg/g）	1.90	1.88	1.89	1.87	1.88	1.88

2.2.8 加样回收率试验

取本品（橙皮苷含量为 1.88mg/g）9 份,每份约 0.33g,精密称定,分别置于 9 个锥形瓶中,各取 3 份分别精密加入橙皮苷对照品储备溶液（0.4064mg/ml）0.8mL、1.6mL、2.4mL,分别精密加入 70% 甲醇 25mL,加热回流 30min,依法制备 9 份供试品溶液,进样,测定,计算回收率。结果见表 6.5.4-7。结果表明,平均回收率为 98.98%,RSD（$n=9$）为 2.06%,回收率符合要求。

表 6.5.4-7　加样回收率试验数据

编号	称样量（g）	A：供试品橙皮苷量（mg）	B：加入对照品（mg）	C：测定总量（mg）	回收率（C-A）/B（%）	平均回收率（%）	RSD（%）
1	0.3305	0.6213	0.32512	0.9564	103.07	98.98	2.06
2	0.3308	0.6219	0.32512	0.9516	101.41		
3	0.3314	0.6230	0.32512	0.9479	99.92		
4	0.3308	0.6219	0.65024	1.2571	97.68		
5	0.3307	0.6217	0.65024	1.2609	98.30		
6	0.3309	0.6221	0.65024	1.2585	97.87		
7	0.3301	0.6206	0.97536	1.5719	97.54		
8	0.3305	0.6213	0.97536	1.5739	97.66		
9	0.3303	0.6210	0.97536	1.5707	97.38		

2.2.9 耐用性试验

液相色谱的变动因素有波长、流速、柱温、流动相比例等。取本品供试品溶液，进行耐用性试验。结果见表6.5.4-8。结果表明：液相色谱条件如波长、流速、柱温、流动相比例有所变动，均对测定结果无明显影响。

表 6.5.4-8　耐用性试验结果

变动因素		橙皮苷含量（mg/g）
原条件		1.88
波长（nm）	280	1.84
	290	1.85
流速（mL/min）	1.1	1.84
	0.9	1.85
柱温（℃）	25	1.79
	35	1.81
流动相比例	甲醇：水（39：61）	1.83
	甲醇：水（36：64）	1.81
橙皮苷含量平均值（mg/g）		1.83
RSD（%）		1.47

2.3　芷青指纹图谱的建立

2.3.1　供试品溶液的制备

取本品，研细，精密称取0.5g，置25mL量瓶中，加入适量70%甲醇，超声处理30min，取出，放冷，稀释至刻度，摇匀，滤过，即得。

2.3.2　对照药材溶液的制备

取各药材粉末，精密称取0.5g，置25mL量瓶中，加入适量70%甲醇，超声处理30min，取出，放冷，稀释至刻度，摇匀，滤过，即得。

2.3.3　色谱条件

照高效液相色谱法（《中华人民共和国药典》2015年版四部附录通则0512）测定。

色谱条件与系统适用性试验　以十八烷基硅烷键合硅胶为填充剂；以乙腈为流动相A，以0.1%磷酸水溶液为流动相B，按表6.5.4-9中的规定进行梯度洗脱；检测波长为283nm。精密吸取对照药材溶液和供试品溶液各10μL，注入液相色谱仪，测定，即得。

表 6.5.4-9　指纹图谱流动相梯度

时间（分钟）	流动相 A	流动相 B	时间（分钟）	流动相 A	流动相 B
0～6	2	98	30～45	26	74
6～10	2～5	98～95	45～50	26～90	74～10
10～16	5～12	95～88	50～55	90	10
16～30	12～26	88～74	—	—	—

2.3.4　参照峰的选择

在本品HPLC色谱图中，橙皮苷峰面积所占百分比最大，保留时间适中，且具有良好的分离度，因此，选择橙皮苷作为本品质量标准HPLC指纹图谱的参照峰。

2.3.5 方法学考察

① 精密度考察

取2.3.1项下供试品溶液，按2.3.3项色谱条件连续进样6次，记录指纹图谱，以橙皮苷为参照峰。结果见表6.5.4-10、表6.5.4-11。结果表明，各色谱峰的相对保留时间及相对峰面积的RSD值均不大于0.97%和3.26%，符合指纹图谱的要求。

表6.5.4-10 精密度结果（相对保留时间）

峰号	相对保留时间						
	1	2	3	4	5	6	RSD%
1	0.096	0.096	0.096	0.096	0.096	0.096	0.03%
2	0.177	0.176	0.177	0.176	0.176	0.177	0.12%
3	0.241	0.243	0.243	0.243	0.243	0.244	0.33%
4	0.366	0.366	0.366	0.366	0.366	0.366	0.08%
5	0.480	0.480	0.480	0.480	0.480	0.480	0.02%
6	0.542	0.542	0.542	0.542	0.543	0.542	0.04%
7	0.961	0.938	0.938	0.938	0.938	0.938	0.97%
8	1.000	1.000	1.000	1.000	1.000	1.000	0.00%
9	1.049	1.049	1.049	1.049	1.049	1.049	0.01%
10	1.119	1.119	1.119	1.119	1.119	1.119	0.01%

表6.5.4-11 精密度结果（相对峰面积）

峰号	相对保留峰面积						
	1	2	3	4	5	6	RSD%
1	0.193	0.191	0.193	0.180	0.193	0.182	3.26%
2	0.115	0.116	0.117	0.118	0.115	0.115	1.01%
3	0.231	0.236	0.236	0.235	0.238	0.238	1.02%
4	0.087	0.086	0.086	0.087	0.085	0.084	1.20%
5	0.600	0.601	0.606	0.602	0.604	0.607	0.45%
6	0.983	0.984	0.987	0.981	0.983	0.983	0.22%
7	0.614	0.613	0.612	0.617	0.617	0.613	0.35%
8	1.000	1.000	1.000	1.000	1.000	1.000	0.00%
9	0.150	0.149	0.149	0.150	0.149	0.151	0.60%
10	0.099	0.104	0.107	0.107	0.105	0.105	2.90%

② 重复性考察

取本品6份，按2.3.1项下制备供试品溶液，按2.3.3项下色谱条件依次进样测定，记录指纹图谱，以橙皮苷为参照峰。结果见表6.5.4-12、表6.5.4-13。结果表明，重复性试验各色谱峰的相对保留时间及相对峰面积的RSD值均不大于0.42%和4.9%，符合指纹图谱的要求。

表6.5.4-12 重复性结果（相对保留时间）

峰号	相对保留时间						
	1	2	3	4	5	6	RSD%
1	0.096	0.096	0.096	0.096	0.096	0.096	0.05%
2	0.177	0.176	0.176	0.176	0.176	0.176	0.21%
3	0.241	0.244	0.243	0.244	0.244	0.244	0.42%
4	0.366	0.366	0.366	0.366	0.365	0.366	0.09%
5	0.480	0.480	0.480	0.480	0.480	0.480	0.05%
6	0.542	0.542	0.542	0.542	0.542	0.542	0.04%
7	0.961	0.960	0.960	0.961	0.960	0.960	0.01%
8	1.000	1.000	1.000	1.000	1.000	1.000	0.00%
9	1.049	1.049	1.049	1.049	1.049	1.049	0.02%
10	1.119	1.119	1.119	1.119	1.119	1.119	0.02%

表6.5.4-13 重复性结果（相对峰面积）

峰号	相对保留峰面积						
	1	2	3	4	5	6	RSD%
1	0.193	0.181	0.172	0.195	0.189	0.192	4.74%
2	0.115	0.116	0.112	0.118	0.125	0.120	3.98%
3	0.231	0.237	0.223	0.240	0.248	0.247	4.03%
4	0.087	0.079	0.077	0.082	0.083	0.082	4.18%
5	0.600	0.588	0.546	0.595	0.619	0.607	4.23%
6	0.983	0.973	0.912	0.986	1.061	1.005	4.90%
7	0.614	0.609	0.591	0.617	0.641	0.626	2.72%
8	1.000	1.000	1.000	1.000	1.000	1.000	0.00%
9	0.150	0.150	0.144	0.151	0.162	0.153	3.79%
10	0.099	0.105	0.106	0.109	0.111	0.110	4.20%

③ 稳定性考察

取本品,按2.3.1项下制备供试品溶液,按2.3.3项下色谱条件分别在0h、1h、2h、4h、8h、12h、24h进样测定,记录指纹图谱,以橙皮苷为参照峰。结果见表6.5.4-14、表6.5.4-15。结果表明,稳定性试验各色谱峰的相对保留时间及相对峰面积的RSD值均不大于0.97%和3.59%,符合指纹图谱的要求。

表 6.5.4-14 稳定性结果（相对保留时间）

峰号	相对保留时间						RSD%
	1	2	3	4	5	6	
1	0.096	0.096	0.096	0.096	0.096	0.096	0.05%
2	0.177	0.177	0.176	0.176	0.176	0.180	0.93%
3	0.241	0.243	0.243	0.244	0.244	0.246	0.57%
4	0.366	0.366	0.366	0.365	0.366	0.369	0.38%
5	0.480	0.480	0.480	0.480	0.480	0.482	0.17%
6	0.542	0.542	0.543	0.542	0.542	0.543	0.08%
7	0.961	0.938	0.938	0.938	0.938	0.938	0.97%
8	1.000	1.000	1.000	1.000	1.000	1.000	0.00%
9	1.049	1.049	1.049	1.049	1.049	1.049	0.02%
10	1.119	1.119	1.119	1.119	1.119	1.119	0.02%

表 6.5.4-15 稳定性结果（相对峰面积）

峰号	相对保留峰面积						RSD%
	1	2	3	4	5	6	
1	0.193	0.193	0.193	0.181	0.192	0.187	2.55%
2	0.115	0.117	0.115	0.117	0.115	0.117	0.86%
3	0.231	0.236	0.238	0.241	0.242	0.229	2.20%
4	0.087	0.086	0.085	0.080	0.082	0.080	3.59%
5	0.600	0.606	0.604	0.609	0.610	0.610	0.64%
6	0.983	0.987	0.983	0.983	0.981	0.989	0.32%
7	0.614	0.612	0.617	0.615	0.619	0.617	0.41%
8	1.000	1.000	1.000	1.000	1.000	1.000	0.00%
9	0.150	0.149	0.149	0.151	0.150	0.150	0.51%
10	0.099	0.107	0.105	0.106	0.104	0.106	2.80%

2.3.6 共有峰的归属：供试品溶液、各阴性溶液及各单味饮片溶液,按2.3.3项下色谱条件进样分析。归属图见图6.5.4-7。考察结果表明,通过保留时间和紫外吸收光谱对照分析,确认了10个特征峰的来源,其中1号峰属于陈皮、人参、罗汉果,2、3号峰专属于人参,4、5号峰人参、山楂共有,6号峰属于辅料可可粉,7、8号峰专属于陈皮,9号峰属于金花茶和决明子,10号峰专属于决明子。

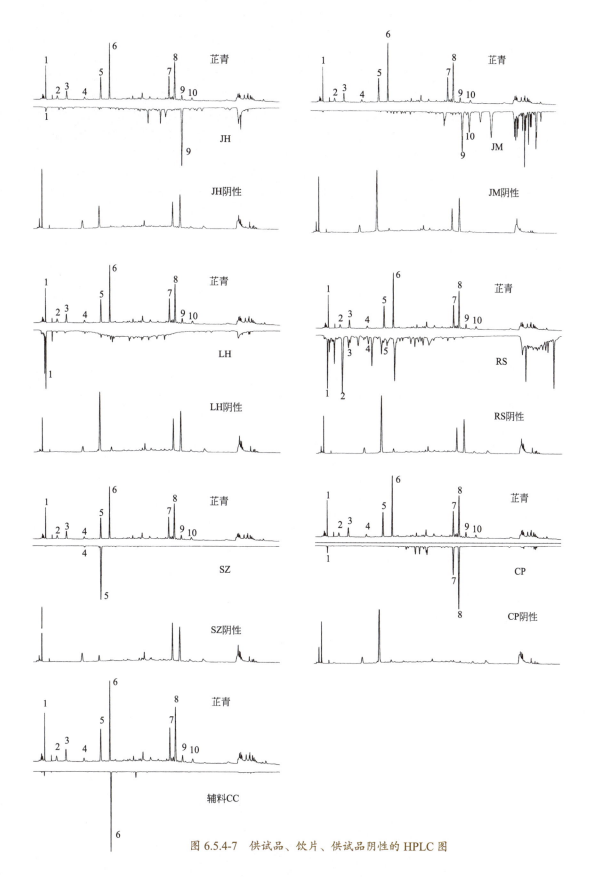

图 6.5.4-7 供试品、饮片、供试品阴性的 HPLC 图

2.4 讨论

通过薄层鉴定、含量测定、指纹图谱对芷青的质量标准进行了研究。通过薄层色谱对山楂、决明子、人参进行了鉴定；因含量测定选择了橙皮苷，故没有对陈皮进行薄层色谱鉴定。

含量测定选取了橙皮苷，因其功效确切、含量高、分离度好，为陈皮的单一成分。测得橙皮苷含量为1.88mg/g。并对吸收波长、流动相、提取方法、提取时间进行了考察，橙皮苷最大吸收波长为283nm，与《中华人民共和国药典》符合，流动相选取了甲醇-水（38∶62），通过70%甲醇回流提取30min。本研究中建立的橙皮苷含量测定方法标准曲线在一定范围内线性关系良好，通过精密度、稳定性、重复性、加样回收率、耐用性的方法学考察，均符合要求。

指纹图谱确定了10个特征峰，并通过药材及阴性样品对照分别对10个峰进行了归属。因芷青是新研制出产品，故没有对10个批次进行检查，待以后再进行研究。

附录一
金花茶产业发展关键技术与应用研究相关论文

[1] 陈瑶，龚苏晓，徐旭，等.金花茶化学成分和药理作用研究进展[J].药物评价研究，2022,45（03）：575-582.

[2] 刘耀晨，许浚，张洪兵，等.基于化学成分特有性的质量标志物发现策略及应用[J].中草药，2021,52（09）：2548-2556.

[3] 董嘉琪，陈金鹏，龚苏晓，等.山楂的化学成分、药理作用及质量标志物（Q-Marker）预测[J].中草药，2021,52（09）：2801-2818.

[4] 王丽，杨冰，牛玉清，等.中药四环三萜类化合物吸收转运机制研究进展[J].药物评价研究，2022,45（01）：162-170.

[5] 牛玉清，杨冰，王丽，等.抗肝癌中药作用机制研究进展[J].中医肿瘤学杂志，2021,3（06）：88-96.

[6] 何秋梅，高慧，白燕远，等.越南金花茶化学成分差异及基于表型性状的亲缘关系分析[J].中草药，2022,53（02）：557-568.

[7] 高慧，何秋梅，闫国跃，等. 金花茶不同部位化学成分差异分析[J].食品安全质量检测学报，2021,12（24）：9539-9548.DOI：10.19812/j.cnki.jfsq11-5956/ts.2021.24.031.

[8] Chen Yiwei, Hao Erwei, Zhang Fan, et al.Camellia nitidissimaIdentifying Active Compounds and Mechanism of Chi on Anti-Colon Cancer by Network Pharmacology and Experimental Validation.Evid Based Complement Alternat Med，2021,2021：7169211.

[9] Chen Yiwei, Zhang Fan, zhengcai Du，et al.Proteome Analysis of Camellia nitidissima Chi Revealed Its Role in Colon Cancer Through the Apoptosis and Ferroptosis Pathway.Frontiers in oncology，2021，doi：10.3389/fonc.2021.727130

[10] 秦健峰，苏梓霞，郝二伟，等.善清金花茶对高脂血症小鼠的降脂作用[J/OL].现代食品科技：1-6[2021-08-10]。

[11] 何育佩，杜正彩，侯小涛，等.溃疡性结肠炎动物模型研究进展[J].世界科学技术-中医药现代化，2020,22（02）：423-433.

[12] 丁天宇，覃文慧，郝二伟，等.治疗咳嗽中药专利复方的用药规律分析[J].中草药，2019,50（22）：5639-5644.

[13] 李聪，郝二伟，夏中尚，等.基于10585例放化疗致口腔炎病例的中药用药规律研究[J].世界科学技术-中医药现代化，2019,21（07）：1430-1436.

[14] 刘婧曦，郝二伟，杜正彩，等.传统茶和别样茶在牙膏中的应用研究进展[J].日用化学工业，2021,51（03）：227-234.

[15] Weiyi Zhang，Jie Gao，Fukui Shen，et al.Cinnamaldehyde changes the dynamic balance of glucose metabolism by targeting ENO1.Life sciences，2020,258,118151（IF：3.647）

[16] Weiyi Zheng，Jie Gao，Man Zhang，et al.Cinnamaldehyde enhances anti-melanoma activity through covalently binding ENO1 and have synergy effects with dacarbazine.Cancer，2020,12：311.（IF：6.126）

[17] Chuan-jing Cheng，Xiao-tao Hou，Er-wei Hao，et al.Integrated Molecular Network and HPLC-UV-FLD Analysis to Explore Antioxidant Ingredients in Camellia Nitidissima Chi.Journal of Food Science，2021,86：1296–1305.（IF：2.478）

[18] Ge Fang，Chuanjing Cheng，Manqian Zhang，et al.The Glucuronide Metabolites of Kaempferol and Quercetin，Targeting to the AKT PH Domain，Activate AKT/GSK3β Signaling Pathway and Improve Glucose Metabolism.Journal of Functional Foods，2021,82：104501（IF：3.701）

[19] Jie Gao，Manqian Zhang，Ruixue Niu，et al.Combination of cinnamaldehyde and kaempferol ameliorates glucose and lipid metabolism disorder by enhancing lipid metabolism via AMPK activation.Journal of Functional Foods，2021,83：104556（IF：3.701）

[20] Chuanjing Cheng，Kaixin Liu，Man Zhang，et al. okicamelliaside targets the N-terminal chaperone pocket of HSP90，disrupts the chaperones protein interaction of HSP90-CDC37 and exerts anti-tumor activity.Acta Pharmacologica Sinica，Published：29 July 2021.doi：10.1038/s41401-021-00737-x，（IF：5.064）

[21] 程传景，丛龙飞，李振强，等.金花茶叶中冲山茶苷的筛查、制备及抗肿瘤活性考察.天津中医药，2020,37（12）：1425-1430.

[22] Bun Tsoi，Chong Gao，Shenyu Yan，et al.Camellia nitidissima Chi leaves extract attenuates chronic corticosterone-induced depressive behaviours by promoting adult hippocampal neurogenesis through Akt/GSK3β/CREB signalling pathway.Journal of Functional Food.2022（under review）

[23] Chong Gao，Meiling Wu，Qiaohui Du，et al.Naringin Mediates Adult Hippocampal Neurogenesis for Antidepression via Activating CREB Signaling.Frontier in Cell and

Developmental Biology 2022(In press).

[24] Qiaohui Du, Ruixia Deng, Wenting Li, et al.Baoyuan Capsule promotes neurogenesis and neurological functional recovery through improving mitochondrial function and modulating PI3K/Akt signaling pathway.Phytomedicine 2021(93):153795.

[25] Wen Y, Chen H, Zhang L, et al.Glycyrrhetinic acid induces oxidative/nitrative stress and drives ferroptosis through activating NADPH oxidases and iNOS, and depriving glutathione in triple-negative breast cancer cells.Free Radical Biology and Medicine 2021,173:41-51.

附录二
项目名称及负责人和各子课题名称及负责人

项目名称：广西特色药用资源金花茶产业发展关键技术与健康产品研究；负责人：广西中医药大学邓家刚教授。

课题一：金花茶抗炎、抗肿瘤药理作用研究及辅助抗癌治疗的医院制剂开发；负责人：广西中医药大学侯小涛教授。

课题二：金花茶药效物质基础系统研究；负责人：南开大学白钢教授。

课题三：金花茶调节糖脂代谢质量标志物及系列健康产品开发研究；负责人：天津药物研究院张铁军研究员。

课题四：质量控制关键技术及质量标准研究；负责人：澳门大学中华医药研究院李鹏教授。

课题五：金花茶神经精神药理与作用机制研究；负责人：香港大学中医药学院沈剑刚教授。

课题六：金花茶道地性和最佳采收季节关键技术研究；负责人：广西桂人堂金花茶产业集团股份有限公司刘志新。

课题七：金花茶优良品种选育和产地加工关键技术研究；负责人：广西中医药大学谢阳姣研究员。